मेजर व्हाट मैटर्स

Measure What Matters

कैसे **ओकेआर** की सहायता से गूगल, बोनो और गेट्स फाउंडेशन पूरी दुनिया पर छा गए

जॉन डोअर

प्रस्तावना – लैरी पेज

'मेजर व्हाट मैटर्स आपको इंटेल के शक्तिशाली ओकेआर सिस्टम – जो एंडी ग्रोव की सबसे बड़ी विरासत है – के निर्माण की पर्दे के पीछे की कहानी बताती है।'

गॉर्डन मूर, इंटेल के को-फाउंडर और पूर्व चेयरमैन

'यह किताब अपने व अपने संगठन के लक्ष्य निर्धारित करने के आपके दृष्टिकोण को बदलकर रख देगी। चाहे आप किसी छोटी स्टार्ट-अप कंपनी में काम करते हों या वैश्विक स्तर पर सक्रिय किसी बड़ी कंपनी में, जॉन डोअर हर नेतृत्वकर्ता को एक केंद्रित व लक्ष्य आधारित व्यावसायिक परिवेश तैयार करने के लिए गहन सोच-विचार करने को प्रेरित करते हैं।'

मेलोडी हॉब्सन, एरियल इन्वेस्टमेंट्स की प्रेसिडेंट

'जॉन डोअर सिलिकॉन वैली के लेजेंड हैं। वे स्पष्ट करते हैं कि कैसे पारदर्शी ढंग से अपने उद्देश्य निर्धारित करके और मुख्य परिणामों को परिभाषित करके संगठनों को सरेखित और उच्च स्तरीय प्रदर्शन को प्रेरित किया जा सकता है।'

जॉनथन लेविन, स्टैनफोर्ड ग्रैजुएट स्कूल ऑफ बिजनेस के डीन

'यह किताब हर उस नेतृत्वकर्ता और उद्यमी के लिए एक उपहार की तरह है, जो अपनी टीम को और पारदर्शी, जवाबदेह व प्रभावी बनाना चाहता है। यह ऐसे बड़े और साहसी जोखिम उठाने के लिए प्रोत्साहित करती है, जो किसी भी संगठन को रूपांतरित कर सकते हैं।'

जॉन चैम्बर्स, सिस्को के एग्जीक्यूटिव चेयरमैन

'मेजर व्हाट मैटर्स न सिर्फ सिलिकॉन वैली में टेक्नोलॉजी का शानदार व्यक्तिगत इतिहास बताती है बल्कि यह छोटे और बड़े, दोनों ही किस्म के संगठनों के लिए एक अनिवार्य हैंडबुक भी है; इसमें जिन प्रणालियों की विस्तार पूर्वक व्याख्या की गई है, वे निस्संदेह ही बेहतरीन क्रियान्वयन को सुनिश्चित करेंगी।'

डाएन ग्रीन, वीएमवेयर की फाउंडर और सीईओ, अल्फाबेट के
बोर्ड की सदस्य और गूगल क्लाउड की सीईओ

मेजर व्हाट मैटर्स

Measure What Matters

कैसे **ओकेआर** की सहायता से गूगल, बोनो और
गेट्स फाउंडेशन पूरी दुनिया पर छा गए

जॉन डोअर

प्रस्तावना — लैरी पेज

मेजर व्हाट मैटर्स

कैसे ओकेआर की सहायता से गूगल, बोनो और गेट्स फाउण्डेशन पूरी दुनिया पर छा गए

जॉन डोअर

प्रथम आवृत्ती : फरवरी 2021

रीप्रिंट : नवंबर 2025

प्रकाशक : वॉव पब्लिशिंग्ज़ प्रा. लि. पुणे

मुद्रक : ट्रिनिटी अकादमी प्रिंटर्स प्रा. लि., पुणे

अनुवादक : अभिषेक शुक्ला

ISBN : 978-93-90607-09-9

'Measure What Matters' इस अंग्रेजी पुस्तक का हिंदी अनुवाद

Measure What Matters

How Google, Bono, and the Gates Foundation Rock the World with OKRs

by John Doerr

विषय सूची

एन, मैरी और एस्टर को

एवं उनके बेशर्त प्रेम को समर्पित

प्रस्तावना

लैरी पेज

एल्फाबेट के सीईओ और गूगल के सह–संस्थापक

काश यह किताब मेरे पास उन्नीस साल पहले होती, जब हमने गूगल की स्थापना की थी या उससे भी पहले, जब मेरे ऊपर सिर्फ खुद को संभालने की जिम्मेदारी थी, न कि एक मल्टीनेशनल कंपनी को संभालने की! भले ही मुझे 'प्रक्रिया' से सख्त नफरत हो, लेकिन सच तो ये है कि अच्छे विचारों के बेहतरीन अमल से ही जादुई परिणाम मिलते हैं और इसी बिंदु पर बात आती है ओकेआर (ऑब्जेक्टिव्स एंड की–रिजल्ट्स - उद्देश्य और मुख्य परिणाम) की।

सन 1999 की बात है, जब जॉन डोअर ने आकर हमें ऑब्जेक्टिव्स और की–रिजल्ट्स पर व्याख्यान दिया। उन्होंने बताया कि कैसे हमें अपनी कंपनी का संचालन, इंटेल कंपनी में काम करने के उनके अनुभवों के आधार पर करना चाहिए। हम जानते थे कि इंटेल का संचालन अच्छी तरह हो रहा है। जॉन की सहजज्ञान से भरपूर बातें हमें काफी अर्थपूर्ण लगीं इसलिए हमने तय किया कि हम भी इसे एक बार आज़माकर देखेंगे। मुझे लगता है कि हमारा यह निर्णय अब तक काफी कारगर रहा है।

ओकेआर एक आसान सी प्रणाली है, जो विविध संगठनों के विकास

में सहायक है। हमने वर्षों तक इसका उपयोग करते हुए इसे अपनी ज़रूरत के अनुसार ढाल लिया है। आप इसे एक मूल योजना के तौर पर देखें। अपने कामकाज के संदर्भ में आप जो कुछ भी होते हुए देखना चाहते हैं, उसके आधार पर इसे अपनी ज़रूरत के अनुसार ढाल लें!

ओकेआर के जरिए लीडर्स अपने संगठन की बारीकियों में झाँक सकते हैं। इनसे आपको किसी विचार या बदलाव का प्रतिरोध करने के लिए एक उत्पादक तरीका भी मिलता है। उदाहरण के लिए आप यह सवाल पूछ सकते हैं: 'यूट्यूब पर किसी वीडियो को फौरन लोड क्यों नहीं किया जा सकता? क्या यह सुविधा देना, अगली तिमाही के किसी अन्य वर्तमान लक्ष्य से अधिक महत्वपूर्ण नहीं है?'

जॉन डोअर ने इस किताब के उपसंहार में बिल कैम्पबेल को बड़े ही शानदार ढंग से याद किया है। मुझे खुशी है कि मैं उन्हें याद करने के इस जश्न में शामिल हो सका। बिल बेहद गर्मजोश और स्नेही स्वभाव के व्यक्ति थे और

लैरी पेज और जॉन डोअर, 2014

वे हमेशा सही साबित होते थे – खासकर लोगों के मामले में। वे कभी भी किसी को ये बताने से नहीं हिचकते थे कि वह कितना बेहूदा और बकवास व्यक्ति है। इसके बावजूद भी लोग उन्हें पसंद करते थे। मुझे बिल के साप्ताहिक उग्र भाषणों की बड़ी याद आती है। हर किसी के जीवन में एक बिल कैम्पबेल होना चाहिए – या कम से कम हमें खुद ही कुछ हद तक बिल कैम्पबेल जैसा बनने की कोशिश करनी चाहिए!

आमतौर पर मैं किताबों की प्रस्तावना नहीं लिखता। इस किताब की प्रस्तावना लिखने के लिए मैं इसलिए सहमत हुआ क्योंकि जॉन ने कुछ साल पहले अपने उस व्याख्यान के जरिए गूगल को एक जबरदस्त उपहार दिया था। ओकेआर ने हमें कई बार दस गुना वृद्धि की ओर ले जाने में मदद की। ओकेआर के चलते ही 'संसार की सूचनाओं को सुनियोजित करने' का हमारा बेहद दु:साहसी मिशन पूरा करने योग्य बना। ओकेआर ने मुझे और हमारी कंपनी के हर सदस्य को सबसे महत्वपूर्ण क्षणों में सही रास्ते पर रखा और सही समय पर उचित कदम उठाने की ओर अग्रसर किया। मैं सुनिश्चित करना चाहता था कि यह बात आम लोगों तक पहुँचे।

भाग एक

जब ओकेआर सक्रिय होते हैं

1

गूगल और ओकेआर का मिलन

अगर आपको यह नहीं पता कि आप कहाँ जा रहे हैं, तो हो सकता है कि आप वहाँ पहुँच ही न सकें।

- योगी बेर्रा

सिलिकॉन वैली में सन 1999 की शरद ऋतु का वह एक सुहाना दिन था, जब मैं फ्रीवे के पार स्थित अंग्रेजी के एल (L) की आकृतिवाली एक दो मंजिला इमारत में पहुँचा। जो एक नई–नवेली कंपनी गूगल का हेडक्वार्टर था और मैं यहाँ एक उपहार के साथ आया था।

गूगल ने दो महीने पहले ही इस इमारत को किराए पर लिया था। इससे पहले कंपनी का ऑफिस शहर के व्यापारिक क्षेत्र पैलो आल्टो में एक आइसक्रीम पार्लर के ऊपरवाली मंजिल पर हुआ करता था। इससे भी दो महीने पहले मैंने अपने उन्नीस साल के कॅरियर में एक वेंचर कैपिटलिस्ट के रूप में सबसे बड़ा दाँव खेला था। मैंने 11.8 मिलियन डॉलर्स में एक स्टार्टअप कंपनी की 12 फीसदी हिस्सेदारी खरीदी थी, जिसकी स्थापना दो ऐसे लड़कों ने की थी, जो स्टैनफोर्ड ग्रेजुएट स्कूल में अपनी पढ़ाई बीच में ही छोड़ चुके थे। मैं गूगल के बोर्ड ऑफ डायरेक्टर्स में शामिल हो गया। मैं इस कंपनी से आर्थिक और भावनात्मक रूप से जुड़ा हुआ था इसलिए इस कंपनी को सफल होते देखने के लिए मैं कुछ भी करने को तैयार था।

एक कॉरपोरेट कंपनी बनने के मात्र एक साल के भीतर ही गूगल ने अपना मिशन स्टेटमेंट घोषित कर दिया– **'संसार की सूचनाओं को सुनियोजित करना और उन्हें वैश्विक स्तर पर उपलब्ध व उपयोगी बनाना।'** भले ही यह मिशन स्टेटमेंट

सुनने और पढ़ने में कुछ ज़्यादा ही भव्य लगता हो पर मुझे लैरी पेज और सर्गे ब्रिन पर पूरा भरोसा था। वे दोनों आत्मविश्वास से भरपूर थे और कुछ हद तक दु:साहसी भी थे, पर साथ ही वे बेहद जिज्ञासु और विचारशील भी थे। वे हर बात ध्यान से सुनते थे – और परिणाम देते थे।

सर्गे एक उल्हासपूर्ण, चंचल व दृढ़ राय रखनेवाले व्यक्ति थे और बुद्धिजीवी शून्यता को पलभर में लांघने की क्षमता रखते थे। सोवियत संघ में जन्में प्रवासी सर्गे, न सिर्फ एक कुशल व रचनात्मक वार्ताकार थे बल्कि एक सिद्धांतवादी लीडर भी थे। वे बेचैन रहते थे और हमेशा ज़्यादा से ज़्यादा आगे बढ़ने में जुटे रहते थे; अगर वे किसी मीटिंग के बीच में ही उठकर फर्श पर लेटकर व्यायाम करने लगते, तो इससे किसी को हैरानी नहीं होती थी।

दूसरी ओर लैरी एक कमाल के इंजीनियर थे। वे कंप्यूटर साइंस के एक प्रणेता के बेटे थे। वे एक ऐसे मृदुभाषी व्यक्ति थे, जो किसी विचार या व्यवहार को सिर्फ इसलिए स्वीकार नहीं कर लेता क्योंकि वह प्रचलित है या चलन में है। वे एक विद्रोही किस्म के व्यक्ति थे, जिसका ध्येय था : इंटरनेट को तेजी से उपयोगी बनाना। एक ओर जहाँ सर्गे टेक्नोलॉजी का व्यापार संबंधी पक्ष गढ़ते थे, वही दूसरी ओर लैरी कंपनी के उत्पादों (प्रोडक्ट्स) पर कड़ी मेहनत करने और असंभव को संभव बनाने में जुटे रहते थे। वे असीम रचनात्मकतावाले विचारक थे, जो जमीन से जुड़े हुए थे।

इसी साल की शुरुआत में जब ये दोनों अपना बिजनेस प्रोजेक्ट लेकर मेरे ऑफिस में आए थे, तो उनकी पॉवर पॉइंट प्रेजेंटेशन मात्र सत्रह स्लाइड्स की थी – इनमें से सिर्फ दो स्लाइड्स ही ऐसी थीं, जिनमें आँकड़े दर्शाए गए थे (जिसमें उन्होंने तीन कार्टून भी जोड़ दिए थे, सिर्फ इसलिए ताकि उनकी प्रेजेंटेशन खाली न लगे)। हालाँकि वे वॉशिंग्टन पोस्ट के साथ एक छोटा सा समझौता कर चुके थे, लेकिन गूगल अब भी कीवर्ड–टारगेटेड विज्ञापनों का लाभ उठाने से दूर था। गूगल इंटरनेट पर आनेवाला अठारहवाँ सर्च इंजन था। जिसका अर्थ ये था कि इस व्यवसाय में ऊँची छलाँग मारने के मामले में कंपनी पहले ही काफी देर कर चुकी थी। शुरुआती बढ़त लेने के मामले में इतना पीछे रह जाना सामान्यत:

काफी घातक होता है, खासकर टेक्नोलॉजी के क्षेत्र में।[1]

पर इसके बावजूद लैरी ने मुझे बाजार में सर्च इंजनों की घटिया गुणवत्ता, उनमें सुधार की भारी संभावनाओं और भविष्य में उनका विशाल बाजार बनने के बारे में एक लंबा-चौड़ा लेक्चर दे डाला। उस समय लैरी और सर्गे के पास भले ही कोई बिजनेस-प्लान न रहा हो, पर बीटा वर्जन में उनकी पेजरैंक एल्गोरिद्म[2] उनके प्रतिद्वंदियों के मुकाबले इतनी बेहतर थी कि उन दोनों को अपनी सफलता पर ज़रा भी संदेह नहीं था।

मैंने उनसे पूछा, 'तुम दोनों को क्या लगता है? इससे हमें कितना फायदा हो सकता है?' हालाँकि मैं ये सवाल पूछने से पहले ही अपने मन में सारा गणित लगा चुका था: अगर सब कुछ सही रहा, तो शायद गूगल एक बिलियन डॉलर्स की मार्केट कैप (यानी मार्केट कैपिटलाईजेशन या बाजार पूँजीकरण: सार्वजनिक रूप से कारोबार करनेवाली किसी कंपनी का कुल मूल्य) तक पहुँच सकता था। लेकिन मैं देखना चाहता था कि सर्गे और लैरी ने अपने इस सपने का क्या अनुमान लगाया है।

लैरी ने जवाब दिया, 'दस बिलियन डॉलर्स।'

मैंने खुद को आश्वस्त करने के लिए एक बार फिर पूछा, 'तुम्हारा मतलब है, दस बिलियन डॉलर्स की मार्केट कैप, है ना?'

लैरी ने वापस वार किया, 'नहीं, मार्केट कैप नहीं! मेरा मतलब है, दस बिलियन डॉलर्स का रेवेन्यू (राजस्व)।'

मैं भौंचक्का रह गया। अगर मुनाफे में चल रही एक टेक कंपनी की सामान्य विकास दर से हिसाब लगाया जाए, तो 10 बिलियन डॉलर्स के रेवेन्यू

---

[1] इस मामले में अपवाद काफी दुर्लभ हैं और जो कुछेक अपवाद हैं, वे सही मायनों में ऐसे प्रचंड उदाहरण हैं, जिन्होंने सब कुछ बदलकर रख दिया। एग्ज़िबिट बी आईपॉड, जो कमर्शियल उत्पादन के मामले में कम से कम नौ अन्य डिजिटल ऑडियो प्लेयर्स से पीछे था, उसने सिर्फ तीन वर्ष की अवधि में ही ऑडियो प्लेयर्स के बाजार के करीब 70 फीसदी हिस्से पर अपना कब्जा जमा लिया था।

[2] गूगल सर्च इंजन द्वारा उपयोग की जानेवाली एक एल्गोरिद्म, जो अपने सर्च इंजन रिजल्ट्स में विभिन्न वेब पेजेस को एक वरीयता क्रम में रखती है।

लैरी पेज और सर्गे ब्रिन, 232 सैंटा मार्गरीटा, मेनलो पार्क स्थित गैराज में, जहाँ गूगल का जन्म हुआ, 1990.

का अर्थ होगा 100 बिलियन डॉलर्स का मार्केट कैपिटलाइजेशन। इतने बड़े-बड़े आँकड़ों पर सिर्फ माइक्रोसॉफ्ट, आईबीएम और इंटेल जैसी बड़ी कंपनियों का एकाधिकार था। जबकि उनके मुकाबले फिलहाल गूगल कंपनी कुछ भी नहीं थी। हालाँकि यह आँकड़ा बताते समय लैरी का अंदाज डींगे हाँकने जैसा कतई नहीं था। वे तो बड़ी शांति से वह आँकड़ा बता रहे थे, जो उन्होंने सावधानी से हिसाब लगाकर तय किया था। मैंने उनसे इस बारे में कोई बहस नहीं की; मैं उनसे सचमुच प्रभावित था। लैरी और सर्गे, दोनों ही दुनिया बदलने को लेकर दृढ़ थे और मेरा मानना था कि वे ऐसा कर सकते हैं।

जीमेल, ॲन्ड्रॉइड या क्रोम से काफी पहले भी गूगल के पास भव्य विचारों की भरमार थी। कंपनी के दोनों संस्थापक दूरदर्शी थे और उनके पास उद्यमियोंवाली प्रबल ऊर्जा भी थी। बस उनके पास एक ही चीज़ की कमी थी और वह थी प्रबंधन संबंधी अनुभव।[3] गूगल को बाजार पर असली प्रभाव जमाने

[3] सन 2001 में गूगल के इन दोनों संस्थापकों ने मेरी सलाह पर एरिक श्मिट को कंपनी के सीईओ के पद पर नियुक्त किया। एरिक सन माइक्रोसिस्टम्स के मेरे पुराने सहकर्मी थे। एरिक ने कंपनी की दक्षता बढ़ाई और गैर-लाभकारी गठजोड़ों को तोड़ दिया। इसके बाद मैं इन तीनों को प्रशिक्षित करने के लिए बिल कैम्पबेल को लेकर आया।

के लिए या यूँ कहें कि कंपनी को सफलता के साथ आगे बढ़ाने के लिए ज़रूरी था कि सर्गे और लैरी कठिन चुनाव करने के साथ-साथ अपनी टीम को सही रास्ते पर रखना सीखें। उन दोनों में ही खतरा उठाने की लाभकारी प्रवृत्ति थी, जिसे देखते हुए उन्हें असफल लोगों से बचने की ज़रूरत थी ताकि खुद तेजी से सफल हो सकें।[4]

इसके साथ ही उन्हें सही समय पर उचित डाटा की विशेष ज़रूरत होगी, ताकि वे अपनी प्रगति पर नज़र रख सकें और महत्वपूर्ण चीज़ों का मूल्यांकन कर सकें।

और इसीलिए मैं उस दिन गूगल के लिए एक ऐसा उपहार लेकर आया था, जो विश्व स्तर पर कार्य पर अमल करने का एक तेज-तर्रार उपकरण था। मैंने एक इंजीनियर के तौर पर इसका इस्तेमाल सबसे पहले 1970 के दशक में इंटेल में किया था। उस समय एंडी ग्रोव इंटेल को दुनिया में सर्वश्रेष्ठ ढंग से संचालित कंपनी के रूप में चला रहे थे। एंडी ग्रोव अपने दौर के या यूँ कहें कि किसी भी दौर के सर्वश्रेष्ठ प्रबंधक थे। कैलीफोर्निया के मेन्लो पार्क स्थित वेंचर कैपिटलिस्ट कंपनी क्लेनर पार्किन्स में शामिल होने के बाद से लेकर अब तक मैं पचास से ज़्यादा कंपनियों को ग्रोव के सिद्धांतों की घुट्टी पिला चुका हूँ।

स्पष्ट कर दूँ कि मेरे मन में उद्यमियों के लिए गहरी श्रद्धा है। मैं एक जिद्दी तकनीकी विशेषज्ञ हूँ, जो नवीनता की वेदी को पूजता है। लेकिन मैंने ढेरों स्टार्ट-अप कंपनियों को प्रगति करते हुए, अपना स्तर बढ़ाने के लिए संघर्ष करते हुए और सही चीज़ों को निपटाते हुए देखा है। इसलिए अब मेरा यह मंत्र बन गया है कि **'नए विचार सोचना तो आसान होता है पर असली चीज़ है, उन पर कार्य करना।'**

1980 के दशक की शुरुआत में मैंने सन माइक्रोसिस्टम्स के डेस्कटॉप विभाग का नेतृत्व करने के लिए क्लेनर पार्किन्स (वही वेंचर कैपिटलिस्ट

[4] मैंने यह पूरी कवायद व्यक्तिगत रूप से 1970 के दशक में इंटेल में सीखी थी। अपने आपमें एक लेजेंड की हैसियत रखनेवाले गॉर्डन मूर, एंडी ग्रोव से पहले इंटेल के सीईओ रहे थे। वे कहा करते थे, 'मैं इस साल मिली असफलता को अगले साल दोबारा कोशिश करने के अवसर के रूप में देखता हूँ।'

कंपनी, जिसमें मैं काम करता था) से चौदह महीने का अवकाश लिया। जल्द ही मैंने पाया कि मेरे नेतृत्व में सैकड़ों लोग काम कर रहे हैं। मैं घबराया हुआ था पर एंडी ग्रोव की यह कारगर प्रणाली इस तूफान में मेरा सहारा बन गई। यह प्रणाली मेरे नेतृत्व में होनेवाली हर मीटिंग में मेरे लिए स्पष्टता का स्रोत बनी। मैंने अपनी एक्जीक्यूटिव टीम को सशक्त बनाया और पूरी कार्यवाही को आगे बढ़ाते हुए उसे संगठनात्मक आकार दिया। हाँ, हमने कुछ गलतियाँ भी की क्योंकि गलतियाँ हर किसी से होती हैं। लेकिन हमने कई शानदार उपलब्धियाँ भी हासिल कीं। इन उपलब्धियों में एक नया आरआईएससी (RISC) माइक्रोप्रॉसेसर आर्किटेक्चर भी शामिल है, जिसने सन माइक्रोसिस्टम्स को वर्कस्टेशन के बाजार में सबसे आगे लाकर खड़ा कर दिया था। यह इस बात का पहला सबूत था कि मैं इस उपलब्धि के सालों बाद गूगल की सफलता में क्या योगदान दूँगा।

वह प्रक्रिया या अभ्यास, जिसने मुझे इंटेल की नौकरी के दौरान एक नए सांचे में ढाला और सन माइक्रोसिस्टम्स की नौकरी के दौरान मेरे लिए बहुत कारगर साबित हुआ - और जो आज भी मुझे प्रेरित करता है, उसे ओकेआर (ऑब्जेक्टिव्स एंड की-रिजल्ट्स - उद्देश्य और मुख्य परिणाम) कहते हैं। यह कंपनियों, टीमों और लोगों के लिए अपने उद्देश्य निर्धारित करने का एक सहयोगपूर्ण प्रोटोकॉल है। ओकेआर किसी जटिल समस्या का आसान और जादुई समाधान नहीं है। ये ठोस निर्णय, दृढ़ नेतृत्व या कार्यस्थल की रचनात्मक संस्कृति का विकल्प नहीं है पर अगर इन कुछेक बुनियादी चीज़ों का ध्यान रखा जाए, तो ओकेआर शिखर तक पहुँचने के लिए आपके मार्गदर्शक ज़रूरत बन सकते हैं।

मेरा व्याख्यान सुनने के लिए लैरी और सर्गे - साथ ही मेरिसा माएर, सुजैऩ वोज्स्की, सालार कैमेन्गार और करीब तीस अन्य लोग यानी उस समय कंपनी के करीब-करीब सारे कर्मचारी - इकट्ठे हुए। वे सब ऑफिस में मौजूद टेबल टेनिस की टेबल के चारों ओर आकर खड़े हो गए (जिसे वे अक्सर अपनी बोर्डरूम टेबल की तरह भी उपयोग करते थे) और कुछ लोग वहाँ रखे बीन बैग्स पर आकर बैठ गए। मेरे व्याख्यान की पहली ही पावर पॉइंट स्लाइड में ओकेआर को कुछ इस तरह परिभाषित किया गया था: **'एक प्रबंधन प्रणाली जो**

यह सुनिश्चित करने में सहायक है कि कंपनी अपने प्रयासों को पूरे संगठन में समान महत्वपूर्ण मुद्दों पर केंद्रित करे।'

जैसा कि मैंने बताया, ऑब्जेक्टिव (उद्देश्य) यानी क्या हासिल करना है। परिभाषा के अनुसार उद्देश्य महत्वपूर्ण, ठोस, कार्यवाही उन्मुख और (आदर्श रूप से) प्रेरणादायक होता है। जब उद्देश्य का निर्धारण उचित ढंग से किया जाता है और उसे सही तरीके से लागू किया जाता है, तो वह अस्पष्ट चिंतन और अस्पष्ट क्रिया के खिलाफ किसी वैक्सीन की तरह काम करता है।

दूसरी ओर की-रिजल्ट्स (मुख्य परिणाम) मापदंड के तौर पर इस बात का निरीक्षण करते हैं कि हम उद्देश्य की पूर्ति कैसे करेंगे। प्रभावी की-रिजल्ट्स विशिष्ट और समयबद्ध होने के साथ-साथ आक्रामक और व्यावहारिक भी होते हैं। सबसे बड़ी बात यह है कि उनका मूल्यांकन और सत्यापन भी किया जा सकता है। (जैसा कि मेघावी छात्रा मेरिसा माएर कहती हैं, 'जिसमें कोई अंक नहीं होता, उसे की-रिजल्ट्स नहीं कहा जा सकता।') या तो आप की-रिजल्ट्स के सभी मापदंडों को पूरा करते हैं या फिर नहीं; इसमें कोई बीच का रास्ता नहीं होता और न ही संदेह के लिए कोई जगह होती है। आमतौर पर हम तयशुदा अवधि - जो अक्सर एक तिमाही होती है - के अंत में यह घोषणा करते हैं कि की-रिजल्ट्स हासिल हुए या नहीं। एक ओर जहाँ एक उद्देश्य एक साल या इससे भी ज़्यादा समय तक जस का तस रह सकता है, वहीं दूसरी ओर जैसे-जैसे कार्य आगे बढ़ता है, की-रिजल्ट्स बेहतर होकर बदलते जाते हैं। एक बार उनके पूरा होते ही उद्देश्य भी हासिल हो जाता है (और अगर ऐसा नहीं होता, तो इसका अर्थ है कि ओकेआर का निर्धारण सही ढंग से नहीं किया गया था)।

मैंने गूगल के उन युवा कर्मचारियों से कहा कि आज मेरा उद्देश्य है, इस कंपनी के लिए एक ऐसा प्लानिंग मॉडल बनाना, जिसका मूल्यांकन इन तीन की-रिजल्ट्स यानी मुख्य परिणामों के आधार पर हो:

की-रिजल्ट 1 : मैं अपनी प्रेजेंटेशन समय पर पूरी करूँगा।

की-रिजल्ट 2 : हम गूगल के तिमाही ओकेआर का एक नमूना तैयार करेंगे।

की-रिजल्ट 3 : मैं तीन महीने तक ओकेआर के परीक्षण के लिए मैनेजमेंट से

सहमति लूँगा।

इसके बाद मैंने ओकेआर से जुड़े दो परिदृश्यों का चित्रण किया। पहले परिदृश्य में एक काल्पनिक फुटबॉल टीम शामिल थी, जिसका जनरल मैनेजर एक उच्च-स्तरीय उद्देश्य को ऑर्गनाइजेशनल चार्ट[5] के आखिरी सदस्य तक लेकर जाता है। जबकि दूसरा परिदृश्य वास्तविक जीवन से जुड़ी नाटकबाजी था, जिसे मैं काफी करीब से देख रहा था। मैं बात कर रहा हूँ, इंटेल के अभियान ऑपरेशन क्रश की, जिसे माइक्रोप्रॉसेसर के बाजार में इंटेल का प्रभुत्व बहाल करने के लिए शुरू किया गया था (इन दोनों बिंदुओं पर विस्तृत चर्चा बाद में होगी)।

मैंने अपने व्याख्यान का अंत एक ऐसे प्रस्ताव को संक्षेप में दोहराकर किया, जो आज भी कम सम्मोहक नहीं है। ओकेआर (ऑब्जेक्टिव्स एंड की-रिजल्ट्स - उद्देश्य और मुख्य परिणाम) आपके प्राथमिक लक्ष्यों का बाहरी हिस्सा है। इनसे आपके प्रयासों और समन्वय को एक दिशा मिलती है। वे विविध कार्यों, कर्ज के उद्देश्य और सामंजस्य को पूरे संगठन से जोड़ देते हैं।

ठीक नब्बे मिनट पूरे होते ही मैंने अपना व्याख्यान खत्म कर दिया। मैंने तयशुदा वक्त में अपनी बात पूरी कर ली थी। अब गेंद गूगल के पाले में थी।

सन 2009 में हार्वर्ड बिजनेस स्कूल ने 'गोल्स गॉन वाइल्ड' शीर्षक से एक रिसर्च पेपर प्रकाशित किया। इसमें 'विनाशकारी लक्ष्यों को हासिल करने' के उदाहरणों की एक सूची दी गई थी - जैसे फोर्ड पिंटो ईंधन के टैंकों का विस्फोट, सीर्स ऑटो रिपेयर सेंटर्स द्वारा थोक में मनमाना शुल्क वसूलना, लापरवाही से बढ़ाए गए एनरॉन कंपनी के सेल्स टारगेट्स और सन 1996 की माउंट एवरेस्ट आपदा, जिसमें आठ पर्वतारोही मारे गए थे। इस रिसर्च पेपर के लेखकों ने आगे लिखा, **'किसी को लक्ष्य देना, एक तरह से शक्तिवर्धक दवा देने जैसा होता है। इस दवा की खुराक सावधानी से तय करना और मरीज का गहन निरीक्षण करना बहुत**

---

[5] एक रेखा-चित्र जो किसी संगठन की संरचना और उसके पदों और कर्तव्यों के संबंधों को दर्शाता है।

ज़रूरी होता है।' इन लेखकों ने इसमें एक चेतावनी भी जोड़ी थी: 'लक्ष्यों के चलते संकुचित एकाग्रता, अनैतिक व्यवहार, जोखिम में वृद्धि, आपसी सहयोग व प्रेरणा में कमी जैसी स्थितियाँ बनती हैं, जिनके चलते संगठन में सुनियोजित ढंग से समस्याएँ पैदा हो सकती हैं।' इन लेखकों की दलील थी कि लक्ष्य निर्धारण के स्याह पहलू के चलते उसके सारे लाभ व्यर्थ हो सकते हैं।

चेतावनी

लक्ष्य संगठन में सुनियोजित समस्याएँ पैदा कर सकते हैं क्योंकि लक्ष्यों से संकुचित एकाग्रता, अनैतिक व्यवहार, जोखिम में वृद्धि, आपसी सहयोग व प्रेरणा में कमी जैसी स्थितियाँ बनती हैं।

अपने संगठन के लक्ष्यों का निर्धारण करते समय सावधानी बरतें।

इस रिसर्च पेपर को काफी सकारात्मक प्रतिक्रिया मिली। आज भी व्यापक स्तर पर इसका हवाला दिया जाता है। इसमें जो चेतावनी दी गई, वह यूँ ही नहीं थी। किसी भी प्रबंधन प्रणाली की तरह ओकेआर का कार्यान्वयन भी अच्छी या बुरी तरह हो सकता है; इस किताब का उद्देश्य है, ओकेआर के सही उपयोग में आपकी मदद करना। याद रखिए कि अपने कार्यक्षेत्र में उच्च स्तरीय प्रदर्शन करने के लिए लक्ष्य निर्धारित करना बहुत ज़रूरी होता है।

सन 1968 में – जब इंटेल की शुरुआत हुई – मेरीलैंड यूनिवर्सिटी में मनोविज्ञान के प्रोफेसर एडविन लोके ने एक सिद्धांत दिया। जिसने एंडी ग्रोव को बहुत प्रभावित किया। प्रोफेसर एडविन के अनुसार, पहली बात तो ये है कि **'कठिन लक्ष्य' आपके प्रदर्शन को बेहतर बनाने में 'आसान लक्ष्यों' के मुकाबले अधिक कारगर सिद्ध होते हैं।** जबकि दूसरी बात यह है कि **स्पष्ट कठिन लक्ष्य, अस्पष्ट ढंग से वर्णित लक्ष्यों के मुकाबले 'कहीं अधिक उच्च स्तरीय परिणाम देते हैं।'**

इसके बाद अगले 50 वर्षों के दौरान हुए एक हज़ार से अधिक अध्ययनों ने लोके की खोज की पुष्टि इस रूप में की, 'सबसे अधिक जाँचे-परखे और सिद्ध किए गए विचारोंवाले प्रबंधन सिद्धांतों में से एक।' इस क्षेत्र में हुए प्रयोगों में से 90 फीसदी ने इस बात की पुष्टि की कि स्पष्ट रूप से वर्णित चुनौतीपूर्ण

लक्ष्यों से उत्पादकता में बढ़ोत्तरी होती है।

गैलप के सर्वेक्षणों से साल-दर-साल 'काम से जुड़ाव न होने के विश्वव्यापी संकट' की पुष्टि होती रही है। अमेरिका में अपने काम से जुड़ाव रखनेवाले और उसके प्रति उत्साही व प्रतिबद्ध महसूस करनेवाले कर्मचारियों की संख्या एक तिहाई से भी कम है। अपने काम से कोई जुड़ाव महसूस न करनेवाले इन लाखों श्रमिकों में से आधे ऐसे हैं, जो अपने वेतन में मात्र 20 फीसदी या उससे भी कम की बढ़ोत्तरी के लिए अपनी कंपनी छोड़ने को तैयार हो जाते हैं। तकनीकी क्षेत्र में हर तीन में से दो कर्मचारियों को ऐसा लगता है कि वे अपनी वर्तमान नौकरी से बेहतर नौकरी सिर्फ दो महीने की अवधि में हासिल कर सकते हैं।

अपने काम से जुड़ाव न होना, व्यावसायिक दुनिया की कोई अस्पष्ट या दार्शनिक समस्या नहीं है बल्कि यह बॉटम लाइन (सबसे महत्वपूर्ण या मूल कारक) को कमजोर बना देता है। काम से जुड़ाव रखनेवाले कार्य समूह से संगठन को अधिक लाभ होता है। ऐसे समूह से नुकसान होने की स्थिति भी कम ही बनती है। प्रबंधन एवं नेतृत्व परामर्श फर्म डेलॉयट के अनुसार, 'कर्मचारियों को रोककर रखने और उनमें जुड़ाव का भाव पैदा करने का मुद्दा बिजनेस लीडर्स की दूसरी सबसे बड़ी चिंता है। जबकि उनकी पहली चिंता है, वैश्विक नेतृत्व तैयार करने की चुनौती।'

कर्मचारियों में काम या संगठन के प्रति जुड़ाव का भाव कैसे पैदा किया जाता है? दो साल तक चले डेलॉयट के एक अध्ययन से पता चला कि इसका सबसे महत्वपूर्ण कारक है, '**स्पष्ट रूप से परिभाषित किए गए लिखित लक्ष्य, जिन्हें एक-दूसरे के साथ खुलकर साझा किया जाता है... लक्ष्य निर्धारित होने से स्पष्टता आती है, जिससे हम आपस में एक ही दिशा की ओर अग्रसर रहते हैं और इससे कामकाज को लेकर संतुष्टि का भाव पैदा होता है।**'

लक्ष्यों का निर्धारण करना भी समस्याओं से अछूता नहीं है: जब लोग परस्पर-विरोधी प्राथमिकताएँ रखते हैं या जब उनके लक्ष्य अस्पष्ट व निरर्थक होते हैं और मनमाने ढंग से बदलते रहते हैं, तो लोग कुंठित, चिड़चिड़े और हतोत्साहित हो जाते हैं। एक प्रभावी लक्ष्य प्रबंधन (मैनेजमेंट) प्रणाली - एक

ओकेआर प्रणाली - लक्ष्यों को टीम के व्यापक मिशन से जोड़ती है। यह परिस्थितियों से सामंजस्य स्थापित करते हुए लक्ष्यों और समय-सीमा का सम्मान करती है। इसके साथ ही यह प्रणाली फीडबैक को भी बढ़ावा देती है और छोटी व बड़ी, सभी सफलताओं का जश्न मनाती है। सबसे महत्वपूर्ण ये कि यह हमारी सीमाओं का विस्तार करती है। हमें जो अपनी पहुँच से परे लगता है, यह हमें उसे हासिल करने की ओर अग्रसर करती है।

जैसा कि 'गोल्स गॉन वाइल्ड' नामक रिसर्च पेपर के लेखकों ने भी स्वीकार किया कि 'लक्ष्य कर्मचारियों को प्रेरित कर उनके प्रदर्शन में सुधार ला सकते हैं।' संक्षेप में कहूँ, तो लैरी, सर्गे और उनकी पूरी टीम के लिए मेरा संदेश भी यही था।

व्याख्यान के बाद जैसे ही मैंने दर्शकों के सवाल का जवाब देना शुरू किया, तो वे सब कौतूहल से भर गए। मुझे यह तो लगा था कि शायद वे एक बार ओकेआर (ऑब्जेक्टिव्स एंड की-रिजल्ट्स - उद्देश्य और मुख्य परिणाम) को आज़माकर देखेंगे पर मैं उनके संकल्प की गहनता को समझ नहीं पाया था। सर्गे ने कहा, 'हमें कुछ संयोजन-संबंधी सिद्धांतों की ज़रूरत है। फिलहाल हमारे पास ऐसा कोई सिद्धांत नहीं है। शायद ये हमारा संयोजन-संबंधी सिद्धांत हो सकता है।' पर गूगल और ओकेआर का मिलन यूँ ही अचानक नहीं हो सकता था। यह एक परस्पर-विरोधी मिलन था, जो गूगल मैसेंजर के आरएनए में एक सहज जीन ट्रांस्क्रिप्शन (जीन प्रतिलेखन) जैसा था। डाटा को खजाना माननेवाले एक उन्मुक्त उद्यम के लिए ओकेआर एक लचीला और डाटा-संचालित उपकरण था।[6] वे उस टीम के लिए पारदर्शिता का वादा थे, जो ओपन सोर्स, ओपेन सिस्टम्स और ओपेन वेब के साथ काम करती थी। ओकेआर ने अपने समय के दो सबसे दु:साहसी विचारकों की 'अच्छी विफलताओं' और उनकी जोखिम उठाने की प्रवृत्ति को पुरस्कृत किया।

---

[6] जैसा कि स्टीव लैवी ने इन द प्लेक्स में लिखा है, 'जॉन डोअर ने गूगल में मात्रकों को लागू किया।'

गूगल और ओकेआर का मिलन : एक उत्कृष्ट जोड़ी।

हालाँकि व्यवसाय कैसे चलाया जाता है, इस बारे में लैरी और सर्गे की कुछ पूर्व धारणाएँ थीं, लेकिन वे यह जानते थे कि **लक्ष्यों को कागज पर लिखना उन्हें वास्तविक बना देता है।**[7] अपने व्यवसाय की सबसे महत्वपूर्ण चीज़ों का एक या दो पन्नों पर संक्षिप्त रूप से वर्णन करना और उसे गूगल के सभी कर्मचारियों के सामने सार्वजनिक करना उन्हें पसंद था। वे दोनों सहज ही यह समझ गए कि गलाकाट प्रतिस्पर्धा या अचानक बड़ी सफलता मिलने के बावजूद भी ओकेआर कैसे किसी संगठन को उसके रास्ते से भटकने से बचा सकते हैं।

एरिक श्मिट के साथ लैरी और सर्गे ओकेआर के उपयोग के मामले में दबाव डालते, हठी हो जाते, यहाँ तक कि टकराव से भी न हिचकते। एरिक श्मिट दो साल बाद गूगल के सीईओ बन गए। जैसा कि एरिक ने लेखक स्टीवेन लेवी को बताया, 'गूगल का उद्देश्य है, पैमाने के मामले में एक सुनियोजित अन्वेषक संगठन बनना। यहाँ अन्वेषक का अर्थ है, नई चीज़ें करनेवाला और पैमाने का अर्थ है, चीज़ों को ऊँचे स्तर पर सुनियोजित ढंग से कुछ इस प्रकार करना कि उनके जरिये हर अगला व्यक्ति खुद भी नई-नई चीज़ों की रचना कर सके।' सर्गे, लैरी और एरिक की इस त्रिमूर्ति ओकेआर की सफलता का एक निर्णायक घटक लेकर आई – दृढ़ विश्वास और शीर्ष प्रबंधकों द्वारा कंपनी के शेयर खरीदना।

एक निवेशक के तौर पर मैं ओकेआर को बहुत महत्त्व देता हूँ। जैसे-जैसे गूगल और इंटेल के पूर्व कर्मचारी अन्य कंपनियों में जा रहे हैं और अच्छा काम कर रहे हैं, वैसे-वैसे हर क्षेत्र और हर स्तर की सैकड़ों कंपनियाँ ठोस लक्ष्यों के निर्धारण के लिए प्रतिबद्ध हो रही हैं। दरअसल ओकेआर हर प्रकार की स्थिति के अनुकूल होते हैं। हमने तकनीक के क्षेत्र में इनका व्यापक उपयोग देखा है,

---

[7] शुरुआती दौर में गूगल अपने हर कर्मचारी के प्रदर्शन का मूल्यांकन करने के लिए तीन या चार पंक्तियों की रिपोर्ट्स पर निर्भर रहा करता था।

जहाँ दक्षता और टीम के साथ मिलजुलकर काम करना अनिवार्य होता है (इस किताब में जिन कंपनियों का जिक्र किया गया है, उनके अतिरिक्त और भी कई कंपनियाँ हैं, जो ओकेआर की अनुयायी बन चुकी हैं, जैसे एओएल, ड्रॉपबॉक्स, लिंक्डइन, ओरेकल, स्लैक, स्पॉटिफाई और ट्विटर वगैरह)। सिलिकॉन वैली की धुरंधर कंपनियों के अलावा ओकेआर को अपनानेवालों में और भी कई चर्चित नाम हैं, जैसे एन्हाइज़र-बुश, बीएमडब्ल्यू, डिज्नी, एक्सॉन और सैमसंग। **वर्तमान अर्थव्यवस्था में बदलाव जीवन का सत्य है।** अतीत की चीज़ों में अटके रहकर सर्वश्रेष्ठ परिणामों की उम्मीद करना व्यर्थ है। हमें अपना आगे का रास्ता बनाने के लिए एक ऐसे विश्वासपात्र उपकरण की ज़रूरत है, जो हमारे सामने आनेवाली बाधाओं को हटाकर हमारा मार्ग प्रशस्त कर सके।

अपेक्षाकृत छोटी स्टार्ट-अप कंपनियों में हर कर्मचारी द्वारा समान दिशा में काम करना ज़रूरी होता है। इन कंपनियों में उद्देश्य और मुख्य परिणाम (ओकेआर) अपने अस्तित्व को बनाए रखने का उपकरण होते हैं। खासकर तकनीकी क्षेत्र में नई कंपनियों के लिए यह ज़रूरी होता है कि वे अपनी पूँजी खत्म होने से पहले जल्द से जल्द प्रगति करें ताकि समय रहते निवेशकों से धन प्राप्त कर सकें। ठोस लक्ष्यों से निवेशकों व प्रोत्साहकों को सफलता का एक मापदंड मिल जाता है: 'हम इस प्रोडक्ट को तैयार करने जा रहे हैं और हमने पच्चीस ग्राहकों से बातचीत करके यह सिद्ध कर दिया है कि इस प्रोडक्ट का भी एक बाजार है और ग्राहक इस प्रोडक्ट के लिए इतना धन खर्च करने को तैयार हैं।' तेजी से प्रगति करनेवाली मध्यम आकार की कंपनियों में ओकेआर कार्य पर अमल करने की एक साझा भाषा जैसे होते हैं। क्योंकि वे अपेक्षाओं को स्पष्ट करते हैं: 'किसी प्रोजेक्ट को (तेजी से) पूरा करने के लिए हमें क्या करने की ज़रूरत है और उस पर कौन काम कर रहा है?' दरअसल ओकेआर सभी कर्मचारियों को आपस में एक ही दिशा की ओर अग्रसर रखते हैं और रास्ते से भटकने नहीं देते।

बड़ी कंपनियों में उद्देश्य और मुख्य परिणाम (ओकेआर) रास्ते पर लगे चमकीले निर्देश-चिन्हों जैसे होते हैं। वे एक-दूसरे के प्रति उदासीन कर्मचारियों व सहयोगियों के बीच सह-संबंध विकसित करते हैं और अलग-थलग रहने

व आपस में जानकारियाँ साझा न करने की प्रवृत्ति को खत्म कर देते हैं। वे कर्मचारियों के बीच स्वायत्ता लाकर नए समाधानों को जन्म देते हैं और सबसे सफल संगठनों को भी और अधिक प्रगति करने के लिए निरंतर प्रयासरत रहने की ओर अग्रसर रखते हैं।

ठीक यही लाभ नॉट-फॉर-प्रॉफिट संगठनों (यानी ऐसे संगठन जिनका उद्‌देश्य आर्थिक लाभ कमाना नहीं होता) को भी मिलते हैं। जैसे बिल एंड मेलिंडा गेट्स फाउंडेशन 20 मिलियन डॉलर का एक स्टार्ट-अप है, इसमें ओकेआर बिल गेट्स को वह डाटा उपलब्ध कराते हैं, जो मलेरिया, पोलियो और एचआईवी जैसी घातक बीमारियों के खिलाफ युद्ध स्तर पर काम करने के लिए ज़रूरी हैं। गेट्स की पूर्व-कर्मचारी सिल्विया मैथ्यूज बर्वेल ने जब फेडरल ऑफिस ऑफ मैनेजमेंट एंड बजट और फिर डिपार्टमेंट ऑफ हेल्थ एंड ह्यूमन सर्विसेज के लिए काम किया, तो उन्होंने वहाँ भी यही प्रकिया लागू की, जिससे अमेरिकी सरकार को इबोला जैसी खतरनाक बीमारी से मुकाबला करने में मदद मिली।

पर गूगल ने जितने बड़े पैमाने पर ओकेआर (ऑब्जेक्टिव्स एंड की-रिजल्ट्स - उद्‌देश्य और मुख्य परिणाम) का उपयोग किया है, उतना शायद किसी और कंपनी ने नहीं किया, इंटेल ने भी नहीं। हालाँकि एंडी ग्रोव द्वारा लागू किए गए तौर-तरीके वैचारिक रूप से काफी सरल होते हैं, लेकिन वे दृढ़ता, प्रतिबद्धता, स्पष्ट सोच और सुविचारित आपसी संवाद की माँग करते हैं। उनके अनुसार, 'हम कोई सूची बनाकर उसे दोबारा जाँचने जैसा साधारण कार्य नहीं कर रहे हैं बल्कि एक संगठन के तौर पर अपनी क्षमता बढ़ा रहे हैं और लक्ष्य हासिल करने का अपना कौशल विकसित कर रहे हैं। वैसे भी कोई सार्थक लाभ हासिल करना हो, तो थोड़ी तकलीफ उठानी ही पड़ती है।' इसके बावजूद गूगल के वरिष्ठ अधिकारी कभी नहीं लड़खड़ाए। सीखने और सुधार करने की उनकी भूख आज भी पहले जैसी ही है।

जैसा कि एरिक श्मिट और जॉनथन रोजेनबर्ग ने अपनी किताब 'हाऊ गूगल वर्क्स' में बताया है, 'ओकेआर ऐसे सरल उपकरण बन गए, जिन्होंने कंपनी के संस्थापकों की 'बड़ा सोचने' की प्रवृत्ति को संस्थागत रूप दिया।'

गूगल के शुरुआती दिनों में लैरी पेज हर तिमाही के बाद दो दिन अलग से निकालकर रखते थे ताकि कंपनी के हर सॉफ्टवेयर इंजीनियर के उद्देश्य और मुख्य परिणाम (ओकेआर) को व्यक्तिगत रूप से जाँच-परख सकें। (मैं भी ऐसे कुछ समीक्षा-सत्रों में शामिल हो चुका हूँ, जहाँ मैंने पाया कि लैरी की विश्लेषणात्मक बाजीगरी - अलग-अलग दिशाओं की ओर अग्रसर विभिन्न चीज़ों के बीच संबद्धता और सुसंगति ढूँढ़ने की उनकी अलौकिक क्षमता - वाकई अविस्मरणीय थी।) जैसे-जैसे कंपनी का विस्तार हुआ, लैरी ने हर तिमाही के बाद कंपनी के वरिष्ठ अधिकारियों की टीम्स के उद्देश्यों पर जोरदार बहस व चर्चा करना जारी रखा।

गूगल के ऑफिस की टेबल टेनिस की टेबल पर मेरे स्लाइड-शो के करीब दो दशक बाद आज भी ओकेआर इस कंपनी के दैनिक-जीवन का हिस्सा बना हुआ है। निरंतर प्रगति और उसके साथ आनेवाली जटिलताओं के कारण, कंपनी का नेतृत्व करनेवाले वरिष्ठ अधिकारी शायद अब तक नौकरशाही तौर-तरीके अपना चुके होते या किसी नई मैनेजमेंट टीम की सनक के चलते ओकेआर को रद्दी में फेंक चुके होते। पर ऐसा कुछ भी करने के बजाय वे आज भी उसी राह पर कायम हैं। गूगल में आज भी ओकेआर की प्रणाली अस्तित्व में है और अच्छी तरह चल रही है। ओकेआर गूगल की जानी-पहचानी उपलब्धियों के आधार जैसे हैं। इन उपलब्धियों में गूगल के ये सात उत्पाद भी शामिल हैं - सर्च, क्रोम, एंड्रॉयड, मैप्स, यूट्यूब, गूगल प्ले और जीमेल। इनमें से प्रत्येक के उपयोगकर्ताओं की संख्या एक बिलियन या उससे भी अधिक है। सन 2008 में पूरी कंपनी में विस्तृत रूप से लागू ओकेआर ने लेटेंसी (यानी क्लाउड से डाटा को वापस हासिल करने की प्रक्रिया में देरी) की आपातकालीन समस्या से निपटने के लिए अपने सारे कर्मचारियों को एकजुट किया था। सबसे निचले स्तर के कर्मचारियों के बीच लागू ओकेआर, सबसे उत्पादक '20 फीसदी समय' (परेटो के सिद्धांत - 80-20 नियम - के अनुसार) में गहनता से सक्रिय रहते हैं, जिससे जमीनी स्तर पर सक्रिय इंजीनियर्स को अन्य लाभकारी प्रोजेक्ट्स में काम करने का मौका मिल जाता है।

कई कंपनियों में रूल ऑफ सेवेन (सात का नियम) होता है, जिसके

अनुसार प्रबंधकों (मैनेजर्स) की प्रत्यक्ष रिपोर्ट्स की संख्या को अधिकतम सात तक सीमित कर दिया जाता है। कुछ मामलों में गूगल ने इस नियम को उल्टे ढंग से लागू किया और प्रबंधकों के लिए कम से कम सात प्रत्यक्ष रिपोर्ट्स देना अनिवार्य किया। (जब जॉनथन रोजेनबर्ग गूगल की प्रोडक्ट टीम का नेतृत्व कर रहे थे, तो वे कम से कम बीस रिपोर्ट्स तैयार करते थे।) रिपोर्ट्स का रेशो जितना ऊँचा होता है, ऑर्गनाइजेशनल चार्ट (यानी एक रेखा-चित्र जो किसी संगठन की संरचना और उसके पदों और कर्तव्यों के संबंधों को दर्शाता है) उतना ही बराबर होता है – जिसका अर्थ है, चूक होने की कम संभावना, अधिक अग्रिम स्वायत्ता और अगली सफलता के लिए अधिक बेहतर आधार। ओकेआर इन सभी सकारात्मक चीज़ों को संभव बनाने में सहायक है।

अक्टूबर 2018 में लगातार 75वीं तिमाही में गूगल के सीईओ के नेतृत्व में उच्च स्तरीय उद्‌देश्यों और मुख्य परिणामों के आधार पर कंपनी की प्रगति का मूल्यांकन किया जाएगा। फिर नवंबर और दिसंबर में हर टीम और उत्पाद-क्षेत्र अगले साल के लिए ओकेआर के अनुसार अपनी कुछ योजनाएँ बनाएँगे। पिछले साल जनवरी में कंपनी के सीईओ सुंदर पिचाई ने मुझसे कहा था, 'हम कंपनी के सामने जाएँगे और स्पष्ट करेंगे कि हमारी उच्च-स्तरीय रणनीति ये है और इस साल के लिए हमने फलाँ ओकेआर लिखित रूप से तैयार किए हैं।' (कंपनी की परंपरा के अनुसार, एक एक्जीक्यूटिव टीम असफलताओं का गहन अवलोकन करते हुए गूगल के पिछले साल के ओकेआर का श्रेणीकरण भी करेगी।)

अगले कुछ महीनों में गूगल के हज़ारों कर्मचारी अपनी टीम्स और अपने व्यक्तिगत ओकेआर (ऑब्जेक्टिव्स एंड की-रिजल्ट्स - उद्‌देश्य और मुख्य परिणाम) तैयार करेंगे, उन पर चर्चा करेंगे, उन्हें संशोधित करेंगे और उनका श्रेणीकरण करेंगे। हमेशा की तरह ही उन्हें अपना इंटरनेट ब्राउज़ करने और यह देखने की पूरी आज़ादी होगी कि अन्य टीम्स सफलता का मूल्यांकन किस तरह कर रही हैं। वे यह पता लगाने में भी सक्षम होंगे कि उनका कार्य कंपनी के सारे पहलुओं को ध्यान में रखते हुए कितना प्रभावी साबित हो रहा है – और गूगल की व्यापक अवधारणा के कितना अनुकूल है।

इस बात को अभी बीस साल भी नहीं हुए हैं, जब लैरी ने गूगल के रेवेन्यू

का अनुमान लगाते हुए दस बिलियन डॉलर्स का आँकड़ा मेरे सामने रखा था। तब उनका यह अनुमान हवा-हवाई किस्म का लग रहा था पर आज ऐसा लगता है कि उन्होंने इसे कम करके ही आँका था। इस किताब के प्रकाशित होते-होते गूगल की पेरेंट कंपनी एल्फाबेट का मार्केट कैप[8] बढ़कर 700 बिलियन डॉलर्स हो जाएगा। इस तरह यह दुनिया की दूसरी सबसे मूल्यवान कंपनी बन जाएगी। सन 2017 में फॉर्च्यून पत्रिका की 'नौकरी करने के लिए सर्वश्रेष्ठ कंपनियों की सूची' में गूगल लगातार छठीं बार पहले नंबर पर रही। कंपनी की इस शानदार सफलता का आधार है, इसका दृढ़ और स्थिर नेतृत्व, इसके ढेरों तकनीकी संसाधन, पारदर्शिता, टीमवर्क व निरंतर जारी नवाचार की मूल्य-आधारित संस्कृति। इसके साथ ही ओकेआर ने भी कंपनी की इस सफलता में महत्वपूर्ण भूमिका निभाई है। ओकेआर के बिना मैं, लैरी या सर्गे गूगलप्लेक्स (एल्फाबेट और गूगल का कैलीफोर्निया स्थित कॉरपोरेट हेडक्वार्टर) के संचालन की कल्पना भी नहीं कर सकते।

आगे के पन्नों में आप देखेंगे, ऑब्जेक्टिव्स (उद्देश्य) और की-रिजल्ट्स (मुख्य परिणाम) से स्पष्टता, जवाबदेही और महानता की निरंतर तलाश सुनिश्चित होती है। तभी तो एरिक श्मिट 'कंपनी की दिशा हमेशा के लिए बदलने' का श्रेय ओकेआर को देते हैं।

मैं दशकों तक ओकेआर की दुनिया के जॉनी एप्पलसीड[9] जैसा रहा हूँ, जो अपनी बीस स्लाइडवाली पावर पॉइंट प्रेजेंटेशन और सच्ची व दृढ़ प्रतिज्ञा के साथ एंडी ग्रोव की सहज योग्यता के बीज बोते हुए उसका प्रसार करने में लगा रहा। पर मुझे हमेशा ये लगा, जैसे मैं बस सतह पर ही कुलाँचे भरता रहा और कभी गहराई में जाकर असली परिणाम हासिल नहीं कर सका। इसीलिए कुछ साल पहले मैंने तय किया कि एक बार और कोशिश करना बनता है। यह किताब

[8] मार्केट कैपिटलाईजेशन या बाजार पूँजीकरण: सार्वजनिक रूप से कारोबार करनेवाली किसी कंपनी का कुल मूल्य।

[9] एक महान अमेरिकी माली, जिन्होंने उन्नीसवीं शताब्दी में देश के विभिन्न इलाकों में हज़ारों जगह पहली बार सेब के बीज बोए और हर अमेरिकी को सेब के फल से परिचित कराया।

उसी कोशिश का नतीजा है। इस बार मैं ओकेआर की गहराई में उतरा हूँ ताकि इस विषय के साथ न्याय किया जा सके। मेरे लिए यह किताब - और इसकी साथी वेबसाइट whatmatters.com - अपने सालों पुराने जुनून को आपके यानी अपने पाठकों के सामने लाने का एक सुनहरा मौका है। मैं उम्मीद करता हूँ कि यह आपके लिए उपयोगी साबित हो। मैं आपको यह भी बताना चाहूँगा कि ओकेआर ने ही मेरी जिंदगी बदली है।

मैंने दुनिया के सबसे महत्वाकांक्षी नॉनप्रॉफिट संगठनों (यानी ऐसे संगठन जिनका उद्देश्य आर्थिक लाभ कमाना नहीं होता) और एक प्रतिष्ठित आयरिश रॉकस्टार को ओकेआर प्रणाली से परिचित कराया (आप इस बारे में सीधे उनके शब्दों में भी जान सकेंगे)। मैंने अनगिनत लोगों को ऑब्जेक्टिव्स् (उद्देश्य) और की-रिजल्ट्स (मुख्य परिणाम) का उपयोग करके सोच-विचार के मामले में अधिक अनुशासित, संवाद के मामले में अधिक स्पष्ट और कर्म के मामले में अधिक उद्देश्यपूर्ण होते देखा है। अगर यह किताब एक ओकेआर होती, तो मैं इसके इस उद्देश्य को एक आकांक्षापूर्ण उद्देश्य करार देता, जो कुछ इस प्रकार है: अपने और दूसरों के जीवन को और अधिक परिपूर्ण बनाना।

ग्रोव अपने समय से आगे के व्यक्ति थे। प्रबल एकाग्रता, सटीक मूल्यांकन, हर चीज़ को दूसरों के साथ खुलकर साझा करना और बेहद मुष्किल लक्ष्यों पर निशाना साधना - ये आधुनिक लक्ष्य-विज्ञान की पहचान है। **जहाँ ओकेआर स्थापित हो जाते हैं, वहाँ योग्यता वरिष्ठता को पीछे छोड़ देती है। वहाँ प्रबंधक प्रशिक्षक, सलाहकार और शिल्पकार बन जाते हैं। वहाँ कर्म और डाटा, शब्दों से अधिक प्रबल होते हैं।**

संक्षेप में कहें, तो ऑब्जेक्टिव (उद्देश्य) और की-रिजल्ट्स (मुख्य परिणाम) उत्कृष्टता हासिल करने के लिए एक दृढ़ और प्रमाणित शक्ति जैसे होते हैं - और जब गूगल के मामले में ऐसा है, तो आपके मामले में ऐसा क्यों नहीं हो सकता?

ओकेआर की ही तरह यह किताब भी दो पूरक खंडों में बँटी है। पहला खंड इस प्रणाली की बुनियादी विशेषताओं और इस बात पर केंद्रित है कि कैसे

यह अच्छे विचारों को बेहतर कार्यान्वयन और कामकाज संबंधी संतुष्टि में बदल देती है। हम एंडी ग्रोव की कंपनी इंटेल में हुई ओकेआर की उत्पत्ति की कहानी से शुरुआत करते हैं, जहाँ मैं इनका उत्साही अनुयायी बना। इसके बाद आते हैं ओकेआर के 'सुपरपॉवर': ध्यान केंद्रित करना, एक ही दिशा की ओर अग्रसर रहना, नज़र रखना और ज़ोर लगाना।

सुपरपॉवर 1- प्राथमिकताओं पर ध्यान केंद्रित करें और उनके प्रति प्रतिबद्ध रहें (अध्याय 4, 5 और 6) : उच्च-स्तरीय प्रदर्शन करनेवाले संगठन कामकाज संबंधी लक्ष्यों को हासिल करने की दिशा में अग्रसर रहते हैं और इस बात को लेकर भी उतने ही स्पष्ट होते हैं कि क्या महत्वपूर्ण नहीं है। ओकेआर नेतृत्व करनेवालों को कठिन चुनावों के लिए प्रेरित करते हैं। वे विभागों, टीम्स और व्यक्तिगत योगदानकर्ताओं के लिए स्पष्ट संवाद का साधन हैं। ओकेआर दुविधाओं और भ्रमों को दूर करते हैं, जिसके चलते हम इस प्रकार ध्यान केंद्रित कर पाते हैं, जो जीत हासिल करने के लिए ज़रूरी है।

सुपरपॉवर 2- टीमवर्क के लिए एक-दूसरे से जुड़ें और आपस में एक ही दिशा की ओर अग्रसर रहें (अध्याय 7, 8 और 9) : ओकेआर से आनेवाली पारदर्शिता के चलते सीईओ से लेकर जूनियर कर्मचारी तक, हर किसी के लक्ष्य खुले तौर पर सभी के साथ साझा किए जाते हैं। कर्मचारी अपने-अपने उद्देश्यों को कंपनी की मुख्य योजना के साथ जोड़ लेते हैं। वे आपसी-निर्भरता की पहचान करते हैं और अन्य टीम्स के साथ समन्वय बनाते हैं। जब सारे कर्मचारी आपस में एक ही दिशा की ओर अग्रसर होते हैं, तो इससे हर योगदानकर्ता संगठन की सफलता से जुड़ जाता है और उनका काम अर्थपूर्ण बन जाता है। लोगों की स्वामित्व की भावना को गहन बनाकर ओकेआर सक्रिय सहभागिता और नवाचार को प्रोत्साहित करते हैं।

सुपरपॉवर 3- जवाबदेही तय करने के लिए नज़र रखें (अध्याय 10 और 11) :

ओकेआर डाटा से चलते हैं। उन्हें सक्रिय रखने के लिए आलोचनारहित जवाबदेही की भावना के साथ समय-समय पर ब्यौरे दर्ज करने, वस्तुनिष्ठ ढंग से श्रेणीकरण करने और निरंतर पुनर्मूल्यांकन करने की ज़रूरत पड़ती है। एक लुप्तप्राय की-रिजल्ट (मुख्य परिणाम) इसे वापस सही रास्ते पर लाने के लिए, इसे संशोधित करने के लिए या फिर ज़रूरत पड़ने पर इसे बदलने के लिए ज़रूरी कर्म को सक्रिय कर देता है।

सुपरपॉवर 4- अद्‌भुत परिणाम हासिल करने के लिए ज़ोर लगाएँ (अध्याय 12, 13 और 14) : ओकेआर हमें अपनी क्षमता से अधिक प्रयास करके उत्कृष्टता हासिल करने के लिए प्रोत्साहित करते हैं। हमें हमारी क्षमताओं की आखिरी सीमा तक ले जाकर और असफल होने की आज़ादी देकर ओकेआर हमारे सबसे रचनात्मक और महत्वाकांक्षी पहलू को उजाकर कर देते हैं।

वहीं किताब का खंड-2 कामकाज के नए संसार में ओकेआर के प्रयोग और उसके निहितार्थों पर केंद्रित है।

सीएफआर (अध्याय 15 और 16) : वार्षिक प्रदर्शन समीक्षाओं की विफलता से एक दृढ़ विकल्प सामने आया - निरंतर प्रदर्शन प्रबंधन। मैं आपके सामने ओकेआर के ही भाई-बंधु सीएफआर (कन्वरसेशन, फीडबैक एंड रिकॉग्निशन - संवाद, प्रतिक्रिया और पहचान) को पेश करूँगा और यह स्पष्ट करूँगा कि कैसे ओकेआर और सीएफआर आपस में मिलकर नेतृत्व करनेवालों, योगदान देनेवालों और संगठनों को एक अलग ही उच्च-स्तर पर ले जा सकते हैं।

निरंतर सुधार (अध्याय 17) : ठोस लक्ष्यों के निर्धारण और निरंतर प्रदर्शन प्रबंधन की केस स्टडी के तौर पर हम रोबोट्स का उपयोग करनेवाली एक पिज्जा कंपनी का उदारहरण लेते हैं, जिसने अपने व्यवसाय के हर पहलू - अपनी रसोई से लेकर मार्केटिंग और सेल्स तक - में ओकेआर लागू किया।

संस्कृति का महत्त्व (अध्याय 18, 19 और 20) : इसमें हम कार्यस्थल पर ओकेआर के प्रभाव का पता लगाएँगे और यह जानेंगे कि कैसे वे सांस्कृतिक बदलावों को आसान बनाकर उनमें तेजी लाते हैं।

अपनी इस यात्रा के साथ-साथ पर्दे के पीछे रहकर हम एक दर्जन अलग-अलग कंपनियों के संदर्भ में ओकेआर पर गौर करेंगे। इनमें अफ्रीका की बोनोज़ वन कैम्पेन से लेकर यूट्यूब और उसकी दस गुना प्रगति करने की कोशिशें शामिल होंगी। ये कहानियाँ सामूहिक रूप से ठोस लक्ष्यों के निर्धारण और निरंतर प्रदर्शन प्रबंधन की संभावना और क्षमता के साथ-साथ यह भी दर्शाती हैं कि ये हमारे काम करने के तरीके को कैसे बदल रही हैं।

2

ओकेआर के जनक

ऐसे लोगों की कोई कमी नहीं है, जो मेहनत तो बहुत करते हैं पर फिर भी बहुत कम हासिल कर पाते हैं।

- एंडी ग्रोव

ये सब तब शुरू हुआ, जब मैं अपनी पूर्व प्रेमिका का दिल दोबारा जीतने की कोशिश कर रहा था। एन मुझे छोड़कर जा चुकी थी और फिलहाल सिलिकॉन वैली में काम कर रही थी, पर मुझे नहीं मालूम था कि वो कहाँ काम करती है। ये सन 1975 के गर्मियों की बात है, जब हार्वर्ड बिजनेस स्कूल का एक सेमेस्टर खत्म हो चुका था और दूसरा सेमेस्टर शुरू होने में थोड़ा समय बाकी था। मैं योजेमिटी के रास्ते सिलिकॉन वैली आ गया, जहाँ न तो मेरे पास कोई नौकरी थी और न ही रहने की जगह। उस समय मेरे भविष्य का कोई ठिकाना नहीं था पर मुझे कंप्यूटर्स को प्रोग्राम करना आता था।[1] राइस यूनिवर्सिटी से इलेक्ट्रिकल इंजीनियरिंग में मास्टर्स डिग्री लेते हुए मैंने बरोंज नामक कंपनी के ग्राफिक सॉफ्टवेयर तैयार करने के लिए एक कंपनी की सह-स्थापना की थी। यह उन 'सेवेन ड्वार्स'[2] में से एक थी, जो बाजार में हिस्सेदारी पाने के लिए आईबीएम से संघर्षरत थीं। मुझे इन ग्राफिक्स सॉफ्टवेयर्स के कोड्स लिखने में बहुत मजा आता था।

मुझे उम्मीद थी कि सिलिकॉन वैली की किसी न किसी वेंचर कैपिटल

---

[1] मैंने इसे पीडीपी-11 सीरीज के एक मिनी कंप्यूटर पर सीखा था, जो उस जमाने में कंप्यूटर्स में दिलचस्पी रखनेवालों की पहली पसंद हुआ करता था।

[2] आईबीएम की प्रतिद्धंदी कंपनियों का मखौल उड़ाने के लिए उपयोग किया जानेवाला एक नाम

कंपनी में मुझे कम से कम इंटर्नशिप तो मिल ही जाएगी, लेकिन इन सभी कंपनियों ने मेरा आवेदन ठुकरा दिया। हालाँकि इन्हीं में से एक कंपनी ने मुझे सुझाव दिया कि मैं उनके द्वारा फंड की गई एक अन्य कंपनी में कोशिश करूँ, जो कंप्यूटर माइक्रोचिप बनाती थी। सैंटा क्लारा स्थित इस कंपनी का नाम था, इंटेल। मैंने इंटेल के एक उच्च अधिकारी का फोन नंबर पता करके उसे कॉल किया। इस अधिकारी का नाम बिल डेविडो था और वह इंटेल के माइक्रोकंप्यूटर विभाग का प्रमुख था। जब बिल को पता चला कि मैं बेंचमार्क्स (कंप्यूटर प्रोग्रामिंग से जुड़ी एक प्रक्रिया) लिख सकता हूँ, तो वह मुझसे मिलने के लिए राजी हो गया।

सैंटा क्लारा में इंटेल के मुख्यालय में छोटी-छोटी दीवारोंवाले ढेरों क्यूबिकल्स एक विस्तृत क्षेत्र में फैले हुए थे। उस जमाने में ऑफिस का यह डिजाइन चलन से बाहर नहीं हुआ था। मैं बिल से मिला। कुछ देर तक बातचीत करने के बाद उसने मुझे कंपनी के मार्केटिंग मैनेजर जिम लैली के पास भेज दिया। जिम ने भी एक संक्षिप्त बातचीत के बाद मुझे एक अन्य अधिकारी के पास भेज दिया। इस तरह शाम के पाँच बजते-बजते मुझे तकनीकी क्षेत्र में तेजी से उभर रही इस कंपनी में इंटर्नशिप मिल गई। मेरी किस्मत इतनी अच्छी रही कि वहाँ मेरी मुलाकात अपनी पूर्व-प्रेमिका एन से भी हो गई। वह भी इंटेल में ही काम करती थी। हालाँकि वह मुझे देखकर खुश नहीं थी। (लेकिन उस साल मजदूर दिवस आते-आते हम दोनों एक बार फिर साथ हो गए।)

बातचीत के दौरान बिल मुझे एक कोने में ले गया और बोला, 'जॉन, मैं तुम्हें एक बात पहले ही साफ-साफ बता देता हूँ कि यहाँ का संचालन एंडी ग्रोव के हाथों में है।' ग्रोव इंटेल के एग्जीक्यूटिव वाइस-प्रेसिडेंट थे; इसके बारह साल बाद उन्होंने गॉर्डन मूर का कार्यकाल समाप्त होने पर कंपनी के सीईओ का पद भी सँभाला। इंटेल में एंडी को कर्मचारियों के साथ संवाद कायम रखने के लिए जाना जाता था। वे एक उत्कृष्ट संचालक थे और कंपनी में सख्ती से काम लेनेवाले मुख्य व्यक्ति थे। हर कोई जानता था कि इंटेल के असली कर्ताधर्ता एंडी ही हैं।

इंटेल की त्रिमूर्ती

व्यक्तिगत पृष्ठभूमि के लिहाज से देखें, तो इस बात की संभावना कम ही थी कि ग्रोव इंटेल की उस मशहूर त्रिमूर्ती का हिस्सा होंगे, जिसने तीस साल तक कंपनी की बागडोर सँभाले रखी। इस त्रिमूर्ती के पहले व्यक्ति थे गॉर्डन मूर, जो स्वभाव से ज़रा शर्मीले थे पर साथ ही एक गहन विचारक भी थे। उन्होंने एक ऐसा विशिष्ट नियम (मूर्स लॉ - मूर का नियम) दिया, जो तकनीक की एक्सपोटेन्शिल स्केलिंग (घांताकीय बढ़ोत्तरी) का नया आधार बना। मूर के इस नियम अनुसार, कंप्यूटर प्रॉसेसिंग की शक्ति हर दो साल में दोगुनी हो जाती है।

इंटेल की इस त्रिमूर्ती के दूसरे व्यक्ति थे रॉबर्ट नॉयस, जो इंटीग्रेटेड सर्किट (जिसे माइक्रोचिप के नाम से भी जाना जाता है) के सह-आविष्कारक थे। वे एक करिष्माई व्यक्ति थे और अपनी उद्योग का चेहरा थे। उन्हें कंपनी से जुड़ी बाहरी गतिविधियों को शानदार ढंग से संभालने में महारथ हासिल थी। वे महत्वपूर्ण कानूनी सुनवाईयों के दौरान भी उतने ही सहज नज़र आते थे, जितना वैगन व्हील जैसे किसी मशहूर रेस्तरां में अपने साथ आए लोगों के लिए ड्रिंक्स खरीदते समय (दरअसल तकनीकी क्षेत्र में कार्यरत लोग पार्टीज का लुत्फ उठाने के मामले में भी खासे सक्रिय रहते थे और रॉबर्ट ऐसे लोगों को संभालना बखूबी जानते थे)।

इस त्रिमूर्ती के तीसरे व्यक्ति थे, आंद्रेज इस्तवान ग्रॉफ उर्फ एंडी ग्रोव। वे हंगरी से आए एक शरणार्थी थे, जो किसी तरह नाजियों से बचकर सिर्फ बीस

एंडी ग्रोव, 1983

साल की उम्र में अमेरिका पहुँच गए थे। अमेरिका की धरती पर कदम रखते समय उनकी जेब में एक फूटी कौड़ी तक नहीं थी। साथ ही उनकी अंग्रेजी भी कमजोर थी और उनकी सुनने की क्षमता भी बुरी तरह प्रभावित हो चुकी थी। लेकिन घुँघराले बालों और मध्यम कद-काठी के एंडी ग्रोव अंधाधुंध ढंग से बढ़ती महत्वांकक्षाओं वाले व्यक्ति थे। अपनी दृढ़ इच्छाशक्ति और तेज दिमाग के चलते वे सिलिकॉन वैली के सबसे उत्कृष्ट संगठन के शीर्ष पर पहुँचे और उसे अपने नेतृत्व में अभूतपूर्व सफलता दिलाई। कंपनी के सीईओ के तौर पर ग्रोव के ग्यारह वर्ष के कार्यकाल में इंटेल के शेयर धारकों को 40 फीसदी से ज़्यादा का वार्षिक लाभ होता था, जो मूर के नियम के अनुसार ही था।

ग्रोव के प्रबंधन संबंधी नए-नए प्रयोगों के लिए इंटेल एक प्रयोगशाला थी। उन्हें सिखाना बहुत पसंद था और कंपनी ने इसका पूरा लाभ उठाया।[3] अपनी नियुक्ति के कुछ ही दिनों बाद मुझे इंटेल के संगठन, दर्शन और अर्थशास्त्र पाठ्यक्रम - कंपनी की रणनीतियों और संचालन पर आयोजित एक प्रतिष्ठित सेमिनार, जिसे आईओपीईसी (इंटेल ऑर्गनाइजेशन, फिलॉसफी एंड इकोनॉमिक्स कोर्स) के नाम से जाना जाता है - का निमंत्रण मिला। इस सेमिनार के मुख्य वक्ता थे, एंडी ग्रोव।

इस सेमिनार में एक घंटे की अवधि में ग्रोव ने इंटेल के इतिहास का साल-दर-साल ब्यौरा हमारे सामने रखा। उन्होंने इंटेल की मुख्य कोशिशों को संक्षेप में कुछ इस प्रकार प्रस्तुत किया : कंप्यूटर उद्योग के वर्तमान मापदंड से दोगुना लाभ कमाना, हर उत्पाद (प्रोडक्ट) की बाजार हिस्सेदारी के मामले में सबसे आगे रहना और अपने कर्मचारियों के लिए 'चुनौतीपूर्ण कार्यों' और 'उन्नति के अवसरों' का निर्माण करना।[4] ये बातें मेरे लिए नई नहीं थीं क्योंकि बिजनेस स्कूल में अपनी पढ़ाई के दौरान भी मैंने यही सब सुना था।

लेकिन इसके बाद एंडी ग्रोव ने कुछ ऐसा कहा, जिसने मुझ पर स्थाई

---

[3] स्टैनफोर्ड यूनिवर्सिटी ने भी ठीक यही किया, जहाँ व्यावसायिक प्रशिक्षण लेनेवाले साठ गेजुएट छात्रों को एंडी ग्रोव हर साल सौ घंटे का प्रशिक्षण देते थे।

[4] एंडी ग्रोव के सेमिनार का एक वीडियो आप www.whatmatters.com/grove पर देख सकते हैं।

छाप छोड़ी। उन्होंने अपनी पिछली कंपनी फेयरचाइल्ड का उदाहरण दिया, जहाँ वे पहली बार रॉबर्ट नॉयस और गॉर्डन मूर से मिले थे और सिलिकॉन वेफर[5] की रिसर्च में एक नई प्रणाली की खोज की। फेयरचाइल्ड को इस उद्योग के सर्वोत्तम मापदंड स्थापित करनेवाली कंपनी के तौर पर देखा जाता था, लेकिन इसकी सबसे बड़ी कमजोरी थी कि यह एक उपलब्धि–उन्मुख (achievement orientation) कंपनी नहीं थी।

एंडी ने बताया कि 'फेयरचाइल्ड में विशेषज्ञता को बहुत मूल्यवान माना जाता था, इसीलिए वहाँ विशेषज्ञों की ही नियुक्ति होती थी। साथ ही कर्मचारियों की पदोन्नति भी उनकी विशेषज्ञता के आधार पर ही होती थी। लेकिन वहाँ इस बात को ज़्यादा तवज्जो नहीं दी जाती थी कि किसी विशेषज्ञ कर्मचारी का ज्ञान कंपनी के लिए वास्तविक परिणाम हासिल करने के मामले में कितना प्रभावशाली है।' उन्होंने आगे बताया, 'जबकि इंटेल में हमारा रुख इससे बिलकुल विपरीत है। यहाँ ये बात बहुत महत्त्व नहीं रखती कि आपके ज्ञान का स्तर क्या है। बल्कि यहाँ तो ये महत्वपूर्ण है कि आपके पास जितना ज्ञान है या आप जितना ज्ञान हासिल करने की क्षमता रखते हैं, उसकी मदद से ऐसी कौन–कौन सी उपलब्धियाँ हासिल कर सकते हैं, जो कंपनी के लिए मूल्यवान हों। इसीलिए इंटेल का नारा है: 'इंटेल डिलिवर्स' (इंटेल परिणाम देती है)।

यहाँ ये बात बहुत महत्त्व नहीं रखती कि आपके ज्ञान का स्तर क्या है... यह दावा करना कि ज्ञान ज़्यादा महत्वपूर्ण नहीं है और असली महत्त्व सिर्फ क्रिया पर अमल करने का है – ये बात मुझे हार्वर्ड में सीखने को नहीं मिलती। मुझे यह बात बड़ी रोमांचकारी लगी। यह वास्तविक दुनिया द्वारा इस सच्चाई की पुष्टि करने जैसा था कि उपलब्धियों का महत्त्व योग्यता से ज़्यादा होता है पर ग्रोव की बात अभी पूरी नहीं हुई थी। उन्होंने अपना सर्वश्रेष्ठ विचार अंत के लिए बचाकर रखा था। अपने व्याख्यान के आखिरी पलों में उन्होंने एक ऐसी प्रणाली की रूपरेखा प्रस्तुत की, जिसे उन्होंने सन 1971 में उस वक्त लागू करना शुरू किया था, जब इंटेल कंपनी को शुरू हुए सिर्फ तीन साल ही हुए थे। औपचारिक रूप से लक्ष्य निर्धारण करने की कला क्या है, यह मुझे पहली बार इस सेमीनार

---

[5] सेमीकन्डक्टर की एक पतली पर्त, जो इंटीग्रेटेड सर्किट के निर्माण में इस्तेमाल होती है।

से ही पता चला। मैं सचमुच मंत्रमुग्ध था।

ओकेआर के जनक द्वारा प्रस्तुत बातों के कुछ अंश उन्हीं के शब्दों में[6] –:

> तो यहाँ दो मुख्य चीज़ें हैं, ऑब्जेक्टिव्स और की-रिजल्ट्स (उद्देश्य और मुख्य परिणाम) और ये दोनों ही दो असल प्रयोजनों से मेल खाते हैं। उद्देश्य एक दिशा जैसा होता है: 'हम मिड-रेंज माइक्रोकंप्यूटर्स के पुर्जों के व्यवसाय में अपना प्रभुत्व स्थापित करना चाहते हैं।' यह एक उद्देश्य है और हमें इसी दिशा में आगे बढ़ना है।
>
> इस तिमाही का की-रिजल्ट्स (मुख्य परिणाम) है, 'माइक्रोप्रॉसेसर-8085 के लिए दस नए कारगर डिजाइन्स तैयार करना।' यह एक मुख्य परिणाम है, जो किसी मील के पत्थर जैसा है। स्पष्ट है कि ऑब्जेक्टिव्स और की-रिजल्ट्स (उद्देश्य और मुख्य परिणाम) समान नहीं होते...
>
> की-रिजल्ट (मुख्य परिणाम) ऐसे होने चाहिए, जिन्हें मापा जा सके या जिनका मूल्यांकन हो सके। यह ऐसी चीज़ है, जिसे आप अंतत: बिना किसी तर्क-वितर्क या बहस के स्पष्ट रूप से देख सकते हैं और सीधे तौर पर यह पूछ सकते हैं, 'मैंने ऐसा किया या नहीं? हाँ? या नहीं?' इसमें कोई बीच का रास्ता नहीं होता।

तो क्या हमने मिड-रेंज माइक्रोकंप्यूटर्स के पुर्जों के व्यवसाय में अपना प्रभुत्व स्थापित किया? यह ऐसा प्रश्न है, जिस पर हम आनेवाले सालों में तर्क-वितर्क करते रहेंगे, लेकिन हम दस नए कारगर डिजाइन्स तैयार कर सके या नहीं, ये हमें अगली तिमाही में ही समझ में आ जाएगा।

ग्रोव ने इसे 'एक बेहद सरल प्रणाली' करार दिया। क्योंकि वे जानते थे कि दर्शकों के बीच जो इंजीनियर्स बैठे हुए हैं, उनके लिए सरलता सबसे आकर्षक चीज़ है। ऊपरी तौर पर यह अवधारणा वाकई काफी तार्किक, व्यावहारिक और प्रेरक नज़र आ रही थी। उस जमाने में प्रबंधन के क्षेत्र में व्याप्त नीरस रूढ़िवाद के

---

6 इन्हें पढ़ते समय आप हंगेरियन उच्चारण की कल्पना करें। ग्रोव के उच्चारण से उनके मूल देश हंगरी की छाप कभी पूरी तरह नहीं मिटी।

खिलाफ ग्रोव ने कुछ ऐसा गढ़ लिया था, जिसमें मौलिकता और ताजापन जैसी खूबियाँ थीं। स्पष्ट शब्दों में कहें, तो उनके ऑब्जेक्टिव्स और की-रिजल्ट्स (उद्देश्य और मुख्य परिणाम) शून्य से पैदा नहीं हुए थे। उनकी इस प्रणाली का एक पूर्ववर्ती भी था। दरअसल 'आधुनिक' व्यापार प्रबंधन के एक प्रसिद्ध विचारक ने जो रास्ता दिखाया था, ग्रोव अपनी प्रणाली को विकसित करते समय उसी रास्ते पर चल रहे थे। इटली के विएना में जन्मे इस विचारक का नाम था पीटर ड्रकर।

हमारे एमबीओ पूर्वज

बीसवीं सदी की शुरुआत में प्रबंधन सिद्धांत के पूर्वज - विशेष रूप से फ्रेडरिक विंसलो टेलर और हेनरी फोर्ड - ऐसे पहले व्यक्ति थे, जिन्होंने अपने आउटपुट (उत्पादन) को व्यवस्थित रूप से मापा और यह विश्लेषण किया कि इसे बढ़ाया कैसे जाए। वे मानते थे कि सबसे कुशल और लाभकारी संगठन अधिनायकवादी प्रवृत्ति के होते हैं। टेलर के अनुसार, वैज्ञानिक प्रबंधन का अर्थ है, यह पता होना कि आप अपने श्रमिकों से क्या चाहते हैं और फिर यह सुनिश्चित करना कि वे उस कार्य को सर्वश्रेष्ठ ढंग से और सस्ती कीमत पर पूरा करें। जिसका परिणाम - जैसा कि ग्रोव ने उल्लेख किया - 'स्पष्ट और वर्गीकृत था : कुछ कर्मचारी ऐसे थे, जो आदेश देते थे और कुछ ऐसे थे, जो उन आदेशों का पालन करते थे और बिना कोई सवाल किए उसके अनुसार कार्य पर अमल करते थे।'

इसके करीब आधी सदी बाद प्रोफेसर, पत्रकार और इतिहासकार पीटर ड्रकर ने टेलर-फोर्ड के इस मॉडल को ध्वस्त कर दिया। उन्होंने एक नए प्रबंधन आदर्श की कल्पना की, जो परिणाम-उन्मुख होने के साथ-साथ मानवीय भी था। ड्रकर के अनुसार, **'एक कॉरपोरेट किसी समुदाय जैसा होना चाहिए, जो आपसी विश्वास और श्रमिकों के सम्मान के आधार पर बना हो - न कि सिर्फ एक लाभ कमानेवाली मशीन के रूप में।'** इसके अलावा उन्होंने इस बात पर भी जोर दिया कि कंपनी के लक्ष्यों के मसले पर कर्मचारियों से परामर्श लिया जाना चाहिए। पारंपरिक संकट प्रबंधन के बजाय उन्होंने अल्पकालिक और दीर्घकालिक योजनाओं के संतुलित संयोजन का प्रस्ताव रखा, जो उपलब्ध डाटा

और सहकर्मियों के साथ निरंतर किए गए संवाद के आधार पर बनाई गई हों।

दरअसल ड्रकर का उद्‌देश्य था, 'प्रबंधन का एक ऐसा सिद्धांत तैयार करना, जिसमें व्यक्तिगत प्रबलता और जिम्मेदारी की पूरी गुंजाइश हो, जो दूरदर्शिता लाए, प्रयासों को एक दिशा दे सके, टीमवर्क के लिए सर्वोत्तम स्थितियाँ सुनिश्चित कर सके और व्यक्तिगत लक्ष्यों व सामूहिक हित के बीच तालमेल बिठा सके।' उन्होंने इंसानी प्रकृति के एक बुनियादी सच की व्याख्या की : जब लोग कार्यवाही का चुनाव करने में सहयोग करते हैं, तो वे अंत तक उसमें अपना योगदान भी देते रहते हैं। सन 1954 में अपनी ऐतिहासिक किताब 'द प्रैक्टिस ऑफ मैनेजमेंट' में ड्रकर ने इस सिद्धांत को 'उद्‌देश्यों और आत्म-नियंत्रण द्वारा प्रबंधन' के रूप में प्रस्तुत किया। यह सिद्धांत एंडी ग्रोव के योगदान की नींव बना और यहीं से उसकी उत्पत्ति हुई, जिसे आज हम ओकेआर (ऑब्जेक्टिव्स एंड की-रिजल्ट्स - उद्‌देश्य और मुख्य परिणाम) के नाम से जानते हैं।

1960 का दशक आते-आते खुला नज़रिया रखनेवाली कई कंपनियों ने एमबीओ (मैनेजमेंट बाय ऑब्जेक्टिव्स या उद्‌देश्यों द्वारा प्रबंधन) को एक प्रक्रिया के रूप में अपना लिया। इनमें सबसे प्रमुख थी हीवलेट-पेकार्ड, जहाँ एमबीओ प्रतिष्ठित 'एच-पी वे' का हिस्सा था। इन व्यवसायों ने अपना ध्यान कुछेक मुख्य प्राथमिकताओं पर केंद्रित करना सीखा, जिससे उन्हें अच्छे परिणाम हासिल हुए। सत्तर विभिन्न अध्ययनों के एक विश्लेषण से यह स्पष्ट हुआ कि एमबीओ के प्रति गहन प्रतिबद्धता रखनेवाले संगठनों की उत्पादकता में 56 फीसदी की बढ़ोत्तरी हुई। जबकि जिन संगठनों में एमबीओ के प्रति कम प्रतिबद्धता रखी, उनकी उत्पादकता में सिर्फ 6 फीसदी की बढ़ोत्तरी देखी गई।

हालाँकि एमबीओ की सीमाएँ भी अंतत: उनके सामने आ गईं। कई कंपनियों में लक्ष्यों की योजना उच्च अधिकारियों द्वारा बनाई जाती थी और फिर वह धीरे-धीरे उनके नीचे काम करनेवाले जूनियर अधिकरियों तक पहुँचती थी। जबकि कुछ कंपनियाँ ऐसी थीं, जहाँ निरंतर अपडेट न होने के कारण एमबीओ निष्क्रिय हो गए; या कंपनी के स्टोर-रूम में पड़े-पड़े बेकार हो गए; या फिर केपीआई (की-परफॉरमेंस इंडीकेटर - प्रमुख प्रदर्शन संकेतक) के रूप में सीमित

होकर रह गए, जो कुछ और नहीं बल्कि संदर्भ रहित अंक मात्र होते हैं। सबसे घातक बात ये रही कि एमबीओ आमतौर पर वेतन और बोनस से जुड़े होते थे। अगर जोखिम उठाने पर दंडित किया जा सकता है, तो फिर भला ऐसा कोई दाँव क्यों लगाया जाए? 1990 का दशक आते-आते यह प्रणाली चलन से बाहर होने लगी। यहाँ तक कि इसे लेकर खुद ड्रकर को भी कटु अनुभव हुए। इसीलिए अंततः उन्होंने कहा कि 'एबीओ प्रबंधन की अक्षमता का प्रभावी इलाज नहीं बल्कि एक और उपकरण मात्र है।'

आउटपुट का मापन

निर्माण-उत्पादक सिद्धांतों को प्रशासनिक और प्रबंधन संबंधी पेशों पर लागू करना एंडी ग्रोव का सबसे महत्वाकांक्षी कदम था। वे एक ऐसा माहौल तैयार करना चाहते थे, जो आउटपुट को न सिर्फ महत्त्व देता हो बल्कि उस पर ज़ोर भी देता हो। साथ ही यह माहौल ऐसा भी होना चाहिए, जहाँ पीटर ड्रकर द्वारा परिभाषित 'एक्टिविटी ट्रैप' जैसी स्थिति से भी बचा जा सके। इसके अनुसार, 'आउटपुट पर जोर देना, उत्पादकता बढ़ाने की कुंजी है, जबकि सिर्फ एक्टिविटी (गतिविधि) बढ़ाने का प्रयास बिलकुल विपरीत परिणाम दे सकता है।' असेंबली लाइन (संयोजन वीथी) में आउटपुट और एक्टिविटी के बीच आसानी से फर्क किया जा सकता है। दरअसल जब कर्मचारियों को सोचने के लिए भुगतान किया जाता है, तो मामला ज़रा मुश्किल हो जाता है। ऐसे में ग्रोव दो अलग-अलग पहेलियों से जूझ रहे थे: नॉलेज वर्कर्स[7] के आउटपुट को परिभाषित कैसे किया जाए, इसे मापा कैसे जाए और इसे बढ़ाने के कारगर कदम क्या हो सकते हैं?

ग्रोव एक वैज्ञानिक सोच रखनेवाले मैनेजर थे। उन्होंने बिहेवियरल साइंस (व्यवहार विज्ञान) और कॉग्निटिव साइकोलॉजी (संज्ञानात्मक मनोविज्ञान) जैसे नए क्षेत्रों से जुड़ी हर चीज़ पढ़ी थी। एक ओर जहाँ उस समय के नवीनतम सिद्धांत - हेनरी फोर्ड के जमाने के मुकाबले - लोगों से काम कराने के बेहतर तरीके प्रस्तुत कर रहे थे, वहीं दूसरी ओर यूनिवर्सिटीज में हो रहे प्रयोगों से नेतृत्व

[7] ऐसे पेशेवर लोग जिनकी मुख्य पूँजी उनका ज्ञान होता है, जैसे प्रोग्रामर, डॉक्टर, इंजीनियर, अकाउंटेंट, आर्किटेक्ट, वैज्ञानिक और वकील वगैरह।

करने का ऐसा कोई एक तरीका सामने नहीं आ रहा था, जो बाकी सभी तरीकों से बेहतर हो। ऐसे में इस निष्कर्ष से बचना मुश्किल था कि प्रबंधन की कोई सर्वोत्कृष्ट शैली नहीं होती। इंटेल में एंडी ने अपने हिसाब से ऐसे आक्रामक अंतर्मुखी कर्मचारियों को भर्ती किया था, जो उद्देश्यपूर्ण व व्यवस्थित ढंग से जल्द से जल्द समस्याओं का स्थाई समाधान निकाल लेते थे। वे किसी एक व्यक्ति पर दोष मढ़ने के बजाय समस्याओं का सामना करने में कुशल थे और सामूहिक रूप से तेज और दृढ़ निर्णय लेने के लिए अपनी राजनीति को किनारे रख देते थे।

इंटेल अपने हर पहलू के संचालन के लिए प्रणालियों पर निर्भर थी। एंडी ग्रोव खुद को ड्रकर के विचारों का कर्जदार मानते थे और इसी बात पर मुहर लगाने के लिए उन्होंने अपनी लक्ष्य-निर्धारण प्रणाली का नाम 'आईएमबीओ' (इंटेल मैनेजमेंट बाय ऑब्जेक्टिव्स) रखा। हालाँकि वास्तविकता के धरातल पर यह प्रणाली पुराने एमबीओ से बहुत अलग थी। ग्रोव ने शायद ही कभी ऑब्जेक्टिव्स का उल्लेख की-रिजल्ट्स (इस शब्द को शायद उन्होंने खुद ही गढ़ा था) से जोड़े बिना किया हो। भ्रम से बचने के लिए वे इसे ओकेआर कहा करते थे, जो ऑब्जेक्टिव्स और की-रिजल्ट्स (उद्देश्य और मुख्य परिणाम) का ऐसा संक्षिप्त रूप है, जिसे मैंने उन्हीं के शब्दकोश से लिया है। इस नई पद्धति ने पुरानी पद्धति को हर लिहाज से नकार दिया था:

एमबीओ बनाम ओकेआर

एमबीओ	इंटेल ओकेआर
'क्या'	'क्या' और 'कैसे'
वार्षिक	तिमाही या मासिक
व्यक्तिगत और अदृश्य	सार्वजनिक और पारदर्शी
टॉप-डाउन	बॉटम-अप या साइडवेज़ (50 प्रतिशत)
क्षतिपूर्ति से संबद्ध	आमतौर पर क्षतिपूर्ति से असंबद्ध
जोखिम उठाने से बचना	आक्रामक और आकांक्षापूर्ण

सन 1975 में जब मैं इंटेल पहुँचा, तब ग्रोव की ओकेआर प्रणाली अपने ज़ोरों पर थी। कंपनी में काम करनेवाला हर नॉलेज वर्कर मासिक रूप से अपने व्यक्तिगत उद्देश्य और मुख्य परिणामों का निर्धारण करता था। आईओपीईसी सेमिनार (इंटेल ऑर्गनाइजेशन, फिलॉसफी एंड इकोनॉमिक्स कोर्स) के कुछ दिनों के भीतर ही मेरे सुपरवाइजर ने मुझे भी इसी दिशा में जाने का रास्ता दिखा दिया। मुझे 8-बिट माइक्रोप्रॉसेसर के बाजार में कंपनी के नए प्रोडक्ट 8080 के बेन्चमार्क्स (कंप्यूटर प्रोग्रामिंग से जुड़ी एक प्रक्रिया) लिखने की जिम्मेदारी दे दी गई। यह बाजार में अपनी श्रेणी के प्रोडक्ट्स में सबसे आगे था। मेरा लक्ष्य यह दर्शाना था कि कैसे हमारी माइक्रोचिप प्रतिद्वंदी कंपनियों की माइक्रोचिप की अपेक्षा अधिक तेज है।

मेरे इंटेल ओकेआर ज़्यादातर क्लाउड-स्टोरेज से पहले के समय की रेत में कहीं खो चुके हैं, लेकिन मैं अपने पहले ओकेआर का सारांश कभी नहीं भूल सकता।

उद्देश्य
मोटोरोला 6800 माइक्रोप्रॉसेसर के मुकाबले इंटेल 8080 माइक्रोप्रॉसेसर के बेहतर प्रदर्शन का वर्णन करना।
मुख्य परिणाम (....द्वारा किए गए मापन के अनुसार) 1. पाँच बेंचमार्क्स प्रस्तुत करना। 2. एक डेमो तैयार करना। 3. जमीनी स्तर पर काम करनेवाले कर्मचारियों के लिए सेल्स-प्रक्षिक्षण सामग्री तैयार करना। 4. अपनी सामग्री कारगर है, यह सिद्ध करने के लिए तीन ग्राहकों को कॉल कर उनकी राय लेना।

इंटेल की जीवन शक्ति

मुझे आज भी याद है, जब मैंने इस ओकेआर को एक आईबीएम सेलेक्ट्रिक टाइपराइटर पर टाइप किया था, जिसके एक साल बाद दुनिया का पहला कमर्शियल लेज़र प्रिंटर बाजार में आया। फिर मैंने इसकी एक हार्ड कॉपी अपने अध्ययन कक्ष की दीवार पर चिपका दी ताकि लोग वहाँ से गुज़रते हुए उसे देख सकें। इससे पहले मैंने कभी ऐसी किसी कंपनी में काम नहीं किया था, जहाँ आपको अपने लक्ष्य कागज पर लिखकर रखने पड़ते हों और मैंने ऐसी किसी कंपनी के बारे में तो सुना तक नहीं था, जहाँ आप अपने सहकर्मियों के - यहाँ तक कि अपने सीईओ के भी - लक्ष्य सार्वजनिक रूप से देख सकते हों। मुझे यह बड़ा ज्ञानवर्धक लगा, मानों यह एकाग्रता का प्रकाश-स्तंभ हो। इसके साथ ही यह एक मुक्तिदायक अनुभव भी था। जब लोग तिमाही के बीच में मेरे पास आकर नई डाटा-शीट का मसौदा तैयार करने का निवेदन करते, तो मुझे लगता कि मैं बिना किसी डर के उन्हें 'ना' कह सकता हूँ। ऐसा करते समय मुझे इस बात का कोई भय नहीं होता था कि इसके चलते मुझे कोई अप्रत्यक्ष परिणाम भुगतना होगा। मेरे ऐसे निर्णयों को ओकेआर का समर्थन मिलता था। मेरे ओकेआर मेरी प्राथमिकताओं को सबके सामने स्पष्ट कर देते थे।

एंडी ग्रोव के दौर में ओकेआर हमेशा इंटेल की जीवन शक्ति बनकर रहे। इंटेल की साप्ताहिक मुलाकातों में, द्विसाप्ताहिक बैठकों में और मासिक व त्रैमासिक विभागीय समीक्षाओं में ओकेआर सबसे महत्वपूर्ण चीज़ बनकर उभरते थे। यही कारण था कि इंटेल के हज़ारों कर्मचारी पूरी सटीकता के साथ सर्वोत्तम गुणवत्ता के कंप्यूटर उपकरण तैयार करने में सक्षम थे। सेमीकंडक्टर का निर्माण बड़ा ही कठिन कार्य है। इसमें दृढ़ता और सावधानी के बिना कुछ नहीं हो सकता। अगर इस तरह काम न किए जाए, तो माइक्रोचिप का विफल होना और कंपनी के मुनाफे में कमी आना तय है। ओकेआर लगातार ये याद दिलाते थे कि हमारी टीम्स् को क्या करने की ज़रूरत है। ओकेआर हमें सटीक रूप से यह बताते थे कि हम क्या हासिल कर रहे हैं और क्या नहीं।

बेंचमार्क्स लिखने के साथ-साथ मैंने इंटेल की सेल्स टीम को प्रशिक्षण भी दिया। कई सप्ताह गुज़र गए। ग्रोव को अंदाजा हो गया कि 8080 माइक्रोप्रॉसेसर

की टीम में सबसे जानकार व्यक्ति एक चौबीस साल का इंटर्न है। एक दिन वे मुझसे मिले और बोले, 'डोअर, मेरे साथ यूरोप चलो।' एक सत्र के लिए इंटर्नशिप करने आए युवा के लिए यह बहुत बड़ा आमंत्रण था। मैं ग्रोव और उनकी पत्नी ईवा के साथ पेरिस, लंदन और म्युनिख की यात्रा पर गया। हमने यूरोप की सेल्स टीम्स को प्रशिक्षण दिया, तीन बड़े संभावित ग्राहकों से मिले और दो ग्राहकों के साथ व्यापारिक समझौते करने में सफल रहे। इन सभी चीज़ों में मैं जितना योगदान दे सकता था, वह मैंने दिया। हम प्रतिष्ठित रेस्तरां में खाना खाते और ग्रोव को वहाँ उपलब्ध वाइन की अच्छी-खासी जानकारी होती। ग्रोव मुझे पसंद करने लगे, जबकि मैं उनकी उपस्थिति में विस्मय और आदर से भरा रहता। वे एक ऐसे व्यक्ति थे, जो जीवन को भव्य अंदाज में जीते थे।

वहीं कैलीफोर्निया में एंडी ने बिल डेविडो से इस बात पर मुहर लगवा ली कि अगले साल इंटेल की नौकरी मेरा इंतजार कर रही होगी। वह पूरा सत्र मेरे लिए आँखें खोल देनेवाला अनुभव था। वहाँ मुझे इतना कुछ सीखने को मिला कि मैं अपनी हार्वर्ड की पढ़ाई करीब-करीब बीच में ही छोड़नेवाला था। मुझे समझ में आ गया कि मैं इंटेल में रहकर व्यवसाय के बारे में बहुत कुछ सीख सकता हूँ। पर मैं वापस मैसाच्युसेट्स लौट गया, जो एक तरह से हालात के साथ समझौता करने जैसा था। हालाँकि वहाँ भी मैं इंटेल के लिए डिजिटल इक्यूपमेंट कॉरपोरेशन के साथ पार्ट-टाइम काम करते हुए उन्हें करीब-करीब जबर्दस्ती माइक्रोप्रॉसेसर के नए युग में लाने में मदद करने लगा। अपना आखिरी सेमेस्टर खत्म होते ही मैं फौरन सैंटा क्लारा वापस लौट गया और फिर अगले चार साल तक इंटेल में काम करता रहा।

एंडी ग्रोव, साक्षात ओकेआर

1970 के दशक के मध्य में पर्सनल कंप्यूटर उद्योग अस्तित्व में आया। नए विचारों और उत्साहित उद्यमियों के लिए यह एक अच्छा समय था। मैं इस पायदान में काफी नीचे था। उस समय मैं एक प्रोडक्ट मैनेजर था और वह मेरे व्यावसायिक जीवन का पहला साल था, लेकिन ग्रोव के साथ मेरे संबंध काफी अच्छे थे। एक दिन मैं उन्हें सैन फ्रांसिस्को सिविक ऑडिटोरियम में चल रहे पहले वेस्ट कोस्ट कंप्यूटर फेयर में लेकर गया। हमें वहाँ इंटेल का एक पूर्व

अधिकारी मिला, जो एप्पल-2[8] का प्रदर्शन कर रहा था। इस माइक्रोकंप्यूटर का ग्राफिक डिस्प्ले सबसे आधुनिक था। वहाँ मैंने एंडी ग्रोव से कहा, 'हमारे पास ऑपरेटिंग सिस्टम तो पहले से ही है और हम माइक्रोचिप भी बनाते हैं, साथ ही हमारे पास कम्पायलर्स (संकलन विशेषज्ञ) भी हैं और बेसिक (एक उच्च स्तरीय प्रोग्रामिंग लैंग्वेज) का लाइसेंस भी है। ऐसे में इंटेल को भी पर्सनल कंप्यूटर्स का निर्माण करना चाहिए।' इसके बाद जैसे-जैसे हम उस ऑडिटोरियम के गलियारे में आगे बढ़े, हमने देखा कि विक्रेता कंप्यूटर चिप्स और उसके पुर्जों को प्लास्टिक के थैलों में भरकर बेच रहे हैं। ग्रोव ने उन पर एक नज़र डाली और कहा, 'ये लोग सिर्फ तकनीक के शौकीन हैं, दूरदर्शी विशेषज्ञ नहीं। हम इस व्यवसाय में कभी कदम नहीं रखेंगे।' और इस तरह मेरा सपना पलभर में धराशायी हो गया। इंटेल ने पर्सनल कंप्यूटर के व्यवसाय में कभी कदम नहीं रखा।

ग्रोव एक सहानुभूतिपूर्ण लीडर थे, हालाँकि वे जताते नहीं थे। अगर वे किसी मैनेजर को विफल होते देखते, तो उसके लिए कंपनी में ही कोई और काम ढूँढ़ लेते - आमतौर पर किसी छोटे पद पर - जहाँ वह सफल हो सके और थोड़ी स्थिरता व सम्मान हासिल कर सके। वे दिल से एक ऐसे व्यक्ति थे, जिसे समस्याएँ सुलझाना अच्छा लगता है। जैसा कि इंटेल के एक इतिहासकार ने कहा था, 'एंडी ग्रोव को देखकर लगता था कि उन्हें स्पष्ट पता है कि वे क्या चाहते हैं और उसे कैसे हासिल करेंगे।'[9] एक तरह से वे एक चलते-फिरते ओकेआर थे।

इंटेल का जन्म, बर्कले के फ्री स्पीच मूवमेंट (बोलने की आज़ादी का आंदोलन) और सैनफ्रांसिस्को के हेइट-ऐशबरी इलाके के फ्लावर चिल्ड्रेन[10] के दौर में हुआ था। उस दौर में युवाओं के लिए समय का पाबंद होना फैशन में नहीं था। यहाँ तक कि इंजीनियर्स के मामले में भी ठीक ऐसा ही था। नए-नए

---

[8] एक 8-बिट होम कंप्यूटर, जो दुनिया के सबसे सफल शुरुआती माइक्रोकंप्यूटर्स में से एक था।

[9] मैं यह बात काफी जोर देकर कह रहा हूँ।

[10] पारंपरिक मूल्यों को अस्वीकार करनेवाले हिप्पी लोग, जो प्रेम और शांति के प्रतीक के तौर पर फूलों के गुच्छे पहना करते थे।

भर्ती हुए युवा कर्मचारी अक्सर समय पर काम पर नहीं आते थे, जो कंपनी के लिए एक चुनौती थी। इसके समाधान के रूप में ग्रोव ने कंपनी की फ्रंट डेस्क पर एक साइन-इन शीट ही चिपका दी और यह निर्देश दिया कि जो भी कर्मचारी सुबह 8:05 बजे के बाद पहुँचे, वे इस साइन-इन शीट पर अपना नाम और आने का समय दर्ज करेंगे। हमने इसे 'एंडी की लेट-लिस्ट' का नाम दिया। ग्रोव हर रोज सुबह ठीक 9:00 बजे ये साइन-इन शीट्स इकट्ठा करते। और अगर किसी दिन मुझे ऑफिस पहुँचने में देर हो जाती, तो ग्रोव की इस लेट-लिस्ट में अपना नाम दर्ज करने से बचने के लिए मैं पार्किंग लॉट में बैठकर 9:05 बजने का इंतजार करता ताकि उनके लिस्ट इकट्ठा करने के बाद ही ऑफिस में प्रवेश करूँ। किसी को पता नहीं होता था कि देर से आने का दंड किसे मिलेगा। ग्रोव की यह लेट-लिस्ट एक ऐसे व्यवसाय में आत्म-अनुशासन के महत्त्व को दर्शाती थी, जहाँ गलती करने की कोई गुंजाइश नहीं थी।

ग्रोव सभी के साथ सख्ती बरतते थे और सबसे ज़्यादा खुद के साथ। चूँकि वे अपने बूते सफल हुए व्यक्ति थे इसलिए कभी-कभी ज़रा अहंकारी हो जाते थे। वे मूर्खों को, फालतू मीटिंग्स को और दोषपूर्ण प्रस्तावों को कतई बर्दाश्त नहीं करते थे। वे अपनी डेस्क पर रबर की मुहरों का एक पूरा जत्था रखते थे, जिनमें से एक मुहर पर 'बकवास' शब्द छपा हुआ होता था। उनका मानना था कि प्रबंधन संबंधी समस्या को सुलझाने का सर्वश्रेष्ठ तरीका है, 'रचनात्मक टकराव' यानी 'सीधे तौर पर, निडर होकर, ग्लानिहीन ढंग से लोगों का सामना करना।'[11]

अपने उग्र स्वभाव के बावजूद वे सरल और मिलनसार व्यक्ति थे और कारगर विचारों के लिए खुला रवैया रखते थे। जैसा कि उन्होंने एक बार द न्यूयॉर्क टाइम्स से कहा था, 'इंटेल के मैनेजर्स किसी मीटिंग में जाते समय बहुत खुला रवैया रखते हैं।' उनका मानना था कि हर बड़ा निर्णय लेने की शुरुआत आपस में खुली चर्चा से होनी चाहिए... जो एक पूर्णतः समतावादी प्रक्रिया है।' उनसे सम्मान पाने के लिए उनसे असहमत होना, अपनी बात को दृढ़तापूर्वक

---

[11] हम एप्पल के सह-संस्थापक स्टीव जॉब्स पर ग्रोव का प्रभाव साफ देख सकते हैं, जिनके साथ ग्रोव का बहुत करीबी और बहुत पेचीदा रिश्ता था।

रखना और आखिरकार आपकी बात का सही साबित होना ज़रूरी था।

करीब 18 महीने तक प्रोडक्ट मैनेजर के तौर पर काम करने के बाद सिस्टम्स मार्केटिंग हेड और मेरे महान गुरू जिम लैली ने मुझसे कहा था, 'डोअर अगर तुम सचमुच एक दिन एक सफल जनरल मैनेजर बनना चाहते हो, तो तुम्हें ऑफिस के सीमित दायरे से निकलकर बाहर की दुनिया में जाना होगा, सेल्स करनी होगी, दूसरों द्वारा खारिज किए जाने की तकलीफ झेलनी होगी और अपना सेल्स टारगेट पूरा करना सीखना होगा। भले ही तुम्हारे पास दुनियाभर की तकनीकी विशेषज्ञता हो पर इस व्यवसाय में तुम्हारी सफलता या असफलता इस बात से तय होगी कि तुम्हारी टीम अपनी जिम्मेदारियों को अच्छी तरह निभा रही है या नहीं।'

एन से शादी करने के बाद मैं सन 1978 में शिकागो के मध्य-पश्चिमी क्षेत्र में टेक्निकल सेल्स रिप्रेजेन्टेटिव के तौर पर काम करने लगा। यह मेरे जीवन की सबसे अच्छी नौकरी थी। एक बेहतर डायलिसिस मशीन या ट्रैफिक लाइट कंट्रोलर बनाने में अपने ग्राहकों की मदद करना मुझे बहुत पसंद था। कंप्यूटर का दिमाग माने जानेवाले इंटेल के माइक्रोप्रॉसेसर बेचना भी मुझे बहुत पसंद था और मैं इस काम में काफी अच्छा भी था। मुझे यह प्रतिभा बड़े ईमानदार ढंग से मिली; दरअसल मेरे पिता लो डोअर एक मेकेनिकल इंजीनियर थे और उन्हें भी लोगों को सामान बेचना बहुत पसंद था। चूँकि मुझे सारे बेंचमार्क्स लिखने का अनुभव था इसलिए मुझे कंप्यूटर कोडिंग की भी अच्छी जानकारी थी। उस साल मुझे एक मिलियन डॉलर का सेल्स टारगेट मिला था, जो अपने आपमें एक डरावना आँकड़ा है, लेकिन मैं इसे पार करने में कामयाब रहा।

शिकागो के बाद मैं वापस सैंटा क्लारा लौटा और मार्केटिंग मैनेजर के रूप में काम करने लगा। अब मुझे कुछेक कर्मचारियोंवाली एक छोटी सी टीम की नियुक्ति करनी थी, अपने नेतृत्व में काम करनेवालों का मार्गदर्शन करना था और इस बात का मूल्यांकन करना था कि मैं व्यावसायिक अपेक्षाओं पर खरा उतरा हूँ या नहीं। धीरे-धीरे मेरा कौशल बढ़ा और तब मुझे इस बात का संपूर्ण एहसास हुआ कि ग्रोव की लक्ष्य-निर्धारण प्रणाली कितनी महत्वपूर्ण है। इंटेल के एक मैनेजर से प्रशिक्षण लेते हुए मैं और अनुशासित हो गया और मेरे काम करने के

तरीके में निरंतरता आई। अपनी टीम के साथ स्पष्ट संवाद करने और महत्वपूर्ण कार्यों में टीम के सदस्यों का सहयोग करने के लिए अब मैं ओकेआर पर निर्भर था। यह सब आसान नहीं था। यह ओकेआर (ऑब्जेक्टिव्स एंड की-रिजल्ट्स - उद्देश्य और मुख्य परिणाम) को सीखने का दूसरा और अपेक्षाकृत अधिक गहन स्तर था।

सन 1980 में मुझे क्लेनर पार्किन्स नामक कंपनी में एक नया अवसर मिला। इसमें मुझे अपनी तकनीकी पृष्ठभूमि का फायदा उठाते हुए नई कंपनियों के साथ काम करना था। एंडी इस बात को समझ नहीं पा रहे थे कि आखिर मैं इंटेल छोड़ने के लिए तैयार कैसे हो गया (उन्होंने अपने जीवन में इंटेल को हमेशा बाकी सभी चीज़ों से आगे रखा, सिर्फ अपने नाती-पोतों को छोड़कर, जिनसे वे बहुत प्रेम करते थे)। उनके अंदर आपके मन की गहराईयों में झाँकने की अद्भुत क्षमता थी। तब तक वे कंपनी के मुखिया बन चुके थे। उन्होंने मुझसे कहा, 'अरे जॉन, क्या तुम एक दिन इस कंपनी के जनरल मैनेजर बनकर असली लाभ कमाना नहीं चाहते? चलो, मैं तुम्हें सॉफ्टवेयर विभाग का प्रमुख बना देता हूँ।' उस समय इस व्यवसाय का करीब-करीब कोई अस्तित्व नहीं था पर इसे एक सफल व्यवसाय में तब्दील करना संभव था। इसके बाद उन्होंने एक और तीखी टिप्पणी की, 'जॉन, तुम वेंचर कैपिटल के क्षेत्र में जा रहे हो, जबकि वह कोई असली काम नहीं है। वेंचर कैपिटलिस्ट होना तो एक रियल एस्टेट एजेंट होने जैसा है।'

एंडी ग्रोव की विरासत

पार्किन्संस रोग से लड़ते हुए सन 2016 में 79 साल की उम्र में ग्रोव का निधन हो गया। उनकी मृत्यु पर न्यूयॉर्क टाइम्स ने उन्हें 'कंप्यूटर और इंटरनेट युग की सबसे सराहनीय और प्रभावशाली शख्सियत' कहते हुए श्रद्धांजलि दी। वे गॉर्डन मूर जैसे अमर सिद्धांतकार या बॉब नॉयस जैसी सार्वजनिक हस्ती नहीं थे। न ही उन्होंने इतना कुछ लिखा और प्रकाशित किया था कि उन्हें प्रबंधन-दर्शन के क्षेत्र में पीटर ड्रकर के समकक्ष रखा जाए। इसके बावजूद उन्होंने हमारे जीने का तरीका बदला था। फेयर चाइल्ड में उनके प्रयोगों के तीन साल बाद सन 1997 में टाइम्स मैगजीन ने उन्हें अपना 'मैन ऑफ द ईयर' घोषित करते

हुए कहा था कि 'माइक्रोचिप की अद्भुत क्षमता में बढ़ोत्तरी लाने और उसकी अभिनव संभावना को सफलता पूर्वक तलाशने का श्रेय एंडी ग्रोव को जाता है।' ग्रोव दोहरी क्षमताओंवाले दुर्लभ व्यक्ति थे। वे न सिर्फ सर्वश्रेष्ठ तकनीकी विशेषज्ञ थे बल्कि अपने जमाने के सबसे महान मुख्य अधिकारी भी थे। उन्हें याद करते हुए आज भी हमारा दिल भर आता है।

डॉ. ग्रोव के बुनियादी ओकेआर सबक

एक स्वस्थ ओकेआर संस्कृति का सार - प्रबल बौद्धिक ईमानदारी और स्व-हित के प्रति उपेक्षा का भाव - एंडी ग्रोव की नस-नस में समाया हुआ था। यह ग्रोव का व्यावहारिक दृष्टिकोण व इंजीनियरवाली मानसिकता ही थी, जिसके चलते ये प्रणाली कारगर साबित हुई। ओकेआर ग्रोव की विरासत है, उनकी मूल्यवान और स्थाई प्रबंधन कार्यप्रणाली है। अब मैं आपके सामने कुछ ऐसे सबक प्रस्तुत कर रहा हूँ, जो मैंने एंडी ग्रोव जैसे निपुण विशेषज्ञ और जिम लैली - एंडी के ओकेआर के शिष्य और मेरे गुरू - से इंटेल में सीखे थे:

थोड़ा ही काफी है। ग्रोव के अनुसार, 'अच्छी तरह निर्धारित किए गए कुछेक उद्देश्य यह स्पष्ट संदेश देते हैं कि हम किन चीज़ों को 'हाँ' और किन चीज़ों को 'न' कहते हैं। प्रति-सत्र तीन से पाँच ओकेआर, कंपनियों और लोगों को सबसे मूल्यवान चीज़ों का चुनाव करने की ओर अग्रसर करते हैं। सामान्य तौर पर हर ऑब्जेक्टिव (उद्देश्य) को पाँच या पाँच से कम की-रिजल्ट्स (मुख्य परिणाम) से संबद्ध होना चाहिए। (अध्याय-4 देखें)

लक्ष्यों का निर्धारण नीचे (जूनियर कर्मचारियों) से ऊपर (सीनियर कर्मचारियों) की ओर हो। जुड़ाव बढ़ाने के लिए लोगों और टीम्स को अपने मैनेजर्स के साथ सलाह-मशवरा करके ही अपने करीब 50 फीसदी ओकेआर तैयार करने के लिए प्रोत्साहित किया जाना चाहिए। क्योंकि जब सभी लक्ष्यों को टॉप डाउन (ऊपर से नीचे की ओर) दृष्टिकोण के साथ

निर्धारित किया जाता है, तो प्रेरणा का भाव घटने लगता है। (अध्याय-7 देखें)

हुक्म न चलाएँ। ओकेआर एक सहकारी सामाजिक अनुबंध है, जो प्राथमिकताएँ तय करता है और साथ ही यह भी तय करता है कि प्रगति का मूल्यांकन कैसे होगा। कंपनी के ऑब्जेक्टिव्स (उद्देश्य) पर ज़रूरी बहस होने के बाद भी, की-रिजल्ट्स (मुख्य परिणाम) पर निरंतर संवाद और समझौते करना जारी रहता है। अधिकतम लक्ष्य प्राप्ति के लिए सामूहिक सहमति ज़रूरी होती है। (अध्याय-7 देखें)

लचीलापन बनाए रखें। अगर वातावरण बदल गया है और कोई ऑब्जेक्टिव्स (उद्देश्य) ऐसा है, जो अब व्यावहारिक या उचित नहीं लग रहा है, तो उससे संबंधित मुख्य परिणामों (की-रिजल्ट्स) को बीच में ही संशोधित या खारिज किया जा सकता है। (अध्याय-10 देखें)

असफलता का सामना करने का साहस रखें। ग्रोव के अनुसार, 'जब कोई अपनी सामान्य क्षमता से परे की उपलब्धि पाने का प्रयास करता है, तो आमतौर पर बेहतर परिणाम मिलते हैं... अगर आप चाहते हैं, आप और आपके कर्मचारी अपना सर्वश्रेष्ठ प्रदर्शन कर सकें, तो अपने लक्ष्यों का इस प्रकार निर्धारण करना ज़रूरी है।' एक ओर जहाँ संचालन संबंधी कुछेक उद्देश्यों की पूर्ति संपूर्णता के साथ होनी चाहिए, वहीं दूसरी ओर आकांक्षापूर्ण ओकेआर ऐसे होने चाहिए, जो आपको असहज करते हों और जिन्हें हासिल करना लगभग असंभव हो। जैसा कि ग्रोव कहते थे, 'ऊँचे लक्ष्य संगठन को नई ऊँचाईयों की ओर ले जाते हैं। (अध्याय-12 देखें)

आपके पास औजार हों, न कि हथियार। ग्रोव ने लिखा था, 'ओकेआर प्रणाली इंसान की गति बढ़ाने के लिए है। यह उसके हाथ में एक स्टॉपवॉच थमाने जैसा है ताकि वह अपने प्रदर्शन का आंकलन कर सके। यह कोई कानूनी दस्तावेज नहीं है, जिसे किसी प्रदर्शन की समीक्षा के लिए आधार

बनाया जाए।' जोखिम उठाने की प्रवृत्ति को प्रोत्साहित करने और रास्ते में आनेवाली रूकावटों से बचने के लिए ओकेआर और बोनस को एक-दूसरे से अलग-अलग रखना ही बेहतर है। (अध्याय-15 देखें)

धैर्य रखें; संकल्पवान बनें। किसी भी प्रक्रिया को बेहतर बनाने के लिए नई चीज़ों को आज़माना और गलतियाँ करना ज़रूरी होता है। जैसा कि ग्रोव ने अपने आईओपीईसी के छात्रों से कहा था, 'ओकेआर अपनाने के बाद भी इंटेल ने कई ठोकरें खाईं : हम इसके मुख्य प्रयोजन को पूरी तरह समझ नहीं पाए थे। पर समय के साथ हम इसका बेहतर उपयोग करने में सक्षम होते जा रहे हैं।' एक संगठन को यह प्रणाली पूरी तरह अपनाने के लिए तीन से पाँच तिमाही-सत्रों की ज़रूरत पड़ती है। जबकि लक्ष्य हासिल करने की सहज परिपक्वता विकसित करने के लिए इससे भी ज़्यादा समय की ज़रूरत पड़ सकती है।

3

ऑपरेशन क्रश : इंटेल की कहानी

बिल डेविडो
माइक्रोकंप्यूटर विभाग के पूर्व उपाध्यक्ष

एक नई कंपनी के रूप में अपना अस्तित्व बचाकर रखने के लिए इंटेल कॉरपोरेशन ने जो संघर्ष किया, उसे ऑपरेशन क्रश के नाम से जाना जाता है। ओकेआर (ऑब्जेक्टिव एंड की-रिजल्ट्स - उद्देश्य और मुख्य परिणाम) पर हमारी पहली विस्तृत कहानी का मुख्य विषय भी यही है। यह कहानी ओकेआर के चारों सुपरपॉवर्स - 1. ध्यान केंद्रित करना, 2. एक ही दिशा की ओर अग्रसर रहना, 3. नज़र रखना और 4. ज़ोर लगाना - का चित्रण करती है। इस कहानी से खासतौर पर ये पता चलता है कि लक्ष्य निर्धारण की यह प्रणाली कैसे विभिन्न विभागों और हज़ारों कर्मचारियों को समान उद्देश्य पूरा करने की ओर अग्रसर करती है।

यह इंटेल में मेरे कार्यकाल का आखिरी दौर था। उस समय कंपनी के अस्तित्व पर खतरा मंडरा रहा था। इसलिए एंडी ग्रोव के नेतृत्व में इंटेल के उच्च अधिकारियों ने सिर्फ चार सप्ताह की छोटी सी अवधि में कंपनी की प्राथमिकताओं को नए सिरे से निर्धारित किया। इन हालातों में इस नई जंग की योजना को स्पष्टता, सटीकता और बिजली की गति से अंजाम देने में इंटेल को ओकेआर से बड़ी सहायता मिली। एक साथ मिलकर एक विलक्षण लक्ष्य पर ध्यान केंद्रित करने के लिए कंपनी के हर कर्मचारी ने एक नए ढंग से सोचना और कार्य करना शुरू कर दिया।

इससे पहले सन 1971 में इंटेल के इंजीरियर टेड हॉफ ने पहले माइक्रोप्रॉसेसर

का आविष्कार किया था, जो एक मल्टीपर्पज कंप्यूटर चिप थी। सन 1975 में बिल गेट्स और पॉल एलन ने थर्ड-जनरेशन इंटेल 8080 को प्रोग्राम करके पर्सनल कंप्यूटर क्रांति की शुरुआत की। 1978 तक इंटेल ने दुनिया का पहला हाई-परफॉरमेंस 16-बिट माइक्रोप्रॉसेसर 8086 विकसित कर लिया था, जिसे एक बना-बनाया बाजार भी बड़ी आसानी से मिल गया। पर जल्द ही इसे दो अन्य कंप्यूटर चिप्स - मोटोरोला 68000 और जिलॉग Z8000 - ने पीछे छोड़ दिया। ये दोनों कंप्यूटर चिप्स न सिर्फ इंटेल 8080 से कहीं ज़्यादा तेज थीं बल्कि इन दोनों को प्रोग्राम करना भी अपेक्षाकृत ज़्यादा आसान था।

सन 1979 में नवंबर महीने के आखिर में एक डिस्ट्रिक सेल्स मैनेजर डॉन बकाउट ने आठ पन्नों का एक हताशा भरा संदेश भेजा। बकाउट के बॉस केसी पॉवेल ने इस संदेश को एंडी ग्रोव के पास भेज दिया, जो उस समय इंटेल के प्रमुख थे। इस संदेश ने कंपनी में खलबली मचा दी और एक किस्म का कॉरपोरेट धर्मयुद्ध शुरू हो गया। इसके एक सप्ताह के भीतर ही उच्च अधिकारियों के एक समूह ने इस बुरी खबर का सामना करने के लिए बैठक की। इसके एक सप्ताह बाद विशिष्ट सदस्योंवाली एक टास्क फोर्स तैयार कर ली गई, जिसका काम था, इंटेल के जवाबी हमले की रूपरेखा तैयार करना। इंटेल के लिए जिलॉग कोई बड़ा खतरा नहीं है, इस बात से हर कोई सहमत था। लेकिन मोटोरोला कंपनी - जो इस उद्योग में न सिर्फ एक शक्तिशाली संगठन की हैसियत रखती थी बल्कि एक अंतर्राष्ट्रीय ब्रांड भी थी - निश्चित रूप से एक स्पष्ट खतरे के तौर पर इंटेल के सामने थी। इंटेल के जिमी लैली ने आनेवाले समय की इस जंग का चित्र हमारे सामने रखा:

> हमारे साथ प्रतिस्पर्धा करनेवाली सिर्फ एक ही कंपनी है और वह है मोटोरोला। उनकी कंप्यूटर चिप 68000 हमारी प्रतिद्वंदी है। हमें मोटोरोला को नष्ट करना होगा क्योंकि यह खेल ही ऐसा है। हमें उन कमीनों को बुरी तरह कुचलना होगा। हमें मोटोरोला को इस कदर बर्बाद करना होगा कि दोबारा वह कंपनी हमारे सामने खड़े होने की जुर्रत न कर सके।

ये हमारे उस 'ऑपरेशन क्रश' का नारा बन गया,[1] जो इंटेल को उसकी असली जगह यानी बाजार की अग्रणी कंपनी के रूप में दोबारा स्थापित करने के लिए शुरू किया गया था। अपने सैनिकों को प्रेरित करने के लिए एंडी ग्रोव के वीडियोज़ से लैस ऑपरेशन क्रश की विभिन्न टीमें जनवरी 1980 तक दुनियाभर में फैले इंटेल के कार्यालयों में भेज दी गईं। दूसरी तिमाही तक इंटेल के सेल्स कर्मचारी कंपनी की नई रणनीति को पूरी तरह लागू कर चुके थे। तीसरी तिमाही आते-आते वे टेक्नोलॉजी के इतिहास के सबसे साहसी उद्देश्य को पूरा करने की ओर अग्रसर हो चुके थे: कंप्यूटर चिप डिजाइन के क्षेत्र में इंटेल ने दो हज़ार महत्वपूर्ण समझौते किए, जिनके चलते विभिन्न उपकरणों और यंत्रों के निर्माताओं ने अपने उत्पादों में एक पुर्जे के तौर पर इंटेल 8086 का उपयोग शुरू कर दिया। उस साल के अंत तक इंटेल के ये जोशीले सैनिक अपने दुश्मन को पीछे छोड़कर एक शानदार जीत हासिल कर चुके थे।

ऑपरेशन क्रश के लिए इंटेल के एक भी प्रोडक्ट को संशोधित नहीं किया गया लेकिन ग्रोव और उनके अधिकारियों की टीम ने सहभागिता की शर्तों को बदलकर रख दिया था। उन्होंने अपनी मार्केटिंग योजना को कंपनी की शक्तियों के अनुसार बदला। उन्होंने अपने ग्राहकों को 'उपयोग में आसानी' जैसे अल्पकालिक लाभों के मुकाबले दीर्घकालिक प्रणालियों और सेवाओं के महत्त्व को पहचानने का रास्ता दिखाया। उन्होंने अपने प्रोडक्ट प्रोग्रामर्स को बेचने के बजाय सीधे सीईओ जैसे ऊँचे पद पर बैठे अधिकारियों को बेचना शुरू कर दिया। ग्रोव ने इंटेल के माइक्रोकंप्यूटर विभाग के प्रमुख बिल डेविडो को इंटेल के संचालन की जिम्मेदारी दे दी। इंजीनियर, इंडस्ट्री एग्जिक्यूटिव, मार्केटिंग एक्सपर्ट, वेंचर इनवेस्टर, चिंतनशील व्यावसायिक और लेखक के तौर पर अपने लंबे कॅरियर में बिल ने कई स्थाई योगदान दिए थे। पर इनमें से एक खासतौर पर मेरे दिल के बहुत करीब है। बिल ने इंटेल के ओकेआर में एक महत्वपूर्ण संयोजक - एज मेजर्ड बाय (एएमबी) यानी '... द्वारा किए गए मापन या मूल्यांकन के अनुसार' - वाक्यांश जोड़ा। उदाहरण के लिए, निम्नलिखित

[1] यह नाम 1970 के दशक के अंत में अमेरिकी फुटबॉल फ्रेंचाइजी डेनवर ब्रॉकोस द्वारा खेल के मैदान में विपक्षी टीम से निपटने के लिए बनाई गई विशेष बचाव रणनीति 'ऑरेंज क्रश डिफेंस' से प्रेरित था।

मुख्य परिणामों द्वारा किए गए मूल्यांकन के अनुसार हम फलाँ उद्देश्य पूरा करेंगे। दरअसल इस प्रणाली में जो कुछ भी अंतर्निहित था, बिल के एएमबी ने उसे सबके सामने उजागर कर दिया।

सन 2013 में कंप्यूटर हिस्ट्री म्यूजियम द्वारा आयोजित एक चर्चा सत्र में ऑपरेशन क्रश के दिग्गजों ने इंटेल के दृढ़ लक्ष्य निर्धारण के महत्त्व को याद किया। उन्होंने बताया कि ऑब्जेक्टिव्स और की-रिजल्ट्स (उद्देश्य और मुख्य परिणाम) का उपयोग 'सबसे निचले स्तर के कर्मचारियों पर' भी किया जाता था। ऑपरेशन क्रश के ओकेआर इस शैली की कालजयी विरासत थे: वे न सिर्फ समयबद्ध और स्पष्ट थे बल्कि उनमें 'क्या' और 'कैसे' जैसे हर सवाल का जवाब भी होता था और सबसे अच्छी बात थी कि वे कारगर थे।

जिम लैली ने मुझसे कहा था: 'पहले मुझे ऑब्जेक्टिव्स और की-रिजल्ट्स की इस प्रणाली पर ज़रा संदेह था, लेकिन फिर ग्रोव ने मुझे बिठाकर समझाया कि ये महत्वपूर्ण क्यों है। जैसे अगर तुम अपनी पूरी टीम को यूरोप के केंद्र में बसे स्थान पर जाने को कहो और कुछ लोग फ्रांस की ओर निकल पड़ें, कुछ जर्मनी की ओर से और बाकी लोग इटली की ओर से, तो भला वे यूरोप के केंद्र तक कैसे पहुँचेंगे? हाँ! अगर तुमने उन्हें स्विट्ज़रलैंड जाने को कहा होता, तो बात कुछ और होती। इसका अर्थ ये है कि अगर हर कोई अलग-अलग दिशाओं की ओर केंद्रित रहेगा, तो इससे कोई हल नहीं निकलेगा पर अगर सभी मिलकर एक ही दिशा की ओर केंद्रित होंगे, तो इसका परिणाम कहीं बेहतर होगा। ये सब मुझे ग्रोव ने बताया और फिर उन्होंने कहा कि मुझे दूसरों को भी ये बात सिखानी होगी।'

जैसा कि बिल डेविडो यहाँ बताते हैं, 'ऑपरेशन क्रश में ओकेआर ग्रोव के गुप्त हथियारों जैसे थे। ओकेआर ने एक बड़े और बहुआयामी संगठन को न सिर्फ उन्नति करने के लिए तैयार किया बल्कि उसे आश्चर्यजनक दक्षता हासिल करने की ओर प्रेरित भी किया। इंटेल जैसी एक संगठित और लक्ष्य-केंद्रित कंपनी का सामना करने के लिए मोटोरोला कभी तैयार नहीं थी।

बिल डेविडो : की-रिजल्ट्स सिस्टम (मुख्य परिणाम प्रणाली) एंडी ग्रोव द्वारा कर्मचारियों के व्यवहार को एक विशेष रूप में ढालने का तरीका था। एंडी इंटेल को एक महान कंपनी के तौर पर स्थापित करने के लिए प्रतिबद्ध थे। वे अपने उच्च अधिकारियों को बाहरी कंपनियों के बोर्ड ऑफ डायरेक्टर्स में शामिल होने से हतोत्साहित करते थे; यह कुछ ऐसा था कि अगर आप इंटेल में काम करते हैं, तो फिर यही आपका जीवन है और आपके उद्‌देश्य और मुख्य परिणाम इस प्रतिबद्धता को पहले से अधिक दृढ़ बना देते थे।

जब आप किसी कंपनी के प्रबंधन में उच्च पद पर होते हैं, तो अक्सर आप अपने नीचे काम करनेवालों को काफी कुछ सिखा रहे होते हैं - एंडी भी यही करते थे। ऑब्जेक्टिव्स और की-रिजल्ट्स (उद्‌देश्य और मुख्य परिणाम) इंटेल की प्रबंधन प्रणाली में गुँथे हुए थे पर इसके साथ ही वे एक दर्शन, एक मौलिक सबक प्रणाली भी थे। हम सबको यह सिखाया गया था कि अगर आपने मापन या मूल्यांकन किया है, तो चीज़ें बेहतर हो जाती हैं।

एंडी के साथ होनेवाली एग्जिक्यूटिव स्टाफ की मीटिंग्स् में हम अपने शीर्ष लक्ष्य लिखा करते थे। हम टेबल के चारों ओर बैठ जाते और अपने शीर्ष लक्ष्य निर्धारित करते। एक डिवीजन मैनेजर के तौर पर मैं कंपनी के किसी भी उचित मुख्य परिणामों को अपने उद्‌देश्य के रूप में ग्रहण कर लेता था। इसके बाद मैं उसे अपने अधिकारियों की टीम के पास ले जाता और फिर हम अगला सप्ताह इस बारे में चर्चाएँ करते कि उस तिमाही में हम क्या करेंगे।

इन चर्चाओं में जब एंडी को कोई चीज़ भा जाती, तो वे फौरन कहते, 'बस, यही है वो चीज़, जो अब इंटेल कॉरपोरेशन करेगा।' एंडी के इन शब्दों ने इस प्रणाली को मज़बूत बनाया। उनके मुँह से ये शब्द सुनने के बाद हर कोई उस प्रयास में अपना योगदान देना शुरू कर देता था। हम एक विजयी टीम के सदस्य थे और आगे भी विजय हासिल करते रहना चाहते थे।

निचले स्तर के कर्मचारियों के बीच उनके उद्‌देश्य और मुख्य परिणाम उनके आउटपुट का करीब-करीब सौ फीसदी भी हो सकते हैं। लेकिन मैनेजर्स के कंधों पर दिन-प्रतिदिन की अतिरिक्त जिम्मेदारियाँ भी होती हैं। उदाहरण के लिए

अगर मेरा उद्देश्य सुंदर गुलाबोंवाला एक झाड़ उगाना है, तो मुझे यह पता होगा कि पूरे बगीचे को हरा-भरा रखना भी मेरी ही जिम्मेदारी है। हमारे की-रिजल्ट्स साधारण चीज़ों पर केंद्रित नहीं होते थे। मसलन शायद ही मेरा कोई की-रिजल्ट ऐसा रहा हो, जो कहता हो कि 'कर्मचारियों का मनोबल ऊँचा रखने के लिए ऑफिस में उनके आसपास टहलते रहो।' क्योंकि हम तो उन चीज़ों को लिखकर रखा करते थे, जिन पर विशेष ज़ोर देने की ज़रूरत थी।

इंटेल की तात्कालिकता

दिसंबर 1979 में मैं ढेर सारी शिकायतों के साथ एंडी ग्रोव की एग्जिक्यूटिव स्टाफ मीटिंग में गया। मेरा मानना था कि इंटेल 8086 माइक्रोप्रॉसेसर को अन्य कंपनियों के उत्पादों के पुर्जे के रूप में बेचने संबंधी समझौतों की संख्या बढ़ाने के मामले में हमारी माइक्रोप्रॉसेसर टीम और बेहतर प्रदर्शन कर सकती है। मैं उन्हें प्रेरित करना चाहता था और चाहता था कि वे एक बार फिर अपनी प्रतिभा पर भरोसा करें। अंततः एंडी ने इस समस्या को सुलझाने की जिम्मेदारी मुझे सौंप दी। इस तरह ऑपरेशन क्रश अब मेरी जिम्मेदारी बन गया।

एंडी ग्रोव और बिल डेविडो, इंटेल हेडक्वार्टर 1980

हालाँकि 8086 माइक्रोप्रॉसेसर कंपनी को अधिक राजस्व नहीं दे रहा था पर इसका व्यापक प्रभाव ज़रूर था। मेरा विभाग उन कंप्यूटर्स के लिए सॉफ्टवेयर डेवलपमेंट सिस्टम्स् बेचता था, जिनमें इंटेल का माइक्रोप्रॉसेसर लगा होता था। हालाँकि हम जबर्दस्त प्रगति कर रहे थे, लेकिन हम अब भी उन ग्राहकों पर निर्भर थे, जो अपने उत्पादों के लिए इंटेल की माइक्रोचिप का चुनाव करते थे। एक बार जैसे ही इंटेल को 8086 माइक्रोप्रॉसेसर के जरिये शुरुआती सफलता मिली, वैसे ही हमें ईपीआरओएम[2] और सहायक उपकरणों व कंट्रोलर चिप के अनुबंध भी मिलने लगे। कुल मिलाकर उनका मूल्य, मूल बिक्री का दस गुना रहा होगा, पर अगर 8086 माइक्रोप्रॉसेसर के अस्तित्व पर कोई खतरा मंडराता, तो मेरा ये व्यवसाय भी खतरे में आ जाता।

यानी बहुत कुछ दांव पर लगा हुआ था। मेमोरी चिप्स के आपूर्तिकर्ता के रूप में अपनी प्रतिष्ठा बनाने के बाद अब इंटेल कंपनी खतरे में थी। हाल ही में हमने डीआरएम (सबसे व्यापक रूप से इस्तेमाल होनेवाली किफायती कंप्यूटर मेमोरी) के मामले में बाजार में अपना अग्रणी स्थान खो दिया था। अब उस स्थान पर एक नई स्टार्ट-अप कंपनी ने कब्जा जमा लिया था और ऐसा लग रहा था कि हम अपनी पुरानी गति दोबारा हासिल नहीं कर पा रहे हैं। ईपीआरओएम के लाभप्रद व्यवसाय के बाजार में हमारी जो हिस्सेदारी थी, उसमें जापानी कंपनियाँ अचानक वृद्धि कर रही थीं। ऐसे में इंटेल के भविष्य की किरण माइक्रोप्रॉसेसर में ही नज़र आ रही थी और अब हमें दोबारा शीर्ष स्थान पर पहुँचना था। मुझे अपनी शुरुआती प्रेजेन्टेशन की पहली स्लाइड आज भी याद है।

ऑपरेशन क्रश का उद्देश्य : तात्कालिकता का भाव पैदा करना और विवेचनात्मक निर्णयों व कार्य-योजनाओं की एक पूरी श्रृंखला को संपूर्ण कॉरपोरेशन पर लागू करना ताकि प्रतिद्वंदियों की उस चुनौती का सामना किया जा सके, जो हमारे अस्तित्व के लिए खतरा बन गई थी।

हमारी टास्क फोर्स को मंगलवार, 04 दिसंबर को बुलाया गया। हम तीन दिनों तक लगातार मिले और हर रोज कई-कई घंटों तक इस विषय पर काम

[2] इंटेल में अविष्कृत एक रीड-ओनली-मेमोरी चिप, जिसे प्रोग्राम किया जा सकता था।

करते रहें। यह एक बौद्धिक चुनौती थी। मानों एक कठिन पहेली को सुलझाना हो। 8086 माइक्रोप्रॉसेसर का पुनर्निर्माण करने का समय नहीं बचा था इसलिए हमने अपना अधिकतर समय यह समझने में बिताया कि हम क्या बेचें और मोटोरोला पर हावी होने के लिए प्रतिस्पर्धात्मक लाभ कैसे उठाएँ।

मेरा मानना था कि बाजार में और अपने ग्राहकों के बीच इंटेल के बारे में एक नए किस्म के कथानक को प्रचलित करके यह जंग जीती जा सकती है। हमें अपने ग्राहकों को यह विश्वास दिलाना था कि आज वे जिस माइक्रोप्रॉसेसर को खरीदने का चुनाव करेंगे, वह अगले दशक के लिए उनका सबसे महत्वपूर्ण निर्णय होगा। हालाँकि ऐसे में मोटोरोला कंपनी भी आकर यह कह सकती थी कि 'हमारे पास प्रॉसेसर के इस्तेमाल के लिए एक स्पष्ट निर्देश-पुस्तिका है।' पर वह हमारे उत्पादों (प्रोडक्ट्स) की विस्तृत श्रेणियों और हमारी मशीनों के प्रदर्शन की बराबरी नहीं कर सकती थी। वह हमारी शानदार तकनीकी सहायता प्रणाली और किफायती कीमत की बराबरी भी नहीं कर सकती थी। इंटेल के सहायक उपकरणों के जरिये हम लोगों को याद दिलाते कि उनके उत्पाद बाजार में न सिर्फ जल्दी पहुँचेंगे बल्कि किफायती कीमतवाले भी होंगे और साथ ही इंटेल से मिलनेवाली डिजाइन संबंधी सहायता के चलते उनके इंजीनियर अधिक कुशलता से काम कर सकेंगे।

मोटोरोला तमाम विविधताओं से भरी एक बड़ी कंपनी थी, जो टू-वे रेडियो से लेकर पॉकेट टेलीविजन तक, सब कुछ बनाती थी। दूसरी ओर इंटेल तकनीकी क्षेत्र की अग्रणी कंपनी थी, जो सिर्फ कंप्यूटर मेमोरी चिप्स और माइक्रोप्रॉसेसर्स व उनके सहयोगी सिस्टम्स् बनाती थी। अगर आपके घर के किसी उपकरण में कोई खराबी आ जाए, तो आप इन दोनों में से किससे संपर्क करेंगे? अपनी समस्या सुलझाने के लिए आप इन दोनों में से किस पर निर्भर होंगे?

हमारे पास कई बढ़िया विचार थे, जिन्हें आपस में गूँथने की ज़रूरत थी। जिम लैली ने इन विचारों को एक व्हाइटबोर्ड पर लिखकर रखा था : 'भविष्य के उत्पादों के लिए एक कैटलॉग तैयार करें,' 'पचास अलग-अलग सेमिनारों के लिए एक सेल्स-पिच तैयार करें - जिनमें हिस्सा लेनेवालों को वह कैटलॉग

दिया जाए।' शुक्रवार तक हमने कंपनी को संगठित करने के लिए एक योजना तैयार कर ली। अगले मंगलवार तक हमें नौ भागोंवाले एक कार्यक्रम के लिए मंजूरी भी मिल गई – जिसमें विज्ञापनों पर कई मिलियन डॉलर्स खर्च करने की अनुमति भी शामिल थी। इंटेल ने पहले कभी अपने विज्ञापनों पर इतना धन खर्च नहीं किया था। इसके एक सप्ताह के भीतर यह रणनीति कंपनी के सारे सेल्स कर्मचारियों को समझा दी गई, जो इसे लेकर काफी उत्साहित थे। आखिर यही तो वे लोग थे, जिन्होंने कंपनी पर मँडरा रहे संकट के बारे में हमें सबसे पहले सतर्क किया था।

यह सारा काम क्रिसमस से पहले पूरा हो चुका था।

मोटोराला का संचालन बहुत ही बढ़िया ढंग से होता था पर इस कंपनी का तात्कालिकता (Urgency) का भाव ज़रा अलग किस्म का था। नवंबर 1979 में जब केसी पॉवेल ने संदेश भेजकर हमें बताया कि एक समस्या खड़ी हो गई है, तो हमने उससे निपटने के लिए फौरन ज़रूरी कदम उठाए। लेकिन जब हमने मोटोरोला के सामने समस्या खड़ी की, तो कंपनी ने उससे निपटने के लिए ज़रूरी कदम उठाने में कोई तेजी नहीं दिखाई। मोटोरोला के एक मैनेजर ने मुझे बताया, 'जितने समय में आप लोगों ने अपना यह कैंपेन तैयार करके शुरू भी कर दिया, उससे ज़्यादा समय तो मेरी कंपनी को शिकागो से एरिजोना के मेरे हवाई टिकट को मंजूरी देने में लग जाता है।'

इंटेल ने बड़े-बड़े जेनरलाइजेशंस (सामान्यीकरण) की घोषणा करने और फिर उन्हें ऐसे समन्वित कार्यक्रमों में तब्दील करने में उत्कृष्टता हासिल की, जिन पर आसानी से काम किया जा सकता है। हमारे सभी नौ प्रोजेक्ट्स कंपनी का एक की-रिजल्ट्स (मुख्य परिणाम) बन गए। ये रहा सन 1980 की दूसरी तिमाही में इंटेल के ऑपरेशन क्रश का कॉरपोरेट ओकेआर और उससे जुड़ा एक इंजीरियरिंग संबंधी ओकेआर :

इंटेल कॉरपोरेट उद्देश्य

8086 माइक्रोप्रॉसेसर को 16–बिट माइक्रोप्रॉसेसर की श्रेणी में सर्वश्रेष्ठ प्रदर्शन करनेवाले उत्पाद के रूप में स्थापित करना, निम्नलिखित मुख्य परिणामों द्वारा किए गए मापन या मूल्यांकन के अनुसार....

मुख्य परिणाम (दूसरी तिमाही, सन 1980)

1. 8086 माइक्रोप्रॉसेसर श्रेणी के उत्कृष्ट परिणाम दर्शानेवाले पाँच बेंचमार्क बनाएँ और प्रकाशित करें (एप्लीकेशंस)।
2. 8086 माइक्रोप्रॉसेसर की श्रेणी के सभी उत्पादों की दोबारा पैकेजिंग करें (मार्केटिंग)।
3. 8 मेगाहट्र्ज की श्रेणी का उत्पादन करें (इंजीनियरिंग और निर्माण)।
4. 15 जून के पहले एरथिमेटिक को प्रॉसेसर की सैम्पलिंग कर लें (इंजीनियरिंग)।

इंजीनियरिंग विभाग के उद्देश्य (दूसरी तिमाही, सन 1980)

30 मई तक 8 मेगाहट्र्ज 8086 के 500 पुर्जे सीजीडब्ल्यू को भेजें।

मुख्य परिणाम

1. 05 अप्रैल तक फोटो प्लॉट का अंतिम डिजाइन विकसित करें।
2. 09 अप्रैल तक फैब को रेव 2.3 मास्क भिजवाएँ।
3. 15 मई तक टेस्ट टेप्स पूरे करें।
4. 01 मई के पहले फैब रेड टैग शुरू करें।

अचानक बदलाव लाना

जनवरी की शुरुआत में सैन होजे हयात हाउस में बॉब नॉयस और एंडी ग्रोव ने ऑपरेशन क्रश शुरू किया। उन्होंने इंटेल के प्रबंधन दल को जो निर्देश दिया, वह बिलकुल सरल और स्पष्ट था: '16-बिट माइक्रोप्रॉसेसर के मामले में हमारी विजय होगी। हम इसके लिए प्रतिबद्ध हैं।' एंडी ने बताया कि हमें क्या करना होगा और क्यों। साथ ही उन्होंने यह भी समझाया कि जब तक ये सारे कार्य पूरे नहीं हो जाते, तब तक हमें इन्हें अपनी प्राथमिकता सूची में सबसे ऊपर रखना होगा।

इस मीटिंग में करीब सौ लोग मौजूद थे। प्रबंधन के पहले दो स्तर के कर्मचारियों को यह संदेश समझने और अपने मन में बिठाने में ज़रा भी समय नहीं लगा और अगले चौबीस घंटे के भीतर यह संदेश प्रबंधन के तीसरे स्तर के कर्मचारियों तक भी पहुँच गया। यह बात बहुत जल्द हर जगह फैल गई। उस समय इंटेल एक बिलियन-डॉलर कंपनी थी और उसने अचानक अपने काम करने के तरीके से लेकर अपने दृष्टिकोण तक, हर चीज़ को बदल दिया था। मैंने आज तक कहीं और ऐसा होते हुए नहीं देखा।

और यह सब की-रिजल्ट सिस्टम (मुख्य परिणाम प्रणाली) के बिना संभव नहीं था। अगर एंडी ने सैन होजे हयात हाउस की मीटिंग इसके बिना की होती, तो भला वे ऑपरेशन क्रश की सारी गतिविधियों को एक साथ कैसे शुरू कर पाते? आप यकीन नहीं करेंगे कि मैंने न जाने कितने बार लोगों को इस अंदाज में मीटिंग से निकलते देखा है कि 'मैं तो जल्द ही दुनिया जीतनेवाला हूँ...' और फिर दो-तीन महीने बाद पता चलता है कि कुछ नहीं हुआ। दरअसल आप लोगों का उत्साह तो बढ़ा सकते हैं, पर उन्हें यह पता नहीं होता कि वे इस उत्साह का क्या करें। संकट के समय आपको एक ऐसी प्रणाली की ज़रूरत होती है, जो फौरन बदलाव लाने में सक्षम हो। की-रिजल्ट सिस्टम (मुख्य परिणाम प्रणाली) ने इंटेल के लिए ठीक ऐसा ही किया। इसने कंपनी के प्रबंधन को तेजी से कार्यों पर अमल करने के लिए एक कारगर औजार दिया। और जब लोगों ने बताया कि उन्होंने कौन-कौन से कार्य पूरे कर लिए हैं, तो हमारे पास उनका स्पष्ट मूल्यांकन करने के लिए ज़रूरी मापदंड भी तैयार थे।

इंटेल कॉरपोरेशन
3065, बॉवर्स एवेन्यू
सैंटा क्लारा, कैलीफोर्निया 95051
(408) 987-8080

intel

सेवा में : इंटेल में कार्यरत सभी फील्ड सेल्स इंजीनियर्स

प्रेषक : एंडी ग्रोव

विषय : ऑपरेशन क्रश

ऑपरेशन क्रश हमारा अब तक का सबसे व्यापक और महत्वपूर्ण मार्केटिंग आक्रमण है। यह हमारी प्रतिबद्धता के संदर्भ में व्यापक है। यह हमारी कंपनी का शीर्ष की-रिजल्ट (मुख्य परिणाम) है; यह कर्मचारियों के उस मामले के संदर्भ में व्यापक है, जिसे इस कार्य के लिए तैनात किया गया है - सिर्फ अगले छह महीने में ही ऑपरेशन क्रश पर 50 से भी ज़्यादा श्रम-वर्ष के बराबर प्रयास किया जाएगा - और साथ ही यह इंटेल के राजस्व पर पड़नेवाले प्रभाव के संदर्भ में भी व्यापक है - जो अगले तीन सालों में 100 मिलियन डॉलर्स से भी ज़्यादा के बराबर होगा।

हालाँकि ऑपरेशन क्रश सिर्फ अपने विशाल स्तर और व्यावसायिक प्रभाव के चलते ही महत्वपूर्ण नहीं है। रणनीतिक तौर पर इस अभियान की सफलता उस प्रासंगिक क्रमिक-विकास पर प्रकाश डालेगी, जो हमारे व्यवसाय में पहले ही अपनी जगह बना चुका है और आगे भी बनाता रहेगा। हमारा मकसद है, वीएलएसआई (वेरी लार्ज स्केल इंटीग्रेशन - बड़े पैमाने पर एकीकरण) के रूप में कंप्यूटर संबंधी सभी सेवाएँ देनेवाले संगठन के तौर पर खुद को स्थापित करना। हम अगले 18 महीनों की अवधि में 04 सीपीयू (सेंट्रल प्रॉसेसिंग यूनिट), 15 सहायक उपकरण, 25 सॉफ्टवेयर उत्पाद और 12 सिस्टम लेवल उत्पादों की घोषणा करेंगे। ये सभी उत्पाद हमारी इस रणनीति की सबसे स्पष्ट और सार्थक गवाही होंगे। ऑपरेशन क्रश इस रणनीति की अभिव्यक्ति का प्रतीक है।

इंटेल का सेल्स इंजीरियर होने के नाते ऑपरेशन क्रश को सफल बनाने में आपकी भूमिका बहुत महत्वपूर्ण है। हम इन दो क्षेत्रों में आपके द्वारा किए जानेवाले प्रयासों पर निर्भर हैं:

* माइक्रोकंप्यूटर संबंधी हमारी सभी सेवाओं की बिक्री करें। इस नोटबुक में दी गई सूचनाओं का और इसके बाद उपलब्ध कराई जानेवाली सामग्री का उपयोग करें और अपने ग्राहकों को कुछेक पुर्जों के बजाय माइक्रोकंप्यूटर संबंधी सभी एकीकृत सेवाएँ उपलब्ध कराएँ, फिर चाहे वे सेवाएँ कंप्यूटर के हार्डवेयर से जुड़ी हों या फिर सॉफ्टवेयर से।
* यंत्र निर्माण करनेवाली अन्य कंपनियाँ अपने उत्पादों में इंटेल के पुर्जे लगाएँ, इससे जुड़े हालिया समझौतों के लिए आप इंटेल के सभी संसाधनों का उपयोग करें। साथ ही अग्रणी रूप से ऐसी कार्य-योजनाएँ तैयार करें, जो इस पत्र के साथ संलग्न सामग्री में ऑपरेशन क्रश के लिए दिए गए संसाधनों का पूरा लाभ उठाती हों।

मुझे पूरा विश्वास है कि आपकी मदद से ऑपरेशन क्रश और 1980 का यह दशक हमारे लिए सफल साबित होगा।

ऑपरेशन क्रश के लिए अपने कर्मचारियों की फौज को दिशा दिखाते एंडी ग्रोव, जनवरी 1980.

ऑपरेशन क्रश दरअसल पूरी तरह ओकेआर का ही एक संग्रह था, जो उच्च स्तर (उच्च अधिकारियों) से शुरू होता था, लेकिन साथ ही इसमें निचले स्तर (निम्न पदों पर कार्यरत अधिकारियों) से सलाह-मशविरा भी किया जाता था। इस जंग को जीतने के सारे तरीके जानना एंडी ग्रोव के स्तर पर या मेरे स्तर पर भी संभव नहीं था। ऐसी बहुत सी चीज़ें निचले स्तर (निम्न पदों पर कार्यरत अधिकारियों) से उच्च स्तर (उच्च अधिकारियों) की ओर जाती थीं। दरअसल आप लोगों को सफाई करने को तो कह सकते हैं, पर क्या आप उन्हें ये भी बताएँगे कि इस सफाई के लिए उन्हें कौन सा झाड़ू इस्तेमाल करना चाहिए? जब शीर्ष प्रबंधन ये कह रहा था कि 'हम मोटोरोला को कुचलने के लिए तैयार हैं,' तो शायद निचले स्तर पर काम करनेवाला कोई अधिकारी ये कह रहा हो कि 'हमारे बेंचमार्क घटिया है और मुझे लगता है कि मैं इससे कहीं बेहतर बेंचमार्क लिख सकता हूँ।' हमारे काम करने का तरीका भी कुछ ऐसा ही था।

सबकी भलाई के लिए

अगले छह महीने तक इंटेल ने अपना यह संघर्ष जारी रखा। मैं कंपनी का कर्मचारी था, मेरे पास कोई महत्वपूर्ण अधिकार नहीं थे। फिर भी मुझे वह सब दिया गया, जो मुझे चाहिए था। क्योंकि ये बात पूरी कंपनी को मालूम थी कि ये सब एंडी के लिए कितना महत्वपूर्ण है। जब इंटेल के विभिन्न विभागों के की-रिजल्ट्स (मुख्य परिणाम) वापस आए, तो कहीं कोई असंतोष नज़र नहीं आया। हर कोई पूरी तरह सहमत था। हमने अपने संसाधनों को नई दिशा दी; जबकि उस समय मेरे पास कोई बजट तक नहीं था।

अंततः ऑपरेशन क्रश में कंपनी का शीर्ष प्रबंधन, सेल्स कर्मचारियों की पूरी फौज, चार अलग-अलग मार्केटिंग विभाग और तीन भौगोलिक स्थान शामिल हो गए - और ये सब एक होकर काम कर रहे थे। जो बात इंटेल को सबसे अलग बनाती थी, वो ये कि कंपनी में कोई राजनीति नहीं खेली जाती थी। मैनेजर्स ने कंपनी के अंदर अपनी जो छोटी-छोटी जागीरें जैसी बना रखी थीं, वे उन्होंने सभी की भलाई के लिए छोड़ दीं। जैसे अगर माइक्रोप्रॉसेसर विभाग ने भविष्य के लिए जो कैटलॉग तैयार किया है, अगर उस पर गौर करके कोई कर्मचारी यह कह दे कि 'अरे, इसमें तो एक सहायक उपकरण गायब है,' तो

यह बात आगे बढ़ेगी और सहायक उपकरण विभाग से लेकर इंजीरियरिंग संबंधी संसाधनों के विनियोजन तक जाएगी। सेल्स कर्मचारी सेमिनार्स का आयोजन कराते थे, लेकिन वे सब इसके लिए मार्केटिंग, एप्लिकेशन इंजीनियर्स और साथ ही मेरे विभाग की मदद लेते थे। वहीं कॉरपोरेट कम्युनिकेशंस विभाग पूरी कंपनी से लेख लेकर व्यापारिक खबरों पर केंद्रित मीडिया में प्रकाशित कराता रहता था। यह पूरी तरह एक संगठनात्मक प्रयास था।

जब मैं ऑपरेशन क्रश के बारे में सोचता हूँ, तो मुझे अब भी विश्वास नहीं होता कि हमने सचमुच इतना कठिन कार्य सफलतापूर्वक कर दिखाया। मुझे लगता है कि इसका सबक यही था कि संस्कृति वाकई बहुत मायने रखती है। एंडी हमेशा यह चाहते थे कि लोग कंपनी की समस्याओं को प्रबंधन के ध्यान में लेकर आएँ। जैसे अगर किसी फील्ड इंजीनियर ने अपने जनरल मैनेजर से ये कह दिया कि 'आप लोगों को ज़रा भी अंदाजा नहीं है कि बाजार में क्या हो रहा है,' तो अगले दो सप्ताह के भीतर ही हर चीज़ की समीक्षा दोबारा होगी और फिर ऊपर से लेकर नीचे तक, सारे कर्मचारी एक ही दिशा में आगे बढ़ेंगे। इस बात पर हर किसी ने अपनी सहमति जताई कि : 'हमारे खबरी ने जो सूचना दी है, वह बिलकुल सही है और अब हमें नए ढंग से काम करना होगा।' यह बहुत ज़रूरी था कि डॉन बकाउट और केसी पॉवेल जैसे लोग बिना किसी डर के अपनी बात कह सकें। अगर कंपनी की संस्कृति में यह खुलापन नहीं होता, तो ऑपरेशन क्रश जैसी कोई चीज़ अस्तित्व में आती ही नहीं।

एंडी ग्रोव की आदत थी कि हर मागले में अंतिम निर्णय उन्हीं का होगा। एंडी के शब्दों में, '**बुरी कंपनियाँ संकट सामने आते ही नष्ट हो जाती हैं। वहीं अच्छी कंपनियाँ संकट के बावजूद अपना अस्तित्व बचा लेती हैं। जबकि महान कंपनियाँ संकट सामने आने पर और बेहतर हो जाती हैं।**' उन्होंने यह बात ऑपरेशन क्रश के संदर्भ में कही थी। मेमोरी-चिप के जिस व्यवसाय ने इंटेल को एक कंपनी के रूप में खड़ा किया था, कंपनी ने उस व्यवसाय को छोड़कर पूरी तरह माइक्रोप्रॉसेसर के व्यवसाय में आगे बढ़ने का निर्णय लिया और 1986 आते-आते इंटेल 8086 माइक्रोप्रॉसेसर ने एक बार फिर 16-बिट माइक्रोप्रॉसेसर

के 85 फीसदी बाजार पर कब्जा कर लिया। इसका एक किफायती संस्करण इंटेल 8088, दुनिया के पहले आईबीएम पर्सनल कंप्यूटर के पुर्जे के तौर पर खूब प्रसिद्ध रहा। पर्सनल कंप्यूटर प्लेटफॉर्म के शुरुआती मापदंड इसी से तय हुए। आज अरबों माइक्रोकंट्रोलर्स - जो कंप्यूटर, कार, स्मार्ट थर्मोस्टेट (ताप स्थाई रखने की प्रणाली) और ब्लड बैंक सर्टिफ़्यूज[3] में लगे होते हैं - इंटेल आर्किटेक्चर पर ही चलते हैं।

और हम जानते हैं कि अगर ओकेआर नहीं होते, तो ये सब कुछ नहीं होता।

---

3 मानव रक्त के विभिन्न अवयवों को अलग-अलग करनेवाली रेफ्रिजरेटेड मशीन जिसका इस्तेमाल अस्पतालों में होता है।

4

सुपरपॉवर १: ध्यान केंद्रित करें और प्राथमिकताओं के प्रति प्रतिबद्ध रहें

हमारी क्षमताओं से ज़्यादा, हमारे चुनाव यह दर्शाते हैं कि
हम असल में क्या हैं।

- जे.के. रोलिंग

जो मायने रखता है, उसके मूल्यांकन की शुरुआत इस सवाल से होती है: अगले तीन (या छह या फिर बारह) महीने की अवधि के लिए सबसे महत्वपूर्ण क्या है? **सफल संगठन उन मुट्ठीभर अवसरों पर ध्यान केंद्रित करते हैं, जो सचमुच बड़ा फर्क ला सकते हैं।** ये संगठन उन अवसरों या उपक्रमों को बाद के लिए टाल देते हैं, जिन पर तत्काल काम करना ज़रूरी नहीं है। ऐसे संगठनों का नेतृत्व करनेवाले न सिर्फ शाब्दिक रूप से बल्कि अपने कर्मों से भी अपने इन चुनावों के प्रति प्रतिबद्ध होते हैं। कुछ शीर्ष ओकेआर के साथ दृढ़ता से खड़े होकर वे अपनी टीम्स को मूल्यांकन करने के लिए ज़रूरी उपाय और एक आधार प्रदान करते हैं। (परिणाम आना शुरू होते ही गलत निर्णयों को सुधारा जा सकता है। जबकि अनिर्णयवाली स्थिति - या जल्दबाजी में लिए गए निर्णयों से हमें कुछ भी सीखने को नहीं मिलता।) आनेवाले समय के लिए हमारी मुख्य प्राथमिकताएँ क्या हैं? लोगों को अपने प्रयास किस दिशा में केंद्रित करने चाहिए? एक प्रभावी लक्ष्य-निर्धारण प्रणाली की शुरुआत उच्च अधिकारियों की अनुशासित सोच से और ऐसे लीडर्स से होती है, जो अपने समय और ऊर्जा को मूल्यवान चीज़ों के चुनाव में निवेश करते हैं।

हालाँकि लक्ष्यों की सूची को छोटा करना अनिवार्य रूप से एक चुनौती जैसा होता है, लेकिन ऐसा करना लाभदायी होता है। हर अनुभवी लीडर आपसे

यही कहेगा कि कोई भी व्यक्ति - या कंपनी - अकेले यह सब नहीं कर सकता। कुछ चुनिंदा ओकेआर की मदद से हम ऐसी कुछेक चीज़ों पर प्रकाश डाल सकते हैं, जिन्हें निर्धारित योजना के अनुसार सही समय पर करना ज़रूरी है।

शुरुआत में...

जब बात संगठन-स्तर के उद्‌देश्य और मुख्य परिणामों की हो, तो सारी जिम्मेदारी वरिष्ठ नेतृत्व की होती है। उन्हें व्यक्तिगत रूप से इस प्रक्रिया के प्रति प्रतिबद्ध होना चाहिए।

वे शुरुआत कहाँ से करते हैं? वे कैसे तय करते हैं कि वास्तव में सबसे ज़्यादा क्या मायने रखता है? गूगल ने अपने मिशन स्टेटमेंट की तरफ मुड़कर देखा - **संसार की सूचनाओं को सुनियोजित करना और उन्हें वैश्विक स्तर पर उपलब्ध व उपयोगी बनाना।** एंड्रॉयड, गूगल अर्थ, क्रोम और नया व बेहतर यूट्यूब सर्च इंजन - ये सारे उत्पाद (प्रोडक्ट) और दर्जनों अन्य उत्पाद एक ही वंश के हैं। इन सभी उत्पादों के विकास को गूगल के संस्थापकों और उन अधिकारियों की टीम ने ही प्रेरित किया, जिन्होंने ओकेआर (ऑब्जेक्टिव्स एंड की-रिजल्ट्स - उद्‌देश्य और मुख्य परिणाम) के जरिये सही दिशा में ध्यान केंद्रित किया और प्रतिबद्ध रहें।

लेकिन अच्छे व कारगर विचार हाईरार्की (पदानुक्रम) से बँधे नहीं होते। आमतौर पर सबसे शक्तिशाली और ऊर्जावान ओकेआर संगठन के उन कर्मचारियों द्वारा ही आते हैं, जो ग्राहकों के साथ सीधे संपर्क में रहते हैं। गूगल में एक प्रोडक्ट मैनेजर की हैसियत से काम करनेवाले रिक क्लाउ पर यूट्यूब के होमपेज की जिम्मेदारी थी, जो दुनिया का तीसरा सबसे ज़्यादा विजिट किया जानेवाला वेबपेज है। उनके सामने बस एक ही अड़चन थी कि इस पेज पर विजिट करनेवाले यूजर्स का एक बहुत छोटा सा अंश ही ऐसा था, जो यूट्यूब पर लॉग-इन करता था। लॉग-इन न करनेवाले यूजर्स यूट्यूब के कई महत्वपूर्ण फीचर्स - जैसे वीडियोज सेव करना या किसी चैनल को सब्सक्राइब करना - का लाभ नहीं उठा पा रहे थे। यानी यूट्यूब की अधिकांश खूबियाँ दुनियाभर में फैले लाखों लोगों के लिए अदृश्य ही थीं। इसीलिए गूगल अपने यूजर्स के उस डाटा से भी वंचित हो रही थी, जो वास्तव में अनमोल था। इस समस्या को

सुलझाने के लिए रिक की टीम ने यूट्यूब के लॉग-इन अनुभव को बेहतर बनाने के लिए छह महीने का एक ओकेआर तैयार किया। उन्होंने यूट्यूब के सीईओ सैलर कैमंगर को इस पूरे मसले की जानकारी दी और कैमंगर ने गूगल के सीईओ लैरी पेज के साथ इस पर विचार-विमर्श किया। लैरी ने लॉग-इन से जुड़े इस उद्‌देश्य को पूरी कंपनी के ओकेआर में तब्दील करने का विकल्प चुना। बस उनकी एक ही शर्त थी कि इसकी समय सीमा छह महीने नहीं बल्कि तीन महीने की होगी।

रिक कहते हैं कि जब भी कोई ओकेआर शीर्ष पर पहुँचता है, तो 'कंपनी के हर कर्मचारी की नज़रें आपकी टीम पर होती हैं। हमें कोई अंदाजा नहीं था कि हम तीन महीने की समय सीमा में ये सब कैसे करेंगे, पर हम जानते थे कि कंपनी-स्तर के ओकेआर से यह स्पष्ट है कि हमारा काम कंपनी की प्राथमिकता है।' प्रोडक्ट मैनेजर के लक्ष्य पर जोर देकर लैरी ने हर चीज़ को अन्य टीम्स के सामने भी स्पष्ट कर दिया। ऑपरेशन क्रश की ही तरह कंपनी का हर कर्मचारी रिक की टीम को सफलता दिलाने में जुट गया। यूट्यूब की टीम ने निर्धारित समय सीमा के भीतर अपना काम निपटा लिया, हालाँकि उन्होंने इसे आगे भेजने में एक सप्ताह का समय और लिया।

लीडर्स भले ही कंपनी के शीर्ष लक्ष्यों का चुनाव कैसे भी करें, पर इसके साथ-साथ उन्हें अपने लक्ष्यों की ज़रूरत भी होती है। जिस तरह मूल्यों को किसी मेमो के जरिये प्रेषित नहीं किया जा सकता, उसी तरह संरचनात्मक ढंग से लक्ष्यों का निर्धारण सिर्फ आदेश देकर नहीं किया जा सकता। इस किताब के अध्याय 6 में आप देखेंगे कि डाटा और एनालिटिक्स कंपनी नूना के संस्थापक जिनी किम को इस बात का एहसास कड़ी ठोकर खाने के बाद हुआ कि ओकेआर को कंपनी के नेतृत्व द्वारा सार्वजनिक प्रतिबद्धता दर्शाने की ज़रूरत होती है। न सिर्फ शाब्दिक प्रतिबद्धता की बल्कि कर्म के रूप में भी। जब कोई सीईओ ये कहे कि कि 'मेरी टीम के लक्ष्य ही मेरे लक्ष्य हैं,' तो यह किसी खतरे से कम नहीं है। एक अच्छे ओकेआर के बारे में सिर्फ बातें करना ही काफी नहीं है। गूगल के अधिकारियों की टीम को प्रशिक्षण देनेवाले गहन अंतर्ज्ञानी और महान सीईओ स्वर्गीय बिल कैम्पबेल के अनुसार, अगर आप किसी कंपनी

के संस्थापक या सीईओ हों, तो आपको अपने कर्मचारियों से कहना चाहिए, 'यही है वो काम, जो तुम्हें करना है,' और फिर आपको उसका एक नमूना तैयार करके दिखाना चाहिए। क्योंकि अगर आप ऐसा नहीं करेंगे, तो कोई और भी नहीं करेगा।

स्पष्ट संवाद करें

दृढ़ निर्णय, आपसी विश्वसनीयता और बेहतर प्रदर्शन के लिए संगठन के हर सदस्य में शीर्ष लक्ष्यों की स्पष्ट समझ होना ज़रूरी है। इसके बावजूद कंपनियाँ खुद ये मानती हैं कि हर तीन में से दो कंपनियाँ अपने कर्मचारियों को इस लक्ष्यों से अवगत कराने और उनके बारे में निरंतर संवाद करने में असफल रहती हैं। हज़ारों वरिष्ठ अधिकारियों और प्रबंधकों पर हुए एक सर्वे के अनुसार उनमें से अधिकतर लोग यह नहीं बता सके कि उनकी कंपनी की शीर्ष प्राथमिकताएँ क्या हैं। वहीं इनमें से आधे लोग ऐसे थे, जो सिर्फ एक ही शीर्ष प्राथमिकता के बारे में बता सके।

संगठन के नेतृत्व के लिए ज़रूरी है कि वह कर्मचारियों के सामने 'क्यों' और 'क्या' को स्पष्ट करे यानी कर्मचारियों को पता हो कि उन्हें क्या करना है और क्यों करना है। वास्तव में कर्मचारियों का हौसला बढ़ाने के लिए कंपनी द्वारा हासिल परिणामों में सिर्फ उन परिणामों का जिक्र करना काफी नहीं है, जिन्हें मील का पत्थर माना जाता है। कर्मचारी 'अर्थ' के भूखे होते हैं। वे यह समझना चाहते हैं कि उनके लक्ष्यों का कंपनी के मिशन से क्या संबंध है और यह प्रक्रिया सिर्फ तिमाही मीटिंग्स् में शीर्ष ओकेआर का खुलासा करने तक ही सीमित नहीं होती। जैसा कि व्यापार एवं रोजगार संबंधी ऑनलाइन सर्विस वेबसाइट लिंक्डइन के सीईओ जेफ वेनर कहते हैं, 'जब आप किसी बात को बार-बार कहकर थक चुके होते हैं, तब जाकर लोग उसे सुनना शुरू कर रहे होते हैं।'

मुख्य परिणाम : देखभाल और पोषण

उद्देश्य और मुख्य परिणाम, लक्ष्य निर्धारण के यिंग और यांग (सिद्धांत और व्यवहार, दूरदृष्टि और कार्यान्वयन) होते हैं। उद्देश्य प्रेरणा देनेवाली चीज़ हैं, जो दूर तक फैले क्षितिज जैसे होते हैं। जबकि मुख्य परिणाम अधिक

सांसारिक होते हैं और मात्रकों से संचालित होते हैं। उनमें आमतौर पर राजस्व, विकास, सक्रिय उपयोगकर्ता, गुणवत्ता, सुरक्षा, बाजार हिस्सेदारी और ग्राहकों का जुड़ाव आँकने के लिए अंकों का उपयोग होता है। जैसा कि पीटर ड्रकर ने कहा था, '**विश्वसनीय ढंग से प्रगति करने के लिए ज़रूरी है कि मैनेजर कर्मचारियों के प्रदर्शन का और उद्‌देश्य के मुकाबले परिणाम का मापन या मूल्यांकन करने में सक्षम हो।**'

दूसरे शब्दों में कहें, तो मुख्य परिणाम कार के गियर के लीवर जैसे होते हैं, जिसे खींचने से कार आगे बढ़ती है यानी जिनके इस्तेमाल से आप अपने लक्ष्य पूरे करते हैं। अगर कोई उद्‌देश्य अच्छी तरह निर्धारित किया गया है, तो तीन से पाँच उचित ओकेआर उसे पूरा करने के लिए काफी होंगे। ज़रूरत से ज़्यादा ओकेआर एकाग्रता भंग करके आपकी प्रगति में बाधा बन सकते हैं। इसके अलावा हर मुख्य परिणाम को अपने आपमें चुनौती भी दी जानी चाहिए। अगर आप इस बात को लेकर निश्चिंत महसूस करते हैं कि आप इन्हें हासिल कर लेंगे, तो इसका अर्थ है कि शायद आप अपनी ओर से पूरा प्रयास नहीं कर रहे हैं।

क्या, कैसे, कब

चूँकि ओकेआर पहले से स्थापित व्यवस्था के लिए किसी झटके जैसे होते हैं इसलिए उस व्यवस्था को सहजता पूर्वक ओकेआर का अभ्यस्त बनाने में ही समझदारी है। कुछ कंपनियाँ जब निजी स्तर पर लक्ष्य-निर्धारण करने की आदत छोड़कर सार्वजनिक लक्ष्य-निर्धारण की ओर बढ़ती हैं या फिर टॉप-डाउन प्रोसेस[1] को छोड़कर सहयोगपूर्ण प्रक्रिया अपनाती हैं, तो वे इसकी शुरुआत वार्षिक-चक्र से करती हैं। शायद इसका सबसे अच्छा तरीका है, तात्कालिक ओकेआर (जो पूर्णतः वर्तमान की ओर केंद्रित हो) वाली एक ऐसी समानांतर व्यवस्था, जो वार्षिक ओकेआर और दीर्घकालिक रणनीतियों का सहयोग करती हो। हालाँकि यहाँ यह याद रखना ज़रूरी है कि वास्तव में अल्पकालिक लक्ष्यों से ही संगठन के कार्य पूरे होते हैं। अल्पकालिक लक्ष्य वार्षिक योजनाओं को भ्रष्ट नहीं होने देते और उनका कार्यान्वयन संभव बनाते हैं।

[1] एक पारंपरिक संगठनात्मक शैली, जिसमें कंपनी के प्रबंधन में उच्च पदों पर बैठे अधिकारी ही अपने हिसाब से सारे निर्णय लेते रहते हैं और निचले स्तर के कर्मचारियों का इन निर्णयों में कोई योगदान नहीं होता।

एक स्पष्ट समय-सीमा हमारी एकाग्रता और प्रतिबद्धता को तीव्र बनाती है। एक पूर्वनिर्धारित समय-सीमा यह सुनिश्चित करती है कि हम काम करते रहें। आज के वैश्विक बाजार में सफल होने के लिए संगठनात्मक फुर्ती की सख्त ज़रूरत होती है। मेरा अनुभव है कि आज के तेजी से बदलते बाजार के साथ कदम से कदम मिलाकर चलने के लिए तिमाही ओकेआर बनाना सबसे उपयुक्त तरीका है। पूर्वनिर्धारित ओकेआरवाली तीन महीने की यह अवधि टालमटोल की संभावना को खत्म कर देती है और संगठन को अच्छे प्रदर्शन से होनेवाले लाभ की ओर अग्रसर करती है। अपनी किताब हाई आउटपुट मैनेजमेंट - जो अपने अंदर नेतृत्व क्षमता विकसित करने की इच्छा रखनेवालों के लिए बाइबल जैसी है - में एंडी ग्रोव लिखते हैं:

> फीडबैक प्रभावी हो, इसके लिए ज़रूरी है कि यह गतिविधि के तुरंत बाद ही मिल जाए। ठीक इसी तरह एक ओकेआर प्रणाली को भी उद्देश्य का निर्धारण उसकी अपेक्षा से कम अवधि के लिए ही करना चाहिए। उदाहरण के लिए अगर हम वार्षिक आधार पर योजनाएँ बनाते हैं, तो उनके लिए कम से कम तिमाही या फिर मासिक ओकेआर होने चाहिए।

हालाँकि यह प्रोटोकॉल ज़्यादा सख्त नहीं होता और इसे सुविधानुसार बदला जा सकता है। हो सकता है कि संगठन की प्रगति से जुड़ी योजनाओं और प्रयासों के साथ समन्वय बनाकर रखने के लिए एक इंजीरियरिंग टीम छह सप्ताहवाले ओकेआर चक्र का विकल्प चुनना पसंद करे। इसी तरह हो सकता है कि एक नई-नवेली कंपनी, जो अभी उत्पादों के लिए बाज़ार ढूँढ़ रही है, उसे अपने लिए मासिक चक्रवाला ओकेआर अपेक्षाकृत अधिक बेहतर लगे। **दरअसल सर्वश्रेष्ठ ओकेआर वही है, जो आपके व्यवसाय की संस्कृति और उसके संदर्भ के लिहाज से उपयुक्त हो।**

मुख्य परिणामों के जोड़े बनाना

फोर्ड मोटर कंपनी द्वारा निर्मित प्रसिद्ध कार पिंटो के इतिहास से पता चलता है कि एक-आयामी ओकेआर खतरनाक साबित हो सकते हैं। सन 1971 में जापान और जर्मनी द्वारा निर्मित अपेक्षाकृत बेहतर कारों के चलते बाजार में

अपनी अधिकतर हिस्सेदारी गँवाने के बाद फोर्ड ने अपनी बिगड़ती स्थिति से निपटने के लिए पिंटो मॉडल को बाजार में उतारा था, जो किफायती दामवाली एक सबकॉम्पैक्ट कार थी। फोर्ड के तत्कालीन सीईओ ली इयोकोका की आक्रामक माँगों को पूरा करने के लिए कंपनी के प्रोडक्ट-मैनेजर्स ने इस कार को तैयार करते समय सुरक्षा संबंधी मानकों का ध्यान नहीं रखा। उदाहरण के लिए, इसका पिछला बंपर बहुत पतला और खराब गुणवत्तावाला था और कार का पेट्रोल-टैंक इस बंपर से सिर्फ छह इंच की दूरी पर लगाया गया था।

पिंटो कार का यह मॉडल सुरक्षा के लिहाज से किसी आग के गोले जैसा था और फोर्ड के इंजीनियर यह बात अच्छी तरह जानते थे। लेकिन कंपनी के मात्रक-संचालित और तीव्र मार्केटिंगवाले लक्ष्य - '2000 पाउंड से कम वजन और 2000 डॉलर से कम दामवाली कार' - को सीईओ ली इयोकोका ने बड़ी सख्ती से लागू कर रखा था... जब कार की सुरक्षा का मूल्यांकन करनेवाले एक परीक्षण में पाया गया कि दुर्घटना होने पर पेट्रोल टैंक को फटने से बचाने के लिए इसमें एक पाउंड वजन और एक डॉलर कीमत का प्लास्टिक और लगाना होगा, तो इसे अतिरिक्त लागत व अतिरिक्त वजन करार देकर और प्लास्टिक लगाने के विचार को ही खारिज कर दिया गया। कंपनी ने पिंटो मॉडल के लिए जो प्रोडक्ट ऑब्जेक्टिव्स (उत्पाद संबंधी उद्देश्य) निर्धारित किए गए थे, वे इस प्रकार थे : 'एक असली सबकॉम्पैक्ट कार' (आकार और वजन के मामले में); 'कम खर्च' (प्रारंभिक मूल्य, ईंधन की खपत, विश्वसनियता और उपयोगिता के मामले में); और 'स्पष्ट उत्पाद श्रेष्ठता' (आराम, सवारी, संचालन, प्रदर्शन, फीचर्स और दिखने के मामले में)। इस सूची में सुरक्षा का कोई जिक्र तक नहीं था।

खराब गुणवत्तावाले पिछले बंपर और पेट्रोल टैंक से उसकी दूरी सिर्फ छह इंच होने के चलते इस कार में पीछे से टक्कर लगनेवाली दुर्घटनाओं में सैकड़ों लोग मारे गए और हज़ारों लोग गंभीर रूप से घायल हुए। सन 1978 आते-आते फोर्ड को अपनी गलती की कीमत चुकानी पड़ी। कंपनी को अपने दो मॉडल, पिंटो और मर्करी बॉटकैट्स की पंद्रह लाख कारें बाजार से वापस बुलानी पड़ीं। ऑटोमोबाइल के अब तक के इतिहास में किसी कंपनी द्वारा बाजार से वापस बुलाई गई कारों की यह सबसे बड़ी संख्या थी। इस घटना से कंपनी को भारी

आर्थिक नुकसान तो हुआ ही, साथ ही उसकी प्रतिष्ठा पर भी बट्टा लग गया।

इस मामले पर गौर करें, तो स्पष्ट है कि फोर्ड के पास ऑब्जेक्टिव्स (उद्देश्य) या की-रिजल्ट्स (मुख्य परिणाम) की कोई कमी नहीं थी लेकिन कंपनी की लक्ष्य-निर्धारण की प्रक्रिया घातक रूप से दोषपूर्ण थी: विशिष्ट, चुनौतीपूर्ण लक्ष्यों (तेज मार्केटिंग, ईंधन खर्च के मामले में किफायती और कम दाम) को उन महत्वपूर्ण फीचर्स (सुरक्षा, नैतिक व्यवहार और कंपनी की प्रतिष्ठा) की कीमत पर हासिल किया गया, जिन्हें विस्तार से स्पष्ट ही नहीं किया गया था।

हालिया समय में ऐसा ही एक अन्य उदाहरण है, वित्तीय सेवाएँ देनेवाली कंपनी वेल्स फार्गो का, जो उपभोक्ता बैंकिंग से जुड़े एक ऐसे घोटाले के चलते अब भी बुरी तरह लड़खड़ा रही थी, जो वास्तव में निर्मम और एक-आयामी सेल्स टारगेट्स के चलते हुआ था। दरअसल भारी दबाव के चलते कंपनी के बैंक में कार्यरत मैनेजर्स ने अपनी-अपनी शाखाओं में लाखों फर्जी खाते खोले। जबकि बैंक के ग्राहक न तो नए खाते खोलना चाहते थे और न ही उन्हें नए खातों की ज़रूरत थी। इस घोटाले में एक मामला तो ऐसा था, जिसमें एक बैंक मैनेजर ने चौबीस खाते अपनी बेटी के नाम पर और इक्कीस खाते अपने दामाद के नाम पर खोल रखे थे। इस घोटाले का पर्दाफाश होने पर पाँच हज़ार से भी ज़्यादा बैंक कर्मचारियों को नौकरी से निकाला गया; कंपनी का क्रेडिट कार्ड और चेकिंग अकाउंट्स का आधे से ज़्यादा व्यवसाय डूब गया और वेल्स फार्गो के ब्रांड की प्रतिष्ठा इस हद तक गिर गई कि उसे दोबारा हासिल करना करीब-करीब नामुमकिन हो गया।

ओकेआर जितना अधिक महत्वाकांक्षी होगा, महत्वपूर्ण मानदंडो की अनदेखी का खतरा भी उतना ही अधिक होगा। जैसा कि एंडी ग्रोव ने अपनी किताब हाई आउटपुट मैनेजमेंट में लिखा था कि 'मात्रा बढ़ने पर गुणवत्ता में कमी न आए, यह सुनिश्चित करने का एक तरीका है - प्रभाव और प्रतिप्रभाव, दोनों का मूल्यांकन करने के लिए - मुख्य परिणामों के जोड़े बनाना।' जब मुख्य परिणाम आउटपुट पर केंद्रित होते हैं, तो ग्रोव के अनुसार:

उनके समकक्षों के जोड़ों को काम की गुणवत्ता का जोर देना चाहिए। इस प्रकार हर अकाउंट में जितने वाउचर प्रोसेस किए गए हैं, उनका जोड़ा, ऑडिटर्स या आपूर्तिकर्ताओं द्वारा पता लगाई गई गलतियों के साथ बनाना चाहिए। इसी का एक अन्य उदाहरण है, ऑफिस में कार्यरत एक समूह द्वारा जितने वर्गफीट के क्षेत्र को साफ किया गया है, उसका जोड़ा उस सीनियर मैनेजर द्वारा कार्य की गुणवत्ता के मूल्यांकन से मिली रेटिंग के साथ बनाना चाहिए, जिसका उस इमारत में अपना ऑफिस हो।

तालिका 4.1 : मात्रा और गुणवत्ता के साथ मुख्य परिणामों के जोड़े

मात्रा लक्ष्य	गुणवत्ता लक्ष्य	परिणाम
तीन नए फीचर्स	गुणवत्ता परीक्षण में प्रति फीचर पाँच से कम त्रुटियाँ	सॉफ्टवेयर डेवलपर्स बेहतर कोड्स लिखेंगे।
पहली तिमाही में 50 मिलियन डॉलर्स की सेल्स (बिक्री)	पहली तिमाही के रखरखाव संबंधी ठेकों में 10 मिलियन डॉलर्स	सेल्स (बिक्री) कर्मचारियों द्वारा निरंतर ध्यान केंद्रित करने से ग्राहकों में सफलता और संतुष्टि की दर बढ़ेगी।
छस सेल्स (बिक्री) कॉल्स	दो नए ऑर्डर्स	नए ऑर्डर्स की आखिरी सीमा संबंधी ज़रूरतों को पूरा करने के लिए शीर्ष स्तरीय गुणवत्ता बेहतर होगी।

सही और अच्छा

गूगल के सीईओ सुंदर पिचई ने एक बार मुझसे कहा था कि उनकी टीम अक्सर अपनी लक्ष्य-निर्धारण प्रक्रिया के लिए काफी 'कष्ट सहती' है: 'कभी-कभी ओकेआर की कोई एक पंक्ति भी कुछ इस प्रकार की होती है कि आप उस पर सोच-विचार करने में एक-डेढ़ घंटे का समय खर्च कर सकते हैं। ऐसा सिर्फ यह सुनिश्चित करने के लिए किया जाता है कि हम अपने यूजर्स के लिए कुछ बेहतर निर्मित करने की ओर ध्यान केंद्रित रखें।' यह काम ही कुछ ऐसा है कि इसमें ऐसी चीज़ें होती रहती हैं। फ्रांसीसी दार्शनिक और लेखक

वॉल्टेयर के शब्दों में कहें, तो : जो सही है, उसे अच्छे का दुश्मन न बनने दें।[2] याद रखें कि एक ओकेआर को किसी भी समय संशोधित किया जा सकता है या फिर उसे छोड़ा भी जा सकता है। कभी-कभी 'सही' मुख्य परिणाम, लक्ष्य पाने के लिए काम शुरू करने के कुछ सप्ताह या कुछ महीनों बाद सामने आ पाता है। ओकेआर कोई ब्रह्मवाक्य नहीं है, जिनमें कोई बदलाव नहीं हो सकता। बल्कि ये तो स्वाभाविक रूप से कुछ ऐसे होते हैं कि इनका विकास निरंतर जारी रहता है।

लक्ष्य-निर्धारण के कुछ मूलभूत नियम : की-रिजल्ट्स (मुख्य परिणाम) हमेशा संक्षिप्त, स्पष्ट और मापन या मूल्यांकन योग्य होने चाहिए। आउटपुट और इनपुट का मिश्रण सहायक होता है। अंततः सभी की-रिजल्ट्स (मुख्य परिणाम) के पूरे होने का परिणाम ऑब्जेक्टिव्स (उद्देश्य) हासिल होने के रूप में सामने आना चाहिए। अगर ऐसा नहीं होता, तो इसका अर्थ है कि यह एक ओकेआर नहीं है।

तालिका 4.2 : ओकेआर का गुणवत्ता क्रम

खराब	औसत	अच्छी
उद्देश्य : इंडियानापोलिस 500 ऑटोमोबाइल रेस जीतना। **मुख्य परिणाम :** लैप स्पीड बढ़ाना। **मुख्य परिणाम :** पिट स्टॉप टाइम घटाना।	**उद्देश्य :** इंडियानापोलिस 500 ऑटोमोबाइल रेस जीतना। **मुख्य परिणाम :** औसत लैप स्पीड 2 प्रतिशत तक बढ़ाना। **मुख्य परिणाम :** औसत पिट स्टॉप टाइम को एक सेकेंट तक घटाना।	**उद्देश्य :** इंडियानापोलिस 500 ऑटोमोबाइल रेस जीतना। **मुख्य परिणाम :** औसत लैप स्पीड 2 प्रतिशत तक बढ़ाना। **मुख्य परिणाम :** Test at wind tunnel ten times **मुख्य परिणाम :** औसत पिट स्टॉप टाइम को एक सेकेंट तक घटाना। **मुख्य परिणाम :** पिट स्टॉप में होनेवाली गलतियों को औसतन 50 फीसदी तक घटाना। **मुख्य परिणाम :** हर रोज एक घंटे तक पिट स्टॉप का अभ्यास करना।

[2] या फिर जैसा कि शेरिल सैंडबर्ग कहते हैं, 'एक पूरा हो चुका कार्य, सही कार्य से बेहतर होता है।'

थोड़ा ही काफी है

जैसा कि स्टीव जॉब्स मानते थे, 'नवीनता का अर्थ है, हज़ार अलग-अलग चीज़ों को 'न' कहना।' आमतौर पर तिमाही ओकेआर की आदर्श संख्या तीन से पाँच के बीच होती है। हो सकता है कि आप इसमें उद्देश्यों की संख्या को और बढ़ाना चाहें पर ऐसा करना आमतौर पर गलत होता है। ज़रूरत से ज़्यादा उद्देश्य इस बात को लेकर हमारी स्पष्टता कम कर सकते हैं कि क्या महत्वपूर्ण है और क्या नहीं। साथ ही वे हमें सही रास्ते से भटकाकर किसी आकर्षक लेकिन अर्थहीन चीज़ को पाने के रास्ते पर भी धकेल सकते हैं। स्वास्थ्य और फिटनेस से जुड़े एप मायफिटनेसपैल के सीईओ माइक ली कहते हैं, 'हम एक साथ ज़रूरत से ज़्यादा चीज़ें करने की कोशिश कर रहे थे और ऊपर से हमारी प्राथमिकताएँ भी स्पष्ट नहीं थीं। इसलिए हमने अपेक्षाकृत कम ओकेआर निर्धारित करने का निर्णय लिया और यह तय किया कि हमारे लक्ष्यों की सूची में केवल उन्हीं को जगह मिले, जो वाकई महत्वपूर्ण हों।'

इंटेल में अपने अनुभव से मुझे समझ में आया कि व्यक्तिगत रूप से काम के अत्यधिक दबाव से बचने का सबसे पहला तरीका है, चयनात्मक ढंग से लक्ष्य-निर्धारण करना। एक बार जब कर्मचारी अपने मैनेजर्स से सलाह-मशवरा करके अगले तीन माह के लिए अपने ओकेआर के प्रति प्रतिबद्ध हो जाते हैं, उसके बाद सिर्फ वही अतिरिक्त उद्देश्य या मुख्य परिणाम शामिल किए जा सकते हैं, जो पहले से तय एजेंडा के दायरे में आते हों। एक नया लक्ष्य मेरे मौजूदा लक्ष्यों के मुकाबले कितना उचित है? क्या एक नई प्रतिबद्धता को जगह देने के लिए किसी मौजूदा प्रतिबद्धता या लक्ष्य को छोड़ना चाहिए? उच्च स्तरीय ढंग से कार्यशील किसी ओकेआर प्रणाली में 'और ज़्यादा काम करने' के टॉप-डाउन आदेश न के बराबर ही होते हैं। आदेश सवालों को आगे बढ़ने का रास्ता देते हैं, खासकर इस एक सवाल को: सबसे ज़्यादा क्या मायने रखता है?

लक्ष्य-निर्धारण के मामले में एंडी ग्रोव मानते थे कि थोड़ा ही काफी है:

एक चीज़, जो किसी भी ओकेआर प्रणाली को सर्वश्रेष्ठ ढंग से

उपलब्ध करानी चाहिए, वह है, ध्यान केंद्रित करना। यह सिर्फ तभी संभव होता है, जब हम उद्देश्यों की संख्या कम रखते हैं... जब आप किसी एक चीज़ के लिए प्रतिबद्धता जताते हैं तो किसी दूसरी चीज़ के लिए प्रतिबद्ध होने का मौका गँवा देते हैं। जब संसाधन सीमित होते हैं, तो ऐसा परिणाम अपरिहार्य है। यह ज़रूरी है कि योजनाएँ बनानेवालों के अंदर इतनी हिम्मत, ईमानदारी और अनुशासन हो कि वे ज़रूरत पड़ने पर न सिर्फ किसी प्रोजेक्ट को छोड़ सकें बल्कि किसी प्रोजेक्ट को शुरू करने के लिए अपनी ओर से पहल भी कर सकें। यानी जब ज़रूरी हो, तो 'न' कह सकें और जब ज़रूरी हो, तो 'हाँ' कह सकें... हमें इस बात का एहसास होना चाहिए - और इस एहसास के बाद वह करना चाहिए, जो ज़रूरी है कि अगर हम हर चीज़ पर ध्यान केंद्रित करने की कोशिश करेंगे, तो किसी भी चीज़ पर ध्यान केंद्रित नहीं कर सकेंगे।

सबसे ज़रूरी ये है कि शीर्ष उद्देश्य उचित हों। ओकेआर न तो विभिन्न इच्छाओं की सूची है और न ही किसी टीम द्वारा किए जानेवाले सामान्य व नीरस कार्यों का कुल जोड़। **बल्कि ओकेआर तो कठोरतापूर्वक बनाए गए लक्ष्यों का एक समूह है, जो विशेष ध्यान की माँग करता है और लोगों को आगे की ओर अग्रसर करता है।** ओकेआर उस प्रमुख प्रयोजन से जुड़े होते हैं, जिसे पूरा करने की हमसे उम्मीद की जाती है। ग्रोव लिखते हैं, 'प्रबंधन की कला कई सारी महत्वपूर्ण व उचित गतिविधियों में से उन दो या तीन गतिविधियों के चुनाव में निहित होती है, जो बाकी गतिविधियों की तुलना में आपको अधिक लाभ उठाने का मौका देती हों और उन पर केंद्रित हों।'

या जैसा कि लैरी पेज कहेंगे, 'सफल संगठनों को अपने अधिकतम संसाधन उन मुट्ठीभर उपक्रमों पर केंद्रित करने चाहिए, जो सचमुच बड़ा फर्क ला सकते हैं।' हमारे पहले सुपरपॉवर का संक्षिप्त सार भी यही है।

5

ध्यान केंद्रित करना: रिमाइंड की कहानी

ब्रेट कॉफ

सहसंस्थापक

हम सब जानते हैं कि अमेरिकी शिक्षा व्यवस्था को मदद की ज़रूरत है। ब्राउन यूनिवर्सिटी के एक अध्ययन ने इस समस्या के संभावित समाधान की ओर इशारा भी किया है: शिक्षकों और छात्रों के परिवार के बीच बेहतर संवाद। मसलन, जब समर स्कूल के शिक्षकों ने छात्रों के घर पर रोज फोन या टेक्स्ट मैसेज किया, तो छठवीं कक्षा के उनके छात्रों ने 42 फीसदी अधिक होमवर्क पूरा किया और कक्षा में उनकी भागीदारी बढ़कर करीब-करीब आधी हो गई।

पिछले कई दशकों से छात्रों की उपलब्धियों को बढ़ावा देने के लिए विभिन्न कंपनियाँ स्कूलों में टेक्नोलॉजी के इस्तेमाल को प्रोत्साहित करने की कोशिश करती रही हैं। पर यह कारगर साबित नहीं हुआ। फिर अचानक लाखों अमेरिकी बच्चे एक परिवर्तनकारी तकनीकवाले गैजेट को अपनी जेब में लेकर कक्षा में जाने लगे। बच्चों के बीव मोबाइल के इस बढ़ते इस्तेमाल पर किसी ने ज़्यादा ध्यान नहीं दिया। मोबाइल फोन के चलते ही टेक्स्ट मैसेज किशोर बच्चों के बीच आपसी संवाद का सबसे अग्रणी जरिया बन गया। रिमाइंड नामक एक मोबाइल मैसेजिंग प्लेटफॉर्म ने इसमें अपने लिए एक अवसर तलाश लिया : टेक्स्ट मैसेज को शिक्षकों, छात्रों और अभिभावकों के बीच संवाद का एक सुरक्षित और व्यावहारिक जरिया बनाना।

सही लक्ष्यों का चुनाव करने के लिए ध्यान केंद्रित करने की ज़रूरत होती है। ब्रेट कॉफ ने रिमाइंड का निर्माण करते हुए ध्यान केंद्रित करने की

तात्कालिकता को खोजा और शिक्षकों, छात्रों व अभिभावकों को सुरक्षित माहौल में टेक्स्ट मैसेज भेजने में सक्षम बनाया। अपनी शीर्ष प्राथमिकताओं पर केंद्रित होने के लिए ओकेआर (ऑब्जेक्टिव्स एंड की-रिजल्ट्स - उद्देश्य और मुख्य परिणाम) का इस्तेमाल करते हुए यह कंपनी आज ऐसे लाखों लोगों को अपनी सेवाएँ दे रही है, जो इस देश के भविष्य के लिए मायने रखते हैं।

जब मैं और ब्रेट पहली बार मिले, तो अपने ग्राहकों को सर्वश्रेष्ठ सेवा उपलब्ध कराने के उनके जुनून को देखकर मैं दंग रह गया। उनकी यह स्टार्ट-अप कंपनी उत्कृष्ट रूप से शिक्षकों की ओर केंद्रित थी। मैं अपने उस अनुभव को कभी नहीं भूल सकता, जब मैंने उनके छोटे से ऑफिस के बाथरूम में कदम रखा और पाया कि कमोड के ऊपर लगे शीशे पर एक कागज चिपका हुआ है, जिसमें कंपनी के उद्देश्य लिखे हुए हैं। यह अपने लक्ष्यों की ओर गंभीरतापूर्वक केंद्रित रहने का लक्षण था।

मैंने गौर किया कि ब्रेट प्राथमिकताओं को पहचानने में माहिर हैं। सन 2012 में ब्रेट और उनके भाई डेविड को फोर्ब्स पत्रिका की प्रतिष्ठित सूची '30 अंडर 30 एजुकेशन' में जगह मिली। हालाँकि जिस प्रकार उनके काम का विस्तार हो रहा था, उसे देखते हुए कंपनी को और अधिक ध्यान केंद्रित करने की ज़रूरत थी। ओकेआर ने उस प्रक्रिया को सुनिश्चित किया, जिसे वे पहले ही शुरू कर चुके थे।

ब्रेट कॉफ : मेरा बचपन इलिनोइस राज्य के स्कोकी गाँव में गुजरा। स्कूल में पढ़ाई पर ध्यान केंद्रित करना मेरे लिए काफी संघर्षभरा रहा। जब मैं इधर-उधर घूमता-फिरता, मस्ती करता तो ठीक रहता, लेकिन स्कूल की डेस्क पर बैठते ही मुझे लगता, मानो मुझ पर अत्याचार किया जा रहा है। गणित का चालीस मिनट का क्लास भी मुझे अंतहीन सा महसूस होता। मैं उस किस्म का बच्चा था, जो अक्सर अपने पड़ोसियों के लिए समस्याएँ खड़ी कर देता या फिर दिनभर स्पिटबॉल उड़ाता रहता। मेरा ध्यान किसी एक चीज़ पर कभी नहीं ठहरता था।

जब मैं पाँचवीं कक्षा में आया तो मेरी जाँच कराई गई और पता चला

कि मुझे अटेंशन डेफिसिट हाइपरएक्टिविटी डिसऑर्डर (एडीएचडी - तंत्रिका विकास संबंधी एक मानसिक रोग) और डिस्लेक्सिया (सीखने और पढ़ने में दिक्कत पैदा करनेवाली एक बीमारी) की समस्या है। जिसके चलते अक्षरों और शब्दों को पढ़ने और उन्हें व्यवस्थित ढंग से लिखने में मुझे मुश्किल होती थी। अंकों को पढ़ना और समझना तो मेरे लिए और भी मुश्किल था।

मेरे माता-पिता, दोनों ही मेहनती उद्यमी थे। वे अक्सर सुबह पाँच बजे तक काम करते रहते थे। मैं भी अपनी क्षमता के हिसाब से खूब मेहनत करता था, लेकिन स्कूल में मेरा प्रदर्शन लगातार गिरता जा रहा था और साथ ही मेरा आत्मविश्वास भी। हाईस्कूल में तो मेरे हालात और बदतर हो गए। उस समय मैं शिकागो के उत्तरी इलाके में स्थित एक स्कूल में पढ़ता था। वहाँ मेरे सहपाठी तक मुझे मूर्ख कहने लगे थे और मुझे उनकी इस बात पर विश्वास भी होने लगा था।

लेकिन फिर मुझे स्कूल में अपने जूनियर ईयर में डेनिस व्हाइटफील्ड नाम की एक शिक्षिका मिलीं, जिन्होंने पढ़ाई से जुड़ी चीज़ें सीखने में मेरी लगातार मदद की, जिससे मेरी जिंदगी बदल गई। स्कूल में हर दिन की शुरुआत में वे मुझसे पूछतीं, 'तो, आज तुम क्या करनेवाले हो?' जबाब में मैं अपने दिनभर के कार्यों की सूची उनके सामने रख देता, जैसे: इतिहास की एक वर्कशीट बनाना, एक अंग्रेजी निबंध लिखना और जल्द ही आनेवाली गणित की परीक्षा की तैयारी करना। मेरा ऐसा जवाब सुनकर वे कोई बुद्धिमत्ता पूर्ण बात कहतीं, जैसे: 'ठीक है। तो चलो इनमें से किसी एक पर चर्चा शुरू करते हैं।' इस तरह हम एक समय में एक ही चीज़ पर ध्यान केंद्रित करते और उसे खत्म करके ही उठते। इस दौरान वे मुझे ये कहकर प्रोत्साहित करती रहतीं कि 'कोशिश करते रहो, सब समझ में आ जाएगा और समय की फिक्र मत करना, मेरे पास पूरा दिन है।' उनके ये शब्द सुनकर खुद को अक्षम मानने से पैदा हुई मेरी घबराहट कम हो जाती। स्कूल मेरे लिए कभी आसान नहीं रहा, लेकिन अब मैं खुद को स्कूल में सँभाल सकता था।

मेरी माँ हर हफ्ते मिसेज व्हाइटफील्ड से बातचीत करती थीं और महीने में कम से कम एक बार मेरे स्कूल ज़रूर आती थीं। वे दोनों मेरी सबसे बड़ी शक्ति थीं, जो मुझे किसी भी कीमत पर असफल नहीं होने देती थीं। उस समय मेरी उम्र

कम थी इसलिए मैं अपने जीवन में अपनी माँ और मिसेज व्हाइटफील्स के संबंध का महत्त्व समझ नहीं सका, लेकिन मेरी सफलता का बीज इसी ने बोया था।

हालाँकि मेरे ग्रेड्स में सुधार आने के बावजूद कॉलेज की तैयारी के लिए होनेवाले एसीटी एग्जाम - जिसमें चार घंटे तक बिना अपनी डेस्क से उठे कुल छह सौ सवालों के जवाब देने पड़ते थे - का अनुभव अटेंशन डेफिसिट हाइपरएक्टिविटी डिसऑर्डर (एडीएचडी) की समस्या से ग्रस्त मेरे जैसे लड़के के लिए किसी डरावनी फिल्म से कम नहीं था। पर मैं अपनी तैयारी पूरी करके मिशीगन राज्य पहुँच ही गया, जो मेरी पहली बड़ी सफलता थी।

जब लोग देश की शिक्षा व्यवस्था की बड़ी समस्याओं को हल करने का प्रयास करते हैं, तो वे इसकी शुरुआत पाठ्यक्रम या 'जवाबदेही' से करते हैं, जो परीक्षा में आपके स्कोर के कोड जैसा है। लेकिन इस प्रक्रिया में इंसानी जुड़ाव कहीं खो जाता है। मोबाइल मैसेजिंग प्लेटफॉर्म रिमाइंड का पूरा मामला भी ठीक ऐसा ही है।

शिक्षा के लिए ट्विटर

अधिकतर उपक्रमों की तरह ही रिमाइंड शुरू करने का विचार भी एक व्यक्ति की समस्या से आया। कॉलेज के पहले साल के छात्र के तौर पर मैं वहाँ मिलनेवाली डेडलाइन्स और शिड्यूल्स से तंग आ चुका था क्योंकि इन्हें मेरे प्रोफेसर अपनी मर्जी के अनुसार कभी भी अचानक बदल देते थे। यहाँ मेरी मदद के लिए न तो मेरी माँ मौजूद थीं और न ही मिसेज व्हाइटफील्ड। जिसके चलते मैं तीन प्रमुख विषयों में फेल हो गया। इसके बाद मैंने अपने लिए एग्रीकल्चरल इकोनॉमिक्स विषय का चुनाव किया क्योंकि यह सबसे आसान था। लेकिन अब भी हर सत्र में पाँच पाठ्यक्रम थे और हर पाठ्यक्रम में करीब पैंतीस असाइनमेंट, क्विज और टेस्ट होते थे। दरअसल कॉलेज में आपकी सफलता इस बात पर निर्भर करती है कि आप अपना समय प्रबंधन कितनी अच्छी तरह कर सकते हैं। जैसे पॉलिटिकल-साइंस का दस पन्नों का निबंध लिखना कब शुरू किया जाए या केमिस्ट्री के फाइनल एग्जाम की तैयार कैसे की जाए वगैरह। ऐसे में तेज गति से लक्ष्य-निर्धारण करना ही आपकी सबसे महत्वपूर्ण योग्यता साबित होती है। जबकि मैं ऐसा करने में बार-बार असफल हो रहा था।

मेरे हालात उस समय और बिगड़ गए, जब हेड जूनियर ईयर में मैंने अच्छी-खासी मेहनत के बाद एक निबंध तैयार किया पर इसके बावजूद मुझे औसत ग्रेड्स ही मिल सके। इससे भी ज़्यादा अपमान मुझे तब महसूस हुआ, जब मुझे अपना यह खराब रिजल्ट जानने के लिए अपने लैपटॉप पर एक वाहियात किस्म के वेब सिस्टम से दो-चार होना पड़ा। मैं और मेरे दोस्त अपने-अपने ब्लैकबेरी फोन से एक-दूसरे को रियल टाइम मैसेज भेजते थे - तो फिर हम अपने कॉलेज का डाटा भी टेक्स्ट् मैसेज की तरह सिर्फ अपनी उंगलियों के इशारे पर क्यों नहीं देख सकते? आखिर शिक्षक अपने छात्रों से मोबाइल फोन के जरिये कहीं भी, कभी भी संपर्क क्यों नहीं कर सकते? मेरे मन में ये विचार उठा कि मुझे अपने जैसे हज़ारों-लाखों छात्रों की इन समस्याओं को हल करने का रास्ता निकालना चाहिए। मैंने अपने बड़े भाई डेविड को फोन किया, जो शिकागो की एक बड़ी बीमा कंपनी में वेब सर्विस सिक्योरिटी का काम करते थे। मैंने उनसे फोन पर कहा, 'मैं आपको यह फैसला लेने के लिए चौबीस घंटे का वक्त देता हूँ कि आप मेरे साथ कंपनी शुरू करेंगे या नहीं।' मेरे फोन रखने के पाँच मिनट बाद ही डेविड का कॉल आया और उन्होंने कहा, 'ठीक है, मैं तैयार हूँ।'

अगले दो साल तक मैं और डेविड अंधेरे में तीर चलाते रहे। हमें न तो तकनीक के बारे में कुछ पता था और न ही उत्पादों के विकास या संचालन के बारे में। (इस क्षेत्र में मेरा जमीनी अनुभव सिर्फ इतना ही था कि मैंने खाद्य पदार्थ बनानेवाली एक बड़ी कंपनी क्राफ्ट फूड्स में इंटर्नशिप कर रखी थी, जहाँ मेरा काम था, बिस्किट के डिब्बों का भंडारण करना।) फिर अलग-अलग विषयों के कुछ छात्रों ने मुझसे अपने-अपने पाठ्यक्रम साझा किए, जिन्हें मैंने डेविड के एक्सेल मैक्रोज में जोड़ दिया ताकि उन छात्रों के फोन पर ज़रूरी जानकारी का अलर्ट नोटिफिकेशन जा सके, जैसे: 'ब्रेट कॉफ, कल सुबह 8 बजे इतिहास विषय पर तुम्हारा एक क्विज होने जा रहा है, उसकी तैयारी करना मत भूलना।' यह पूरी प्रणाली बिलकुल पुरातन और अस्थिर किस्म की थी। पर कुछेक सौ सक्रिय यूजर्स के लिए - जिनमें मैं खुद भी शामिल था - यह कारगर सिद्ध हुआ। अंततः मैंने मिशिगन राज्य में अपना ग्रेजुएशन पूरा कर लिया।

सन 2011 की शुरुआत में अपने एप पर पूर्णकालिक कार्य करने के लिए मैं शिकागो आकर बस गया। परिवार और दोस्तों की मदद से 30 हजार डॉलर जमा करके मैं और डेविड पूरी तरह उद्यमियों की तरह अपने काम में जुट गए। यहाँ तक कि हम पैसे बचाने के लिए डिनर में हर रोज पास्ता खाने लगे। लेकिन मेरे अहंकारी स्वभाव के चलते हम असफल रहे। हमने अपने संभावित निवेशकों के साथ मुलाकातें करने और वेबसाइट तैयार करने संबंधी जटिल पहलुओं पर काफी समय खर्च किया, लेकिन शिक्षकों की समस्याओं का पता लगाने में ज़रा भी समय नहीं दिया। यानी हम अब तक उन चीज़ों पर अपना ध्यान केंद्रित नहीं कर सके थे, जो वाकई मायने रखती थीं।

आखिरकार हमारे पास सिर्फ कुछ सौ डॉलर ही बचे और उस समय हमें लगा, मानों हमारी कंपनी डूबनेवाली है। लेकिन फिर हमने इमैजिन के12 की मदद से खुद को बचा लिया। यह कंपनी शिक्षा के बाजार में सक्रिय तकनीकी स्टार्ट-अप को रणनीतिक और आर्थिक सहायता उपलब्ध कराती है। हमारा मिशन स्टेटमेंट कुछ ऐसा था : 'रिमाइंड 101: शिक्षकों के लिए छात्रों और अभिभावकों को टेक्स्ट मैसेज भेजने का एक सुरक्षित तरीका। हम शिक्षा के क्षेत्र में एक सशक्त कम्यूनिकेशन प्लेटफॉर्म तैयार कर रहे हैं और इसके लिए हमने एसएमएस को अपना मुख्य औजार बनाया है। शिक्षा के लिए ट्विटर पर विचार करें।' मेरी तरह ऐसे छात्रों की संख्या लाखों में थी, जो सीखने से जुड़ी समस्याओं का सामना कर रहे थे और ऐसे शिक्षक भी कम नहीं थे, जो इन छात्रों की मदद करने के लिए संघर्ष कर रहे थे। मैं इतना निडर और अनुभवहीन था कि मुझे लगता था कि इस स्थिति को सुधारने के लिए हम वाकई कुछ कर सकते हैं।

हमारे एप का सार्वजनिक प्रदर्शन होने में अभी 90 दिन का समय बाकी था, तभी डेविड ने अपनी नौकरी छोड़ दी और हम सिलिकॉन वैली में आकर बस गए। वहाँ हमने उद्यमियों के बीच प्रचलित तीन बातें सीखीं।

1. समस्या का समाधन करो
2. एक सहज उत्पाद बनाओ
3. अपने यूजर्स से बात करो

एक ओर जहाँ डेविड ने सॉफ्टवेयर कोड लिखना सीखने के लिए खुद को एक कमरे में बंद कर लिया, वहीं दूसरी ओर मैंने अपना ध्यान दस सप्ताह के एक आसान लक्ष्य पर केंद्रित कर लिया : यूनाइटेड स्टेट्स और कनाडा के 200 शिक्षकों का इंटरव्यू लेना (यह मेरा पहला ओकेआर था)। ट्विटर पर 500 शिक्षकों से संपर्क करने के बाद मैं उनमें से 250 शिक्षकों से व्यक्तिगत मुलाकात करने में सफल रहा, जो मेरे 200 शिक्षकों के लक्ष्य से ज़्यादा ही था। जब आप छात्रों के साथ सक्रिय रहनेवाले शिक्षकों से बातचीत करते हैं, तो जल्द ही आपको पता चल जाता है कि छात्रों से पर्याप्त सीधा संवाद न होना ही उनकी पीड़ा का सबसे बड़ा कारण है। हालत यह थी कि स्कूल की अंतिम घंटी बजने के बाद कक्षा से बाहर निकलते छात्रों के कंधों पर नोट्स चिपकाए जाते थे, जिन पर लिखा होता था, 'कल होमवर्क पूरा करके आना।' क्या हमारे पास इससे बेहतर कोई और तरीका नहीं हो सकता?

पारंपरिक फोन बूथ का संचालन करने और कोई अनुमति देने के लिए पर्चियों का उपयोग करने में ज़्यादा मेहनत खर्च होती थी। जबकि एक 30 वर्षीय शिक्षक और एक 12 वर्षीय छात्र के लिए टेक्स्ट मैसेज का आदान-प्रदान जिम्मेदारीपूर्ण होता था। इसीलिए शिक्षकों को किसी ऐसे सुरक्षित प्लेटफॉर्म की ज़रूरत थी, जिसमें कोई व्यक्तिगत डाटा न जुड़ा हो और जो सुविधाजनक होने के साथ-साथ निजता का भी ध्यान रखता हो। वास्तव में शिक्षकों पर पहले से ही काम का इतना बोझ था कि उसे कम करने की ज़रूरत थी, न कि बढ़ाने की।

इसके पंद्रहवें दिन हमने रिमाइंड का बीटा संस्करण तैयार कर लिया। एक प्रिंटिंग पेपर पर हाथ से मोबाइल फोन और ई-मेल के चिन्ह बनाए गए थे, जिन पर मैंने लिखा, 'आपके छात्र आपके मैसेज प्राप्त कर सकते हैं...' इसके नीचे तीन विकल्प दिए गए थे: 'इनवाइट', 'प्रिंट', 'शेयर।' फिर मैं किसी शिक्षक से स्काइप पर संपर्क करता और उन्हें वह कागज दिखाकर कहता, 'आप अपने छात्रों के लिए कोई भी मैसेज टाइप करके भेज सकते हैं और उन्हें आपका फोन नंबर या सोशल नेटवर्किंग प्रोफाइल दिखाई नहीं देगा।' इस तरह मैं अनगिनत शिक्षकों से संपर्क कर उन्हें अपनी योजना के बारे में बताता और हर बार वे

सुखद आश्चर्य से भर जाते थे। वे कहते, 'हे भगवान!!! इसने तो मेरी सबसे बड़ी समस्या हल कर दी!' मुझे और डेविड को एहसास हो गया कि हम सही रास्ते पर हैं।

छोटे बजट में कंपनी का विस्तार

70वें दिन तक हमारा सॉफ्टवेयर बनकर तैयार हो गया। शिक्षक वेब पर साइन-इन करके एक वर्चुअल कक्षा तैयार करके छात्रों व अभिभावकों को टेक्स्ट मैसेजिंग के लिए एक विशिष्ट नंबर उपलब्ध करवा सकते थे। हमने जल्द ही अपना विस्तार किया, जो कि एक अच्छा संकेत था - हमारे एप की शुरुआत के तीन सप्ताह के भीतर इसके जरिए 1 लाख 30 हज़ार टेक्स्ट मैसेज भेजे गए। अब हमारे पास वह था, जो हर कंपनी हासिल करना चाहती थी - तेजी से बढ़ता ग्रोथ चार्ट। अंततः हमारे एप के सार्वजनिक प्रदर्शन का दिन आ गया। मैंने एक बड़े से हॉल में कदम रखा, जहाँ ग्यारह अन्य स्टार्ट-अप और करीब सौ निवेशक बैठे हुए थे। मेरे पास अपनी बात रखने के लिए सिर्फ दो मिनट का समय था, जिसके बाद अगले दो घंटे में मुझे हर किसी के पास जाकर उससे मुलाकात करनी थी। उस दिन मैंने वहाँ करीब चालीस लोगों को अपना कार्ड दिया।

विकास के लिए पैसा खर्च करना पड़ता है। सन 2012 के शुरू होते-होते मैं और मेरा भाई 10 हज़ार डॉलर के कर्जे में डूब चुके थे। पर फिर मिरियम रिवेरा और क्लिंट कोरवर की वेंचर कैपिटल कंपनी उलू ने 30 हज़ार डॉलर देकर हमें बचा लिया। ऐसा ही एक निवेश गूगल के प्रोडक्ट मैनेजर मनीष अरोड़ा ने किया, जिन्होंने बाद में माइटीटेक्स्ट नामक एप की शुरुआत की और मेरे गुरु बन गए। हमारी छोटी सी सीडकैपिटल (यानी वह पूँजी जो किसी प्रोजेक्ट को शुरू करने के लिए निवेश की जाती है) के बूते रिमाइंड का विस्तार बहुत तेजी से हुआ। कभी-कभी हमें ऐसा लगता, जैसे सब कुछ बहुत तेजी से आगे बढ़ रहा है और हमारे नियंत्रण से बाहर होता जा रहा है। एक समय ऐसा आया, जब हमारे एप से प्रतिदिन अस्सी हज़ार नए यूजर्स जुड़ने लगे। यह तब था, जब हमारे पूरे कामकाज को संभालनेवालों की संख्या सिर्फ पाँच थी और इनमें से सिर्फ दो लोग ही इंजीनियर्स थे। हमने अब तक अपनी मार्केटिंग पर एक पैसा भी

खर्च नहीं किया था। मैं फीडबैक के लिए शिक्षकों से बात करता और वे अपने पचास सहकर्मियों को हमारे काम से परिचित करवा देते। चूँकि हमारी यह सेवा बिलकुल मुफ्त थी इसलिए हमें स्कूल डिस्ट्रिक से अनुमति लेने की भी कोई ज़रूरत नहीं थी।

सन 2013 की शरद ऋतु तक हमारे लक्ष्य पूरी तरह गुणवत्ता की ओर केंद्रित रहे। तब तक हमारे यूजर्स की संख्या 60 लाख हो चुकी थी। साथ ही वेंचर कैपिटलिस्ट शैमथ पेलिहापिटीया की ओर से हमारी कंपनी को सीरीज–ए फंडिग[1] भी मिल गई थी। इस तरह उनकी वेंचर कैपिटल कंपनी सोशल+कैपिटल हमारी साझेदार बन गई। मनीष अरोड़ा हमें पहले से ही इस बात के लिए प्रोत्साहित कर रहे थे कि हमें अपने निर्णय लेने वक्त और अधिक डाटा को आधार की तरह उपयोग करना चाहिए। अब शैमथ पेलिहापिटीया ने हमारा हाथ थामकर हमें इस योजना के विस्तार में जाने का मार्ग दिखाया था। साथ ही उन्होंने हमें उन चीज़ों पर भी विचार करना सिखाया, जो अब हमारे लिए गौण हो चुकी थीं, जैसे हमारे रजिस्टर्ड यूजर्स की संख्या। अगर हमारे ये यूजर्स खुद को रजिस्टर करने के बाद दोबारा कभी रिमाइंड का इस्तेमाल न करते, तो इस बात से कोई फर्क नहीं पड़ता कि हमारे रजिस्टर्ड यूजर्स की संख्या कितनी है।

जब जॉन डोअर ने हमारे ऑफिस के टॉयलेट में हमारे लक्ष्यों को लिखा देखा था, तब तक वे बहुत दृढ़ हो चुके थे। हमने तीन मात्रकों को सूचीबद्ध किया था, साप्ताहिक रूप से सक्रिय शिक्षक; मासिक रूप से सक्रिय शिक्षक; और शिक्षकों को रोककर रखना।

फिर मैं कुछ तिगाही उपक्रमों को खंगालता, जैसे डाटाबेस को माइग्रेट करना, एप का निर्माण और चार लोगों की नियुक्ति करना। मैं चाहता था कि कंपनी का हर सदस्य स्पष्ट रूप से यह देख सके कि हम क्या कर रहे हैं।

वन–बेडरूम के एक छोटे से घर से काम करते हुए और अपनी टीम में इंजीनियर्स की भारी कमी झेलते हुए हम बड़ी मुश्किल से अपनी इस मोबाइल एप सर्विस का संचालन कर रहे थे। पर जॉन के अनुसार, हम उन्हीं चीज़ों पर

---

[1] सीड कैपिटल के बाद किसी नए व्यवसाय को मिलनेवाली फंडिग का पहला चरण

रिमाइंड के सह-संस्थापक ब्रेट कॉफ, क्लॉन्टॉनडेल कम्यूनिटी स्कूल की सह-प्रधानाचार्य मेलोनी कार्गिल और डॉन सांचेज, रिमाइंड के सह-संस्थापक डेविड कॉफ, 2012.

केंद्रित थे, जो वाकई मायने रखती थीं। हमारे लक्ष्य स्पष्ट थे और उनकी संख्या पहले से ही निर्धारित थी, साथ ही हमने शुरू से ही अपना सारा ध्यान शिक्षकों पर केंद्रित कर रखा था।

फरवरी 2014 में, क्लिनर पर्किन्स के नेतृत्व में सीरीज-बी फंडिग[2] हासिल करने से ठीक पहले जॉन ने हमारे ओकेआर के बारे में बताया। उन्होंने हमें इंटेल, गूगल, लिंक्डइन और ट्विटर जैसी कंपनियों के बारे में बताया, जो ओकेआर का उपयोग कर रही थीं। यह हमारा ध्यान केंद्रित रखने, मार्गदर्शन करने, हमारे क्रियाकलापों पर गौर करने और हर कदम पर हमारा सहयोग करनेवाली एक प्रणाली थी। इसके बारे में जानने के बाद मुझे लगा कि क्यों न इसे एक बार आजमाकर देखा जाए?

प्रगति के लिए लक्ष्य-निर्धारण

उस साल अगस्त आते-आते हमारी व्यस्तता का केंद्र, रिमाइंड एप बिजली की गति से प्रगति करने लगा: करीब 3 लाख छात्र और अभिभावक

---

[2] व्यवसाय को प्रगति के अगले चरण में ले जाने के लिए मिलनेवाली फंडिग

प्रतिदिन हमारा एप डाउनलोड कर रहे थे। हम एप्पल एप स्टोर से सबसे ज़्यादा डाउनलोड किए जानेवाले एप्स की सूची में तीसरे नंबर पर पहुँच गए! शरद ऋतु का वह सेमेस्टर खत्म होते-होते हमारे एप से भेजे जानेवाले टेक्स्ट मैसेज की संख्या एक अरब तक पहुँच गई। हमें जल्दबाजी में अपनी कंपनी के हर विभाग का विस्तार करना पड़ा। हमारा कोई भी निर्धारित लक्ष्य ग्लैमरस किस्म का नहीं था पर बहुत आवश्यक ज़रूर था।

हमने ओकेआर की शुरुआत तभी कर दी थी, जब हमारी कंपनी में सिर्फ चौदह लोग काम करते थे। इसके अगले दो साल के भीतर हमारे कर्मचारियों की संख्या बढ़कर साठ हो गई। संख्या बढ़ने के चलते अब हमारे लिए पहले की तरह अगली तिमाही की प्राथमिकताएँ तय करने के उद्देश्य से एक छोटी सी टेबल के चारों ओर बैठकर चर्चा करना संभव नहीं रहा। कंपनी को प्रगति के अगले चरण में ले जाने के लिए क्या करना होगा, इस दिशा में कर्मचारियों का ध्यान केंद्रित करने में ओकेआर काफी सहायक साबित हुए। शिक्षकों के साथ जुड़ाव बढ़ाने के हमारे उद्देश्य को - इसके समयबद्ध मुख्य परिणाम के साथ - पूरा करने के लिए हमें कई अन्य चीज़ों को टालना पड़ा। मेरा मानना है कि एक समय में सिर्फ एक ही चीज़ को अच्छी तरह किया जा सकता है। इसलिए आपको यह स्पष्ट पता होना चाहिए कि वह एक चीज़ क्या है।

उद्देश्य **कंपनी की नियुक्तियों का समर्थन करना**
मुख्य परिणाम 1. फाइनेंस एंड ऑपरेशंस डिपार्टमेंट के लिए एक डायरेक्टर नियुक्त करें (कम से कम तीन उम्मीदवारों से बातचीत करें।) 2. एक प्रोडक्ट मार्केटिंग मैनेजर को लेकर आएँ। (इस तिमाही कम से कम पाँच उम्मीदवारों से मिलें।) 3. एक प्रोडक्ट मैनेजर को लेकर आएँ। (इस तिमाही कम से कम पाँच उम्मीदवारों से मिलें।)

उदाहरण के लिए आज तक हमारे जिस फीचर की माँग सबसे ज़्यादा रही है, वह है, टेक्स्ट मैसेज को दोहराने का फीचर। मान लीजिए कोई शिक्षक चाहता है कि उसके पाँचवीं कक्षा के छात्रों को हर सोमवार ये बात याद दिलाई जाए कि उन्हें अगले दिन कहानियों की वह किताब साथ लेकर आनी है, जिसका अध्ययन उनकी कक्षा में होना है। यह एक महत्वपूर्ण फीचर है पर क्या इसे प्राथमिकता बनाना इतना महत्वपूर्ण था कि इसे विकसित करने में इंजीनियर्स अपना ढेर सारा बहुमूल्य समय खर्च करें। क्या इससे एप के साथ यूजर्स के जुड़ाव में कोई महत्वपूर्ण फर्क पड़ेगा? जब इस सवाल पर हमारा जवाब 'ना' रहा, तो हमने इसे स्थगित कर दिया - जो शिक्षकों पर केंद्रित संगठन के लिए एक कठिन फैसला है। अगर लक्ष्य निर्धारण के मामले में हम इतने अनुशासित नहीं होते और उस पर हमारा ध्यान केंद्रित नहीं होता, तो शायद हम अपनी समस्याओं का सामना सफलतापूर्वक नहीं कर पाते।

ओकेआर ने हमें आगे बढ़ने का एक ऐसा रास्ता दिखाया, जो पूरी तरह टॉप-डाउन[3] नहीं था। किसी तिमाही के शीर्ष उद्देश्य निर्धारित करने के लिए होनेवाली वोटिंग के बाद कंपनी का नेतृत्व करनेवालों की टीम, सभी योगदान कर्ताओं के पास जाती और बताती कि उन्हें क्या महत्वपूर्ण लगता है और क्यों। जिसके जवाब में योगदानकर्ता हामी भरते हुए पूछते कि आप इन निर्णयों तक कैसे पहुँचे? चूँकि यह सब लिखकर रखा जाता था इसलिए हर किसी को ये मालूम होता कि सभी कर्मचारी क्या कर रहे हैं। इस मामले में कोई भ्रम या दुविधा नहीं रहती थी और न ही कोई कर्मचारी दूसरों द्वारा निर्णय लिए जाने के बाद उसमें नुक्स निकालकर अपना उल्लू सीधा करने की कोशिश करता। क्योंकि ओकेआर ने ऑफिस में होनेवाली राजनीति को इस पूरे खेल से बाहर कर दिया था।

यह प्रणाली मेरे लिए निजी तौर पर ध्यान केंद्रित करने में भी काफी सहायक रही। मैंने खुद को ज़्यादा से ज़्यादा तीन या चार व्यक्तिगत उद्देश्यों तक सीमित रखने की कोशिश की। मैंने उन्हें एक कागज पर प्रिंट कर लिया। फिर

---

[3] एक पारंपरिक संगठनात्मक शैली, जिसमें कंपनी के प्रबंधन में उच्च पदों पर बैठे अधिकारी ही अपने हिसाब से सारे निर्णय लेते रहते हैं और निचले स्तर के कर्मचारियों का इन निर्णयों में कोई योगदान नहीं होता।

मैं जहाँ भी जाता, उस कागज को अपने लैपटॉप के बगल में नोटपैड के पास रखता। मैं हर रोज सुबह-सुबह खुद से कहता कि 'ये मेरे तीन उद्देश्य हैं। आज मैं ऐसा क्या करनेवाला हूँ, जिससे मेरी कंपनी आगे बढ़े?' यह किसी भी लीडर के लिए एक बड़ा सवाल है, भले ही उसे मेरी तरह सीखने संबंधी कोई समस्या हो या नहीं।

अपनी प्रगति होने या न होने को लेकर मेरा नज़रिया बहुत खुला हुआ था। मैं अपने कर्मचारियों से कहता था, 'ये रही वे तीन चीज़ें, जिन पर मैं काम कर रहा हूँ और इनमें से एक में मैं बुरी तरह असफल हो रहा हूँ।' जब किसी कंपनी का विस्तार होता है, तब सीईओ की प्राथमिकताओं पर और इस बात पर गौर करना ज़रूरी हो जाता है कि प्राथमिकताओं का प्रभाव अधिकतम हो और इसके लिए उन्हें एक दिशा की ओर कैसे केंद्रित रखा जाए। इसके साथ ही यह समझना भी महत्वपूर्ण है कि अगर कोई गलती हो भी जाती है, तो उसे सुधारकर आगे बढ़ जाना चाहिए। आप इस बात से डरकर नहीं बैठ सकते कि कहीं आपसे कोई गलती न हो जाए। क्योंकि अगर ऐसा किया जाएगा, तो इससे नवीनीकरण की प्रक्रिया बाधित होगी।

तेजी से बढ़ती स्टार्ट-अप कंपनियों का प्रभावशाली नेतृत्व धीरे-धीरे अपनी जिम्मेंदारियों को अपने कर्मचारियों से बाँटते हुए आगे बढ़ता जाता है। अधिकतर संस्थापकों की तरह ही कंपनी में अकांउटिंग और वेतन संबंधी कामकाज मैं खुद ही देखता था और मेरा अधिकतर समय इनसे जुड़ी जिम्मेदारियों को पूरा करने में खर्च हो जाता था। इसीलिए मेरे सबसे शुरुआती ओकेआर में से एक था, अपनी ये जिम्मेदारियाँ अन्य कर्मचारियों को सौंपकर खुद दीर्घकालिक उद्देश्यों को ध्यान में रखते हुए उत्पाद और रणनीतियों पर ध्यान केंद्रित करना। इसके साथ ही मुझे अपना कार्य पूरा करने के लिए अधिकारियों की एक पूरी पंक्ति को पार करते हुए, उनमें से हर किसी के साथ व्यावसायिक सामंजस्य स्थापित करना पड़ा। मेरे ओकेआर ने मेरे व्यावसायिक जीवन में आनेवाले इस बड़े बदलाव को आसान बनाया। अपने ओकेआर के कारण ही मैं न सिर्फ हर छोटी-मोटी चीज़ की चिंता में डूबने से बच सका बल्कि यह भी सुनिश्चित कर सका कि इस प्रक्रिया में मेरा पतन न हो।

एक ओकेआर विरासत

ओकेआर मूल रूप से काफी सरल होते हैं पर आप इस प्रक्रिया में यूँ ही महारथ हासिल नहीं कर सकते। शुरू-शुरू में कंपनी के स्तर पर निर्धारित किए गए उद्‌देश्यों के मामले में हमसे अक्सर भारी गड़बड़ हो जाती थी। आमतौर पर हम ज़रूरत से ज़्यादा महत्वाकांक्षी हो जाते थे। दरअसल जब हमारी क्षमता सिर्फ दो उद्‌देश्यों को पूरा करने की होती थी, तब हम सात या आठ उद्‌देश्य निर्धारित कर लेते थे। जब जॉन हमारे जीवन में आए, तब मैं रणनीतिक योजना बनाने के क्षेत्र में नया था। शायद हमें ओकेआर को और धीरे-धीरे अपनाना चाहिए था और अपनी कंपनी की पूरी व्यवस्था पर उन्हें एक ही बार में ही लागू नहीं करना चाहिए था। हालाँकि भले ही हमने कुछ गलतियाँ की हों, पर अगर मुझे एक बार फिर यह सब करने का मौका मिले, तो मैं ठीक उसी तरह करूँगा, जैसे मैंने पहले किया था। ओकेआर ने रिमाइंड को एक बेहतर ढंग से प्रबंधित कंपनी बनाने में काफी मदद की, एक ऐसी कंपनी जो कार्य पर अमल करने में निपुण थी। पहली बार लागू करने के तीन महीने बाद या नौ महीने बाद कंपनी को तेजी से आगे ले जाने के लिए हमें 40 मिलियन डॉलर्स की फंडिग मिली ताकि हमारे निवेशक अपने निवेशित पूँजी के बदले करीब दोगुना वापस कमा सकें। अब हमारा भविष्य सुरक्षित था।

अब रिमाइंड की उन्नति की कोई सीमा नहीं है। कंपनी ने अपनी शुरुआत से अब तक बहुत से बदलाव देखे और खासी उन्नति की, लेकिन अपने मूल चुनावकर्ताओं यानी मेहनती शिक्षकों से ध्यान नहीं हटाया। 'हर छात्र को सफल होने का अवसर देने' को लेकर ब्रेट और डेविड कॉफ में गहन दूरदर्शिता थी। जैसा कि ब्रेट कहते हैं : हम एक ऐसे दौर में जी रहे हैं, जहाँ आप सिर्फ एक बटन दबाकर पाँच मिनट के अंदर अपने लिए टैक्सी का इंतजाम तो कर सकते हैं, पर जो बच्चा स्कूल में पिछड़ रहा है, उसके माता-पिता को उसकी इस समस्या का पता चलने में कई हफ्ते और कभी-कभी तो कई महीने लग जाते हैं। जो मायने रखता है, उस पर ध्यान केंद्रित करके, आज रिमाइंड इस समस्या को हल करने की दिशा में अग्रसर है।

6

प्रतिबद्ध रहना: नूना की कहानी

जिनी किम

सहसंस्थापक और सीईओ

नूना जिनी किम नामक एक ऐसी जोशीली महिला उद्यमी की कहानी है, जिन्होंने अपने परिवार में हुई एक त्रासद घटना से प्रेरित होकर हर अमेरिकी नागरिक को बेहतर स्वास्थ्य सेवाएँ उपलब्ध कराने की ठानी। इस कहानी से पता चलता है कि कैसे उन्होंने सालों तक खारिज किए जाने के बाद भी हिम्मत नहीं हारी और अपनी मेहनत के बल पर नूना जैसी कंपनी खड़ी की। इस कहानी से यह भी पता चलता है कि कैसे वे अपने बेहद दुस्साहसी लक्ष्य को हासिल करने के लिए प्रतिबद्ध थीं और कैसे इसके लिए उन्होंने अपनी कंपनी में इंजीनियर्स और डाटा साइंटिस्ट्स को नियुक्त किया। नूना की स्थापना के पीछे जिनी किम का लक्ष्य था, एक नया मेडिकेड[1] डाटा प्लेटफॉर्म तैयार करना।

ध्यान केंद्रित करने के साथ ही प्रतिबद्धता भी हमारे पहले सुपरपॉवर का मुख्य तत्त्व है। ओकेआर को लागू करते समय लीडर्स को अपने उद्देश्यों के प्रति सार्वजनिक रूप से प्रतिबद्धता जतानी चाहिए और साथ ही उन पर अटल रहना चाहिए। नूना एक स्वास्थ्य सेवा डाटा प्लेटफॉर्म और एनालिटिक्स कंपनी है, जिसके सहसंस्थापक ओकेआर के जरिए ही एक झूठी शुरुआत से उबर सके। उन्होंने पूरे संगठन की प्राथमिकताएँ स्पष्ट कर दीं। उन्हें एहसास हो गया कि उन्हें अपने व्यक्तिगत ओकेआर तक पहुँचने और अपनी टीम को भी ऐसा करने में सहयोग देने के लिए दीर्घकालीन प्रतिबद्धता दिखानी होगी।

[1] गरीब नागरिकों की मदद के लिए अमेरिकी सरकार द्वारा संचालित एक सार्वजनिक स्वास्थ्य बीमा कार्यक्रम

नूना की सफलता का दौर सन 2014 में शुरू हुआ। स्वास्थ्य के क्षेत्र में चार साल तक काम करने और एक बड़ा मेडिकेड अनुबंध हासिल करने के बाद अब यह स्टार्ट-अप कंपनी, डाटा की मदद से अमेरिका की स्वास्थ्य व्यवस्था के बेहतर संचालन को सुनिश्चित कर रही है ताकि लाखों गरीब और ज़रूरतमंद अमेरिकी नागरिकों को बेहतर स्वास्थ्य सेवाएँ उपलब्ध हो सकें। मेडिकेड के लिए काम करके मिले अनुभवों और तकनीक के इस्तेमाल के जरिये आज नूना बड़ी-बड़ी कंपनियों को उनकी सेवा की गुणवत्ता और दक्षता बेहतर बनाने में मदद करती है। नूना को अपने इस काम में ओकेआर की लक्ष्य-निर्धारण प्रक्रिया से काफी सहायता मिलती है। ओकेआर से जिनी का परिचय तब हुआ था, जब वे गूगल में प्रोडक्ट मैनेजर के तौर पर काम करती थीं।

यह कहानी हमारे प्रतिबद्धता संबंधी सुपरपॉवर के दो पहलुओं को दर्शाती है। एक बार जब नूना की टीम ने ओकेआर का उपयोग करना सीख लिया, तो फिर ये कंपनी के सबसे प्रभावशाली लक्ष्यों के प्रति उनकी वचनबद्धता का हिस्सा बन गए। यही वह समय था, जब कंपनी के नेतृत्व और योगदानकर्ताओं, दोनों ने खुद ओकेआर प्रक्रिया के प्रति प्रतिबद्ध होना सीखा।

जिनी किम : नूना की कहानी मेरी व्यक्तिगत कहानी है। मेरा भाई किमाँग सिर्फ दो साल की उम्र में ऑटिज्म नामक बीमारी से ग्रस्त हो गया था। इसके कुछ साल बाद एक दिन जब वह डिज्नीलैंड में था, तब उसे जीवन में पहली बार मिर्गी का दौरा पड़ा। एक पल वह बिलकुल ठीक था और दूसरे ही पल वह जमीन पर पड़ा हुआ साँस लेने के लिए संघर्ष कर रहा था। सीमित संसाधनों और थोड़ी-बहुत अंग्रेजी जाननेवाले मेरे कोरियाई प्रवासी माता-पिता उस समय बहुत असहाय महसूस कर रहे थे। तब अगर मेरे परिवार को मदद नहीं मिली होती, तो निश्चित ही हम दिवालिया हो गए होते। मेडिकेड में अपने परिवार का पंजीकरण कराने की जिम्मेदारी मुझे मिली। उस वक्त मैं सिर्फ नौ साल की थी।

सन 2004 में मैंने गूगल में काम करना शुरू किया। यह कॉलेज से निकलने के बाद मेरी पहली नौकरी थी। तब मैं ओकेआर के बारे में कुछ नहीं जानती थी

पर समय के साथ ओकेआर, मेरे और मेरी टीम के लिए सबसे महत्वपूर्ण कार्य पूरे करने और गूगल में आगे बढ़ने में सहायक एक अनिवार्य तरीका बन गए। अपने व्यावसायिक जीवन की शुरुआत में मैंने जिन उत्पादों पर काम किया था, गूगल हेल्थ भी उन्हीं में से एक था। उससे मुझे यह सीखने को मिला कि स्वास्थ्य सेवाओं को बेहतर बनाने में डाटा कितनी महत्वपूर्ण भूमिका निभा सकता है। साथ ही मैंने यह भी सीखा कि स्वास्थ्य सेवाओं से जुड़ा डाटा हासिल करना कितना मुश्किल हो सकता है, यहाँ तक कि तब भी, जब आप खुद अपना डाटा हासिल करना चाहते हों। इस अनुभव के बाद ही मैंने सन 2010 में नूना की स्थापना की।

शुरुआत में हमने ओकेआर का उपयोग नहीं किया। उस समय नूना के पास न तो पैसे थे और न ही कोई ग्राहक। गूगल की नौकरी के साथ-साथ मैं पाँच अन्य पार्ट-टाइम काम भी कर रही थी। (नूना के सहसंस्थापक डेविड चेन, जो उस समय कॉलेज में ही थे, वे भी यही कर रहे थे) लेकिन इन अतिरिक्त कामों के लिए हम दोनों को ही कोई भुगतान नहीं मिल रहा था। हमने एक प्रोटोटाइप (नमूना) तैयार किया और कुछ ऐसे नियोक्ताओं से बात की, जिन्होंने खुद

नूना की सीईओ जिनी किम अपने भाई किमाँग के साथ

अपना बीमा करवा रखा था। पहले साल में हमें कोई ऑर्डर नहीं मिला, जो कि स्वाभाविक था। हमें लगा था कि हम बाज़ार की ज़रूरतों से परिचित हैं। जबकि सच्चाई ये थी कि तब हम अपने ग्राहकों को इतनी अच्छी तरह नहीं समझते थे कि उनके सामने प्रभावी ढंग से अपने उत्पाद की वकालत कर सकें।

जब दो साल बीतने के बाद भी हमें कोई ऑर्डर नहीं मिली, तो मुझे एहसास हो गया कि हमें इस क्षेत्र के बारे में अपना ज्ञान बढ़ाने की ज़रूरत हैं। बेनिफिट्स डायरेक्टर्स[2] के लिए क्या मायने रखता है? स्वास्थ्य सेवा के बाज़ार में एक सार्थक इनोवेशन (नवाचार) कैसा होता है? अपने इन्हीं सवालों का जवाब जानने के लिए मैंने बिजनेस-सूट पहनकर विभिन्न मानव संसाधान सम्मेलनों में जाना शुरू कर दिया।

अपनी इन कोशिशों से मैंने जो भी सीखा, उससे हमें सन 2012 में कुछ फॉर्च्यून 500 कंपनियों को बतौर ग्राहक अपने साथ जोड़ने में काफी मदद मिली। लगातार दो साल तक खारिज होने, निराशा झेलने और पैसे बचाने के लिए सस्ते रेस्त्रां में नूडल्स खाकर काम चलाने के बाद आखिरकार हमारी कोशिशें रंग लाईं और नूना बाजार में अपनी जगह बनाने लगी। पर स्टार्ट-अप कंपनियों की दुनिया में परिवर्तन ही सबसे बड़ी वास्तविकता होती है और नूना जल्द ही परिवर्तन के एक नाटकीय दौर से गुज़रनेवाली थी। छह महीने तक Healthcare.gov के साथ काम करके वापस सैन फ्रांसिस्को बे एरिया लौटने के बाद हम 30 मिलियन डॉलर्स की फंडिंग हासिल करने में कामयाब रहे। इस तरह अंतत: हम अपनी टीम को वेतन देने में सक्षम हो गए। अब हम अपनी टीम को आनेवाले कई सालों तक वेतन दे सकते थे।

उसी समय मुझे पता चला कि सरकार ने मेडिकेड के सभी पंजीकृत सदस्यों का पहला डाटाबेस बनाने के लिए इस क्षेत्र में सक्रिय कंपनियों को आमंत्रित किया है। मेडिकेड के सदस्यों की संख्या 74.5 मिलियन थी और वे देश के 50 राज्यों, पाँच क्षेत्रों और कोलंबिया जिले में फैले हुए थे। यह प्रयास पहले भी कई बार असफल हो चुका था। हम एनर्जी ड्रिंक पीते हुए गहन उत्साह के साथ

---

2 किसी संगठन के स्वास्थ्य-कल्याण कार्यक्रमों की रूपरेखा, कार्यान्वयन और प्रबंधन की जिम्मेदारी निभानेवाले

72 घंटे तक अपना प्रस्ताव तैयार करते रहे और डेडलाइन खत्म होने से ठीक पहले हमने सेंटर्स फॉर मेडिकेयर एंड मेडिकेड सर्विस (सीएमएस) को अपना वह प्रस्ताव भेज दिया। इसके दो महीने बाद पता चला कि हम यह प्रोजेक्ट हासिल करने में कामयाब रहे हैं।

नूना का त्रिआयामी विस्तार करना बहुत बड़ी जिम्मेदारी थी। इनमें से पहला आयाम व्यवसाय का था, जिसमें हमें अपनी अनुकूलता, सुरक्षा और गोपनीयता को और उच्च स्तर पर रखना था। दूसरा आयाम था, डाटा प्लेटफॉर्म का हमारा बुनियादी ढ़ाँचा। और तीसरा आयाम था, हमारे कर्मचारी। जिनकी संख्या 15 से बढ़कर अब 75 हो चुकी थी। अब हमें अपने मौजूदा ग्राहकों को अपनी सेवाएँ देने के साथ-साथ एक ऐतिहासिक डाटाबेस भी तैयार करना था - और यह कार्य हमें अगले एक साल के भीतर पूरा करना था। अपने इस कठिन लक्ष्य को हासिल करने के लिए हमें पहले से कहीं ज़्यादा प्रतिबद्ध होने और ध्यान केंद्रित करने की ज़रूरत थी।

सन 2015 में हमने ओकेआर को लागू करने की शुरुआती कोशिश की। गूगल की पूर्व कर्मचारी होने के नाते मैं ऑब्जेक्टिव्स (उद्देश्य) और की-रिजल्ट्स (मुख्य परिणाम) की शक्ति से परिचित थी। लेकिन ओकेआर को अपनाने और प्रभावी ढंग से लागू करने के लिए जो ज़रूरी होता है, उसे मैंने कम करके आँका। दरअसल लक्ष्य निर्धारित करने और उन्हें हासिल करने की प्रवृत्ति को धीरे-धीरे विकसित करना होता है। स्वास्थ्य की बेहतरी के लिए मैराथन दौड़ने के चलते मैंने अपने व्यक्तिगत ओकेआर निर्धारित कर रखे थे। इसलिए मैं अच्छी तरह जानती थी कि बहुत जल्द बहुत कुछ करने का परिणाम अक्सर तकलीफ के रूप में सामने आता है।

हमने तिमाही और वार्षिक ओकेआर बनाए और उन्हें पहले दिन से ही नूना के हर सदस्य के सामने रख दिया। तब नूना एक छोटी सी कंपनी थी, जिसमें करीब 20 लोग काम करते थे - आपको लगेगा कि इतने कम कर्मचारियों के बीच ओकेआर लागू करना कोई बड़ी बात नहीं है। जबकि वास्तव में यह प्रक्रिया आसान नहीं थी। दरअसल कुछ लोग कभी अपने व्यक्तिगत ओकेआर निर्धारित नहीं करते; जबकि कुछ अपने लिए ओकेआर निर्धारित तो करते हैं

पर उन पर अमल करने के बजाय वे उन्हें कागज पर लिखकर किसी दराज में रखकर भूल जाते हैं।

पीछे मुड़कर देखूँ तो लगता है कि मैं अपनी लीडरशिप टीम के पाँच सदस्यों के साथ ही इसकी शुरुआत कर सकती थी। पर हमने ये सबक गलतियाँ करने के बाद ही सीखा कि **एक दृढ़ लक्ष्य-निर्धारण का लाभ उठाने के लिए ज़रूरी है कि अधिकारी खुद इस प्रक्रिया के लिए वचनबद्ध हों।** हो सकता है कि मैनेजर्स के प्रतिरोध को दूर करने में आपको एक या दो तिमाही का समय लग जाए पर इसके बाद वे ओकेआर के अनुसार ढल जाएँगे। फिर वे ओकेआर को एक आवश्यक बुराई या फालतू अभ्यास के रूप में देखने के बजाय, उसे संगठन की शीर्ष प्राथमिकताओं को पूरा करने में सहायक एक व्यावहारिक उपकरण के तौर पर देखने लगेंगे।

जब तक आपके अधिकारी इस मसले पर आपसे पूरी तरह सहमत नहीं होंगे, तब तक आप कंपनी के अन्य योगदानकर्ताओं से यह उम्मीद नहीं कर सकते कि वे इस रास्ते पर चलने को तैयार हो जाएँ - खासकर तब, जब कंपनी के ओकेआर आकांक्षापूर्ण हों। कोई उद्देश्य जितना चुनौतीपूर्ण होता है, उसे त्यागने का लोभ भी उतना ही तीव्र होता है। लक्ष्यों के निर्धारण और उन्हें हासिल करने के लिए लोग स्वाभाविक रूप से अपने बॉस की ओर देखते हैं। अगर तूफान आने पर पानी के जहाज पर नियुक्त अधिकारी खुद को बचाने के लिए यात्रा के बीच में ही पानी में कूद जाएँगे, तो फिर आप नाविकों से ये उम्मीद नहीं कर सकते कि वे तूफान का सामना करते हुए जहाज को बंदरगाह तक ले आएँ।

सन 2016 के मध्य में हमने एक बार फिर कोशिश की और ओकेआर के प्रति अपनी प्रतिबद्धता को नए सिरे से बढ़ाया। भले ही उस समय हमारे अधिकारियों की टीम भी इसी दिशा में काम कर रही थी, पर मैं जानती थी कि अब मैं इस मामले को लेकर उदासीन नहीं रह सकती। एक लीडर के तौर पर यह मेरी जिम्मेदारी थी कि मैं लोगों को निरंतर प्रयास करने के लिए प्रेरित करूँ। इसलिए मैं अपने योगदानकर्ताओं को ई-मेल भेजकर व्यक्तिगत ओकेआर तैयार करने के प्रति वचनबद्ध होने को कहती। अगर वे मेरे ई-मेल का जवाब

न देते, तो मैं हमारी टीम के मैसेजिंग एप स्लैक के जरिये उनसे संपर्क करती। अगर इसके बाद भी वे मेरी न सुनते, तो मैं उन्हें टेक्स्ट मैसेज भेजती। और अगर वे फिर भी ध्यान न देते, तो मैं उनके सामने जाकर उन्हें रोकती और कहती, 'प्लीज, अपने ओकेआर तय करो!'

सच्ची वचनबद्धता को प्रेरित करने के लिए यह ज़रूरी है कि **लीडर्स दूसरों को जो सिखाते हैं, उस पर खुद भी अमल करें। वे दूसरों से जैसे व्यवहार की उम्मीद करते हैं, उन्हें खुद भी वैसा ही व्यवहार करना चाहिए।** हमारी कंपनी की एक मीटिंग में - जिसमें संगठन का हर सदस्य मौजूद था - मैंने अपने व्यक्तिगत ओकेआर सबके सामने रखे। मैं यह देखकर हैरान थी कि मेरे ऐसा करने से, कंपनी के सदस्यों को यह प्रक्रिया अपनाने में काफी सहायता मिली। इस घटना से हर किसी के सामने यह स्पष्ट हो गया कि मैं खुद भी जवाबदेह हूँ। अब हमारे योगदानकर्ता मेरे ओकेआर का मूल्यांकन करने और मुझे यह बताने के लिए स्वतंत्र थे कि मैं अपने ओकेआर को कैसे बेहतर बना सकती हूँ। इससे काफी फर्क पड़ा। जिसका उदाहरण हैं मेरे ग्रेड्स, जो आगे कोष्टक में प्रस्तुत किए गए हैं (गूगल के 0.0 से 1.0 के पैमाने पर।) मैं कह सकती हूँ कि आगे दिए गए नियुक्ति संबंधी ओकेआर को तैयार करने के मामले में मुझे भरपूर रचनात्मक सहयोग मिला। ये ऐसे ओकेआर हैं, जो यूँ तो बड़े आसान नज़र आते हैं पर आपकी सफलता या असफलता वास्तव में इन्हीं से तय होती है:

उद्देश्य
एक विश्व-स्तरीय टीम का निर्माण जारी रखना।
मुख्य परिणाम
1. दस इंजीनियर्स की नियुक्ति (0.8) 2. कमर्शियल सेल्स लीडर्स की भर्ती (1.0) 3. कंपनी के शत-प्रतिशत कर्मचारी यह महसूस करें कि नूना में काम करके उन्हें एक सुव्यवस्थित व्यावसायिक अनुभव मिला, भले ही कंपनी उनका कार्यकाल बढ़ाए या न बढ़ाए (0.5)।

व्यावसायिक विकास के प्रति अपनी वचनबद्धता का मूल्यांकन करने के लिए हमने दो मुख्य परिणामों को भी शामिल किया है:

उद्देश्य
कंपनी के कर्मचारियों की संख्या 150 से अधिक होने पर कामकाज का स्वस्थ और उत्पादक माहौल तैयार करने के लिए अतिरिक्त प्रयास करना
मुख्य परिणाम
1. नूना के शत-प्रतिशत कर्मचारियों के प्रदर्शन की समीक्षा (1.0) 2. नूना के शत-प्रतिशत कर्मचारी तीसरी तिमाही के अपने व्यक्तिगत ओकेआर, चौथी तिमाही का पहला सप्ताह गुज़रने से पहले ही पूरे कर लें (0.5)

नूना में ओकेआर के प्रति हमारी वचनबद्धता बिलकुल स्पष्ट और सार्वजनिक है पर कभी-कभी यह प्रणाली व्यक्तिगत ढंग से अधिक प्रभावी साबित होती है। सन 2016 की चौथी तिमाही में मैंने हमारे एम्प्लॉयर बिजनेस के लिए एक वाइस प्रेसिडेंट की नियुक्ति करने की सोची, जो कंपनी की इस बिजनेस यूनिट की प्रगति में तेजी लाने के लिए एक महत्वपूर्ण कदम था। यह कंपनी के लिए एक नया पद था और मैं इस बात को लेकर अनिश्चितता महसूस कर रही थी कि कंपनी के अंदर इसे किस प्रकार देखा जाएगा। एक ऐसा निजी ओकेआर निर्धारित होने से - जिसके लिए सिर्फ मैं और डेविड ही जबावदेह थे - कंपनी की नियुक्ति प्रक्रिया को आगे बढ़ाने के प्रति मेरी वचनबद्धता और गहन हो गई थी। जिसने मुझे कंपनी के सभी प्रमुख हिस्सेदारों से आमने-सामने बातचीत करने, नियुक्ति के संभावित उम्मीदवार ढूँढ़ने और अंतत: अपेक्षाकृत अधिक औपचारिक नियुक्ति प्रक्रिया को शुरू करने की दिशा में अग्रसर किया।

स्टार्ट-अप कंपनियाँ स्वाभाविक रूप से अस्पष्टता के साथ संघर्षरत रहती हैं। खुद अपना बीमा करवाकर रखनेवाले नियोक्ता से लेकर, नई स्वास्थ्य योजनाओं के उत्पादों के लिए अनुकूल एक विशाल मेडिकेड डाटाबेस बनने तक, जैसे-जैसे नूना के कार्यक्षेत्र का विस्तार हुआ, वैसे-वैसे हम ओकेआर पर

और अधिक भरोसा करने लगे। हमारी पूरी टीम को और अधिक तीक्ष्ण ढंग से ध्यान केंद्रित करने और स्पष्ट प्राथमिकताओं की ज़रूरत है, जो गहन प्रतिबद्धता की आवश्यक शर्तें हैं। ओकेआर ने कंपनी को महत्वपूर्ण मुद्दों पर चर्चा करने के लिए मज़बूर किया। अगर ओकेआर नहीं होते, तो शायद इन मुद्दों पर कभी खुलकर बातचीत होती ही नहीं। इसीलिए अब हम सब पहले से कहीं बेहतर ढंग से समान दिशा की ओर अग्रसर हैं। बाहरी घटनाओं पर प्रतिक्रिया देने के बजाय हम अपनी हर तिमाही के लिए निर्धारित योजनाओं को पूरा करने के लिए उद्देश्यपूर्ण ढंग से काम कर रहे हैं। हमारी समयसीमाएँ पहले से कहीं ज़्यादा कठोर हैं, इसके बावजूद अब हमें इन समयसीमाओं के भीतर काम पूरा करना कहीं ज़्यादा आसान लगता है। हमें जो करने को कहा था, वह करने के लिए हम वचनबद्ध हैं।

तो हमारी इस ओकेआर की कहानी का सार क्या है? जैसा कि डेविड कहते हैं, 'आप पहली ही बार में इस प्रणाली का सर्वश्रेष्ठ उपयोग नहीं कर सकेंगे। यहाँ तक कि दूसरी और तीसरी कोशिश में भी ऐसा नहीं होगा। लेकिन आपको हतोत्साहित होने की ज़रूरत नहीं है। अपनी दृढ़ता बनाए रखें। आपको इसे अपने अनुसार ढालने और इसे पूरी तरह अपना बनाने की ज़रूरत है। वचनबद्धता खुद ही अपनी शक्ति होती है। मेरा अपना अनुभव कहता है कि अगर आप ओकेआर के रास्ते पर आगे बढ़ते रहेंगे, तो इससे आपको आश्चर्यजनक फायदे मिलेंगे।'

अपने सीएमएस साझेदारों के अमूल्य सहयोग से आज नूना ने एक ऐसा सुरक्षित और लचीला डाटा प्लेटफॉर्म तैयार कर लिया है, जिसमें 74 मिलियन अमेरिकी नागरिकों की व्यक्तिगत स्वास्थ्य संबंधी सूचनाएँ संग्रहीत हैं। पर हम इससे कहीं अधिक ऊँचे लक्ष्य हासिल करने की आकांक्षा रखते हैं। हम चाहते हैं कि जब हमारे नीति निर्माता एक महँगी और जटिल स्वास्थ्य व्यवस्था का बेहतर संचालन करने के लिए जूझ रहे होते हो, तो हमारा डाटाबेस प्लेटफॉर्म इस प्रक्रिया में उनकी सहायता कर सके। हम चाहते हैं कि भविष्य की बीमारियों की रोकथाम करने व उनका पूर्वानुमान लगाने के लिए एनालिटिक्स (विश्लेषण संबंधी गतिविधियाँ) को यह एक दिशा दिखा सके। सबसे बढ़कर हम यह चाहते

हैं कि हमारा यह प्लेटफॉर्म देश की स्वास्थ्य व्यवस्था को बेहतर बनाने में एक बड़ी और महत्वपूर्ण भूमिका निभाए। यह एक चुनौतीपूर्ण वचनबद्धता है, पर जैसा कि मैंने गूगल में सीखा था: आपका मिशन जितना बड़ा होगा, आपके ओकेआर उतने ही महत्वपूर्ण होंगे।

इतने सालों बाद आज मेरा छोटा भाई किमाँग सिर्फ तीन कोरियाई शब्द ही बोल पाता है - उहमा, एप्पा और नूना यानी माँ, पिता जी और दीदी। हमारी कंपनी का नाम और मिशन, दोनों ही किमाँग के दिए हुए हैं। अब यह हम पर निर्भर हैं कि ओकेआर के प्रति अपनी वचनबद्धता का सहारा लेकर हम अपने देश की स्वास्थ्य व्यवस्था को इतना बेहतर कैसे बनाएँ कि उससे हर किसी का भला हो सके।

जनवरी 2017 में नूना ने अपने मेडिकेड के कार्य को दुनिया के सामने रखा। सेंटर्स फॉर मेडिकेयर एंड मेडिकेड सर्विसेस के डायरेक्टर एन्ड्र्यू एम स्लाविट ने न्यू यॉर्क टाइम्स को दिए अपने इंटरव्यू में नूना के क्लाउड आधारित डाटाबेस को 'ऐतिहासिक' बताया और कहा कि यह सूचना संग्रहण के मामले में भविष्य की ओर एक बहुत बड़ा कदम है।

कुछ ही सालों की एक छोटी सी अवधि में नूना की टीम ने अमेरिका की स्वास्थ्य व्यवस्था पर एक स्थाई प्रभाव छोड़ा है। पर जो भी लोग जिनी और डेविड से - और ओकेआर के प्रति उनकी सशक्त वचनबद्धता से - परिचित हैं, वे यही कहेंगे कि ये तो बस शुरुआत है।

7

सुपरपॉवर २: टीमवर्क के लिए एक-दूसरे से जुड़ें और आपस में एक ही दिशा की ओर अग्रसर रहें

हम बुद्धिमान लोगों को इसलिए नियुक्त नहीं करते कि हम उन्हें बताएँ कि उन्हें क्या करना है। हम तो उन्हें इसलिए नियुक्त करते हैं ताकि वे हमें बता सकें कि क्या करना है।

- स्टीव जॉब्स

सोशल मीडिया के विस्फोटक उदय के साथ ही पारदर्शिता हमारे दैनिक जीवन का स्थायी अंग बन गई है। अब यह उत्कृष्टता की ओर जानेवाला सर्वश्रेष्ठ मार्ग है। इसके बावजूद आज भी अधिकतर कंपनियों के लक्ष्य रहस्य बने रहते हैं। आज बहुत से सीईओ ऐसे हैं, जो एंटरप्राइज क्लाउड कंपनी बॉक्स के संस्थापक और सीईओ एरन लेवी की तरह हताशा के शिकार हैं। एरन लेवी बताते हैं, 'आप कभी भी गौर कर लें, कुछ कर्मचारी हमेशा ही गलत चीज़ों पर काम कर रहे होते हैं। असली चुनौती है, यह पता करना कि वे गलत चीज़ें कौन सी हैं।'

इस विषय पर हुए शोध दर्शाते हैं कि जो लक्ष्य सार्वजनिक कर दिए जाते हैं, उनके पूरे होने की संभावना गुप्त रखे गए लक्ष्यों की तुलना में कहीं अधिक होती है। लक्ष्यों को सभी के सामने 'खोल कर' रखना सीधे तौर पर उपलब्धियों को बढ़ा देता है। एक हज़ार अमेरिकी वयस्कों पर किए गए एक हालिया शोध में से 92 प्रतिशत लोगों ने कहा कि वे अपने लक्ष्यों को हासिल करने के लिए खुद को सबसे अधिक प्रेरित उस समय महसूस करते हैं, जब उनके सहकर्मी उन्हें प्रगति करते हुए देख पा रहे हों।

एक ओकेआर प्रणाली में सबसे जूनियर स्टाफ भी हर किसी के लक्ष्यों

को देख सकता है, यहाँ तक कि सीईओ के लक्ष्य भी उसके सामने होते हैं। उन लक्ष्यों की आलोचना और उनमें होनेवाले सुधार, सबके सामने ही होते हैं। हर योगदानकर्ता को पूरी आज़ादी होती है कि वह इसमें शामिल हो सके। यहाँ तक कि लक्ष्य-निर्धारण प्रक्रिया की कमियों के बारे में भी वह अपनी बात खुलकर रख सकता है। प्रतिभाएँ तभी फलती-फूलती हैं, जब उन पर इतनी रोशनी पड़े कि उन्हें हर कोई देख सके। जब लोग यह लिखकर रखते हैं कि 'मैं इस चीज़ पर काम कर रहा हूँ,' तो यह देखना आसान हो जाता है कि सर्वश्रेष्ठ विचार कहाँ से आ रहे हैं। ऐसे में जल्द ही यह स्पष्ट हो जाता है कि जिन कर्मचारियों को पदोन्नति मिल रही है, वे दरअसल उन कार्यों को पूरा कर रहे हैं, जो कंपनी के लिए सबसे ज़्यादा मूल्यवान हैं। ऐसे में आपस में संदेह करने, किसी को दगा देकर अपना उल्लू सीधा करने, अपने फायदे के लिए किसी को कुछ करने के लिए बाध्य करने और एक-दूसरे से राजनीति खेलने जैसी चीज़ें - जो किसी संगठन के लिए ज़हर समान होती हैं - वे ओकेआर प्रणाली में अपनी विशैली शक्ति खो देती हैं। जैसे अगर कंपनी का सेल्स डिपार्टमेंट, मार्केटिंग डिपार्टमेंट की किसी योजना को नापसंद करता है, तो सेल्स के कर्मचारी इसे लेकर अंदर ही अंदर कड़वाहट की आग में नहीं जलते बल्कि उनके मतभेद सबके सामने रहते हैं और धीरे-धीरे खत्म भी हो जाते हैं। ओकेआर उद्‌देश्यों को वस्तुनिष्ठ बना देते हैं, फिर सबके सामने सब कुछ स्पष्ट रहता है।

पारदर्शिता सहकारिता के बीज बो देती है। जैसे मान लीजिए 'ए' नामक एक कर्मचारी को अपने तिमाही उद्‌देश्यों को पूरा करने के लिए काफी संघर्ष करना पड़ रहा है। चूँकि उसने इस बात को हमेशा सार्वजनिक रखा कि वह क्या कर रहा है और कहाँ तक पहुँचा है। इस कारण उसके सहकर्मियों को स्पष्ट नज़र आ जाता है कि उसे मदद की ज़रूरत है। वे उसकी मदद के लिए आगे आ जाते हैं और अपनी ओर से सहयोग की पेशकश करते हैं। इससे कार्य की गुणवत्ता में सुधार आता है। इसके साथ ही कर्मचारियों के बीच व्यावसायिक रिश्ते और गहरे हो जाते हैं, यहाँ तक कि उनके रिश्ते पूरी तरह बदल जाते हैं, जो वास्तव में गुणवत्तापूर्ण कार्य करने जितना ही महत्वपूर्ण होता है।

बड़े संगठनों में यह आम बात है कि एक ही कार्य को अनजाने में कई

कर्मचारी पूरा करने में जुटे होते हैं। पर जहाँ ओकेआर प्रणाली लागू हो, वहाँ हर किसी के सामने सब कुछ उजागर रहता है, जिससे ऐसी स्थितियाँ नहीं बनतीं। इससे न सिर्फ समय की बचत होती है बल्कि कंपनी का पैसा भी बचता है।

समान सोच के साथ एक दिशा की ओर केंद्रित

एक बार शीर्ष-उद्देश्यों के निर्धारित होते ही असली कार्य शुरू हो जाता है। योजना तैयार करने के बाद जब मैनेजर्स और अन्य योगदानकर्ता कार्य पर अमल शुरू करते हैं, तो वे एक-दूसरे के साथ सामंजस्य बिठाते हुए अपनी दैनिक गतिविधियों को, संगठन की परिकल्पना के अनुसार एक दिशा की ओर केंद्रित कर लेते हैं, जिसके महत्त्व को कभी भी कम करके नहीं आँका जा सकता। हार्वर्ड बिजनेस रिव्यू के अनुसार जिन कंपनियों के कर्मचारी आपस में एक ही दिशा की ओर अग्रसर होते हैं, उनके प्रदर्शन के शीर्ष स्तरीय होने की संभावना दोगुनी से भी ज़्यादा हो जाती है।

दुर्भाग्य से कर्मचारियों का इस प्रकार आपस में एक ही दिशा की ओर अग्रसर होना बड़ा दुर्लभ होता है। अध्ययनों से पता चलता है कि सिर्फ सात प्रतिशत कर्मचारी ही 'अपनी कंपनी की रणनीतियों को और इस बात को पूरी तरह समझते हैं कि सामूहिक लक्ष्यों की पूर्ति के लिए कंपनी को उनसे क्या उम्मीदें हैं।' वैश्विक स्तर पर कई कंपनियों के सीईओ के बीच हुए एक सर्वेक्षण के अनुसार कर्मचारियों का आपस में पूरी तरह एक ही दिशा की ओर अग्रसर न होना, रणनीति और क्रिया के बीच सबसे बड़ी बाधा है।

कैलिफोर्निया स्थित रिस्क मॉडलिंग एजेंसी आरएमएस के एचआर डिपार्टमेंट की हेड एमीलिया मेरिल कहती हैं, 'हमारे यहाँ बहुत कुछ चल रहा होता है। हमारे ऑफिस पूरी दुनिया में अलग-अलग टाइम-जोन्स में फैले हैं, जहाँ ढेरों कर्मचारी काम करते हैं। ऐसे में कई बार कुछ कर्मचारी समानांतर कार्य कर रहे होते हैं, जबकि कुछ कर्मचारी आपस में मिलकर कार्य पूरे कर रहे होते हैं। कर्मचारियों के लिए यह पता लगाना बहुत मुश्किल होता है कि उन्हें कौन सा कार्य पहले करना चाहिए क्योंकि हर कार्य महत्वपूर्ण ही नज़र आता है और लगता है, जैसे हर कार्य को जल्द से जल्द करना ज़रूरी है। ऐसे में असली

सवाल यही होता है कि 'असल में कौन सा कार्य पूरा करना ज़रूरी है?'

इसका जवाब केंद्रित और पारदर्शितापूर्ण ओकेआर में निहित है। ओकेआर सभी के कार्यों को आपस में जोड़कर उसे टीम के संयुक्त प्रयासों, विभागीय योजनाओं और एक समग्र मिशन का रूप दे देते हैं। एक प्रजाति के तौर पर हम आपसी संबंधों के लिए तरसते हैं। अपने कार्यस्थल पर हम इस बात को लेकर स्वाभाविक रूप से उत्सुक रहते हैं कि हमारे नेतृत्वकर्ता क्या कर रहे हैं और हमारा कार्य उनके कार्य से कैसे जुड़ता है। दरअसल ओकेआर आपस में एक ही दिशा की ओर अग्रसर होने के लिए आपसी चुनाव करने का एक साधन हैं।

शीर्ष से नीचे की ओर होनेवाला लक्ष्यों का विशाल प्रवाह

पुराने जमाने में व्यवसाय की दुनिया में कार्य का संचालन मुख्य रूप से उच्च अधिकारियों द्वारा ही किया जाता था। ऊँचे पदों पर बैठे कर्मचारी संगठन के लक्ष्य तय करके उन्हें अपने नीचे काम करनेवालों को कुछ इस तरह सौंपा करते, मानो सीनाई पर्वत पर ईश्वर, मूसा को टेन कमांडमेंट्स[1] सौंप रहे हों। कंपनी के वरिष्ठ अधिकारी विभिन्न विभागों के नेतृत्वकर्ताओं के लिए शीर्ष उद्देश्य निर्धारित करते हैं, जिन्हें वे अपने नीचे काम करनेवालों की ओर प्रवाहित कर देते हैं। यह सिलसिला इसी तरह चलता रहता और अंतत: हर कर्मचारी को पता चल जाता कि उसे कौन से उद्देश्य पूरे करने हैं।

हालाँकि लक्ष्य निर्धारण का यह दृष्टिकोण अब सार्वभौमिक नहीं रहा पर बड़े संगठनों में अब भी इसी का प्रचलन है। इस दृष्टिकोण के प्रति आकर्षण स्वाभाविक भी है। शीर्ष से नीचे की ओर प्रवाहित किए गए लक्ष्य संगठन में निचले पदों पर कार्यरत कर्मचारियों को एक सीमा में रखते हैं और इस बात की गारंटी देते हैं कि कर्मचारी संगठन के शीर्ष सरोकारों के अनुसार ही काम कर रहे हैं। शीर्ष से नीचे की ओर होनेवाला यह प्रवाह सर्वश्रेष्ठ स्थितियों में कर्मचारियों के बीच आपसी एकता लाता है और यह स्पष्ट कर देता है कि इस काम में हम सब एक-दूसरे के साथ हैं।

गूगल और कई अन्य संगठनों के सामने अपने प्रोजेक्ट्स की रूप-रेखा

---

[1] ईसाई, यहूदी और इस्लाम की धार्मिक पुस्तकों में वर्णित दस धर्मादेश

प्रस्तुत करते हुए, यहाँ मैंने एक काल्पनिक फुटबॉट टीम का उदाहरण दिया है ताकि यह दर्शा सकूँ कि जब ओकेआर प्रणाली का उपयोग इस ढंग से किया जाता है, तो वह कितनी कारगर रहती है – या नहीं रहती है।

गौर करें कि कैसे हम ओकेआर के एक समूह को शीर्ष से नीचे की ओर प्रवाहित करते हैं।

सैंड हिल यूनिकॉर्न्सः एक काल्पनिक फुटबॉल टीम

चलिए मान लेते हैं कि मैं सैंड हिल यूनिकॉर्न्स नामक एक फुटबॉल टीम का जनरल मैनेजर हूँ। मेरा एक ही उद्देश्य है: टीम के मालिक के लिए पैसे कमाना।

जनरल मैनेजर

उद्देश्य
टीम के मालिक के लिए पैसे कमाना
मुख्य परिणाम
1. सुपर बोल में जीत हासिल करना।
2. मैच के दौरान होम स्टैंड को दर्शकों से 90 फीसदी तक भरना।

ओकेआर चार्ट 1 - जनरल मैनेजर

मेरे उद्देश्य के दो मुख्य परिणाम हैं : सुपर बोल में जीत हासिल करना और मैच के दौरान होम स्टैंड को दर्शकों से 90 फीसदी तक भरना। यही वह तरीका है, जिससे मैं टीम के मालिक के लिए पैसे कमाऊँगा। अगर मैं ये दोनों परिणाम हासिल करने में सफल हो जाता हूँ, तो हमें लाभ कमाने से कोई नहीं रोक सकता। लिहाजा यह एक बढ़िया ढंग से तैयार किया गया ओकेआर है।

शीर्ष ओकेआर समूह के साथ हम अपने संगठन में निचले पदों पर कार्यरत कर्मचारियों की ओर बढ़ते हैं।

हेड कोच

उद्देश्य

सुपर बोल में जीत हासिल करना।

मुख्य परिणाम

1. प्रति मैच 300 याड्र्स से ज़्यादा का पासिंग अटैक।
2. प्रति मैच 17 प्वाइंट से कम देना।
3. पंट रिटर्न कवरेज में स्पेशल टीम शीर्ष तीन में जगह बनाए।

ऑफेंसिव कोच

उद्देश्य

प्रति मैच 300 याड्र्स पासिंग अटैक तैयार करना।

मुख्य परिणाम

1. एक-दूसरे को पास देने के मामले में सफलता की दर 65 फीसदी तक लाना।
2. इंटरसेप्शन की संख्या घटाकर प्रति मैच एक से भी कम करना।
3. नए क्वार्टरबैक कोच की नियुक्ति करना।

डिफेंसिव कोच

उद्देश्य

प्रति मैच 17 प्वाइंट्स से कम देना

मुख्य परिणाम

1. प्रति मैच 100 से भी कम रशिंग याड्र्स देना।
2. प्रति मैच सैक की संख्या बढ़ाकर तीन करना।
3. एक प्रो बोल कॉर्नरबैक तैयार करना।

स्पेशल टीम्स कोच

उद्देश्य

पंट कवरेज टीम को शीर्ष तीन में स्थान दिलाना

मुख्य परिणाम

1. प्रति पंट रिटर्न दस याड्र्स से भी कम देना।
2. एक सत्र में चार पंट ब्लॉक करना।

ओकेआर चार्ट 2 - कोच

जनरल मैनेजर होने के नाते मैं अपने लक्ष्यों को मैनेजमेंट में मुझसे नीचे बैठे अधिकारियों के अगले स्तर की ओर भेज देता हूँ, जैसे हेड कोच, मार्केटिंग के सीनियर वाइस प्रेसिडेंस वगैरह। इस तरह मेरे मुख्य परिणाम उनके उद्देश्य बन जाते हैं (ओकेआर चार्ट 2 देखें) हेड कोच का उद्देश्य है, सुपर बोल में जीत हासिल करना और इसके लिए उसके पास तीन मुख्य परिणाम है: पहला, प्रति मैच 300 याड्र्स से ज़्यादा का पासिंग अटैक, दूसरा मुख्य परिणाम है, ऐसा डिफेंस जो विरोधी टीम को प्रति मैच 17 प्वाइंट से कम दे और तीसरा मुख्य परिणाम है, पंट रिटर्न कवरेज में शीर्ष 3 में जगह बनाना। फिर वह हेड कोच, इन तीन मुख्य परिणामों को उद्देश्यों के तौर पर अपने नीचे काम करनेवाले तीन शीर्ष अधिकारियों, ऑफेंसिव कोच, डिफेंसिव कोच और स्पेशल टीम्स के कोच की ओर भेज देता है। इसके बाद वे तीनों अपने नीचे काम करनेवालों के लिए अपने-अपने मुख्य परिणाम तय करते हैं। उदाहरण के लिए प्रति मैच 300 याड्र्स का पासिंग अटैक हासिल करने के लिए ऑफेंसिव कोच, एक नए क्वार्टरबैक कोच की नियुक्ति करके, खिलाड़ियों द्वारा मैदान पर एक-दूसरे को पास देने के मामले में सफलता की दर 65 फीसदी तक लाने का और प्रति मैच एक से भी कम इंटरसेप्टर का लक्ष्य रख सकता है।

ये ओकेआर, सुपर बोल में जीत हासिल करने के जनरल मैनेजर के लक्ष्य की दिशा की ओर ही केंद्रित हैं।

अभी हमारा काम खत्म नहीं हुआ है। अभी हमें यह तय करना है कि मैदान में अपने होम स्टैंड को दर्शकों से कैसे भरा जाए।

जनरल मैनेजर

उद्देश्य
टीम के मालिक के लिए पैसे कमाना।

मुख्य परिणाम
1. सुपर बोल में जीत हासिल करना।
2. मैच के दौरान होम स्टैंड को दर्शकों से 90 फीसदी तक भरना।

हेड कोच

उद्देश्य
सुपर बोल में जीत हासिल करना।

मुख्य परिणाम
1. प्रति मैच 300 याड्र्स से ज़्यादा का पासिंग अटैक।
2. प्रति मैच 17 प्वाइंट से कम देना।
3. पंट रिटर्न कवरेज में स्पेशल टीम शीर्ष तीन में जगह बनाए।

ऑफेंसिव कोच

उद्देश्य
प्रति मैच 300 याड्र्स पासिंग अटैक तैयार करना।

मुख्य परिणाम
1. एक-दूसरे को पास देने के मामले में सफलता की दर 65 फीसदी तक लाना।
2. इंटरसेप्शन की संख्या घटाकर प्रति मैच एक से भी कम करना।
3. नए क्वार्टरबैक कोच की नियुक्ति करना।

डिफेंसिव कोच

उद्देश्य
प्रति मैच 17 प्वाइंट्स से कम देना

मुख्य परिणाम
1. प्रति मैच 100 से भी कम रशिंग याड्र्स देना।
2. प्रति मैच सैक की संख्या बढ़ाकर तीन करना।
3. एक प्रो बोल कॉर्नरबैक तैयार करना।

स्पेशल टीम्स कोच

उद्देश्य
पंट कवरेज टीम को शीर्ष तीन में स्थान दिलाना

मुख्य परिणाम
1. प्रति पंट रिटर्न दस याड्र्स से भी कम देना।
2. एक सत्र में चार पंट ब्लॉक करना।

सीनियर वाइस प्रेसिडेंट (मार्केटिंग)

उद्देश्य
मैच के दौरान होम स्टैंड को दर्शकों से 90 फीसदी तक भरना।

मुख्य परिणाम
1. टीम की ब्रांडिंग को बेहतर बनाना।
2. मीडिया कवरेज में सुधार करना।
3. स्टेडियम में होनेवाले प्रचार कार्यक्रम को नए सिरे से शुरू करना।

मार्केटिंग डायरेक्टर

उद्देश्य
टीम की ब्रांडिग को बेहतर बनाना

मुख्य परिणाम
1. मार्केटिंग कैम्पेन के लिए बर्हिमुखी स्वभाववाले दो खिलाड़ियों का चयन करना।
2. टीम के लिए अपेक्षाकृत अधिक सम्मोहक स्लोगन तैयार करना।

पब्लिसिस्ट

उद्देश्य
मीडिया कवरेज में सुधार करना।

मुख्य परिणाम
1. प्रति सत्र दो चैरिटी कार्यक्रमों में खिलाड़ियों के शामिल होने की व्यवस्था करना।
2. बीस स्पोर्ट्स रिपोर्टर्स को अनौपचारिक मुलाकात के लिए आमंत्रित करना।
3. कार्यक्रम की तस्वीरों को सोशल मीडिया पर साझा करना।

मर्चेन्डाइज मैनेजर

उद्देश्य
स्टेडियम में होनेवाले प्रचार कार्यक्रम को नए सिरे से शुरू करना

मुख्य परिणाम
1. दस स्मृति चिन्ह कंपनियों से संपर्क करना।
2. पाँच विकल्प तय करना।
3. एक अगस्त तक स्टेडियम की ओर से मुफ्त दी जानेवाली चीज़ों के लिए तीन नए विचार प्रस्तुत करना।

ओकेआर चार्ट 3 - संगठन के लिए ओकेआर

इस बीच मेरे मार्केटिंग के सीनियर वाइस प्रेसिडेंट ने मेरे एक अन्य मुख्य परिणाम - मैच के दौरान होम स्टैंड को दर्शकों से 90 फीसदी तक भरना - को अपना उद्देश्य बना लिया (ओकेआर चार्ट 3 देखें)। उसने तीन मुख्य परिणाम तैयार किए - टीम की ब्रांडिंग को बेहतर बनाना, मीडिया कवरेज में सुधार करना और स्टेडियम में होनेवाले प्रचार कार्यक्रम को नए सिरे से शुरू करना। फिर उसने इन मुख्य परिणामों को अपने नीचे काम करनेवालों - क्रमशः मार्केटिंग डायरेक्टर, टीम पब्लिसिस्ट और मर्चेन्डाइज मैनेजर - की ओर उद्देश्यों के रूप में प्रवाहित कर दिया।

अब सवाल ये है कि इसमें गलत क्या है? इसका जवाब ये है: दरअसल सीनियर वाइस प्रेसिडेंट के मुख्य परिणाम गड़बड़ हैं। हेच कोच के मुख्य परिणामों के विपरीत उनका मापन नहीं किया जा सकता। वे न तो विशिष्ट हैं और न ही समयबद्ध। उदाहरण के लिए हम टीम के मीडिया कवरेज में 'सुधार' को कैसे परिभाषित करेंगे? (ईएसपीएन चैनल पर टीम के बारे में पाँच विशेष कार्यक्रम, स्पोर्ट्स इलस्ट्रेटेड पत्रिका में एक कवर स्प्रेड या फिर सोशल मीडिया पर 50 फीसदी अधिक फॉलोअर्स?)

ऐसे में सीनियर वाइस प्रेसिडेंट भले ही अपेक्षाकृत दृढ़ मुख्य परिणाम ले आए, लेकिन लक्ष्य निर्धारण का संगठन का दृष्टिकोण दोषपूर्ण ही रहेगा। संगठन के शीर्ष उद्देश्य - एक अमीर व्यक्ति को और अमीर बनाना - में ऐसा कुछ नहीं है, जो जनरल मैनेजर को प्रेरित करे। उसके नीचे काम करनेवाली टीम के कर्मचारी, जो पूर्वी तट पर सक्रिय हैं या पीआर इंटर्न, जो कॉपी मशीन की गुलामी कर रहा है, उनके लिए तो यह और भी कम प्रेरणादायक है।

अगर शीर्ष से नीचे की ओर होनेवाला लक्ष्यों का प्रवाह संयमित हो, तो यह पूरे कार्य को सुसंगत बना देता है। लेकिन जब सारे उद्देश्यों का प्रवाह इसी तरह किया जाता है, तो यह प्रक्रिया न सिर्फ मशीनी बनकर रह जाती है बल्कि इस पर अंक हावी हो जाते हैं और तब इसके चार मुख्य प्रतिकूल प्रभाव पड़ते हैं:

1. **चपलता का नुकसान** : मध्यम आकारवाली कंपनियों में भी कई बार

कर्मचारी के पदों के छह या सात स्तर होते हैं। ऐसे में जब हर कोई अपने सीनियर अधिकारी की ओर से आनेवाले उद्देश्यों व निर्देशों का इंतजार करता है और बैठकों व समीक्षाओं की संख्या खरपतवार की तरह बढ़ती है, तो हर लक्ष्य-चक्र को पूरी तरह प्रभाव में लाने में कई सप्ताह और कभी-कभी तो कई महीने लग जाते हैं। जिन संगठनों में शीर्ष से नीचे की ओर लक्ष्यों का प्रवाह दृढ़ता से होता है, वहाँ तेज गति से निरंतर होनेवाले लक्ष्य-निर्धारण के प्रति एक किस्म का प्रतिरोध पैदा हो जाता है। ऊपर से कार्य पर अमल करना इतना बोझिल होता है कि तिमाही ओकेआर अव्यावहारिक साबित हो सकते हैं।

2. **लचीलेपन में कमी** : शीर्ष से नीचे की ओर प्रवाहित किए जानेवाले लक्ष्यों के निर्धारण में इतनी मेहनत लगती है कि लोग उन्हें बीच में संशोधित करने से बचते हैं। यहाँ तक कि ऐसे लक्ष्यों में छोटे-मोटे सुधार भी निचले पदों पर कार्यरत उन कर्मचारियों के लिए किसी बोझ से कम नहीं होते, जो अपने लक्ष्यों को समान दिशा की ओर केंद्रित रखने के लिए संघर्ष कर रहे होते हैं। जैसे-जैसे समय बीतता है, ऐसी व्यवस्था को जारी रखना बड़ा कष्टकारी हो जाता है।

3. **हाशिए पर पड़े योगदानकर्ता** : जिन व्यवस्थाओं में शीर्ष से नीचे की ओर लक्ष्यों का प्रवाह बहुत कठोरता से होता है, उनमें अपने जमीनी स्तर के कर्मचारियों से मिलनेवाली जानकारियों और प्रतिक्रियाओं को रोकने की प्रवृत्ति पैदा हो जाती है। ऐसे टॉप-डाउन तंत्र में योगदानकर्ता अपनी लक्ष्य संबंधी चिंताओं और बहुमूल्य विचारों को साझा करने से हिचकिचाने लगते हैं।

4. **एक-आयामी संबंध** : शीर्ष से नीचे की ओर लक्ष्यों के प्रवाहवाली यह व्यवस्था लंबवत ढंग से सरेखित होती है (यानी ऊपर से नीचे की ओर)। इसीलिए यह विभिन्न विभागों के कर्मचारियों को एक-दूसरे से समकक्षों की तरह जोड़ने में कम प्रभावी होती है।

नीचे से शीर्ष की ओर!

सौभाग्य से हमारे पास एक विकल्प है। चूँकि ओकेआर में पादर्शिता होती है, इसलिए उन्हें शीर्ष से नीचे की ओर लक्ष्यों के प्रवाहवाली व्यवस्था के बिना भी अपने सहकर्मियों से साझा किया जा सकता है। अगर यह मुख्य प्रयोजन को पूरा करता है, तो हाईरार्की (पदानुक्रम) के विभिन्न स्तरों को छोड़ते हुए उनसे पार पाया जा सकता है। फिर किसी उद्देश्य को सीईओ से वाइस प्रेसीडेंट की ओर, फिर डायरेक्टर की ओर, फिर मैनेजर की ओर (और फिर उन कर्मचारियों की ओर जो मैनेजर के नीचे काम करते हैं) प्रवाहित करने के बजाय सीईओ से सीधे मैनेजर की ओर या फिर डायरेक्टर से सीधे किसी व्यक्तिगत योगदानकर्ता की ओर भेजा या साझा किया जा सकता है। या फिर अगर कंपनी के नेतृत्वकर्ता चाहें, तो अपने ओकेआर को एक ही बार में कंपनी के हर सदस्य से साझा कर सकते हैं। और यह विश्वास रख सकते हैं कि ओकेआर के बारे में जानने के बाद कंपनी के सदस्य यही कहेंगे, 'ठीक है। अब मुझे इस बात पर गौर करना होगा कि हम किस दिशा की ओर अग्रसर हैं। फिर मैं अपने लक्ष्यों को उस दिशा के अनुकूल बना लूँगा।'

चूँकि गूगल में काम करनेवाले कर्मचारियों की संख्या हज़ारों में है, इसलिए अगर इसके ओकेआर को कर्मचारियों की हाईरार्की (पदानुक्रम) में एक से दूसरे स्तर पर बार-बार मशीनी ढंग से दोहराया जाएगा, तो संगठन की नवीनतापूर्ण संस्कृति पर नकारात्मक प्रभाव पड़ेगा। जैसा कि कंपनी के पूर्व कर्मचारी लाज्यो बॉक अपनी किताब 'वर्क रूल्स!' में कहते हैं:

> लक्ष्य होने से प्रदर्शन में सुधार आता है। जबकि लक्ष्यों को शीर्ष से नीचे की ओर व नीचे से शीर्ष की ओर बार-बार प्रवाहित करने से प्रदर्शन कतई नहीं सुधरता। हमारा दृष्टिकोण बाजार-आधारित है, जहाँ समय बीतने के साथ हमारे लक्ष्य बदल जाते हैं क्योंकि हर किसी को शीर्ष ओकेआर की जानकारी होती है और बाकी सबके ओकेआर भी नज़र आ रहे होते हैं। फिर दिशा से भटकी हुई टीम्स स्पष्ट नज़र आ जाती हैं और सभी को प्रभावित करनेवाली कुछेक प्रमुख योजनाएँ इतनी आसान हो जाती हैं कि उनका सीधे तौर पर प्रबंधन किया जा सकता है।

गूगल की '20 प्रतिशत समय' परियोजना शीर्ष से नीचे की ओर लक्ष्यों के प्रवाह के विपरीत है, जिसके तहत कंपनी के इंजीनियर्स को हर सप्ताह एक दिन अपनी अतिरिक्त योजनाओं पर काम करने की आज़ादी मिलती है। संगठन के सबसे बुद्धिमान कर्मचारियों को इस तरह आज़ादी देकर गूगल दुनिया में जो बड़े-बड़े बदलाव लाया है, उनसे हम सब परिचित हैं। सन 2001 में युवा कर्मचारी पॉल बुशिट ने '20 प्रतिशत समय' परियोजना की शुरुआत की थी, जिसे अब जीमेल के नाम से जाना जाता है और जो आज दुनिया की अग्रणी वेब-आधारित ई-मेल सेवा है।

जब एक ही दिशा की ओर अग्रसर होने की प्रवृत्ति अतिरेकपूर्ण हो जाती है, तो कर्मचारियों पर इसका नकारात्मक प्रभाव पड़ता है। इसीलिए स्वस्थ कार्यशैलीवाले संगठन इस बात को प्रोत्साहित करते हैं कि कुछ लक्ष्य निचले पदों पर कार्यरत कर्मचारियों के बीच से भी निकलें। जैसे सैंड हिल यूनिकॉर्न्स की फिजिकल थेरेपिस्ट, एक स्पोर्ट्र्स मेडिसिन कॉन्फ्रेंस में शामिल होती है, जहाँ उसे खिलाड़ियों को चोट से बचाने के लिए आहार संबंधी कुछ नई जानकारियाँ मिलती हैं। इसके बाद वह खिलाड़ियों को दी जानेवाली थेरेपी के लिए कुछ नए गैर सत्र-आधारित ओकेआर खुद ही तैयार करती है। हो सकता है कि उसके उद्‌देश्य अपने मैनेजर के ओकेआर की दिशा की ओर केंद्रित होने के बजाय जनरल मैनेजर के उद्‌देश्यों की दिशा की ओर केंद्रित हों। इसके बाद अगर टीम के शीर्ष खिलाड़ी पूरे सत्र में स्वस्थ बने रहते हैं, तो टीम के सुपर बोल में जीत हासिल करने की संभावना बढ़ जाएगी।

आमतौर पर नई चीज़ें किसी संगठन के केंद्र के बजाय हाशिए पर जन्म लेती हैं। सबसे सशक्त ओकेआर अक्सर सी-सूट की अंतर्दृष्टि से उपजते हैं। जैसा कि एंडी ग्रोव ने कहा था, 'हाशिए पर रहनेवाले अक्सर उन परिवर्तनों को सबसे पहले पहचान लेते हैं, जो जल्द ही सामने आनेवाले हैं। सेल्स के कर्मचारी ग्राहकों की बदलती माँगों को मैनेजमेंट से पहले समझ लेते हैं; फाइनेंशियल एनालिस्ट किसी व्यवसाय में आनेवाले बदलावों की मूल बातों को सबसे पहले जान लेते हैं।'

माइक्रोमैनेजमेंट[2] वास्तव में मिसमैनेजमेंट (कुप्रबंधन) है। एक स्वस्थ ओकेआर वातावरण में, समान दिशा की ओर केंद्रित रहने व स्वायत्तता बनाए रखने के बीच या यूँ कहें कि सामूहिक उद्देश्य व रचनात्मक झुकाव के बीच एक संतुलन होता है। इस बारे में पीटर ड्रकर लिखते हैं कि **'एक पेशेवर कर्मचारी को प्रदर्शन के कठोर मानकों और ऊँचे लक्ष्यों की ज़रूरत होती है... पर वह अपना काम कैसे करेगा, यह तय करना और इस बारे में उचित निर्णय लेना हमेशा उसकी अपनी जिम्मेदारी होनी चाहिए।'**

इंटेल में ग्रोव ने 'प्रबंधकीय मध्यस्थता' को नकारात्मक ढंग से देखा : 'इसके चलते अधीनस्थ कर्मचारी खुद से रखी जानेवाली उम्मीदों को सीमित दृष्टिकोण से देखना शुरू कर देता है। फिर वह अपनी ही समस्याओं को सुलझाने के लिए कोई विशेष पहल नहीं करता और उनका हल ढूँढ़ने के लिए अपने बॉस की ओर देखने लगता है... जिसके परिणामस्वरूप संगठन के उत्पादन में कमी आने लगती है...'

एक उत्कृष्ट ओकेआर प्रणाली योगदानकर्ताओं को इतना स्वतंत्र कर देती है कि वे अपने कुछ व्यक्तिगत उद्देश्यों और मुख्य परिणामों का निर्धारण कर सकें। महत्वाकांक्षी लक्ष्यों के निर्धारण और उनमें से ज़्यादातर को हासिल करने के लिए लोगों को अक्सर अतिरेक के रास्ते पर ले जाया जाता है: **लक्ष्य जितने ऊँचे होंगे, प्रदर्शन भी उतने ही उच्च स्तर का होगा।'** जो लोग अपनी मंजिल का चुनाव कर लेते हैं, उनके अंदर इस बात की समझ अपेक्षाकृत अधिक विकसित हो जाती है कि उस मंजिल तक पहुँचने के लिए क्या ज़रूरी है।

जब हमारा 'कैसे' दूसरों ने परिभाषित किया हो, तो हमें अपने लक्ष्य के प्रति वह जुड़ाव नहीं महसूस होता, जो होना चाहिए। जैसे अगर मेरा डॉक्टर मुझसे कहता है कि मुझे अपना ब्लड प्रेशर कम करना चाहिए और इसके लिए मुझे सैन फ्रांसिस्को मैराथन में दौड़ने का प्रशिक्षण लेना चाहिए, तो भले ही मैं उसकी सलाह मान लूँ, पर मैं ऐसा बेमन से ही करूँगा। जबकि अगर मैं खुद मैराथन में दौड़ने का निर्णय लेता हूँ, तो फिनिश लाइन तक पहुँचने की मेरी

---

2 प्रबंधन की वह शैली, जिसमें मैनेजर अपने कर्मचारियों के काम का अवलोकन बड़ी बारीकी से करता और उन पर ज़रूरत से ज़्यादा नियंत्रण रखता है।

संभावना बढ़ जाएगी, खासकर अगर मेरे कुछ दोस्त भी मैराथन में मेरे साथ दौड़ रहे हों।

मैंने पाया है कि व्यवसाय में किसी भी सवाल का कोई एक जवाब नहीं होता। लोगों को ज़रा ढील देकर और अपने जवाब खुद ढूँढ़ने में उनकी मदद करके हम सफलता हासिल करने में हर किसी की मदद कर सकते हैं। उच्च स्तरीय प्रदर्शन करनेवाली टीम्स लक्ष्य निर्धारण के टॉप-डाउन (शीर्ष से नीचे की ओर) और बॉटम-अप (नीचे से शीर्ष की ओर) दृष्टिकोण के बीच चल रहे रचनात्मक तनाव के चलते अधिक प्रगति करती हैं, जो दरअसल संरेखित (आपस में एक ही दिशा की ओर केंद्रित होना) और असंरेखित (आपस में विभिन्न दिशाओं की ओर केंद्रित होना) ओकेआर का ही एक मिश्रण है। जब कार्य पर जल्द से जल्द अमल करना हो और साधारण ढंग से कार्य करने को प्राथमिकता देना संभव न हो, तो हो सकता है कि ऐसे में कंपनियाँ अधिक निर्देशपूर्ण बनने का चुनाव करें। पर जब आँकड़े आसमान छू रहे हों और कंपनी ज़रूरत से ज़्यादा सतर्क व गंभीर हो गई हो, तो ज़रा ढील देने में कोई बुराई नहीं है। जब नेतृत्वकर्ता व्यवसाय व कर्मचारी, दोनों की बदलती ज़रूरतों से रूबरू हों, तो टॉप-डाउन (शीर्ष से नीचे की ओर) और बॉटम-अप (नीचे से शीर्ष की ओर) लक्ष्यों का मिश्रण पचास-पचास फीसदी का होता है। जो मुझे बिलकुल सही लगता है।

क्रॉस फंक्शनल कोऑर्डिनेशन

भले ही आधुनिक लक्ष्य निर्धारण ऑर्गनाइजेशनल चार्ट[3] से सफलतापूर्वक श्रेष्ठ हो जाए, लेकिन आज भी किसी प्रोजेक्ट के पटरी से उतरने का पहला कारण उपेक्षित निर्भरताएँ ही होती हैं। इसका इलाज है सहकर्मियों और टीम्स के बीच क्रॉस फंक्शनल कनेक्टिविटी[4] समस्याओं को उन्नत ढंग से हल करने और नवीनता के मामले में अलग-थलग पड़े व्यक्तियों का आपसी संबद्धता

---

[3] एक रेखा-चित्र जो किसी संगठन की संरचना और उसके पदों व कर्तव्यों के संबंधों को दर्शाता है।

[4] एक सामूहिक लक्ष्य हासिल करने की ओर केंद्रित अलग-अलग विशेषज्ञता रखनेवालों के बीच आपसी संबद्धता।

रखनेवाले समूह से कोई मुकाबला हो ही नहीं सकता। प्रोडक्ट इंजीनियरिंग पर निर्भर करता है और मार्केटिंग सेल्स पर। जैसे-जैसे व्यवसाय अधिक पेचीदा और उपक्रम अधिक जटिल होते जाते हैं, एक-दूसरे पर आश्रित विभिन्न विभागों को एक ऐसे उपकरण की ज़रूरत है, जो इस रेस में उन्हें एक साथ फिनिश लाइन तक पहुँचाने में मददगार साबित हो।

आपस में संबंद्ध कर्मचारियों और टीम्सवाली कंपनियाँ तेज होती हैं। कोई प्रतिस्पर्धात्मक लाभ हासिल करने के लिए ज़रूरी है कि नेतृत्वकर्ता और योगदानकर्ता, दोनों अपने सामने मौजूद सभी बाधाओं को पार करते हुए आपस में एक-दूसरे से जुड़ें। लाज्यो बॉक बताते हैं कि एक पारदर्शी ओकेआर प्रणाली ऐसे मुक्त आपसी सहयोग को बढ़ावा देती है कि 'संगठन का हर कर्मचारी, चाहे वह किसी भी टीम का हो, स्पष्ट देख सकता है कि क्या चल रहा है। उदाहरण के लिए मुक्त आपसी सहयोगवाले किसी संगठन की जो टीम मोबाइल फोन डिजाइन कर रही है, वह सॉफ्टवेयर बनानेवाली टीम से संपर्क करती है क्योंकि उसे मोबाइल डिजाइन करते समय एक दिलचस्प बात समझ में आई, जिसका फायदा उठाकर सॉफ्टवेयर बनानेवाली टीम मोबाइल के यूजर इंटरफेस को और बेहतर बना सकती है।'

जब लक्ष्य सार्वजनिक होते हैं और उन्हें हर कोई देख सकता है, तब एक विशेष टीम समस्याएँ आने पर फौरन उनका समाधान खोज सकती है। लाज्यो बॉक कहते हैं : अगर कोई असाधारण कार्य कर रहा है - तो आप उसे परखते हैं। अगर कोई लगातार गायब है - तो आप उसकी जाँच करते हैं। पारदर्शिता सभी को बिलकुल स्पष्ट संकेत देती है। इसके चलते आप उन तरीकों को सक्रिय कर देते हैं, जो आपकी काम पूरा करने की क्षमता को सुदृढ़ बनाते हैं और इसमें आपके मैनेजमेंट के खर्च में भी कोई बढ़ोत्तरी नहीं होती - यह वाकई अद्भुत है।

8

आपस में एक ही दिशा की ओर अग्रसर होना : माईफिटनेसपैल की कहानी

माइक ली
सहसंस्थापक और सीईओ

यह सब समुद्र तट पर हुई एक शादी से शुरू हुआ। शादी से पहले माइक और ऐमी ली अपना वजन कम करना चाहते थे। एक फिटनेस ट्रेनर ने उन्हें खाने-पीने की तीन हज़ार चीज़ों में मौजूद पोषक तत्वों की जानकारी देनेवाली एक सूची - और अपनी कैलोरी का हिसाब रखने के लिए एक-एक नोटपैड दिया। माइक सिर्फ 10 साल की उम्र से कंप्यूटर प्रोग्रामिंग कर रहे थे और वे जानते थे कि यह सब करने का इससे बेहतर कोई न कोई तरीका तो ज़रूर होगा। अंततः उन्होंने वह तरीका ढूँढ़ निकाला, जो बाद में माईफिटनेसपैल नामक एक फिटनेस एप के रूप में सामने आया। इस एप को विकसित करने में जो पैसा खर्च हुआ, उसे माइक और उनके भाई एल्बर्ट आठ साल तक अपनी बचत के पैसों और क्रेडिट कार्ड्स के सहारे वहन करते रहे।

आज माइक और एल्बर्ट ली नामक ये दोनों भाई डिजिटल टेक्नोलॉजी की मदद से हेल्थ और फिटनेस पर मात्रात्मक ढंग से नज़र रखने के लिए शुरू हुए एक बड़े आंदोलन का केंद्र बन चुके हैं। उनका मिशन है एक स्वस्थ दुनिया का निर्माण करना। सन 2013 में जब वेंचर कैपिटलिस्ट कंपनी क्लेनर पार्किन्स ने माईफिटनेसपैल में निवेश किया, तब इस एप के रजिस्टर्ड यूजर्स की संख्या 45 मिलियन थी। आज यह संख्या 120 मिलियन तक पहुँच चुकी है और इन सभी यूजर्स ने माईफिटनेसपैल का उपयोग करते हुए सामूहिक रूप से कुल 300 मिलियन पाउंड वजन घटाया है। खाने-पीने की 14 मिलियन चीज़ों का

डाटाबेस और फिटबिट जैसे अन्य दर्जनों एप्स के साथ रियल-टाइम लिंक होने के चलते माईफिटनेसपैल के यूजर के लिए अपने खान-पान पर और इस बात पर नज़र रखना आसान हो जाता है कि वह कितने प्रभावी ढंग से व्यायाम करता है। व्यायाम करने पर जो कैलोरी खर्च होती है, वह एक जमाने में एक अदृश्य चीज़ हुआ करती थी। अब माईफिटनेसपैल उसे सभी के सामने प्रकट करके महत्वाकांक्षी व्यक्तिगत लक्ष्य निर्धारित करने और उन्हें हासिल करने में अपने यूजर्स की मदद कर रहा है। इस एप के सदस्य दैनिक रूप से अपने लिए ऐसे विकल्प चुनते हैं, जिससे उनके जीवन में महत्वपूर्ण बदलाव आता है। इसके अलावा आपको इस एप में हर दिन हौसला बढ़ानेवाले दोस्तों का एक नेटवर्क बोनस के तौर पर मिलता है।

ओकेआर ऐसे नेटवर्क बनाने का काम करते हैं, जिससे किसी संगठन के सबसे महत्वपूर्ण कार्यों में स्पष्टता आती है। जब सारे कर्मचारी कंपनी के शीर्ष लक्ष्यों के साथ एक ही दिशा की ओर अग्रसर होते हैं, तो उनका प्रभाव बढ़ जाता है। वे बार-बार गैरज़रूरी कार्य करना और अपने स्वाभाविक झुकाव से विपरीत जाकर प्रतिकूल परिणाम लानेवाले कार्य करना बंद कर देते हैं। आज माईफिटनेसपैल दुनिया का अग्रणी हेल्थ और फिटनेस एप है और इसे विकसित करते समय माइक और एल्बर्ट को एहसास हुआ कि आपस में दृढ़तापूर्वक एक ही दिशा की ओर अग्रसर होना दैनिक प्रगति के लिए महत्वपूर्ण है और ये आगे जाकर आपको एक बड़ी छलाँग लगाने के लिए प्रेरित भी करता है।

अगर यह कहानी आपको ओकेआर के लिए एक आदर्श स्थिति जैसी नज़र आ रही है, तो आप गलत नहीं हैं। माइक और एल्बर्ट के व्यावसायिक जीवन में लक्ष्य निर्धारण स्वत: ही आया। हालाँकि ऐसा नहीं है कि उनके लिए यह हमेशा आसान रहा हो। इसके बारे में आगे आपको विस्तार से पता चलेगा। फरवरी 2015 में उनकी कंपनी को अंडर आर्मर नामक जूते बनानेवाली कंपनी ने 475 मिलियन डॉलर्स में अपने अधीन कर लिया। अंडर आर्मर और माईफिटनेसपैल के एक होने से टेक्नोलॉजी के क्षेत्र में माईफिटनेसपैल की शक्ति को एक बड़े और सफल ब्रांड के साथ परिणय सूत्र में बाँध दिया। अचानक ही माइक और एल्बर्ट की पहुँच विश्व-स्तर के पेशेवर एथलीट्स तक हो गई, जो

डिजिटल फिटनेस के क्षेत्र के लिए अगली सीढ़ी जैसे थे। जैसा कि माइक कहते हैं, 'हम सारी सीढ़ियाँ लाँघते हुए सफलता की सबसे ऊँची मंजिल तक पहुँचना चाहते हैं।'

यह नई व्यावसायिक संरचना लक्ष्य निर्धारण के लिए कुछ नई चुनौतियाँ लेकर आई, खासकर आपस में एक ही दिशा की ओर अग्रसर होने के मामले में। माइक और एल्बर्ट संगठन में आंतरिक संबंधों की भूलभुलैया को पार करने के लिए ओकेआर पर निर्भर थे। चूँकि अब माइफिटनेसपैल एक बड़े संगठन का हिस्सा बन गया था इसलिए सारे ऑब्जेक्टिव्स (उद्देश्य) व की-रिजल्ट्स (मुख्य परिणाम) भी उसी दिशा की ओर अग्रसर होते, जिस दिशा की ओर संगठन की लगातार बढ़ती टीम और उसके लक्ष्य अग्रसर होते थे।

माइक ली : आपके हाथ में एक डिवाइस है, जो बेहद शक्तिशाली है। यह आपके और आपके आसपास की दुनिया के बारे में जो डाटा इकट्ठा करता है, वह विस्फोटक गति से बढ़ रहा है। आज आप एक मामूली सी फीस देकर, यहाँ तक कि मुफ्त में भी एक कोच, न्यूट्रीशियनिस्ट (पोषण विशेषज्ञ) या मेडिकल कंसल्टेंट (चिकित्सा सलाहकार) की सेवाएँ किसी भी समय प्राप्त कर सकते हैं। अपने स्मार्टफोन की मदद से आज हम पहले से भी बेहतर निर्णय ले सकते हैं और एक स्वस्थ जीवनशैली अपना सकते हैं।

माईफिटनेसपैल ऐसी अंतर्दृष्टियाँ उपलब्ध कराता है – जिन्हें हम 'स्पष्टता के क्षण' कहते हैं – जो जीवनभर हमारे यूजर्स के काम आती हैं। मैं अपने अनुभव से यह कह सकता हूँ कि ये वाकई कारगर है। जब मैंने पहली बार अपने खान-पान की आदतों पर नज़र रखना शुरू किया, तो मुझे पहली बार ये पता चला कि एक चम्मच मेयोनीज में नब्बे कैलोरी होती है, जबकि एक चम्मच मस्टर्ड सॉस में सिर्फ पाँच। तब से लेकर आज तक मैंने दोबारा मेयोनीज को हाथ भी नहीं लगाया। अगर आप भी अपने खान-पान में ऐसे ही कुछ छोटे-मोटे बदलाव करेंगे, तो पाएँगे कि इससे वाकई काफी फर्क पड़ता है।

अपने भाई के साथ माईफिटनेसपैल की सह-स्थापना करने से पहले मैंने

कई कंपनियों में काम किया। उनमें से कोई भी कंपनी औपचारिक रूप से लक्ष्य निर्धारण प्रणाली का उपयोग नहीं करती थी। उनके पास वार्षिक वित्तीय योजनाएँ होती थीं, राजस्व का एक आँकड़ा होता था और वे जो भी हासिल करना चाहते थे, उसके लिए उनके पास व्यापक रणनीतियाँ भी होती थीं, पर इसमें से कुछ भी ठोस रूप में नहीं होता था और न ही कोई निरंतरता होती थी। इसके अलावा एक और चीज़ थी, जो इन सभी कंपनियों में आम बात थी : आपस में एक ही दिशा की ओर अग्रसर रहने की प्रवृत्ति की भारी कमी। यह किसी भी लिहाज से एक संयोग नहीं था। इन कंपनियों में काम करने के दौरान मुझे इस बारे में कोई अंदाजा तक नहीं होता था कि संगठन की बाकी टीम्स क्या कर रही हैं या किसी सामूहिक उद्देश्य को पूरा करने के लिए हम आपस में एक-दूसरे के साथ मिलकर कैसे काम करेंगे। हम ज़्यादा से ज़्यादा मीटिंग्स् करके इस कमी की भरपाई करने की कोशिश करते और इससे सिर्फ हमारा कीमती समय बर्बाद होता था। यह कुछ ऐसा ही था, जैसे अगर आप किसी नाव पर दो लोगों को बिठा दें और उनमें से एक अपनी पतवार उत्तर की ओर जाने के लिए चलाए और दूसरा दक्षिण की ओर जाने की लिए, तो वे दोनों अच्छी खासी ऊर्जा खर्च करने के बावजूद कहीं पहुँच नहीं सकेंगे।

माईफिटनेसपैल के शुरुआती दिनों में हम अक्सर एक-दूसरे से यह मज़ाक करते कि हमारे कामकाज की सूची में कम से कम एक हज़ार कार्य ऐसे थे, जो हमें पूरे करने थे, जबकि हम शीर्ष तीन कार्य पूरे करके ही एक-दूसरे से कह देते कि 'चलो यह साल अच्छा रहा।' ऐसे कई कार्य थे, जो हमसे छूट गए लेकिन कोई बात नहीं। हम अपनी सीमा में रहकर काम करते थे: एंड्रायड एप लॉन्च करना, ब्लैकबेरी एप लॉन्च करना, अपने एप का आईफोन या आईपैड संस्करण लॉन्च करना। हम एक समय में अपने एक ही उद्देश्य को पूरा करने की ओर केंद्रित रहते थे और उसमें तब तक जुटे रहते, जब तक कि वह पूरा नहीं हो जाता। इसके बाद हम अपनी सूची में लिखे अगले कार्य को पूरा करने में जुट जाते। शायद ही कभी ऐसा हुआ हो, जब हम एक साथ दो उद्देश्यों को पूरा कर रहे हों।

हमारी प्रक्रिया कोई बहुत परिष्कृत किस्म की नहीं थी पर यह उद्देश्य पूरा

करने की ओर केंद्रित थी और इसका मापन और मूल्यांकन करना संभव था। जब आप सिर्फ अपने बलबूते किसी कंपनी की रणनीतियों को परिभाषित कर रहे हों और आपके साथ सिर्फ एक ही व्यक्ति ऐसा हो, जो कंपनी के उत्पादों पर काम कर रहा हो तो आपस में एक ही दिशा की ओर अग्रसर होना आसान होता है। मैं और मेरा भाई मिलकर एक मुख्य उद्देश्य तय करते – जैसे फलाँ तारीख तक अपने एप का आईपैड संस्करण लॉन्च करना – और फिर एक-दूसरे को अपनी दिन-प्रतिदिन की प्रगति से अवगत कराते। छोटे संगठनों का काम छोटी-मोटी प्रक्रिया से भी चल जाता है। हालाँकि आज मुझे लगता है कि काश हमारे पास उस समय भी सक्रिय ओकेआर होते। यहाँ तक कि अगर फंडिंग मिलने से पहले ही हमारे पास ओकेआर होते, तो मौका आने पर बेहतर चुनाव करने में हम और अधिक सक्षम होते।

जब माईफिटनेसपैल आईफोन और एंड्रॉयड पर चालू हो गया, तो हमारी प्रगति में खासी तेजी आ गई। एक दिन हमें पता चला कि हमारे एप के रजिस्टर्ड यूजर्स की संख्या 35 मिलियन हो गई है। हमारी प्रगति इतनी ज़्यादा तेजी से हो रही थी कि अब हमारे लिए एक समय में एक ही काम करना संभव नहीं था। मैंने पाया कि गड़बड़ तब शुरू होती है, जब सीधे तौर पर आपके नीचे दो बेहतरीन

माईफिटनेसपैल के सह-संस्थापक माइक और एल्बर्ट ली, सन 2012.

लोग काम कर रहे हों। ऐसे में आप उन दोनों को एक-एक बड़ी और उद्देश्यपूर्ण जिम्मेदारी देना चाहते हैं और स्वाभाविक है कि वे दोनों भी अपने-अपने प्रोजेक्ट को आगे लेकर जाना चाहते हैं। यही वह स्थिति है, जब आप देखते हैं कि अब वे एक ही दिशा की ओर अग्रसर होने के बजाय अलग-अलग दिशाओं में आगे बढ़ रहे हैं। इस स्थिति को आप पूरी तरह समझ पाएँ, इससे पहले ही आप देखते हैं कि वे दोनों, दो बिलकुल अलग-अलग चीज़ों पर काम कर रहे हैं। ऐसे में उनके साथ कठोरता से पेश आने का कोई फायदा नहीं होता, ठीक वैसे ही, जैसे अगर दीवार पर दो कीलें गाड़ते समय, उनकी दिशा ज़रा सी भी अलग हो जाए, तो फिर उन पर हथौड़े से तेज प्रहार करने पर वे सीधी होने के बजाय और टेढ़ी होती चली जाती है।

हालाँकि मैं और एल्बर्ट जानते थे कि हमें अपनी लक्ष्य-निर्धारण प्रक्रिया को और अधिक दृढ़ व संरचनापूर्ण बनाना होगा पर हमें यह नहीं पता कि ऐसा करने के लिए हमें कौन-कौन से कदम उठाने होंगे। सन 2013 में, क्लेनर पार्किन्स द्वारा हमारी कंपनी में पैसा निवेश करने के कुछ ही समय बाद, जॉन डोअर हमें ओकेआर के बारे में बताने आए। उन्होंने ओकेआर की व्याख्या करते हुए फुटबॉल टीम का जो उदाहरण दिया, उसने मुझे काफी प्रभावित किया : अचानक मुझे ओकेआर के बारे में सब कुछ समझ में आ गया। मुझे मुख्य उद्देश्य की सरलता भा गई। साथ ही इसे जहाँ तक परिष्कृत किया जाता है, विस्तृत किया जाता है या जिस तरह इसे संगठन में ऊपर से नीचे और नीचे से ऊपर प्रवाहित किया जाता है, वह भी मुझे काफी पसंद आया। तब मुझे लगा : यही वह तरीका है, जिससे हम अपनी कंपनी को एक निश्चित दिशा की ओर अग्रसर करेंगे।

विभिन्न टीम्स का एकीकरण

जब हमने ओकेआर को लागू करना शुरू किया, तो यह हमारी उम्मीद से कहीं ज़्यादा कठिन निकला। कंपनी के लिए उचित उद्देश्य निर्धारित करने और फिर उन्हें अपने नीचे काम करनेवालों की ओर प्रवाहित करने के लिए बहुत ज़्यादा सोच-विचार की ज़रूरत पड़ती, जो हमें ज़्यादा पसंद नहीं आया। उच्च स्तरीय रणनीतिक सोच-विचार और अपेक्षाकृत अधिक बारीक व निर्देशात्मक

संवाद के बीच संतुलन बिठाना हमारे लिए किसी चुनौती से कम नहीं था। सीरीज-ए फंडिंग मिलने और नेतृत्वकर्ताओं की टीम का विस्तार करने के बाद हमारी संभावनाओं का दायरा काफी बढ़ गया। जवाबदेही को बढ़ावा देने के लिए हमने संगठन के हर नेतृत्वकर्ता के लिए एक बड़ा व समर्पित लक्ष्य निर्धारित किया। हमने अपने कर्मचारियों को ओकेआर के अनुकूल बनाने के बजाय, कंपनी के लिए ऐसे ओकेआर तैयार किए, जो हमारे कर्मचारियों के अनुकूल हों - हमने इसे विपरीत ढंग से किया। कुछ उद्देश्य कुछ ज़्यादा ही संकुचित थे, जबकि कुछ उद्देश्य खासे विस्तृत व अनिश्चित किस्म के थे। अगर कोई एचआर मैनेजर, उत्पाद या राजस्व संबंधी उच्च स्तरीय लक्ष्यों से संबद्ध (सहयोगी) होने की कोशिश में बीच में कहीं अटक जाता, तो हम सिर्फ उस एक व्यक्ति के लिए ही एक शीर्ष उद्देश्य तैयार कर देते। जल्द ही हमारे पास कंपनी के लिए ढेरों ओकेआर हो गए, पर सवाल ये था कि माईफिटनेसपैल के लिए वास्तव में क्या मायने रखता है? हम संगठन की बारीकियों से कुछ इस तरह जुड़े हुए थे कि हमारे लिए इसे इसकी संपूर्णता में देखना नामुमकिन हो गया था।

सन 2013 में हमारे कर्मचारियों की संख्या दस से बढ़कर तीस हो गई और मेरा मानना था कि इससे हमारी उत्पादकता 200 फीसदी बढ़ गई है। दरअसल संगठन का विस्तार आपकी गति को कैसे कम कर देता है, मैंने इस बात को कम करके आँका था। नए इंजीनियर्स को कंपनी में शुरू से काम कर रहे कर्मचारियों की तरह कुशल होने के लिए व्यापक प्रशिक्षण की ज़रूरत पड़ती है। और चूँकि हमारी कंपनी में कई इंजीनियर्स एक ही परियोजना पर काम कर रहे थे, इसलिए हमें कुछ ऐसी नई प्रक्रियाओं का निर्माण करना पड़ा, जिनकी मदद से एक कर्मचारी अनजाने में वही कार्य करने से बच सके, जो दूसरा कर्मचारी कर रहा हो। बदलाव के इस दौर से गुज़रने के चलते हमारी उत्पादकता को खासा धक्का लगा।

अगर आप इसे गौर से देखें, तो आपस में एक ही दिशा की ओर अग्रसर होने का अर्थ है, वह कार्य समझने में लोगों की मदद करना, जो आप उनसे कराना चाहते हैं। अधिकतर योगदानकर्ता अपने कॅरियर की सीढ़ियाँ चढ़ते हुए

शीर्ष ओकेआर की ओर बढ़ने के लिए प्रेरित होते हैं क्योंकि शायद उन्हें पता है कि कॅरियर में ऊपर ले जानेवाली सीढ़ी को उन्हें कहाँ लगाना है। जैसे-जैसे हमारी टीम और बड़ी होती गई, वैसे-वैसे हमें नई समस्याओं का सामना करना पड़ा। हमारा एक प्रोडक्ट मैनेजर हमारे एप के अधिक परिष्कृत संस्करण प्रीमियम पर काम कर रहा था। जबकि एक अन्य प्रोडक्ट मैनेजर ने अपना ध्यान हमारे एपीआई प्लेटफॉर्म पर केंद्रित कर रखा था। ताकि एप व उसके यूजर्स के अलावा फिटबिट जैसा एक तीसरा पक्ष भी जुड़ सके और उस पर डाटा व एप्लीकेशन लिखे जा सकें। वहीं हमारा तीसरा प्रोडक्ट मैनेजर एप पर लॉग इन करने के अनुभव को बेहतर बनाने की दिशा की ओर केंद्रित था। इन तीनों के अपने-अपने ओकेआर थे, जिनकी मदद से वे अपने-अपने लक्ष्य हासिल करने में जुटे हुए थे - अब तक तो सब कुछ अच्छा ही चल रहा था।

असली समस्या थी, हमारी साझा ईजीनियरिंग टीम, जो बीच में फँस गई थी। हमारे इंजीनियर्स संगठन के प्रोडक्ट मैनेजर्स के उद्देश्यों के साथ आपस में एक ही दिशा की ओर अग्रसर नहीं थे। बिजली और नलों की सुविधा को जारी रखने के लिए उनके पास बुनियादी ढाँचे से जुड़े अपने ओकेआर थे। हमें लगा था कि वे सब कुछ कर लेंगे - जो हमारी गलती थी। वे इस बात को लेकर असमंजस में पड़ गए कि उन्हें असल में कौन सा काम करना है, जो बिना किसी पूर्वसूचना के बदल भी सकता था। (कई बार इस तरह की बातों से भी यह समझ में आ जाता था कि किस प्रोडक्ट मैनेजर ने किस इंजीनियर पर सबसे ज़्यादा तेज आवाज में चिल्लाया।) जैसे-जैसे इंजीनियर्स हर सप्ताह एक योजना से दूसरी योजना की ओर जाते, उनकी दक्षता पर नकारात्मक प्रभाव पड़ने लगता। जब वे एक अंतराल के बाद किसी उत्पाद (प्रोडक्ट) पर काम करने की ओर लौटते, तो उन्हें खुद से पूछना पड़ता : इसे फिर से कैसे किया जाए? एप का प्रीमियम संस्करण कंपनी के राजस्व के लिए विशेष रूप से ज़रूरी था, इसके बावजूद उस पर निरंतर कार्य नहीं किया जा सका।

मैं बेहद निराश महसूस कर रहा था। हमने इतने सारे प्रतिभाशाली लोगों को नियुक्त किया था और हम अच्छा-खासा पैसा खर्च कर रहे थे, इसके बावजूद हम अब भी तेजी से आगे बढ़ने में नाकाम थे। विशेष सामग्रीवाले व्यक्तिगत

ई-मेल के लिए तय किए गए शीर्ष प्राथमिकता के मार्केटिंग ओकेआर के मामले में तो चीज़ें बिलकुल उलट-पलट हो गईं। हालाँकि उद्‌देश्य का निर्धारण बढ़िया था : मासिक रूप से सक्रिय रहनेवाले अपने यूजर्स की एक निश्चित न्यूनतम संख्या को हम अपने ब्लॉग की ओर भेजना चाहते थे। इस ओकेआर में एक विशेष मुख्य परिणाम यह था कि हम अपने क्लिक-थ्रू की दर को ई-मेल से बढ़ाना चाहते थे। इस पूरे मामले में गड़बड़ यह थी कि मार्केटिंग के किसी भी कर्मचारी ने यह नहीं सोचा कि इस बारे में इंजीनियर्स को भी सूचित किया जाना चाहिए, जिन्होंने उस तिमाही के लिए अपनी प्राथमिकताएँ पहले से ही तय कर रखी थीं। इंजीनियर्स के शामिल हुए बिना ये ओकेआर शुरू होने से पहले ही बर्बाद होकर खत्म गया। इससे भी बदतर ये कि मुझे और एल्बर्ट को हमारी तिमाही समीक्षा से पहले यह पता ही नहीं लगा कि ये ओकेआर खत्म हो चुके हैं (यह योजना एक तिमाही देर से पूरी हुई)।

जब हमें यह समझ में आया कि संगठन की विभिन्न टीम्स के बीच और अधिक तालमेल के साथ-साथ आपस में एक ही दिशा की ओर पहले से अधिक दृढ़ता से अग्रसर होने की ज़रूरत है, तो यह हमारे लिए बेहोशी टूटने जैसा था। हमारे ओकेआर का निर्धारण तो अच्छी तरह हुआ था, लेकिन उन्हें लागू करने के मामले में हमने गड़बड़ कर दी। जब संगठन के विभिन्न विभाग एक-दूसरे के सहयोग पर निर्भर थे, तब हम हर विभाग के सामने इस सह-निर्भरता को पूरी तरह स्पष्ट करने में विफल रहें। संगठन में समन्वय की कमी साफ नज़र आ रही थी, जिसके चलते निश्चित समयसीमा पर काम पूरा न होना आम बात हो गई थी। हमारे पास उद्‌देश्यों की कोई कमी नहीं थी, लेकिन हमारी टीम्स एक-दूसरे से दूर होकर बार-बार भटक जाती थीं।

अगले साल हमने इस समस्या को निश्चित अंतराल पर होनेवाली कार्यकारी अधिकारियों की एकीकरण बैठकों के जरिए सुलझाने की कोशिश की। हमारे विभिन्न विभागों के प्रमुख हर तिमाही की शुरुआत में अपने-अपने लक्ष्यों को सभी के सामने रखते और यह पता लगाते कि वे अपने लक्ष्यों की पूर्ति के लिए किन-किन अन्य विभागों पर निर्भर रहेंगे। हममें से कोई भी तब तक उस बैठक-कक्ष से बाहर कदम नहीं रखता था, जब तक हम कुछ बुनियादी

सवालों के जवाब न ढूँढ़ लेते : जैसे क्या हम खरीदारी के मामले में हर विभाग की ज़रूरतों को पूरा कर पा रहे हैं? क्या किसी टीम पर उसकी सहन-क्षमता से अधिक दबाव पड़ रहा है? अगर हाँ, तो फिर हम उनके उद्देश्यों को और अधिक वास्तविक कैसे बना सकते हैं?

आपस में एक ही दिशा की ओर अग्रसर होना कोई ज़्यादती नहीं है। माईफिटनेसपैल में हर ओकेआर के लिए एक ही टीम होती है और बाकी टीम्स ज़रूरत पड़ने पर जुड़ती हैं। मेरा मानना है कि जब किसी ओकेआर पर दो लोगों या दो टीम्स का मालिकाना हक होता है, तो जवाबदेही पर नकारात्मक प्रभाव पड़ता है। मैं किसी ओकेआर के नाकाम होने पर दो पक्षों को एक-दूसरे पर दोषारोपण करते हुए नहीं देखना चाहता। अगर दो या दो से ज़्यादा टीम्स के उद्देश्य एक जैसे हों, तब भी उनके मुख्य परिणाम अलग-अलग होने चाहिए।

हर बार जब हम ओकेआर प्रक्रिया से गुज़र गए, तो हमारा प्रदर्शन पिछली बार के मुकाबले बेहतर होता गया। हमारे उद्देश्य और सटीक हो गए, मुख्य परिणाम मापन योग्य हो गए और हमारी उपलब्धियों की दर बढ़ गई। इसमें महारथ हासिल करने में हमें दो से तीन तिमाहियों का समय लगा, खासकर उन प्रोडक्ट फीचर्स के मामले में, जो किसी विस्तृत उद्देश्य से जुड़ी हों। जो चीज़ वैचारिक रूप से काफी नई हो, उसके संदर्भ में बाजार के बारे में भविष्यवाणी करना कोई आसान काम नहीं होता; हम या तो अपने तयशुदा मात्रकों (Unit) को पार करके बहुत आगे निकल जाते या फिर उन तक पहुँचने में बुरी तरह चूक जाते। इसलिए हमने इसमें बदलाव किया। हमने अपने मुख्य परिणामों को राजस्व (आय) या अनुमानित उपयोगकर्ता के बजाय समयसीमा के साथ संलग्न करना शुरू कर दिया। (उदाहरण: 'माईफिटनेसपैल प्रीमियम को 5/1/15 तक लॉन्च करो।') एक फीचर लॉन्च होने और थोड़ा-बहुत असली डाटा वापस आने के बाद, हम इसके प्रभाव का आंकलन करने के लिए अपेक्षाकृत मज़बूत स्थिति में थे। अब हमारे अगले ओकेआर, अनुमानित परिणामों के साथ अपेक्षाकृत अधिक वास्तववादी ढंग से संलग्न हो सकते थे।

कई बार हम देखते हैं कि हमारी टीम अपने ओकेआर निर्धारित करते समय अपेक्षाकृत कम जोखिमवाले मुख्य परिणामों का चुनाव कर रही है, जैसे

ई-मेल या पुश नोटिफिकेशन भेजना वगैरह। उद्देश्य अपने लचीलेपन के संदर्भ में जितना अधिक महत्वाकांक्षी होता है, लोग उतने ही अधिक रूढ़िवादी ढंग से अपने मुख्य परिणाम तय करते हैं - जो एक कालजयी अनपेक्षित परिणाम है। इसलिए हमने ऐसे लक्ष्यों को तैयार करना सीखा, जो संदर्भ के हिसाब से उपयुक्त हों। जब हमें ज़रूरी लगा, तब हमने उसमें बदलाव भी किए। पर कभी-कभी हमने अपनी टीम से ये भी कहा कि 'इस बार यह चिंता करने की ज़रूरत नहीं है कि मासिक रूप से सक्रिय यूजर्स का प्रभाव क्या होगा। आप तो सिर्फ सर्वश्रेष्ठ फीचर तैयार करने की ओर ध्यान केंद्रित करें। हम बस चाहते हैं कि आप पूरी गहनता और दृढ़ता के साथ अपना काम करते रहें।'

अस्वीकृत निर्भरताएँ ज़्यादा स्पष्ट होती हैं

अंडर आर्मर कंपनी के साथ जुड़ने का अर्थ था, एक ऐसी कंपनी के अनुकूल बनना, जिसका लक्ष्य निर्धारण का तरीका बिलकुल अलग है। अब मेरा एक बॉस था, जिसके साथ मुझे एक ही दिशा की ओर अग्रसर होना था। साथ ही अंडर आर्मर के कनेक्टेड फिटनेस नामक एक नवगठित डिवीजन के उत्तरी अमेरिका क्षेत्र में संचालन की जिम्मेदारी भी अब मेरे कंधों पर थी: हमारा काम था, प्रदर्शन और फिटनेस में सुधार के लिए नई उभरती डिजिटल तकनीकों का लाभ उठाना। मुझे तीन अतिरिक्त एप्स के बीच समन्वय रखना पड़ता था। इन तीनों एप्स की संस्कृति और कामकाज का तरीका एक-दूसरे से बिलकुल अलग था।

जब कंपनी का विस्तार होता है और कामकाज बड़े पैमाने पर होने लगता है, तो आपस में एक ही दिशा की ओर अग्रसर होना अपेक्षाकृत अधिक कठिन हो जाता है। आखिर आप 400 कर्मचारियों को यह कैसे बताएँगे कि आप क्या हासिल करना चाह रहे हैं ताकि उन्हें आपके साथ और एक-दूसरे के साथ एक ही दिशा की ओर अग्रसर होने में मदद मिले? आखिर आप ऐसा क्या करेंगे कि हर कोई आगे बढ़ने के लिए एक ही रास्ता अपनाए। शुरुआत में मुझे इसमें काफी मुश्किलों का सामना करना पड़ा। मेरे लिए तो इस बात की कल्पना करना भी मुश्किल है कि अमेजॉन और एप्पल जैसी बड़ी कंपनियों ने यह सब कैसे किया होगा। फिर जब हमने अपने विभाग में ओकेआर को पेश किया, तो इससे

काफी फर्क पड़ा।

हमारे कार्य संभालने के कुछ सप्ताह बाद ही मेरे बॉस ने बीस लोगों की एक ऑफ-साइट लीडरशिप मीटिंग बुलाई, जिसमें कनेक्टेड फिटनेस के हितधारक भी शामिल थे। यह अंडर आर्मर का वार्षिक कार्यक्रम था, जिसमें हर विभाग के प्रमुख को अपने उस साल के लक्ष्यों के बारे में प्रस्तुतिकरण देना होता था। माईफिटनेसपैल में हम अपने उद्देश्यों के उचित निर्धारण को पर्याप्त समय देने के आदी थे। इसलिए हमारा समूह इस मीटिंग के लिए पूरी तरह तैयार था।

आखिरकार मीटिंग का दिन आ गया। मैं और एल्बर्ट उस मीटिंग में यह जानकर हैरान रह गए कि कंपनी की ई-कॉमर्स टीम हमारे एप्स से अच्छा-खास ट्रैफिक पाने की उम्मीद लगाए बैठी है। इसी तरह डाटा टीम ने हमसे चर्चा किए बिना ही यह मान लिया था कि हम बड़े पैमाने पर डाटा उपलब्ध कराएँगे। वहीं मीडिया टीम ने भी विज्ञापनों के आय में हमारे नाम पर एक निश्चित राशि तय कर रखी थी। इन तीनों ही टीम्स ने इस बारे में अपनी-अपनी धारणा बना रखी थी कि वे हमसे क्या पाने की उम्मीद कर सकते हैं, जबकि उन्होंने इस विषय पर गौर ही नहीं किया था कि बाकी टीम्स क्या कह रही हैं। उनमें से किसी का ध्यान इस बात पर था ही नहीं कि उनके ये लक्ष्य हमारे विकास संबंधी उद्देश्यों की ही दिशा में केंद्रित होंगे या नहीं। ऐसे में ये सोचना तो बेमानी ही है कि उन्होंने कंपनी के दूरगामी भविष्य पर कभी कोई विचार किया भी होगा या नहीं। हालात ये थे कि हम जहाँ नज़र डालते, हर तरफ सिर्फ अप्रत्यक्ष निर्भरताएँ ही नज़र आ रही थीं। माईफिटनेसपैल में ये हमारी पुरानी समस्या थी, बस ज़रा ज्यादा गंभीर थी। ये सब चीज़ें करने का कोई रास्ता था ही नहीं।

अपने डिवीजन में आपस में एक ही दिशा की ओर अग्रसर होने की प्रवृत्ति विकसित करने में हमें 18 महीने का समय लगा। ओकेआर के बिना ऐसा करना संभव नहीं था। सबसे पहले हमें नए सॉफ्टवेयर विकसित करने की अपनी क्षमता की सीमाओं को परिभाषित करना पड़ा। इसके बाद हमने अपनी प्रमुख प्राथमिकताओं की घोषणा की। कनेक्टेड फिटनेस के लिए अपने उच्च स्तरीय ओकेआर साझा करके, मैं यह समझा सका कि कुछ प्रोजेक्ट्स को उतने समय की ज़रूरत क्यों होती है, जितना समय उनके लिए निर्धारित किया गया है और

हमें कंपनी के शीर्ष लक्ष्यों को कहाँ दोगुना करने की ज़रूरत हैं। मैंने कहा, 'हम इस प्रक्रिया का उपयोग कर रहे हैं और मैं अपने उद्देश्यों और मुख्य परिणामों को आपके सामने रख रहा हूँ। अगर आपको इनमें कोई कमी नज़र आती है या फिर अगर आपको लगता है कि हम गलत चीज़ों पर काम कर रहे हैं, तो इस बारे में मुझे विस्तार से बताएँ।'

मेरी ओर से दिखाई गई यह पारदर्शिता एकतरफा थी और ऐसा करते समय मैं जरा नर्वस भी महसूस कर रहा था, पर यह कारगर रहा। लोगों ने हमारी सीमाओं को पहचानना शुरू कर दिया और अपनी अपेक्षाओं को उसी के अनुसार बदल लिया। हम भी उनके साथ एक ही दिशा में अग्रसर हों, यह सुनिश्चित करने के लिए हमने अपनी ओर से ऐसे प्रोजेक्ट्स ढूँढ़े, जो सभी विभागों के उद्देश्यों को पूरा करते हों।

जब एल्बर्ट ने हमारी माईफिटनेसपैल की प्रोडक्ट टीम को सँभालना शुरू किया, तो उन्होंने सबसे पहले टीम की योजना और रणनीति की जाँच की और कहा, 'हमें इसमें भारी बदलाव करने की ज़रूरत है। हमें इसे सिर्फ उन चीज़ों की ओर केंद्रित करना होगा, जो वाकई मायने रखती हैं।' अब हम प्रोडक्ट फीचर्स का मूल्यांकन माईफिटनेसपैल के तरीके से करते हैं: 'अगर हम इस तिमाही में इसे अपनी योजना के दायरे से बाहर कर दें, तो क्या होगा? क्या इससे हमारे यूजर्स का अनुभव वाकई प्रभावित होगा?' आमतौर पर जिस फीचर की बात हो रही थी, उससे बहुत ज़्यादा प्रभाव नहीं पड़ता था। इस तरह के निर्णय व्यक्तिपरक नहीं होते; हमारे पास इसके प्रभाव का मापन करने के लिए मात्रक उपलब्ध हैं। हमें किन चीज़ों पर दाँव लगाना है, आज हम इस बारे में अपेक्षाकृत अधिक दृढ़ व तीव्र विकल्पों का चुनाव करने में समर्थ हैं और ये सारे विकल्प ओकेआर प्रक्रिया से ही उपजते हैं।

ध्यान केंद्रित करना और आपस में एक ही दिशा की ओर अग्रसर होना, बायनरी स्टार्स (द्वितारा) जैसा होता है। आखिरकार अंडर आर्मर द्वारा हमारे कार्य शुरू करने के तीन महीने बाद मई 2015 में हमारा प्रीमियम सब्सक्रिप्शन संस्करण लॉन्च हुआ। यह तब तक संभव नहीं हुआ, जब तक हमने खुले तौर पर इस बात को नहीं स्वीकारा कि 'देखो, हम हर काम पूरा नहीं कर सकते। हमें

इनमें से उसका चुनाव करना होगा, जिसे हम पूरा करने में समर्थ हैं।' हमें कंपनी के सामने यह स्पष्ट करना होगा कि प्रीमियम संस्करण हमारा शीर्ष उद्देश्य था और यह हमारे लिए बाकी किसी भी चीज़ से ज़्यादा मायने रखता है।

हम अभी भी अपनी मंजिल से दूर हैं। हमारी कंपनी के विलय के कुछ ही समय बाद हमारे चार में से दो एप्स के रन-ट्रैकिंग फंक्शन में एक साथ नक्शे की सुविधा भी जोड़ दी गई। चूँकि इन दोनों एप्स की टीम्स ने यह फीचर विकसित करते समय एक-दूसरे के साथ मिलकर काम नहीं किया इसलिए उन्होंने अपने नक्शे अलग-अलग प्रदाता संगठनों के साथ अलग-अलग ढंग से तैयार किए। ऐसे में कुछ स्वाभाविक अक्षमताओं के अलावा एक समस्या यह भी थी कि इससे हमारे एप्स के उपयोग के दौरान ग्राहकों का अनुभव असंगत होगा। फिर भी अच्छी बात यह रही कि भविष्य में ऐसी किसी भी गलती से बचने के लिए दोनों टीम्स ने एक मासिक जाँच-परख की व्यवस्था तैयार कर ली। अब दोनों टीम्स को यह पता होता है कि सामनेवाली टीम क्या कर रही है। इसके कुछ ही समय बाद हमने पूरे डिवीजन में ओकेआर को लागू कर दिया। अब हम सब एक ही दिशा की ओर केंद्रित रहते हैं। अब हर कोई समूह की शीर्ष प्राथमिकताओं से परिचित रहता है, जो उन्हें इन प्राथमिकताओं से परे किसी भी अन्य कार्य को 'न' कहने की आज़ादी देता है।

मंजिल तक पहुँचने के लिए आपस में एक ही दिशा की ओर अग्रसर होना

भले ही हम एक स्टार्ट-अप कंपनी होने के दौर से आगे निकल आए थे, लेकिन हम अब भी महत्वाकांक्षी लक्ष्य निर्धारित करते हैं। हम अब भी पारदर्शिता और जवाबदेही जैसे अपने ओकेआर मूल्यों को पहले जितना ही महत्त्व देते हैं। हम अपने उद्देश्यों को एक वेबपेज पर प्रकाशित कर देते हैं, जिन्हें कंपनी का कोई भी कर्मचारी जब चाहे पढ़ सकता है। कंपनी की साप्ताहिक मीटिंग्स् में हर कर्मचारी हिस्सा लेता है, इसमें हम इन उद्देश्यों पर चर्चा भी करते हैं। हाल ही में हुए एक अनौपचारिक आयोजन में मैंने एक बड़े नेतृत्व-समूह के सामने हमारी ओकेआर प्रक्रिया का प्रदर्शन किया, जिसे उन्होंने हाथों-हाथ लिया। एक अधिकारी ने तो यहाँ तक कहा कि 'यह अनौपचारिक आयोजन

में शामिल होने का मेरा सर्वश्रेष्ठ अनुभव था।' ओकेआर कनेक्टेड फिटनेस के संचालन का आधार है और मुझे पूरी उम्मीद है कि इन्हें अंडर आर्मर में भी इसी प्रकार लागू किया जाएगा। संगठन जितना बड़ा होता है, ओकेआर प्रणाली उसके लिए उतनी ही मूल्यावान साबित होती है।

आपस में एक ही दिशा की ओर अग्रसर होने से न सिर्फ कंपनी के उद्देश्य सुसंगत बनते हैं बल्कि ऐसा करने के पीछे एक गहन अर्थ भी छिपा होता है। दरअसल आपस में एक ही दिशा की ओर अग्रसर होने का अर्थ है, अपने सर्वोच्च मूल्यों के प्रति ईमानदार रहना। कनेक्टेड फिटनेस तो खासतौर पर अंडर आर्मर के मिशन की दिशा में अग्रसर है और यह मिशन है, 'सभी खिलाड़ियों को बेहतर बनाना।' इसके साथ ही हम अब भी माईफिटनेसपैल के अपने पुराने आदर्श-वाक्य के अनुसार ही जीते हैं। यह आदर्श-वाक्य है : '**हमारे ग्राहकों द्वारा अपना स्वास्थ्य संबंधी लक्ष्य हासिल करने में सफल होना ही एक कंपनी के रूप में हमारी सफलता है।**' एक टीम के रूप में हम अब भी वही सवाल पूछते हैं, जो मैं और एल्बर्ट अपने शुरुआती दौर में एक-दूसरे से पूछा करते थे : क्या यह फीचर - या यह साझेदारी - हमारे ग्राहकों की सफलता में मददगार साबित होगी?

आखिरकार, ये हमारे यूजर्स ही हैं, जो अपने जीवन में बदलाव लाने के लिए कड़ी मेहनत करते हैं। जैसे वह महिला जो बीस सालों में पहली बार अपने हाथों का सहारा लिए बिना कुर्सी से उठने में सफल हुई - जो वाकई एक मार्मिक क्षण है। एक कंपनी के रूप में हमारी सफलता का वेग इसी बात से तय होता है कि हम अपने यूजर्स के जीवन में ऐसे क्षणों को लाने में कितने मददगार साबित हो रहे हैं। जब भी संभव होता है, हम अपने शीर्ष-स्तरीय उद्देश्यों में इस बात को स्पष्ट कर देते हैं। जैसा कि आप आगे प्रस्तुत ओकेआर में देख सकते हैं, जो बस कुछ ही साल पुराने हैं:

उद्देश्य
दुनियाभर में ज़्यादा से ज़्यादा लोगों की मदद करना।
मुख्य परिणाम
1. सन 2014 में 27 मिलियन नए यूजर्स जोड़ना।
2. रजिस्टर्ड यूजर्स की संख्या बढ़ाकर 80 मिलियन करना।

हम जो भी निर्णय लेते हैं, उसका हमारे विजन से मेल खाना ज़रूरी है। जब भी हमारे सामने ऐसी कोई स्थिति आती है कि हमें अपने ग्राहकों और अपने व्यावसायिक लक्ष्यों के बीच सामंजस्य बिठाना हो, तो हम अपने ग्राहकों के पक्ष में रहते हैं। जब कोई उद्देश्य हमारे आदर्श-वाक्य के दायरे से बाहर का लगता है, तो उसे अतिरिक्त जाँच-परख से गुज़रना पड़ता है। आगे बढ़ने से पहले हम यह सुनिश्चित करते हैं कि वह हमारे सर्वोच्च मूल्यों के अनुकूल हो। इससे हमें न सिर्फ निरंतर आगे बढ़ने की प्रेरणा मिलती है बल्कि हम अपने उन ग्राहकों से भी जुड़े रहते हैं, जिनकी सेवा ही हमारा धर्म है। हम जो कुछ भी हैं, इसी वजह से हैं।

9

एक-दूसरे से जुड़ें : इंटुइट की कहानी

एटिकस टाइसन

मुख्य सूचना अधिकारी

इंटुइट ने फॉर्च्यून मैगजीन की 'दुनिया की सबसे प्रतिष्ठित कंपनियों' की सूची में चौदह साल तक अपनी जगह बनाई। यह कंपनी पहली बार 1980 के दशक में क्विकेन नामक सॉफ्टवेयर को बाज़ार में उतारकर लोगों की नज़रों में आई थी। क्विकेन से पर्सनल फाइनैंस संबंधी सारा कामकाज डेस्कटॉप कंप्यूटर पर करना संभव हो गया और जल्द ही यह एक जाना-पहचाना नाम बन गया। इसके बाद दो और सॉफ्टवेयर आए, जिनमें से पहला था, टर्बोटैक्स, जो टैक्स की तैयारियों से जुड़ा था और दूसरा था क्विकबुक, जो एक अकांउटिंग प्रोग्राम था और आखिरकार ऑनलाइन हो गया। अपने लंबे इतिहास में, तकनीकी मानकों के अनुसार हर कदम पर प्रतिस्पर्धी खतरों का सामना करने के बावजूद इंटुइट अपना अस्तित्व बचाने में इसलिए सफल रही क्योंकि यह हर किसी से हमेशा एक कदम आगे रही। हाल ही में इंटुइट ने क्विकेन को बेच दिया और क्विकबुक ऑनलाइन को एक ओपन प्लेटफॉर्म में बदल दिया। जिससे इसके सबस्क्रिप्शन में 49 फीसदी की बढ़ोत्तरी हुई। इंटुइट के बारे में यूबीएस के विश्लेषक ब्रेंट थिल ने न्यू यॉर्क टाइम्स से कहा था, 'जब भी इंटुइट कोई गलत कदम उठाती है, उसे वापस सही रास्ते पर आने में ज़्यादा समय नहीं लगता। यही कारण है कि यह कंपनी इतने लंबे समय से लगातार सफलतापूर्वक आगे बढ़ रही है।'

लोग उस चीज़ से नहीं जुड़ते, जिसे वे देख नहीं सकते; नेटवर्क किसी प्रतिकूल वातावरण में नहीं पनप सकता। परिभाषा के अनुसार, ओकेआर किसी

इंटुइट के सीआईओ एटिकस टाइसन गोल समिट में, सन 2017.

संगठन के हर हिस्से के लिए, सभी विभागों के हर स्तर के कर्मचारियों के लिए खुले और स्पष्ट होते हैं। परिणामस्वरूप जो कंपनियाँ ओकेआर को अपनाकर रखती हैं, वे अधिक सुसंगत हो जाती है।

हमेशा व्यवस्था पर जोर देनेवाली संगठनों में अपेक्षाकृत अधिक खुलापन होता है और वे अधिक सहयोगी होते हैं। इंटुइट में अंतर्निहित पारदर्शितापूर्ण संस्कृति का श्रेय कंपनी के सहसंस्थापक स्कॉट बिल को जाता है। जबकि 'कोच' बिल कैम्पबेल ने इसे और सुदृढ़ बनाने का काम किया, वे लंबे समय तक इंटुइट के सीईओ और अध्यक्ष रहे। इंटुइट के सीनियर वाइस प्रेसिडेंट और चीफ इन्फॉरमेशन ऑफिसर एटिकट टाइसन कहते हैं, 'मैं अपने जीवन में आज तक बिल जितने खुले नज़रिएवाले व्यक्ति से नहीं मिला। उनके अंदर लोगों को पहचानने और फिर उन्हें मौका देकर उनके हुनर का उपयोग करने की अद्‍भुत क्षमता थी। आपको हमेशा पता होता था कि वे क्या सोच रहे हैं। वे हमेशा आपका सहारा बनकर खड़े रहते थे।'

कोच की विरासत आज भी जिंदा है। कुछ साल पहले जब इंटुइट इंटरनेट क्लाउड पर गई, तो आईटी विभाग को इसके अनुकूल बनाने में मदद करने के

लिए एटिकस ने अपनी डायरेक्ट रिपोर्ट्स में ओकेआर प्रस्तुत करने की शुरुआत की। अगली तिमाही में उन्होंने इस प्रणाली को अपने नीचे कार्यरत डायरेक्टर स्तर के कर्मचारियों पर लागू किया। इसकी अगली तिमाही में उन्होंने इसे संगठन के सभी आईटी कर्मचारियों पर लागू कर दिया, जिनकी कुल संख्या 600 थी। साथ ही उनका दृढ़ संकल्प था कि वे इस नई प्रक्रिया के लिए किसी को बाध्य नहीं करेंगे। एटिकस कहते हैं, 'हम अपने संगठन में वह नहीं करना चाहते थे, जो नौकरशाही में होता है, जहाँ कर्मचारी हर आदेश मानने को मज़बूर होते हैं।' हम चाहते थे कि हमारे कर्मचारी इसे उत्साहपूर्वक स्वीकार करें। मैं देखना चाहता था कि क्या ओकेआर प्रणाली स्वत: ही सफल हो सकती है – और आखिरकार ऐसा ही हुआ।

इंटुइट का आईटी समूह हर तिमाही में लगभग 2500 सक्रिय उद्देश्यों से निपटता है। जब उन्होंने लक्ष्य निर्धारण की अपनी प्रवृत्ति को रियल-टाइम, ऑटोमेटेड डाटा और नियमित रूप से होनेवाले चेक-इन से सुदृढ़ बनाया, तो यूजर्स ने उनके करीब आधे ओकेआर को उनके उच्च अधिकारियों या उनके विभाग के उद्देश्यों के साथ एक ही दिशा की ओर अग्रसर कर दिया। सामूहिक रूप से वे अपने मैनेजर्स के ओकेआर को हर तिमाही में चार हज़ार से भी ज़्यादा बार देखते हैं, जो प्रति कर्मचारी सात बार देखने के बराबर है – यह पहली पंक्ति के कर्मचारियों की सक्रिय सहभागिता का एक दृढ़ संकेत है। ओकेआर की समझ पैदा होने के बाद योगदानकर्ता अपने दैनिक कार्यों, अपने सहकर्मियों की प्राथमिकताओं, अपनी टीम के तिमाही उद्देश्यों और अपनी कंपनी के 'सबसे प्रमुख' मिशन के बीच के संबंध को अधिक स्पष्टता से देख पाते हैं।

इंटुइट की कहानी, पूरी कंपनी में लागू होने से पहले (या इसके बिना भी) शुरू हुए ओकेआर के एक पायलट प्रोजेक्ट के फायदों को दर्शाती है। ओकेआर को बड़े पैमाने पर लागू करने से पहले उसकी संभावित कमियों को दूर करने के लिए उसे कुछ सौ यूजर्स पर प्रयोग के तौर पर लागू करना काफी होता है। सीईओ ब्रैड स्मिथ अपने लक्ष्यों को ऑफिस की दीवार पर चिपकाकर रखते हैं ताकि उन्हें हर कोई पढ़ सके। वे कहते हैं, 'कर्मचारियों को उनके जीवन का सर्वश्रेष्ठ प्रदर्शन करने में सक्षम बनाने के लिए इंटुइट में संबद्ध लक्ष्य निर्धारण

बहुत महत्त्व रखता है।'

एटिकस टाइसन : इंटुइट के उत्पादों पर 11 साल तक काम करने के बाद मैंने कंपनी के आईटी विभाग की कमान सँभाली। फिर सन 2013 में मैं कंपनी का चीफ इन्फॉरमेशन ऑफिसर बन गया। मैंने उत्पादों के बजाय आईटी विभाग में जाने का चुनाव इसलिए किया क्योंकि मुझे इस कंपनी से प्यार है और मैं जानता था कि इंटुइट का नया मिशन पूरा करने के लिए आईटी विभाग को और बेहतर बनाने की ज़रूरत है। यह एक तनावपूर्ण लेकिन रोमांचक दौर था। संगठन एक ही समय में कई दिशाओं की ओर केंद्रित हो रहा था: डेस्कटॉप सॉफ्टवेयर से क्लाउड बेस्ड सॉफ्टवेयर की ओर... एक बंद प्लेटफॉर्म से हज़ारों थर्ड पार्टी एप्स के लिए खुले प्लेटफॉर्म की ओर... व एक उत्तर-अमेरिकी कंपनी से एक वैश्विक कंपनी की ओर...। जब हमने संगठन को एक एकीकृत तंत्र बनाने के लिए अपनी दीर्घकालिक रणनीतियों को अपनाना शुरू किया, तो धीरे-धीरे हम एक छत के नीचे कई ब्रांड्स (जैसे टर्बोटैक्स, क्विकेन, क्विकबुक्स) को जगह देनेवाले संगठन से खुद इंटुइट नामक ब्रांड में तब्दील हो गए।

कोई व्यवधान आने की स्थिति में, आईटी विभाग को संगठन की कुंठाओं का खामियाजा भुगतना पड़ता है। आंशिक रूप से ऐसा इसलिए है क्योंकि कार्य पर अमल अक्सर अस्पष्ट या अपारदर्शी होता है। 30 साल से ज़्यादा पुरानी हर कंपनी में जटिल प्रौद्योगिकी के कई स्तर बन जाते हैं - खासकर प्रौद्योगिकी के क्षेत्र में सक्रिय कंपनियों में। आईटी विभाग में हम अक्सर अपने आंतरिक साझेदारों की ज़रूरतों और अपने यूजर्स की माँग के बीच संतुलन बिठाते रहते हैं। हम प्रौद्योगिकी और व्यवसाय के परिणामों के बीच पुल बनाने का काम करते हैं। शायद सबसे मुश्किल होता है, भविष्य में निवेश करने के सामूहिक आदेश के साथ वर्तमान में पूरी व्यवस्था का बखूबी संचालन करना। (हमारे लोग हमसे यही अपेक्षा करते हैं।) उदाहरण के लिए : एक समय था, जब इंटुइट के पास अपने ढेर सारे उत्पादों के लिए नौ अलग-अलग बिलिंग सिस्टम्स हुआ करते थे और हर सिस्टम की अपनी विशेष चुनौतियाँ थीं। अगर आप हर समय नकारात्मक परिणामों का सामना कर रहे हों, तो नए जमाने के लिए एक नई

बिलिंग तकनीक तैयार करना मुश्किल हो जाता है।

अपने कर्मचारियों के उत्साह और कार्यक्षमता को बरकरार रखते हुए उन्हें इस बात से कैसे अवगत कराया जाए कि हमारे लिए सबसे ज़्यादा क्या मायने रखता है? अपने एक-एक कर्मचारी को इस बात के लिए कैसे आश्वस्त किया जाए कि हम उनकी हर चिंता को दूर करने में लगे हुए हैं? पारंपरिक रूप से एक एकाकी संगठन में होनेवाली गतिविधियाँ अस्पष्ट और अपारदर्शी होती है। लोग यह देखने की कोशिश करते हैं कि उनके विभाग के बाहर अन्य विभागों में क्या चल रहा है पर उन्हें अक्सर यह पता नहीं होता कि इसकी शुरुआत कहाँ से की जाए और कई बार तो उनके पास इसके लिए समय भी नहीं होता।

इंट्इट में बदलाव की शुरुआत शीर्ष से हुई। अपने रूपांतरण को तेजी देने के लिए हमारे चेयरमैन और सीईओ ब्रैड स्मिथ ने कंपनी के लिए एक लक्ष्य निर्धारण प्रणाली स्थापित की। ब्रैड इस मामले में बहुत सचेत रहते हैं और इसे लेकर उनके इरादे भी पूरी तरह स्पष्ट हैं। संगठन के मैनेजर्स अपनी रिपोर्ट्स के साथ महीने में एक बार मिलते हैं ताकि अपने व्यक्तिगत उद्देश्यों पर चर्चा कर सकें। हर किसी का फीडबैक लेना और दोनों पक्षों द्वारा एक-दूसरे के साथ नियमित रूप से अपने-अपने नोट्स साझा करना इस प्रणाली में अंतर्निहित है।

सीखने और प्रयोग करने के मामले में हमारी कंपनी का एक लंबा सांस्कृतिक इतिहास रहा है। हम कई तरह की चीज़ों को आजमाकर देखते हैं, फिर जो चीज़ें सर्वश्रेष्ठ ढंग से कारगर साबित होती हैं, उनका उपयोग जारी रखते हैं और धीरे-धीरे उन्हें अपने अनुसार ढाल लेते हैं। मैं एचआर के साथ मिलकर एंटरप्राइज बिजनेस सॉल्यूशंस (ईबीएस - जो आईटी के लिए हमारा उपनाम है) में ओकेआर आजमाने के लिए तैयार हो गया। ओकेआर के बारे में मैंने पहली बार तब जाना, जब मैं गूगल पर 'लक्ष्य निर्धारण' के बारे में सर्च कर रहा था। इससे मुझे पता चला कि ओकेआर हमारे संचालन के तरीके में बदलाव लाने, यहाँ तक कि हम खुद को कैसे अनुभव करते हैं, इस मामले में भी हमारे मददगार साबित हो सकते हैं।

आधुनिक आईटी सिर्फ टिकट काटने जैसे कार्यों को आसान बनाने तक

ही सीमित नहीं है। आज इसका काम है, व्यवसाय को और मूल्यवान बनाना – निरर्थक प्रणालियों को छोड़ना, नई व्यावहारिकता की रचना करना और भविष्य की बदलती ज़रूरतों के अनुसार नए समाधान खोजना। इंटुइट की एक प्रभावशाली टीम बनाने के लिए हमारे ईबीएस (एंटरप्राइज बिजनेस सॉल्यूशंस) को संपूर्ण बदलाव की ज़रूरत थी। इसके लिए ज़रूरी था कि हमारा नेतृत्व कर्मचारियों का सहारा बनकर खड़ा रहे और उन्हें उनकी रोज़मर्रा की जिम्मेदारियों को किनारे रखकर अधिक मूल्यवान और दीर्घकालिक योजनाओं पर काम करने में मदद करे।

आज मेरे विभाग के हर कर्मचारी के पास प्रत्येक तिमाही के लिए तीन से पाँच व्यावसायिक उद्‌देश्य और एक या दो व्यक्तिगत उद्‌देश्य होते हैं। यह प्रणाली मुख्य रूप से इसीलिए इतनी सशक्त है क्योंकि यह बहुत ही सरल और पारदर्शी हैं। मैं जानता था कि हमारे ओकेआर को प्रभावी बनाने के लिए ज़रूरी है कि वे कंपनी में हर किसी की नज़र में रहें। भले ही ईबीएस के बाहर का कोई भी कर्मचारी उनका उपयोग न करे। मैं चाहता था कि कंपनी के हर कर्मचारी को यह पता हो कि हम वास्तव में क्या कर रहें हैं, कैसे कर रहे हैं और क्यों कर रहे हैं। जब लोगों को आपकी प्राथमिकताओं और सीमाओं की समझ होती है, तो कोई गड़बड़ होने पर भी आपको लेकर उनका विश्वास नहीं डगमगाता।

शुरू-शुरू में मेरे लिए अपने व्यक्तिगत लक्ष्यों और विभाग के ओकेआर को अलग-अलग रखना बड़ा चुनौतीपूर्ण था। आईटी के प्रमुख के रूप में मुझे लगता था कि उन्हें तार्किक रूप से एक-दूसरे से मेल खाना चाहिए। लेकिन यह कतई ठीक नहीं दिखता। हमारे अधिकतर शीर्ष उद्‌देश्य आमतौर पर करीब अठारह महीनों तक एक तिमाही से दूसरी तिमाही की ओर जाते रहते थे। समय के साथ कर्मचारी और टीम्स अपने ओकेआर को माहौल के अनुसार संशोधित भी कर लेते थे, जिससे हमारी प्रगति जारी रही। साथ ही उनका यह सवाल था (जो पूर्णत: उचित भी था) कि 'अगर सीआईओ के लक्ष्य कभी बदल ही नहीं रहे हैं, तो वह वाकई कुछ कर भी रहा है या नहीं? मुझे उनका संदेश समझ में आ गया। अब मेरे अपने उद्‌देश्य हैं और मैं भी बाकियों की तरह सामूहिक रूप से अपने शीर्ष ओकेआर की ओर केंद्रित रहता हूँ।

हमने तय किया कि बे-एरिया में स्थित अपने ऑफिस से परे हमें इस प्रणाली को पूरी दुनिया में फैले अपने केंद्रों में स्थापित करना हैं। ईबीएस की औपचारिक टीम्स यूएस के चार क्षेत्रों सहित दक्षिण भारत के हाई-टेक केंद्र बेंगलुरु में भी स्थित हैं। इसके साथ ही पूरी दुनिया में इंटुइट के हर केंद्र में सहयोगी-टीम्स भी मौजूद रहती हैं। जब लोग कंपनी के केंद्र से बाहर काम करते हैं, तो वे अक्सर यह अंदाजा लगा रहे होते हैं कि मुख्य कार्यालय में क्या काम होता होगा (और संभवत: मुख्य कार्यालय भी उनके बारे में यही सोच रहा होता है)। लेकिन ओकेआर ने इस रहस्यपूर्ण स्थिति को खत्म कर दिया है। ओकेआर ने हमें अधिक सामंजस्यपूर्ण बनाया है। ओकेआर हमें एक-दूसरे के करीब ले आए हैं।

हमारे शीर्ष ईबीसी उद्देश्यों में से एक है, 'इंटुइट के संचालन में उपयोगी हर प्राद्योगिकी को तर्कसंगत, आधुनिक और सुरक्षित बनाना।' आजकल मैं जब भी टेक्सास या एरिजोना जाकर वहाँ की टीम से मिलता हूँ, तो लोगों को अक्सर यह कहते सुनता हूँ, 'यह प्रोजेक्ट हमारे पोर्टफोलियो को तर्कसंगत बना रहा है,' या 'फलाँ प्रणाली को आधुनिक कैसे बनाया जाए?' दरअसल इस बात से कोई फर्क नहीं पड़ता कि वे कहाँ तैनात हैं, वे इन्हीं तीन शब्दों - तर्कसंगत, आधुनिक, सुरक्षित - का उपयोग करते हैं। जब कोई नया प्रोजेक्ट चर्चा के लिए आता है, तो वे एक-दूसरे से पूछते हैं कि वह हमारे ओकेआर नमूने के अनुरूप है या नहीं? अगर नहीं, तो वे फौरन इसके संभावित जोखिम की ओर इशारा करते हैं (जो कि पूरी तरह उचित भी है) और पूछते हैं, 'आखिर हम यह प्रोजेक्ट क्यों कर रहे हैं?'

उद्देश्य
इंटुइट के संचालन में उपयोगी हर प्रौद्योगिकी को आधुनिक, तर्कसंगत और सुरक्षित बनाना
मुख्य परिणाम
1. ओरेकल ई–बिजनेस स्वीट के 11आई (11.5.9) संस्करण को छोड़कर नए संस्करण आर12 को अपनाने की प्रक्रिया पूरी करना। 2. वित्त वर्ष 2016 के अंत तक प्लेटफॉर्म की क्षमता के रूप में थोक बिलिंग का वितरण। 3. छोटी बिजनेस यूनिट्स के सेल्स कर्मचारियों में एजेंट्स को शामिल करने की प्रक्रिया पूरी करना। 4. सभी पुरानी प्रौद्योगिकियों के लिए एक सेवानिवृत्ति योजना तैयार करना। 5. संगठन के कार्यबल से संबंधित नई प्रौद्योगिकी की रणनीतियाँ, योजना और सिद्धांत तैयार करके उन्हें एक ही दिशा की ओर केंद्रित करना।

क्लाउड से लाइव डाटा

इंटुइट खुद को एक 34 साल पुराने स्टार्ट–अप की तरह देखती है। 1980 के दशक में पर्सनल कंप्यूटर से शुरू हुआ हमारा इतिहास तकनीकी दुनिया में आए बदलावों के चलते हुए हंगामों की एक पूरी श्रृंखला को दर्शाता है, जिसमें हर नए प्लेटफॉर्म ने अपने पहले मौजूद प्लेटफॉर्म को खत्म कर दिया। हमारा पहला प्रोडक्ट डॉस (डीओएस – डिस्क ऑपरेटिंग सिस्टम) पर चलता था। फिर हम डेस्कटॉप पर विंडोज़ और मैकिन्टॉश पर आ गए और फिर मोबाइल डिवाइस पर, फिर इसके बाद हाल ही में क्लाउड पर।

क्लाउड के इस युग में ओकेआर को और अधिक प्रभावी ढंग से लागू किया जा सकता है। क्षैतिज सरेखण[1] सहज ही आ जाता है। सबके सामने खुले और सार्वजनिक लक्ष्य निर्धारण के चलते डाटा और एनालिटिक्स टीम शुरू से ही यह देखने में सक्षम होती है कि हमारी फाइनेन्शियल सिस्टम टीम के दिमाग

[1] आपस में एक ही दिशा की ओर अग्रसर होना

में क्या चल रहा है। यह तुरंत ही स्पष्ट हो गया कि उन्हें समानांतर रूप से एक-दूसरे के साथ मिलजुलकर काम करना होगा। टीम्स ने एक-दूसरे के उद्देश्यों को तथ्यों के सामने आने के बाद आपस में जोड़ने के बजाय उनका निर्धारण होते ही आपस में मिलाप कर लिया - जो कामकाज की हमारी बरसों से चली आ रही परंपरा में एक बड़ा बदलाव था।

एक डेस्कटॉप सॉफ्टवेयर कंपनी में नेतृत्वकर्ता अक्सर संचालन प्रक्रिया को बीसवीं शताब्दी की खुदरा-बिक्रीवाले पुरातनपंथी नज़रिए से देखते हैं। वे सेल्स रिपोर्ट्र्स और चैनल फ्लो का पोस्टमॉर्टम कर डालते हैं। हालाँकि वे अपनी ओर से यह अंदाजा लगाने की भरपूर कोशिश करते हैं कि व्यवसाय किस दिशा में बढ़ रहा है पर उनकी नज़रें आमतौर पर पीछे की ओर टिकी होती हैं, जिससे उनका नज़रिया संकुचित बना रहता है। जबकि इसके विपरीत एक क्लाउड-आधारित व्यवसाय यह जानना चाहता है कि फिलहाल क्या हो रहा है? इस सप्ताह कितने सबस्क्राइबर्स बढ़े? फिलहाल कितने परीक्षण चल रहे हैं? हमारा कन्वर्जन रेट क्या है? आजकल कोई भी ग्राहक सिर्फ 10 मिनट में किसी भी ऑनलाइन प्रोडक्ट को गूगल कर सकता है, उसके मार्केटिंग पेज पर नज़रें दौड़ाकर उसे आजमा सकता है और फिर उसे खरीद सकता है। ऐसे में नेतृत्वकर्ताओं को अपने ग्राहकों के साथ कदम से कदम मिलाकर चलने के लिए अपनी सेल्स और रेवेन्यू की रोज़ाना जाँच करनी चाहिए। ईबीएस में भले ही हम थोक बिलिंग जैसे फीचर का निर्माण करते हों, पर हमें रियल-टाइम रिपोर्टिंग, डाटा और एनालिटिक्स के बारे में सोच-विचार करने की ज़रूरत है। हमने इस ज़रूरत को एक शीर्ष उद्देश्य में समाहित कर लिया है:

उद्देश्य
इंटुइट के हर कर्मचारी को 'लाइव' डाटा के आधार पर निर्णय लेने में सक्षम बनाना
मुख्य परिणाम
1. एचआर और सेल्स के लिए फंक्शनल डाटा मार्ट का वितरण।   2. रियल-टाइम एक्सेस के लिए बने नए एंटरप्राइज डाटा वेयरहाउस को अपनाने की प्रक्रिया पूरी करना।   3. कंपनी में हर डाटा विजुअलाइजेशन टूल का संचालन करनेवाली एकल टीम बनाएँ ताकि एकीकृत रणनीति चलाई जा सके।   4. डाटा विजुअलाजेशल टूल्स के संचालन में अन्य टीम्स की मदद करने के लिए एक टीचिंग मॉड्यूल तैयार करना।

वैश्विक सहयोग के लिए एक टूल

जैसे-जैसे इंटुइट अधिक वैश्विक होती जा रही है, समय-समय पर आपस में सहयोग करना एक जीवनशैली बनता जा रहा है। जब हम अपने हेड ऑफिस में बैठकर हज़ारों मील दूर भारत के बेंगलुरु में मौजूद अपनी टीम के साथ काम कर रहे होते हैं, तो लाइव वीडियो की उपयोगिता सीमित ही होती है। दरअसल यूएस और भारत के समय में 13 घंटे का फर्क है इसलिए जब हम यहाँ दिन में काम कर रहे होते हैं, तो भारत में रात होती है और वहाँ के कर्मचारी सो रहे होते हैं। तीन साल पहले हमारे पास कुछ ही व्यावहारिक विकल्प थे। इंटुइट ने ऑफिस में काम आनेवाले आधुनिक टूल्स में खूब निवेश किया है, लेकिन हमारे पास हज़ारों मील दूर बैठे अपने कर्मचारियों से लगातार बातचीत करने, आपसी सहयोग के साथ लेखन करने और वीडियो कॉन्फ्रेंसिंग करने के लिए ज़रूरी साधनों की कमी थी। ऐसे में हमारे कर्मचारी तत्काल कामचलाऊ इंतजाम करने के लिए मज़बूर थे, जिसके चलते परिणामों पर नकारात्मक असर पड़ता था। इसका नतीजा उत्पादकता में कमी के रूप में सामने आया।

इस समस्या को अच्छी तरह से सुलझाने के लिए हमने अपने कर्मचारी से जुड़ी प्रौद्योगिकी के लिए एक मुख्य परिणाम को उसी के शीर्ष ओकेआर में

अपग्रेड कर दिया। अगले छह महीनों में इस नई दिशा की ओर रणनीतिक बल देने से हमारे संग्रह में कई नए टूल्स जुड़ गए। ये सारे टूल्स एक प्रमाणीकरण प्रणाली के साथ एकीकृत कर दिए गए : लगातार बातचीत के लिए 'स्लैक,' सहयोगात्मक संपादन के लिए 'गूगल डॉक्स,' कंटेट मैनेजमेंट के लिए 'बॉक्स' और नेक्स्ट-वेव वीडियो टेक्नोलॉजी के लिए 'ब्लूजींस।' ईबीएस की सारी टीम्स को इन बदलावों को अपनाने और हमारे शीर्ष उद्देश्यों की दिशा में अग्रसर होने में हमारे खुले ओकेआर प्लेटफॉर्म ने काफी मदद की। अब हमारे कर्मचारियों के लिए अपने काम पर ध्यान केंद्रित करना आसान हो गया क्योंकि अब उन्हें अपना कीमती समय ये तय करने में नष्ट नहीं करना पड़ता था कि उन्हें कौन सा टूल इस्तेमाल करना चाहिए।

लक्ष्य निर्धारण करना भी एक कला है और इसके लिए कई व्यक्तिपरक निर्णय लेने पड़ते हैं। अगर आप किसी मुख्य परिणाम को अस्थाई रूप से बढ़ाने का चुनाव करते हैं, तो इससे आपको उसके बारे में स्पष्ट होने में मदद मिलती है। नेतृत्व करनेवालों को यह स्पष्ट करना पड़ता है : 'हाँ, मैं चाहता हूँ कि हम अपना ध्यान उस एक शीर्ष उद्देश्य पर केंद्रित करें। जब उस पर अतिरिक्त ध्यान देने की ज़रूरत नहीं होगी, तो हम उसे एक मुख्य परिणाम में तब्दील होने के लिए छोड़ देंगे।' यह एक गतिशील प्रणाली है, जिसमें आपको हमेशा स्थितियों के अनुसार बदलाव लाने पड़ते हैं।

उद्देश्य

संगठन के कार्यबल से संबंधित शानदार समाधान व रणनीतियाँ बनाकर देना

मुख्य परिणाम

1. मध्य-तिमाही तक पहले 100 यूजर्स के लिए बॉक्स पायलट लागू करना।
2. इस तिमाही के अंत तक अंतिम यूजर्स के लिए ब्लूजींस को पूर्णतः शुरू करना।
3. इस तिमाही के अंत तक 50 व्यक्तिगत गूगल यूजर्स के अकाउंट्स को एंटरप्राइज अकाउंट में ट्रांसफर करना।
4. पहले महीने के अंत तक स्लैक के अनुबंध को अंतिम रूप देना और इस तिमाही के अंत तक इसे पूर्णतः शुरू करना।

तमाम अध्ययनों से यह बात कई बार सामने आ चुकी है कि पहली पंक्ति के कर्मचारी तब कामयाब होते हैं, जब वे यह देखने में सक्षम हों कि उनका कार्य कंपनी के संपूर्ण लक्ष्यों की दिशा में कैसे केंद्रित है। हमारे दूर-दराज के केंद्रों के मामले में ये बात खासतौर पर सच है। मैंने बेंगलुरु के अपने कर्मचारियों से यह सुना है कि 'मेरा लक्ष्य सीधे तौर पर मेरे मैनेजर के ओकेआर का मुख्य परिणाम होता है, जो सीधे तौर पर ईबीएस के शीर्ष उद्देश्य के साथ जुड़ा होता है, साथ ही यह कंपनी द्वारा क्लाउड की ओर जाने से भी जुड़ा है। अब मैं समझ सकता हूँ कि मैं भारत में बैठकर जो काम करता हूँ, वह सीधे कंपनी के मिशन से संबंधित है।' यह एक सशक्त एहसास है। ओकेआर ने हमारे दूर-दराज के विभागों को संगठित किया है। संरचनापूर्ण और स्पष्ट नज़र आनेवाले लक्ष्य निर्धारण के चलते अब हमारे बीच की सीमाएँ धुँधली पड़ गई हैं।

क्षैतिज जुड़ाव

इंटुइट शुरू से ही एक ऐसा संगठन रहा है, जहाँ कर्मचारियों और अधिकारियों के बीच कोई भारी-भरकम मिडिल मैनेजमेंट नहीं था। संगठन के सीईओ और पहली पंक्ति के कर्मचारियों के बीच मैनेजमेंट के सिर्फ कुछ ही स्तर थे। हमारे संस्थापक, स्कॉट कुक मानते थे कि संगठन के मामलों में सर्वश्रेष्ठ विचार को प्राथमिकता मिलनी चाहिए, न कि सबसे बड़े पद को। उनकी इस सीख पर हम आज भी अमल कर रहे हैं। जब मैं इंटुइट का ग्रुप मैनेजर बना, तो इसकी आपसी सहयोग की संस्कृति से खासा प्रभावित हुआ। यहाँ तक कि अतीत में जब हमारे मैनेजमेंट और कर्मचारियों के बीच आज की तरह भरपूर संवाद नहीं होता था, तब भी एक-दूसरे के प्रति हमारा नज़रिया बहुत खुला हुआ था। आज हमारे कर्मचारी जब चाहें, अपने मैनेजर से या अपने मैनेजर के मैनेजर से खुलकर संवाद कर सकते हैं और वे सम्मानपूर्वक उनकी बात सुनते हैं।

ओकेआर हमारे विभागों में क्षैतिज खुलापन लेकर आए। जिसके चलते अब हर टीम के बीच संवाद की भरपूर गुंजाइश रहती है। हालाँकि शुरू-शुरू में यह ज़रा अजीब सा लगता था। आईटी विभाग का हर कर्मचारी सहज रूप से अपने मैनेजर के – या फिर मेरे – लक्ष्यों की दिशा में अग्रसर होना चाहता था।

एक दिन मैं प्लेटफॉर्म पर गया, जहाँ मुझे अपने शीर्ष उद्देश्य से जुड़े सैकड़ों मुख्य परिणाम मिले। मैंने लोगों से कहा, 'आपका मैनेजर अब भी आपका मैनेजर है। आप अभी भी पहले की ही तरह आपस में सहयोग करते रहें - इन चीज़ों में कोई बदलाव नहीं होगा। लेकिन आपको हमसे अलग होकर एक-दूसरे से जुड़ने की ज़रूरत है।'

हमारी ई-कॉमर्स और बिलिंग टीम्स अलग-अलग वाइस प्रेसिडेंट के नेतृत्व में काम करती हैं और वे दोनों मुझे रिपोर्ट करते हैं। अगर ई-कॉमर्स विभाग एक शॉपिंग कार्ट का निर्माण कर रहा है, तो बिलिंग विभाग को बाजार में उससे संबंधित फीचर्स लेकर आने होंगे। जबकि हमारा पुराना तरीका कुछ ऐसा था, जहाँ इंजीनियरिंग की दो टीम्स एक-दूसरे से अलग-थलग रहकर काम करती थीं और अपने-अपने प्रोडक्ट मैनेजर्स को रिपोर्ट करती थीं। वे प्रोडक्ट मैनेजर्स अपने से ऊपर बैठे अधिकारी के साथ जुड़ने की कोशिश करते थे, जिसमें उन्हें कभी सफलता मिलती थी और कभी नहीं। यह तरीका कुछ ऐसा था, जहाँ असली काम करनेवालों का शीर्ष अधिकारियों से कोई संपर्क नहीं होता था।

आज क्षैतिज रूप से पारदर्शी ओकेआर के साथ जब हमारे इंजीनियर्स एक-दूसरे के उद्देश्यों से जुड़ते हैं, तो वे जानबूझकर एक-दूसरे से भी जुड़ जाते हैं। फिर वे हर तिमाही में विभाग के उद्देश्यों को दोहराते हुए अपने सहकर्मियों के साथ समन्वय स्थापित करने के सर्वश्रेष्ठ तरीके खोजते हैं। अब हम सीनियर कमेटी के आदेशों का शब्दश: पालने करने के चलन से दूर सच्ची स्वायत्ता की ओर बढ़ रहे हैं। हालाँकि संदर्भ निर्धारित करने, बड़े सवाल पूछने और उचित डाटा प्रस्तुत करने का काम अब भी हमारे ईबीएस के नेतृत्वकर्ता ही करते हैं। लेकिन ये हमारे परस्पर सहयोगी समूहों की अंतर्दृष्टियाँ ही हैं, जो हमें एक-दूसरे के साथ मिलकर आगे बढ़ने के लिए प्रेरित करती हैं।

10

सुपरपॉवर ३ : जवाबदेही तय करने के लिए नज़र रखें

हम सिर्फ ईश्वर पर विश्वास करते हैं; बाकी सबको अपनी प्रामाणिकता सिद्ध करने के लिए डाटा लाना होगा।

- डब्ल्यू. एडवर्ड्स डेमिंग

ओकेआर की एक खास बात ये है कि इन्हें ट्रैक किया जा सकता है यानी इन पर नज़र रखी जा सकती है - और फिर परिस्थितियों के अनुसार इन्हें संशोधित और प्रतिबंधित भी किया जा सकता है। ओकेआर के इस गुण को अक्सर कम करके आँका जाता है। व्यवसाय संबंधी पारंपरिक व स्थिर लक्ष्यों के विपरीत ओकेआर किसी सजीव प्राकृतिक रचना जैसे होते हैं। लेकिन लोग अक्सर यह बात भूल जाते हैं। ओकेआर का जीवन-चक्र तीन चरणों का होता है, जिनके बारे में मैं आपको बारी-बारी से बताऊँगा।

सेटअप

हालाँकि साधारण उपयोग में आनेवाला कोई भी सॉफ्टवेयर ओकेआर प्रक्रिया को चालू कर सकता है, पर इसमें भी एक पेंच है : इससे उस सॉफ्टवेयर की प्रगति सुनिश्चित नहीं होती। जैसे जब एक फॉर्च्यून 500 कंपनी ने अपना लक्ष्य निर्धारण प्रवाह बढ़ाने की कोशिश की, तो उसे इससे कोई फायदा नहीं हुआ। कंपनी के सभी 82 हज़ार कर्मचारियों ने माइक्रोसॉफ्ट वर्ड फाइल्स में अपने-अपने सालाना उद्देश्यों को दर्ज किया। इस तरह देखें, तो अगर वे सब हर तिमाही में अपने-अपने उद्देश्य दर्ज करते, तो हर साल 3 लाख 28 हज़ार फाइल्स बन जातीं। सैद्धांतिक रूप से ये सारी फाइल्स सार्वजनिक भी होतीं, पर क्या किसी के पास इतना धैर्य है कि वह इतनी सारी फाइल्स के बीच जुड़ाव या

सरेखण ढूँढ़ने बैठे? अगर आप अपने लक्ष्यों को सार्वजनिक रूप से साझा करते हैं पर उन्हें कोई पढ़ता नहीं है, तो फिर ये सवाल उठता है कि क्या आपकी प्रणाली वाकई पारदर्शी है?

सन 2014 में जब बिल पेंस को ऑनलाइन पोर्टल और बेव सर्विस प्रोवाइडर कंपनी एओएल का ग्लोबल चीफ टेक्नोलॉजी ऑफिसर बनाया गया, तब संगठन और उसके सभी विभागों के शीर्ष लक्ष्य स्प्रेडशीट में प्रस्तुत किए जाते थे, जहाँ से वे निचले पदों पर कार्यरत कर्मचारियों तक पहुँचते थे। पेंस कहते हैं, 'इन लक्ष्यों का ऐसा कोई स्थाई स्थान नहीं था, जहाँ लोग नियमित तौर पर उनसे जुड़ सकें।' अगर लक्ष्यों को लगातार अपडेट न किया जाए, तो वे अनुचित होने लगते हैं; योजना और वास्तविकता के बीच का फर्क दिन प्रतिदिन बढ़ता जाता है। फिर तिमाही के अंत तक (इससे भी बदतर साल के अंत तक) हमारे पास सिर्फ ऐसे निरर्थक ओकेआर ही बचते हैं, जिनमें कोई जान नहीं होती और वे सिर्फ कागज पर लिखे 'क्या' और 'क्यों' का जवाब दे रहे होते हैं।

कर्मचारी सबसे ज़्यादा संलग्नता और जुड़ाव तब महसूस करते हैं, जब वे स्पष्ट रूप से ये देख पाते हैं कि उनका काम कंपनी की सफलता में क्या योगदान दे रहा है। हर तिमाही, दिन-प्रतिदिन वे अपनी उपलब्धियों को मापने के ठोस तरीके तलाश करते रहते हैं। वहीं साल के अंत में मिलनेवाले बोनस जैसे तुच्छ पुरस्कार सिर्फ उन्हीं चीज़ों को मान्यता दे रहे होते हैं, जिनसे कर्मचारी पहले से परिचित होते हैं। जबकि ओकेआर कार्य के आंतरिक मूल्य जैसी अपेक्षाकृत अधिक सशक्त चीज़ को प्रस्तुत करते हैं।

जैसे-जैसे संरचनात्मक लक्ष्य निर्धारण के मापदंड बढ़ रहे हैं, ज़्यादा से ज़्यादा संगठन मज़बूत, समर्पित और क्लाउड-आधारित ओकेआर मैनेजमेंट सॉफ्टवेयर को अपना रहे हैं। अपनी श्रेणी के सर्वश्रेष्ठ प्लेटफॉर्म्स में मोबाइल एप्स, ऑटोमेटिक अपडेटिंग, एनालिटिक्स रिपोर्टिंग टूल्स, रियल-टाइम अलर्ट्स के अलावा सेल्सफोर्स, जेआईआरए और जेनडेस्क जैसे सॉफ्टवेयर्स के साथ एकीकरण की सुविधा भी मिलती है। अब यूजर्स डिजिटल डैशबोर्ड पर सिर्फ तीन या चार बार क्लिक करके अपने ओकेआर तैयार व संपादित कर सकते हैं, उन पर नज़र रख सकते हैं और उन्हें दर्ज करके रख सकते हैं। ये सारे प्लेटफॉर्म्स

परिवर्तनकारी ओकेआर मूल्य लेकर आते हैं :

* ओकेआर सभी के लक्ष्यों को और अधिक स्पष्ट कर देते हैं। यूजर्स को अपने बॉस के लिए, डायरेक्ट रिपोर्ट्स के लिए और संगठन के लिए ओकेआर तक सीधी पहुँच मिल जाती है।

* ओकेआर संलग्नता और जुड़ाव को संचालित करते हैं। जब आपको यह पता होता है कि आप सही चीज़ों पर काम कर रहे हैं, तो प्रेरित बने रहना आसान हो जाता है।

* ओकेआर आंतरिक नेटवर्किंग को बढ़ावा देते हैं। एक पारदर्शी प्लेटफॉर्म शेअर करके व्यावसायिक लक्ष्यों के जरिए लोगों को उनके सहकर्मियों के साथ एक मार्ग पर ले आता है।

* ओकेआर से समय और पैसे की बचत होती है और वे आपको निराशा से भी बचाते हैं। लक्ष्य निर्धारण की पारंपरिक प्रक्रिया में मीटिंग के नोट्स, ई-मेल, वर्ड डॉक्यूमेंट्स और पॉवरप्वाइंट स्लाइड्स के ज़रिए दस्तावेज बनाने में बहुत सा कीमती समय बर्बाद हो जाता है। जबकि एक ओकेआर मैनेजमेंट प्लेटफॉर्म में जब आप खुद तैयार हो जाते हैं, तो सारी उचित जानकारी भी तैयार रहती है।

एओएल के सीईओ टिम आर्मस्ट्रॉग को महसूस हुआ कि कंपनी के लक्ष्य कुछ ज़्यादा ही असंगत और बेमेल किस्म के हैं। बिल पेंस याद करते हैं, 'वे आपस में जुड़े हुए नहीं थे। वे ऊपर से नीचे की ओर या नीचे से ऊपर की ओर प्रवाहित नहीं होते थे। वे कर्मचारियों के साथ और पूरे साल कर्मचारी जो कार्य करते थे, उसके साथ एकरूप नहीं रहते थे।' सन 2016 में आर्मस्ट्राँग इसके लिए एक प्लेटफॉर्म लेकर आए और ओकेआर को लागू कर दिया। इसका परिणाम पारदर्शिता, फौरन होनेवाली संलग्नता और एक ऐसी कंपनी के रूप में सामने आया, जिसका संचालन स्वाभाविक व सुचारू रूप से होने लगा।

ओकेआर शेफर्ड

एक ओकेआर प्रणाली को प्रभावी ढंग से संचालित करने के लिए ज़रूरी है

कि इसे लागू करनेवाली टीम भी – चाहे वह शीर्ष अधिकारियों का समूह हो या फिर एक पूरा संगठन हो – इसे सार्वभौमिक रूप से अपनाए। इस मामले में कोई अपवाद नहीं होना चाहिए। हाँ, कुछ लोग ज़रूर ऐसे होंगे, जिन्हें इसे अपनाने में अपेक्षाकृत अधिक समय लगेगा, जबकि कुछ लोग ऐसे भी होंगे, जो प्रतिरोध करेंगे और कुछ लोग इसे अपनाने के मामले में आदतन टाल–मटोल भी करेंगे। ऐसे लोगों को ओकेआर अपनानेवाले समूह का हिस्सा बनाने का सबसे अच्छा तरीका है, एक या एक से ज़्यादा ओकेआर शेफर्ड्स को नियुक्त करना। गूगल के वाइस प्रेसिडेंट जॉनथन रोसेनबर्ग ने कंपनी के प्रोडक्ट डिपार्टमेंट में सालों तक यही भूमिका निभाई है। अपने कर्मचारियों के साथ जॉनथन के आदर्श संवाद का एक उदाहरण आगे प्रस्तुत किया जा रहा है। हालाँकि उन्होंने जिन कर्मचारियों को यह भेजा था, उनका नाम इससे हटा दिया गया है ताकि किसी को कोई ठेस न पहुँचे।

प्रेषक : जॉनथन रोसेनबर्ग

दिनांक : गुरुवार, 5 अगस्त 2010, दोपहर 2:59 बजे

विषय : असीम अवसरों के बीच वे 13 प्रिंसिपल मैनेजर्स, जो ओकेआर निर्धारित करने के मामले में पिछड़ गए। (इस नोट में उन सभी के नाम भी शामिल किए गए हैं)

प्रोडक्ट डिपार्टमेंट,

जैसा कि आपमें से अधिकांश लोग जानते हैं, मेरा दृढ़ विश्वास है कि गूगल में सफल होने के लिए कुछ बढ़िया तिमाही ओकेआर होना ज़रूरी है। यही कारण है कि मैं आपको नियमित रूप से नोट्स भेजकर यह याद दिलाता रहता हूँ कि आपको अपने ओकेआर को सही समय पर निर्धारित कर लेना चाहिए। साथ ही मैं संगठन के मैनेजर्स को ओकेआर की समीक्षा करके यह सुनिश्चित करने के लिए भी कहता रहता हूँ कि हमारे सारे ओकेआर उपयुक्त और अच्छे हों। मैंने आपको विनम्रता भरे नोट्स भी भेजे हैं और कड़ाई बरतनेवाले नोट्स भी। इनमें से निजी तौर पर मेरा पसंदीदा नोट वह है, जिसे मैंने अक्टूबर 2007 को भेजकर आप लोगों को यह चेतावनी दी थी कि अगर आपने मेरी बात नहीं मानी, तो स्थितियाँ इतनी खराब हो जाएँगी कि फिर आप चाहकर भी उन्हें सुधार नहीं

सकेंगे। इसके अलावा मेरे पसंदीदा नोट्स में वह नोट भी शामिल है, जिसे मैंने जुलाई 2008 को भेजकर आपको उत्कृष्टता के करीब पहुँचने के लिए बधाई दी थी। इस दृष्टिकोण के साथ मैं आप लोगों से तब तक संवाद करता रहा, जब तक हम सौ फीसदी स्वीकृति के करीब नहीं पहुँच गए, जो वाकई कमाल था!

फिर मैंने ये नोट्स भेजना बंद कर दिया और देखिए क्या हुआ: इस तिमाही में आपमें से कुछ लोगों ने अपने ओकेआर समय पर निर्धारित नहीं किए और कुछ अन्य लोगों ने दूसरी तिमाही के अपने ओकेआर का मूल्यांकन नहीं किया। मुझे अब जाकर यह पता चला कि इस बात से कोई फर्क नहीं पड़ता कि मैं आपको किस तरह के नोट्स भेजता हूँ बल्कि फर्क तो इस तथ्य से पड़ता है कि मैं आपको कोई न कोई नोट्स भेज तो रहा हूँ! जो लोग गूगल के इस तयशुदा रास्ते से भटक गए हैं, उनके नाम नीचे दर्ज किए गए हैं। (इसमें कुछ एडमॉब कर्मचारियों को छूट दी गई है, जो नए हैं और गूगल की कामकाजी संस्कृति को अभी पूरी तरह समझ नहीं पाए हैं। इसके साथ ही आपमें से कई ऐसे लोगों को भी छूट दी जा रही है, जिन्होंने अपने ओकेआर डेडलाइन खत्म होने से पहले निर्धारित नहीं किए, लेकिन जुलाई में कर लिए।)

हमारे सामने कई शानदार अवसर हैं (जैसे सर्च, एड, डिस्प्ले, यूट्यूब, एंड्रायड, एंटरप्राइज, लोकल, कॉमर्स, क्रोम, टीवी, मोबाइल, सोशल... वगैरह)। अगर आप इनके बावजूद अपने वे ओकेआर निर्धारित नहीं करते, जो आपको हर रोज काम पर आने के लिए उत्साहित करें, तो इसका अर्थ है कि कुछ तो गड़बड़ है। अगर वाकई आपके मामले में ऐसा ही है, तो आप सीधे मुझसे आकर मिलीए।

इस बीच, कृपया समय रहते अपने ओकेआर निर्धारित कर लीजिए, पिछली तिमाही के अपने ओकेआर का मूल्यांकन कीजिए, इस कार्य को अच्छी तरह पूरा करिए और फिर उन्हें पोस्ट कर दीजिए, ताकि आपके मोमा (इंटरनेट) पेज का ओकेआर लिंक काम करने लगे। यह कोई प्रशासन संबंधी कार्य नहीं है, जो बेवजह आपकी व्यस्तता बढ़ा देगा बल्कि यह इस तिमाही में अपनी प्राथमिकताएँ तय करने और यह सुनिश्चित करने का एक महत्वपूर्ण तरीका है कि हम सब मिलकर काम करें।

जॉनथन।

मिडलाइफ ट्रैकिंग

जैसे-जैसे फिटबिट का जुनून बढ़ता है, लोग फिटनेस के मामले में अपनी प्रगति के बारे में जानने के लिए और उसके साक्ष्य देखने के लिए बहुत उतावले होने लगते हैं। वे यह जानना चाहते हैं कि उनका स्वास्थ्य कितना बेहतर हुआ है, यह उन्हें प्रतिशत में बताया जाए। इस क्षेत्र में हुए शोध बताते हैं कि अपनी प्रगति को मापनेवाले मात्रक लोगों को सार्वजनिक स्वीकृति, आर्थिक लालच और यहाँ तक कि लक्ष्य प्राप्ति जैसी चीज़ों से भी ज़्यादा प्रोत्साहित कर देते हैं। सन 2009 में प्रकाशित किताब 'ड्राइव' के लेखक डेनियल पिंक इससे सहमति जताते हुए कहते हैं : 'लोगों का प्रोत्साहन बढ़ानेवाला सबसे बड़ा कारक है, अपने काम में प्रगति करना। लोग ज़रा सी भी प्रगति करते हैं, तो उस दिन वे खुद को सबसे ज़्यादा उत्साहित और काम में व्यस्त महसूस करते हैं।'

लक्ष्य-प्रबंधन से जुड़े ज़्यादातर प्लेटफॉर्म्स ओकेआर की ओर होनेवाली प्रगति को दिखाने के लिए नज़र आनेवाले साक्ष्यों का उपयोग करते हैं। फिटबिट के विभिन्न चरणों के विपरीत, ओकेआर को प्रतिदिन ट्रैकिंग की ज़रूरत नहीं पड़ती। पर किसी भी प्रकार की गड़बड़ी से बचने के लिए नियमित जाँच - सप्ताह में एक बार - ज़रूरी है। जैसा कि पीटर ड्रकर ने पाया, 'किसी कार्य-योजना के बिना, कार्यकारी अधिकारी घटनाओं का कैदी बनकर रह जाता है। चीज़ें आगे बढ़ने के साथ-साथ अगर योजना का पुनर्परीक्षण करने के उद्देश्य से दोबारा जाँच न की जाए, तो कार्यकारी अधिकारी के पास ये जानने का कोई रास्ता नहीं बचता कि कौन सी घटनाएँ वाकई मायने रखती हैं और कौन सी नहीं।'

जैसा कि अध्याय-4 में बताया गया है, कागज़ पर अपने लक्ष्यों को लिखने मात्र से उन्हें हासिल करने की संभावना बढ़ जाती है। अगर आप अपने सहकर्मियों से अपने लक्ष्यों को साझा करने के साथ-साथ अपनी प्रगति पर नज़र रखते हैं - जो वास्तव में ओकेआर के ही दो अभिन्न फीचर्स हैं - तो आपकी संभावनाएँ और बेहतर हो जाती हैं। कैलीफोर्निया के एक अध्ययन के अनुसार, जो लोग अपने लक्ष्यों को दर्ज करते हैं और साप्ताहिक रूप से अपनी प्रगति की रिपोर्ट किसी दोस्त को भेजते हैं, वे उन लोगों के मुकाबले अपने लक्ष्यों को हासिल करने में 43 फीसदी अधिक सफल रहते हैं, जो अपने लक्ष्यों को किसी

से साझा करने के बजाय उन्हें अपने तक ही सीमित रखते हैं।

ओकेआर अपनी प्रकृति से ही अनुकूलनशील होते हैं। वे रास्ते में बाधा डालनेवाली कोई जंजीर नहीं हैं बल्कि वे तो ऐसी रेलिंग हैं, जो आपको नीचे गिरने से बचाती है। जब हम अपने ओकेआर पर नज़र रखते हैं और उन्हें ऑडिट करते हैं, तो हमारे पास चार विकल्प होते हैं:

* **जारी रखना** : अगर आपके किसी 'ग्रीन जोन' लक्ष्य (जो सही रास्ते पर हो) में कोई गड़बड़ नहीं है, तो उसमें संशोधन का प्रयास न करें।
* **अपडेट करना** : बाहरी वातावरण या वर्कफ्लो में आए किसी भी बदलाव पर अपनी प्रतिक्रिया देने के लिए अपने 'येलो जोन', उद्देश्य या मुख्य परिणाम (जिस पर ध्यान देने की ज़रूरत हो) को संशोधित करें। लक्ष्य को वापस सही रास्ते पर लाने के लिए किस कार्य को ज़रा अलग ढंग से किया जा सकता है? क्या इसके लिए एक संशोधित टाइम-लाइन की ज़रूरत है? क्या हमें अन्य कार्यों को ठंडे बस्ते में डाल देना चाहिए ताकि उनमें खर्च होनेवाले संसाधन इसके लिए उपयोग किए जा सकें?
* **शुरू करना** : जब भी ज़रूरत पड़े, फौरन नए ओकेआर सक्रिय कर लें।
* **रूकना** : जब किसी 'रेड जोन' लक्ष्य (जो खतरे में हो) की उपयोगिता खत्म हो जाए, तो उसे छोड़ देना ही बेहतर होता है।[1]

एक रियल-टाइम डैशबोर्ड इसलिए मौजूद होता है ताकि यह मापा जा सके कि किसी लक्ष्य को हासिल करने की दिशा में कितनी प्रगति हुई है और साथ ही उन चीज़ों की ओर इशारा किया जा सके, जिन पर ध्यान देने की ज़रूरत है। ओकेआर मुख्य रूप से एक सकारात्मक बल का काम करता है। इसके साथ ही यह हमें गलत दिशा में जाने से बचाता भी है। जैसा कि लेखक स्टीफेन कॅवी कहते हैं, 'अगर सीढ़ी सही स्थान पर न लगाई गई हो, तो हम उसके जितने भी

---

1 आमतौर पर यह किसी मुख्य परिणाम पर लागू होगा या फिर इस बात पर कि आप किसी मामले में आगे बढ़ने का कौन सा तरीका चुनते हैं। जिन उद्देश्यों को सोच-समझकर निर्धारित किया जाता है, उनमें 90 दिनों के भीतर गड़बड़ होने की संभावना बहुत कम होती है।

पायदान चढ़ेंगे, उतनी ही तेजी से गलत स्थान पर पहुँचेंगे।' जब आप नियमित फीडबैक के लिए अपने ओकेआर को ट्रैक करते रहते हैं यानी उन पर नज़र रखते हैं, तो प्रोजेक्ट के बीच में अचानक कोई बाधा आने की संभावना कम हो जाती है। हालाँकि वास्तविकता का सामना तो आपको करना ही पड़ता है, फिर चाहे वह सकारात्मक वास्तविकता हो या फिर नकारात्मक। इस प्रक्रिया में 'लोग अपनी असफलता से सबक लेकर आगे बढ़ सकते हैं और उस असफलता के कुछ पहलुओं को भविष्य में मिलनेवाली नई सफलता में भी तब्दील कर सकते हैं।'

जब रिमाइंड के स्कूल-मैसेजिंग प्लेटफॉर्म ने कंपनी की पहली राजस्व देनेवाली सेवा - एक पी२पी पेमेंट सिस्टम (सहकर्मी-से-सहकर्मीवाली भुगतान व्यवस्था) का नमूना बनाया, तो यह बुरी तरह असफल साबित हुआ। इस पर ब्रेट कॉफ कहते हैं, 'इसका उपयोग किसी ने नहीं किया। क्योंकि यह किसी स्पष्ट समस्या का समाधान प्रस्तुत नहीं कर रहा था। हमने फौरन अपने लक्ष्य में संशोधन कर एक घटना द्वारा संचालित प्रणाली तैयार की, जिसमें टीचर अपने विद्यार्थियों से सवाल पूछ सकता है, जैसे 'अगले सप्ताह एक फील्ड ट्रिप होने जा रही है, तुम इसमें हिस्सा लेने के लिए आओगे या नहीं? और क्या तुम इसके लिए भुगतान करने को तैयार हो?' बस फिर क्या था! अचानक सब कुछ बदल गया और लोग इस प्रणाली को हाथों-हाथ लेने लगे।'

जब भी कोई उद्देश्य या मुख्य परिणाम पुरातनपंथी या अव्यावहारिक हो जाए, तो आप इसे बीच में छोड़ने के लिए स्वतंत्र हैं। किसी भी पुराने या घिसे-पिटे विचार के साथ हठपूर्वक चिपके रहने की कोई ज़रूरत नहीं है - बस इसे अपनी सूची से बाहर करके आगे बढ़ जाएँ। लक्ष्य सिर्फ तभी मायने रखते हैं, जब वे हमारे संकल्पों को, हमारे प्रयोजनों को पूरा करें वरना उनके होने का कोई अर्थ नहीं है।

हमारी शर्त : जब कोई उद्देश्य ओकेआर के पूरा होने से पहले ही छोड़ दिया जाता है, तो इस पर निर्भर हर व्यक्ति को इस बारे में सूचित करना ज़रूरी होता है। इसके बाद बारी आती है, गहन चिंतन की : इस अनुभव से मैंने ऐसा क्या सीखा, जिसका मैं इस तिमाही की शुरुआत में अंदाजा नहीं लगा सका?

और भविष्य में इस सबक का उपयोग कैसे करूँगा?

सर्वश्रेष्ठ परिणाम हासिल करने के लिए योगदानकर्ता और उनके मैनेजर्स हर तिमाही में ओकेआर की कई बार जाँच-पड़ताल करते हैं। इस तरह प्रगति की सूचना दी जाती है, बाधाओं की पहचान की जाती है और मुख्य परिणामों को परिष्कृत किया जाता हैं। एक-दूसरे के साथ की जानेवाली इन बैठकों के अलावा विभिन्न टीम्स और विभाग नियमित रूप से बैठकें करते रहते हैं, ताकि अपने साझा उद्देश्यों को पूरा करने की दिशा में जो प्रगति हुई है, उसका मूल्यांकन कर सकें। जब भी कोई प्रतिबद्ध ओकेआर विफल होने लगता है, तो एक बचाव-योजना तैयार की जाती है। जैसे गूगल में टीम द्वारा की जानेवाली जाँच-पड़ताल कितनी बार होगी, यह अनुमानित परिणामों और कार्य पर अमल होने के बीच मौजूद फर्क के अनुसार... समूहों के बीच आपसी संवाद की गुणवत्ता के अनुसार... समूह के आकार व स्थान के अनुसार... व उस समय जैसी ज़रूरत होती है, उसके अनुसार... बार-बार बदलता रहता है। किसी टीम के सदस्य जितने दूर-दूर या जितने विभिन्न स्थानों पर कार्यरत होते हैं, वे उतने ज़्यादा बार मुख्यालय आकर एक-दूसरे से मिलते व संवाद करते हैं। गूगल में जाँच-पड़ताल की न्यूनतम अवधि एक महीने की होती है। हालाँकि लक्ष्यों से संबंधित चर्चाएँ इतनी व्यापक होती हैं कि औपचारिक बैठकें अक्सर रद्द होती रहती हैं।

समीक्षा : खंगालें और दोहराएँ

काम पूरा होने पर ओकेआर समाप्त नहीं हो जाते। डाटा द्वारा संचालित किसी भी अन्य प्रणाली की तरह ही, काम पूरा होने के बाद मूल्यांकन और विश्लेषण करके ओकेआर से भी खासा लाभ उठाया जा सकता है। दो लोगों के बीच होनेवाली बैठक हो या टीम्स के बीच में होनेवाली व्यापक बैठकें, इस तरह समीक्षा करने के तीन हिस्से होते हैं: उद्देश्यों की स्कोरिंग (गणना), व्यक्तिपरक आत्म-मूल्यांकन और गहन चिंतन।

स्कोरिंग

हमने जो हासिल किया होता है, उसे हम अपने ओकेआर की स्कोरिंग

(गणना) में चिन्हित करते हैं और इस बिंदु पर विचार करते हैं कि अगली बार और बेहतर परिणाम हासिल करने के लिए इसे अलग ढंग से कैसे किया जा सकता है? जब स्कोर हमारी अपेक्षा से कम होता है, तो हम पुनर्मूल्यांकन के लिए बाध्य हो जाते हैं कि क्या यह उद्देश्य अब भी इस योग्य है कि इसे पूरा करने के लिए मेहनत की जाए? अगर हाँ, तो फिर इसे पूरा करने के लिए हमें कौन-कौन से बदलाव लाने होंगे?

अत्याधुनिक लक्ष्य-प्रबंधन प्लेटफॉर्म्स पर ओकेआर की स्कोरिंग सिस्टम द्वारा होती है; इसकी संख्याएँ वस्तुनिष्ठ और इंसानों से अछूती होती हैं। (जबकि अपेक्षाकृत कम स्वचालित और देसी किस्म के प्लेटफॉर्म्स में यूजर्स को ये हिसाब-किताब खुद ही लगाना पड़ता है।) किसी उद्देश्य की स्कोरिंग का सबसे सरल और स्पष्ट तरीका होता है, इससे संबंधित मुख्य परिणामों के पूर्णतः प्रतिशत की औसत दर निकालना। इसके लिए गूगल 0 से 1.0 के पैमाने का उपयोग करता है :

* 0.7 से 1.0 ग्रीन[2] (हमने तयशुदा लक्ष्य पूरा कर दिया है।)
* 0.4 से 0.6 येलो (हमने इस दिशा में प्रगति तो की है, लेकिन इसे पूरा करने में असफल रहे।)
* 0.0 से 0.3 रेड (हम इस दिशा में सच्ची प्रगति करने में असफल रहे।)

इंटेल ने भी यही फॉर्मूला अपनाया। आप ऑपरेशन क्रश[3] के ओकेआर को याद कर सकते हैं। ये रहे एंडी ग्रोव के वे आदेश, जो उन्होंने 1980 की दूसरी तिमाही में दिए थे। उनकी एग्जीक्यूटिव टीम ने इनका समर्थन किया था (साथ ही तिमाही के अंत में मिले ग्रेड्स कोष्ठक में दिए गए हैं) :

---

[2] सफलता के मूल्यांकन के लिए गूगल द्वारा 0.7 ग्रेड्स को न्यूनतम आधार मानना, 'चुनौतीपूर्ण' लक्ष्यों को पूरा करने की कंपनी की ऊँची महत्वाकांक्षा को दर्शाता है (अध्याय 12 देखें)। यह सीमा कंपनी के संचालन संबंधी पूर्वनिर्धारित लक्ष्यों पर लागू नहीं होती। फिर चाहे वह कोई सेल्स संबंधी लक्ष्य हो या फिर किसी प्रोडक्ट को रिलीज करने का लक्ष्य हो, अगर ग्रेड्स 1.0 से कम हैं, तो इसे एक असफलता ही माना जाएगा।

[3] माइक्रोप्रोसेसर के बाजार में अपनी खोई हुई हैसियत दोबारा हासिल करने के लिए शुरू किया गया एक अभियान।

कॉरपोरेट उद्देश्य
8086 को उच्चतम प्रदर्शन करनेवाले 16-बिट माइक्रोप्रोसेसर समूह के रूप में स्थापित करना, जिसका मूल्यांकन निम्नलिखित मुख्य परिणामों के आधार पर हो
मुख्य परिणाम (दूसरी तिमाही, 1980) 1. 8086 समूह के उत्कृष्ट प्रदर्शन को दर्शानेवाले पाँच बेंचमार्क्स विकसित और प्रकाशित करें (0.6) 2. 8086 समूह के सभी उत्पादों की नए सिरे से पैकेजिंग करें (1.0) 3. 8 मेगाहट्र्ज वाले पुर्जों का उत्पादन शुरू करें (0) 4. 15 जून तक आर्थेमेटिक को-प्रोसेसर का नमूना तैयार करें (0.9)

और यहाँ बताया गया है कि ये स्कोर कैसे निकाले गए हैं:

* हमने पाँच में से तीन बेंचमार्क्स पूरे किए और इस प्रकार हमें 0.6 ग्रेड्स मिले, जो ग्रीन जोन की सीमारेखा के आसपास ही था।

* हमने आईएपीएक्स नामक एक नई प्रोडक्ट-लाइन के तहत 8086 समूह के सही उत्पादों की पैकेजिंग नए सिरे से की। इस प्रकार हमें पूरे 1.0 ग्रेड्स मिले।

* 8मेगाहट्र्ज वाले पुर्जों का उत्पादन, जो मई की शुरुआत में होना निर्धारित था, एक असफलता सिद्ध हुआ।[4] पॉलिसिलिकॉन की समस्याओं के चलते इस लक्ष्य को अक्टूबर तक टाल दिया गया। इस प्रकार हमें इसमें शून्य ग्रेड्स मिले।

* आर्थेमेटिक को-प्रोसेसर की बात करें, तो इस मामले में 15 जून तक 500 पुर्जों को भेजने का लक्ष्य था। आखिरकार हमने 470 पुर्जे तैयार करके

[4] ये मुख्य परिणाम मूर के नियम की जटिल व अद्भुत शक्ति को दर्शाते हैं। उस दौर में 8 मेगाहट्र्स की गति बहुत तेज मानी जाती थी पर आज आप सिर्फ 300 डॉलर्स में एक क्रोमबुक (लाइनेक्स आधारित ऑपरेटिंग सिस्टम क्रोम पर चलनेवाले लैपटॉप और टेबलेट) खरीद सकते हैं, जो 2गीगाहट्र्ज - 250 गुणा अधिक तेज - से भी बेहतर चलता है।

भेज दिए। इस प्रकार हमें 0.9 ग्रेड्स मिले, जो एक बार फिर ग्रीन जोन में ही था।

कुल मिलाकर इस उद्देश्य के लिए हमारे ओकेआर का औसत 62.5 फीसदी (मोटे तौर पर 0.625 का स्कोर) रहा, जो एक सम्मानजनक ग्रेड है। इंटेल के बोर्ड ऑफ डायरेक्टर्स ने इसे औसत से कम ज़रूर माना, पर बहुत कम नहीं माना। क्योंकि वे जानते थे कि कंपनी का मैनेजमेंट हमारे लक्ष्यों का निर्धारण कितने आक्रामक ढंग से करता है। नियमानुसार, हमने यह जानते हुए भी अगली तिमाही में प्रवेश किया कि हम अपने सभी लक्ष्यों को पूरा नहीं कर सकेंगे। अगर कोई विभाग अपने 100 फीसदी लक्ष्यों को पूरा करने के करीब भी पहुँच गया हो, तब भी यही माना जाता था कि विभाग ने अपनी संपूर्ण क्षमता के अनुरूप काम नहीं किया – जिसके लिए उसे भयावह परिणाम भुगतने पड़ सकते थे।

आत्म-मूल्यांकन

ओकेआर के प्रदर्शन का आंकलन करने की प्रक्रिया में लक्ष्य-निर्धारण करनेवाले के व्यक्तिपरक निर्णयों और विचारशीलता द्वारा वस्तुनिष्ठ डाटा को और परिष्कृत किया जाता है। किसी भी तिमाही के किसी भी लक्ष्य को पूरा करने की प्रक्रिया में ऐसी कई परिस्थितियाँ बन सकती हैं, जब व्यक्ति को कोई विशिष्ट कदम उठाने का बहाना मिल जाए। यदि आँकड़े कमजोर हों, तो उन्हें हासिल करने में लगी मेहनत किसी को नज़र नहीं आती; जबकि अगर आँकडे जबरदस्त हों, तो उन्हें हासिल करने में भले ही ज़्यादा मेहनत न लगी हो पर फिर भी वह कृत्रिम रूप से ज़्यादा ही नज़र आती है।

मान लीजिए, टीम का उद्देश्य है नए ग्राहक लाना और आपका व्यक्तिगत मुख्य परिणाम है, पचास फोन कॉल करना। अंततः अगर आप पचास में से पैंतीस संभावित ग्राहकों को फोन कर लेते हैं, तो मोटे तौर पर आपका स्कोर रहा 70 फीसदी। तो इस आँकड़े के अनुसार आप सफल रहे या असफल? दरअसल सिर्फ इस डाटा से हमें इस मामले में कोई विशेष जानकारी नहीं मिलती पर अगर आपके पैंतीस फोन कॉल्स में से दर्जन भर कॉल्स एक या दो घंटे तक चले हों, जिसके परिणामस्वरूप आप आठ नए ग्राहक लाने में सफल रहे हों,

तो शायद आप खुद को उत्कृष्ट 1.0 ग्रेड देना चाहेंगे। इसके विपरीत अगर आप टाल-मटोल करते रहे हों और आपने 50 फोन कॉल्स का लक्ष्य पूरा करने के लिए सारे कॉल्स जल्दबाजी में किए हों और यह सब करके आप सिर्फ एक नया ग्राहक ही जोड़ सकें हों, तो शायद आप अपने प्रदर्शन का आंकलन करके खुद को 0.25 ग्रेड्स से ज़्यादा नहीं देंगे - क्योंकि अगर आप चाहते, तो ज़रा और कोशिश कर सकते थे (अब अगर एक बार पीछे मुड़कर इस पूरे मामले पर नज़र डाली जाए, तो क्या मुख्य परिणामों की प्राथमिकता, 50 फोन कॉल्स करने के बजाय नए ग्राहक जोड़ना नहीं होनी चाहिए थी?)

या फिर मान लीजिए आप एक पब्लिक रिलेशन मैनेजर (जनसंपर्क प्रबंधक) हैं और आपकी टीम का मुख्य परिणाम है, राष्ट्रीय स्तर के अखबारों और पत्रिकाओं में अपनी कंपनी के बारे में तीन लेख प्रकाशित कराना। अंततः आपकी टीम तीन में से दो लेख ही प्रकाशित करवा पाती है, लेकिन उनमें से एक लेख, वॉल स्ट्रीट जर्नल अखबार की कवर स्टोरी के रूप में प्रकाशित होता है। इस तरह मोटे तौर पर आपका स्कोर 67 फीसदी ही होगा। इसके बावजूद आप अपने कर्मचारियों से यही कहेंगे कि 'मैं हमारी टीम को 10 में से 9 अंक देता हूँ क्योंकि तीन में से एक लेख को वॉल स्ट्रीट जर्नल अखबार में कवर स्टोरी के तौर पर प्रकाशित करके हमने वाकई मैदान मार लिया है।'

गूगल के कर्मचारियों को आत्म-मूल्यांकन के लिए - मार्गदर्शक के रूप में, न कि ग्रेड के रूप में - ओकेआर का उपयोग करने के लिए प्रोत्साहित किया जाता है। जैसा कि कंपनी के बिजनेस ऑपरेशंस के पूर्व सीनियर वाइस प्रेसिडेंट शोना ब्राउन ने मुझे बताया, 'यह महत्वपूर्ण नहीं है कि उन्हें रेड जोन मिला, येलो जोन मिला या फिर ग्रीन जोन। उन्होंने अपने प्रदर्शन से जो हासिल किया, आगे उसकी एक सूची दी गई है। उनके द्वारा हासिल किए गए ये परिणाम न सिर्फ व्यवसाय की अपेक्षाओं से कहीं ऊपर हैं बल्कि कंपनी के समग्र लक्ष्यों के साथ संबद्ध भी हैं।' आखिरकार हर किसी को सही चीज़ों पर काम करने की दिशा में ले जाना ही तो ओकेआर का सार है।

तालिका 10.1: स्कोरिंग और आंकलन

ओकेआर	प्रगति	स्कोर	आत्म-मूल्यांकन
दस नए ग्राहक लाना	70 फीसदी	0.9	बाजार में मंदी होने के चलते ओकेआर हासिल करना मेरी उम्मीद से कहीं ज़्यादा मुश्किल साबित हुआ। हमारे सात नए ग्राहक हमारे बेहतरीन प्रयासों और उनसे मिले परिणामों का प्रतिनिधित्व करते हैं।
दस नए ग्राहक लाना	100 फीसदी	0.7	जब मैंने तिमाही के आठवें सप्ताह में ही उद्देश्य को पूरा कर लिया, तो मुझे एहसास हुआ कि मैंने बहुत छोटा ओकेआर निर्धारित किया था।
दस नए ग्राहक लाना	80 फीसदी	0.6	हालाँकि मैं आठ नए ग्राहक लाने में सफल रहा पर इस सफलता के पीछे मेरी कड़ी मेहनत का योगदान कम और मेरे भाग्य का योगदान अधिक था।
दस नए ग्राहक लाना	90 फीसदी	0.5	हालाँकि मैं नौ नए ग्राहक लाने में सफल रहा, लेकिन फिर मुझे पता चला कि इनमें से सात ग्राहक ऐसे हैं, जिनसे बहुत कम राजस्व मिलेगा।

वास्तव में कुछ लोग खुद को ग्रेड देते समय बहुत कठोरता दिखाते हैं; जबकि हो सकता है कि बाकियों को इसके लिए चुनौती देनी पड़े। जो भी हो, एक सतर्क समन्वयक या टीम लीडर आकर सब कुछ दोबारा ठीक करने में मददगार साबित होता है। अंततः शायद आँकड़े उतने महत्वपूर्ण नहीं होते, जितनी सही समय पर दी गई प्रतिक्रियाएँ और टीम के भीतर एक विस्तृत चर्चा करना होता है।

ओकेआर का स्कोर जहाँ इन बिंदुओं की ओर इशारा करता है कि कामकाज में क्या सही हुआ व क्या गलत और टीम में सुधार कैसे हो सकता है, वहीं आत्म-मूल्यांकन अगली तिमाही के लिए एक बेहतर लक्ष्य-निर्धारण प्रक्रिया को संचालित करता है। दरअसल इस प्रकार कोई किसी की क्षमता का आंकलन नहीं कर रहा होता बल्कि महत्वपूर्ण सीख हासिल कर रहा होता है।

चिंतन

ओकेआर का स्वाभाविक झुकाव कर्म की ओर होता है पर जब कर्म अथक और निर्बाध ढंग से हो, तो कई बार यह निष्ठुरता के दुश्चक्र में भी बदल जाता है। मेरा मानना है कि आक्रामक लक्ष्य निर्धारित करना, उनमें से अधिकतर को हासिल करना, अपनी उपलब्धियों पर चिंतन करने के लिए ज़रा ठहरना और फिर इसी चक्र को फिर से दोहराना ही संतुष्टि हासिल करने की कुंजी है। हार्वर्ड बिजनेस स्कूल के एक अध्ययन से पता चला कि '**यदि प्रत्यक्ष अनुभवों से सीखने के साथ-साथ चिंतन भी किया जाए, तो सीखने का यह तरीका अपेक्षाकृत कहीं अधिक प्रभावी हो सकता है।** यहाँ चिंतन का अर्थ है, अनुभवों से मिले मुख्य सबकों को समझने और अमूर्त विचारों को संश्लेषित करने का सोचा-समझा प्रयास।' दार्शनिक और शिक्षक जॉन डेवी ने तो इससे भी एक कदम आगे जाकर कहा था, 'हम अनुभवों से कुछ नहीं सीखते... बल्कि अनुभवों पर चिंतन करने से सीखते हैं।'

किसी ओकेआर चक्र को बंद करने के लिए चिंतन के कुछ बिंदु इस प्रकार हैं :

* क्या मेरे सारे उद्‌देश्य पूरे हो गए हैं? यदि हाँ, तो फिर मेरी इस सफलता में किसका योगदान है?
* यदि नहीं, तो मेरे उद्‌देश्यों को पूरा करने के रास्ते में कौन-कौन सी बाधाएँ आईं?
* अगर मुझे किसी ऐसे उद्‌देश्य को दोबारा निर्धारित करने का मौका मिले, जिसे मैं पूरा कर चुका हूँ, तो मैं उसमें कौन-कौन से बदलाव करूँगा?
* मैंने ऐसा क्या सीखा है, जो अगले चक्र के ओकेआर में मेरे दृष्टिकोण को बदल सकता है?

ओकेआर की समीक्षाएँ चिंतनशील भी होती हैं और साथ ही भविष्य की ओर एक नज़र भी रखती हैं। हो सकता है कि किसी अपूर्ण उद्‌देश्य को पूरा करने के लिए, उसे अगली तिमाही में नए मुख्य परिणामों के साथ जोड़ दिया

जाए - या फिर हो सकता है कि वह उद्देश्य अब योग्य न रह गया हो और इसीलिए उसे छोड़ दिया जाए। जो भी हो, मैनेजमेंट का उचित निर्णय ही सबसे पहली ज़रूरत है।

एक और बात, अपने काम का अच्छी तरह आंकलन करने व उसकी हर कमी की जवाबदेही लेने के बाद एक गहरी साँस लेकर अपनी प्रगति का आनंद ज़रूर उठाएँ। साथ ही अपने बढ़ते ओकेआर सुपरपॉवर का जश्न मनाने के लिए अपनी टीम को एक शानदार पार्टी भी दें। आखिर इतनी मेहनत करने के बाद, जश्न मनाना आपका हक है।

11

नज़र रखें : गेट्स फाउण्डेशन की कहानी

बिल गेट्स

सह अध्यक्ष

पैटी स्टोन्सिफर

पूर्व सीईओ

सन 2000 में बिल एंड मिलिंडा गेट्स फाउंडेशन एक 20 बिलियन डॉलर्स का स्टार्ट-अप बना, जिसकी स्थापना उसी साल हुई थी। तब तक दुनिया ने कभी ऐसा कोई स्टार्ट-अप नहीं देखा था। यूँ तो बिल गेट्स ने इसके कुछ ही दिन पहले माइक्रोसॉफ्ट के सीईओ का पद त्याग दिया था पर वे अब भी कंपनी के चेयरमैन और चीफ प्रोडक्ट स्ट्रैटेजिस्ट (मुख्य उत्पाद-रणनीतिकार) थे। बिल गेट्स बेहद व्यस्त रहते हैं और अपनी तेज चाल के लिए मशहूर हैं, उन्हें एक ऐसा तरीका खोजना था, जिसकी मदद से वे अपने इस फाउंडेशन की ऊँची महत्वाकांक्षा को दिशा दे सकें, पल-पल बदलती जमीनी परिस्थितियों के साथ तालमेल बिठा सकें और सर्वश्रेष्ठ विकल्पों का चुनाव कर सकें। दाँव जितने बड़े होते हैं, संगठन की प्रगति पर नज़र रखना, आनेवाली समस्याओं की ओर इशारा करना, आगे कोई रास्ता न दिखाई देने पर अपने कदम वापस पीछे खींचना और बीच रास्ते में अपने लक्ष्यों को संशोधित करना - उतना ही महत्वपूर्ण हो जाता है।

इस नवजात संस्थान ने अब तक का सबसे दुस्साहसी मिशन - 'हर किसी को एक स्वस्थ और उत्पादक जीवन देना' - पूरा करने का बीड़ा उठाया था। जिसके लिए इसके नेतृत्वकर्ताओं ने ऐसे बहुत से लोगों को अपने मिशन में शामिल किया, जिन्होंने अपना सारा जीवन वैश्विक स्वास्थ्य को बेहतर बनाने

के लिए समर्पित कर रखा था। फाउंडेशन ने इन लोगों से कहा, 'धीरे-धीरे होनेवाली छोटी-मोटी प्रगति पर विचार करना बंद कीजिए और यह सोचिए कि अगर आपके पास असीमित संसाधन हों, तो आप क्या करेंगे?'

सन 2002 आते-आते इस फाउंडेशन का कामकाज इतना बढ़ गया कि फिर इसके लिए लक्ष्य-निर्धारण के अपेक्षा से अधिक ठोस व संरचनापूर्ण स्वरूप को अपनाना ज़रूरी हो गया। जब सीईओ पैटी स्टोन्सिफर ने अमेजॉन की एक बोर्ड मीटिंग में मुझसे ओकेआर के बारे में सुना, तो उन्होंने मुझे फाउंडेशन में भी इसे प्रस्तुत करने के लिए कहा। इसके बाद जो हुआ, वह ओकेआर का इतिहास बन गया।

पैटी स्टोन्सिफर : हम किसी कोरे कागज की तरह थे, जिस पर सिर्फ यह लिखा था कि 'आप इस दुनिया को किस तरह बदलना चाहते हैं?' यह हमारे लिए किसी उपहार से कम नहीं था पर यह उपहार एक बहुत बड़ी जिम्मेदारी भी था। क्योंकि जब आपका लक्ष्य इतना बड़ा हो, तो भला आपको यह कैसे पता चलेगा कि आप वास्तव में कोई प्रगति कर रहे हैं या नहीं?

मिलिंडा गेट्स, पैटी स्टोन्सिफर और बिल गेट्स, ओकेआर की समीक्षा करते हुए, सन 2005.

हमें महसूस हुआ कि पूँजी का इस्तेमाल करने में हमें बहुत ही जिम्मेदारी भरा रवैया अपनाना होगा। बिल और मिलिंडा यह सुनिश्चित करना चाहते थे कि हमारे कठिन चुनावों को दिशा देने के लिए एक अनुशासनात्मक प्रणाली मौजूद हो। हमने जिम कॉलिंस के इस वाक्य से प्रेरणा ली : '**दुनिया का वह कौन सा काम है, जिसमें आप सर्वश्रेष्ठ प्रदर्शन कर सकते हैं?**' इस सवाल का जवाब ढूँढ़ने के बाद हमने ओकेआर प्रणाली को इसके ऊपर रख दिया। हमारा मानना था कि दुनिया में हर किसी को एक स्वस्थ और उत्पादक जीवन मिलना चाहिए। बिल व मिलिंडा यह बदलाव लाने में टेक्नोलॉजी की भूमिका को लेकर खासे उत्साहित थे। यह सचमुच हमारे डीएनए में बसा हुआ था।

कुछ समय के लिए हमने एक वैश्विक स्वास्थ्य मात्रक का उपयोग किया, जिसे डिसेबिलिटी-एडजस्टेड लाइफ इयर्स (डीएएलवाय) के नाम से जाना जाता है। इससे हमें मुख्य परिणामों के लिए एक डाटा-संचालित ढाँचा मिला - जैसे रिवर ब्लाइंडनेस[1] का मुकाबला करने के लिए ज़रूरी सूक्ष्म पोषक तत्वों में निवेश करने के प्रभाव का मापन व मूल्यांकन करना। डीएएलवाय ने हमें वैक्सीन पर ध्यान केंद्रित करने के लिए प्रेरित किया, जिनसे जीवन के उत्पादक वर्षों के मामले में बड़ा फर्क पड़ता है। अब हमारे पास एक विश्वसनीय मात्रक था, जिसे हमारे मुख्य परिणामों से खासी शक्ति मिल रही थी। ओकेआर ने इन सब चीज़ों को हमारे लिए बहुत स्पष्ट बना दिया।

बिल गेट्स : माइक्रोसॉफ्ट में महत्वाकांक्षी और दिशा दिखानेवाले लक्ष्य हमेशा से ही बेहद महत्वपूर्ण रहे हैं। एक तरह से यह स्वाभाविक भी था क्योंकि मैं बहुत कम उम्र से ही यह मानता आया हूँ कि सॉफ्टवेयर्स सचमुच किसी जादू जैसे होते हैं। उन शुरुआती दिनों में ट्रांजिस्टर्स के उपयोग में चौतरफा बढ़ोत्तरी वास्तव में डिवाइस के प्रदर्शन के लिए चित्रित की जाती थी।

हम यह समझ गए कि माइक्रोचिप बनानेवाले हमें क्या दे सकते हैं और

---

[1] एक परजीवी कृमि के संक्रमण से होनेवाला अंधापन, जिसे ऑन्कोसरकायसिस के नाम से भी जाना जाता है।

इसका कोई अंत नज़र नहीं आता था। इसी तरह स्टोरेज और कम्यूनिकेशन से जुड़े लोग भी चौतरफा परिणाम देनेवाले कोड लिख रहे थे। स्क्रीन से जुड़े लोग इतने तेज नहीं थे पर ग्राफिकल यूजर इंटरफेस काफी तेज होनेवाला था। बस एक ही तत्व ऐसा था, जो अनुपस्थित था : वह जादुई सॉफ्टवेयर जिसके जरिए डिवाइस कोई दिलचस्प कार्य करे। मैंने अपने जीवन में वकील या वैज्ञानिक जैसा कोई निश्चिंतता भरा पेशा अपनाने का विचार इसलिए त्याग दिया क्योंकि मेरे लिए यह विचार बहुत ही आकर्षक था कि इतनी विस्तृत समझ – यानी 'आपकी उँगलियों के इशारे पर मौजूद जानकारी' – से क्या-क्या करना संभव हो सकता है? मेरे लिए यह वाकई अद्भुत था।

पॉल एलन और मेरे बीच साझेदारी शुरू होने से पहले ही हमारा यह कहना था कि 'हर घर और हर डेस्क पर एक कंप्यूटर मौजूद होना चाहिए।' आईबीएम और इस क्षेत्र में सक्रिय अन्य धुरंधर – जो उस समय संसाधन और कौशल के मामले में हमसे मीलों आगे थे – इस लक्ष्य के बारे में नहीं सोच रहे थे। उन्हें इसमें कोई संभावना नज़र नहीं आ रही थी, इसीलिए वे इसे वास्तविकता में बदलने के लिए कोई जोर नहीं दे रहे थे। जबकि हम देख सकते थे कि ऐसा करना संभव है। मूर का नियम चीज़ों को सस्ता बनाकर सॉफ्टवेयर उद्योग को एक ऐसे बिंदु तक पहुँचा देता, जिसके बाद यह एक आत्म-निर्भर उद्योग बन जाता और फिर आर्थिक रूप से व्यावहारिक बने रहने के लिए इसे किसी अतिरिक्त निवेश की ज़रूरत नहीं पड़ती। ये सब बहुत ऊँचे और व्यापक लक्ष्य थे और हमने इन्हें शुरुआत में ही अपना लिया था।

आगे जाकर यही बात हमारे लिए सबसे ज़्यादा फायदेमंद साबित हुई। हमने अपने लिए वाकई ऊँचे लक्ष्य तय किए थे।

लक्ष्यों को ठोस बनाना

सन 2000 में मिलिंडा और मैंने गेट्स फाउंडेशन में 20 बिलियन डॉलर्स का निवेश किया। इस तरह अचानक यह एक स्टार्ट-अप के साथ-साथ दुनिया का सबसे बड़ा फाउंडेशन भी बन गया। और चूँकि किसी कार्य से जुड़े लोगों को भुगतान करना ही उस कार्य को आगे बढ़ाने के लिए इंजन का काम करता है,

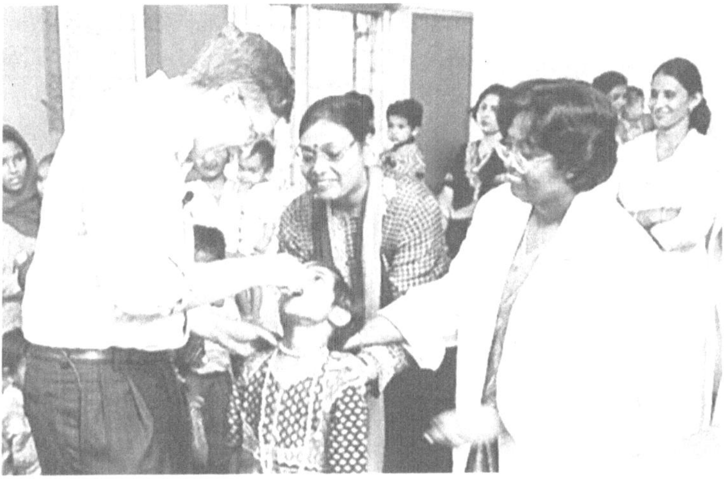

बिल गेट्स मुंबई में एक बच्चे को पोलियो की वैक्सीन पिलाते हुए, सन 2000.

इसलिए गेट्स फाउंडेशन के लिए भी हर साल कम से कम एक बिलियन डॉलर्स खर्च करना ज़रूरी था।

मैंने एंडी ग्रोव को उप-लक्ष्यों (मुख्य परिणाम) पर लोगों का प्रबंधन करते देखा है, साथ ही मैंने जापानी लोगों को भी देखा है, जिनसे मुझे यह सीखने को मिला कि जब लोग अक्षम साबित हों, तो उस स्थिति से कैसे निपटा जाए। मुझे नहीं लगता कि गेट्स फाउंडेशन ने कुछ नया ईजाद किया है, लेकिन इतना ज़रूर है कि मैंने बहुत सी चीज़ों पर गौर किया और बहुत कुछ सीखा। फिर पैटी स्टोन्सिफर ने इसमें ओकेआर को और 'ग्रीन जोन-यलो जोन' वाले दृष्टिकोण को शामिल कर लिया, जो काफी कारगर साबित हुआ। जब हमने अपने अनुदानों की समीक्षा में ओकेआर का उपयोग किया तो मुझे महसूस हुआ कि हम सही लक्ष्य की ओर बढ़ रहे हैं। मैं अभी भी माइक्रोसॉफ्ट का संचालन कर रहा था और मेरे पास सीमित समय ही उपलब्ध होता था, इसीलिए पैटी को हमारे बीच की हर चर्चा को बहुत स्पष्ट रखते हुए कुशलतापूर्वक निपटाना पड़ता था, ताकि यह सुनिश्चित किया जा सके कि हम एक-दूसरे से सहमत हों। लक्ष्य-निर्धारण की प्रक्रिया इसका एक महत्वपूर्ण हिस्सा थी। इस दौरान दो मामले ऐसे भी आए, जहाँ मैंने अंततः एक अनुदान को इसलिए ठुकरा दिया

क्योंकि उसके लक्ष्य स्पष्ट नहीं थे। ओकेआर प्रणाली के चलते मैं इस बात को लेकर आश्वस्त था कि मैं सही निर्णय ले रहा हूँ।

मैं लक्ष्यों का बड़ा प्रसंशक हूँ पर उन्हें सही ढंग से संभालना ज़रूरी होता है। मलेरिया की बीमारी पर काम कर रही हमारी टीम को एक बिंदु पर आकर लगा कि हम सन 2015 तक इस बीमारी को पूरी तरह खत्म कर देंगे, जबकि यह विचार वास्तववादी नहीं था। जब कोई लक्ष्य ज़रूरत से ज़्यादा आकांक्षापूर्ण होता है, तो उससे लक्ष्य पूरा करने की कोशिश में लगे व्यक्ति या टीम की विश्वसनीयता पर नकारात्मक प्रभाव पड़ता है। परोपकार के क्षेत्र में मैंने देखा है कि लोग उद्देश्यों को हमेशा मिशन मानने के भ्रम में पड़ जाते हैं। एक मिशन आपको सिर्फ दिशा दिखाता है, जबकि उद्देश्य में उन ठोस कदमों को स्पष्ट किया जाता है, जिन्हें उठाकर आप उसे पूरा करने की दिशा में आगे बढ़ते हैं। महत्वाकांक्षी उद्देश्य निर्धारित करने में कोई बुराई नहीं है पर आप इसका मापन और मूल्यांकन कैसे करेंगे?

हालाँकि मुझे लगता है कि यह लगातार बेहतर हो रहा है। उच्च स्तरीय प्रदर्शनवाले व्यावसायिक माहौल से बहुत से लोगों को परोपकार के क्षेत्र में लाया जा रहा है और वे इसकी संस्कृति को बदल रहे हैं। सिर्फ एक अच्छा मिशन होना ही पर्याप्त नहीं है। आपके पास एक ठोस उद्देश्य भी होना चाहिए और आपको यह पता होना चाहिए कि आप उसे कैसे हासिल करेंगे।

पैटी स्टोन्सिफरः ओकेआर ने हमें एक साथ महत्वाकांक्षी और अनुशासित होने का मौका दिया। जब भी हमें अपने मापन योग्य मुख्य परिणामों से पता चला कि हमारी प्रगति में कमी आई है और कुछ उद्देश्य ऐसे हैं, जिन्हें पूरा करना संभव नहीं है, तो हमने अपनी पूँजी का फिर से विनियोजन किया। जैसे अगर हमारा लक्ष्य गिनी कृमि रोग को खत्म करना है – जो एक शीर्ष स्तरीय लक्ष्य है – तो यह जानना महत्वपूर्ण था कि जो धन और संसाधन इसमें खर्च हो रहे हैं, उनसे वाकई कोई प्रगति हो भी रहीं है या नहीं। ओकेआर की मदद से हम ऐसे किसी भी बड़े उद्देश्य के लिए महत्वपूर्ण मुख्य परिणामों को तिमाही या वार्षिक रूप

से निर्धारित कर सकते हैं।[2]

जब तक आप दुनिया के हर बच्चे का टीकाकरण करने जैसा कोई बहुत बड़ा लक्ष्य निर्धारित नहीं करेंगे, तब तक आपको यह पता नहीं चलेगा कि कौन सा नया दरवाजा खोलना महत्वपूर्ण है। हमारी वार्षिक रणनीति समीक्षा कुछ इस तरह शुरू होती है: हमारा उद्देश्य क्या है? रोग से पूरी तरह छुटकारा पाना या फिर टीकाकरण का विस्तार करना ताकि यह ज़्यादा से ज़्यादा लोगों की पहुँच में हो?' इस तरह हम अपने मुख्य परिणामों के साथ और व्यावहारिक रवैया अपनाने में सक्षम हो जाते हैं – जैसे ग्लोबल एलायंस फॉर वैक्सीन्स एंड इम्यूनाइजेशन में 80/90 का नियम, जहाँ 80 फीसदी जिलों में 90 फीसदी या उससे भी अधिक आबादी को वैक्सीन दिया जाता। अपनी दिन–प्रतिदिन की गतिविधियों को एक ही दिशा में केंद्रित करने के लिए ये मुख्य परिणाम ज़रूरी हैं और समय के साथ आप उन्हें उस बड़े उद्देश्य को पूरा करने के लिए और महत्वाकांक्षी बनाते जाते हैं।

ईमानदारी से कहूँ, तो हम शायद गलत चीज़ का मापन कर रहे थे पर अपनी जवाबदेही को सुनिश्चित करने का प्रयास जारी था। एक निजी फाउंडेशन में, जहाँ आपके पास अपने असर को मापने के लिए बाज़ार के चलन और प्रभाव मौजूद नहीं होते, वहाँ आपको इस बात का पूरा ध्यान देना पड़ता है कि आपके पास जो डाटा है, वह आपको अपने अंतिम लक्ष्य की ओर ले जा रहा है या नहीं। अपने इस फाउंडेशन में हमें इतनी तेजी से सीखने का मौका मिल रहा था कि कई बार हमें अपने डाटा–सेट को बीच में ही बदलने की ज़रूरत पड़ जाती। मान लीजिए आपके पास शकरकंद के ऐसे बीज हैं, जिनसे उत्पादन दोगुना हो सकता है और आपका ध्यान पूरी तरह इससे जुड़े आँकड़े पर केंद्रित है। लेकिन बाद में पता चलता है कि कोई भी किसान इन बीजों का उपयोग नहीं

---

2 जब गेट्स फाउंडेशन ने कार्टर सेंटर को पुरस्कार स्वरूप करोड़ों के अनुदान दिए तो गिनी कृमि रोग के मामलों में कमी आने लगी। इस रोग का वैज्ञानिक नाम ड्रैकन्कुलाइसिस है। – सन 2000 में जहाँ इस रोग के 75,223 मामले दर्ज हुए, वहीं सन 2008 में इनकी संख्या गिरकर सिर्फ 4,619 रह गई, जबकि सन 2015 में इस रोग के मात्र 22 मामले सामने आए। उम्मीद है कि मानव इतिहास में चेचक के बाद यह दूसरा ऐसा रोग होगा, जिससे हम पूरी तरह छुटकारा पाने में सफल होंगे।

करेगा क्योंकि इनसे पैदा होनेवाले शकरकंद को पकने में सामान्य से चार गुना अधिक समय लगता है।

बड़े लक्ष्यों का निर्धारण उतना कठिन नहीं था, जितना यह समझना कि उन्हें पूरा करने के लिए कौन से कदम उठाने होंगे: इसके लिए कौन-कौन सी मुश्किलों से पार पाना होगा? बिल और मिलिंडा के साथ काम करने की अच्छी बात यही है कि वे प्रगति होते हुए देखना चाहते हैं और साहसी लक्ष्यों से बिलकुल नहीं घबराते।

इसी से संबंधित एक मामला है, पृथ्वी पर मौजूद सबसे घातक जीव मच्छर[3] के खिलाफ चल रही लड़ाई का। सन 2016 में गेट्स फाउंडेशन ने ऊष्णकटिबंधीय इलाकों के सबसे घातक रोग मलेरिया को खत्म करने के लिए ब्रिटिश सरकार के साथ मिलकर 4.3 बिलियन डॉलर्स की लागतवाला एक पंच-वर्षीय अभियान शुरू किया। अनुभवजन्य डाटा से प्रेरित होकर उन्होंने सिर्फ संक्रमण रोकनेवाली वैक्सीन की ओर ध्यान केंद्रित करने के बजाय उसे विस्तार देते हुए एक व्यापक रोग उन्मूलन रणनीति पर केंद्रित किया।

---

3 विश्व स्वास्थ्य संगठन के अनुसार, मच्छरों से पैदा होनेवाली बीमारियों के कारण दुनिया में हर साल 7,25,000 लोगों की मौत हो जाती है। सिर्फ 2015 में ही मलेरिया फैलानेवाले मादा एनोफिलीज मच्छर के कारण 4,29,000 मौतें हुईं, जिनकी अधिकतम सीमा इस आँकड़े से बढ़कर 6,39,000 तक गई। अगर तुलना की जाए, तो पता चलता है कि इंसानों द्वारा हर साल औसतन 4,75,000 लोगों की हत्या की जाती है। मच्छर के अलावा कोई भी अन्य प्रजाति आज तक इंसानों द्वारा की जानेवाली हत्याओं के आँकड़े के इतने करीब नहीं पहुँची है।

उद्देश्य

सन 2040 तक मलेरिया का वैश्विक उन्मूलन

मुख्य परिणाम

1. दुनिया के सामने यह साबित करना कि एक उग्र उपचार-आधारित दृष्टिकोण हमें मलेरिया के क्षेत्रीय उन्मूलन की दिशा की ओर अग्रसर कर सकता है।
2. एसईआरसीएपी (सिंगल एक्सपोजर रैडिकल क्योर एंड प्रोफिलैक्सिस) डायग्नोस्टिक जैसे आवश्यक टूल को तैयार करके बड़े पैमाने पर काम करने की तैयारी करना।
3. रोग उन्मूलन प्रक्रिया को निरंतर आगे बढ़ाने में सहायक वातावरण सुनिश्चित करने के लिए वैश्विक प्रगति बनाए रखना।

उनका शीर्ष उद्देश्य है, दवा-प्रतिरोधी प्रयासों पर विशेष जोर देते हुए इंसानी आबादी में फैले प्लाजमोडियम परजीवी को पूरी तरह खत्म करना। बिल गेट्स मानते हैं कि यह प्रयास कतई आसान नहीं होगा पर इसके सफल होने की भरपूर संभावना है क्योंकि उनकी टीम उन्हीं चीज़ों पर नज़र रख रही है, जो वाकई मायने रखती हैं।

12

सुपरपॉवर ४ :
अद्‌भुत परिणाम हासिल करने के लिए जोर लगाएँ

सबसे बड़ा जोखिम है, कोई जोखिम न उठाना।

- मेलोडी हॉब्सन

ओकेआर हमें हमारे कम्फर्ट जोन से बाहर निकालते हैं। वे हमें हमारी क्षमताओं और हमारे सपनों के बीच की सीमा पर हासिल होनेवाली उपलब्धियों की ओर ले जाते हैं। वे हमारे अंदर ताजा-तरीन क्षमताएँ ढूँढ़ निकालते हैं। वे अपेक्षा से अधिक रचनात्मक समाधान उपलब्ध कराते हैं और बिजनेस मॉडल्स को क्रांतिकारी बना देते हैं। जो कंपनियाँ दीर्घकालीन सफलता और समृद्धि चाहती हैं, उनके लिए यह अनिवार्य है कि वे नई ऊँचाईयों तक पहुँचने की दिशा में ज़ोर लगाएँ। जैसा कि बिल कैम्पबेल कहते : जब कंपनियाँ नए रास्ते खोजना जारी नहीं रखती, तो वे खत्म हो जाती हैं और यहाँ मैं 'दोहराव' की नहीं बल्कि 'नए रास्ते खोजने' की बात कर रहा हूँ। रूढ़िवादी ढंग से लक्ष्य-निर्धारण करना, कंपनियों को नए रास्ते खोजने से रोक देता है। दरअसल **नए रास्ते खोजना ऑक्सीजन की तरह है : इसके बिना आपका सफल होना असंभव है।**

जब आकांक्षापूर्ण लक्ष्यों (जिन्हें हासिल करने के लिए आपको जोर लगाना पड़ता है) को बुद्धि से चुना जाता है, तो सकारात्मक परिणाम के लिए जोखिम लेना एक कारगर गुण साबित होता है। जिम कॉलिंस ने अपनी किताब गुड टू ग्रेट में इन लक्ष्यों को बिग हेयरी ऑडेशस गोल्स (बीएचएजी) यानी 'बड़े, अक्खड़, दुस्साहसी लक्ष्य' का नाम देकर यादगार बना दिया था। ऐसे लक्ष्य ही आपको नई ऊँचाईयों की ओर ले जाते हैं :

बीएचएजी यानी विशाल, आकांक्षापूर्ण और चुनौतियों से भरे लक्ष्य,

जिन्हें हासिल करना किसी ऊँचे पहाड़ पर चढ़ने जैसा होता है। ऐसे लक्ष्य स्पष्ट व सम्मोहक होते हैं और इन्हें समझना आसान होता है। हर बीएचएजी, प्रयासों के एकीकृत केंद्र बिंदु के रूप में काम करता है, जो उसे हासिल करने में जुटे लोगों को रोमांच और खेल भावना से भर देता है। 1960 के दशक में शुरू हुए नासा के चंद्रमा अभियान की तरह ही बीएचएजी भी लोगों का पूरा ध्यान अपनी ओर खींच लेते हैं और फिर लोग उनसे एक भावनात्मक जुड़ाव महसूस करने लगते हैं।

दृढ़ लक्ष्य-निर्धारण क्षेत्र के पितामह एडविन लोके ने लक्ष्य की कठिनाई और उपलब्धि के बीच मात्रात्मक सहसंबंध की तलाश के लिए करीब दर्जनभर अध्ययनों को बारीकी से परखा। इनके बारे में लोके लिखते हैं, 'इन अध्ययनों का कार्यक्षेत्र काफी विस्तृत था पर परिणाम 'असमान' थे। इनसे स्पष्ट हुआ कि **लक्ष्य जितना कठिन हो, प्रदर्शन उतना ही उच्च स्तरीय होता है**... हालाँकि आसान लक्ष्य रखनेवालों के मुकाबले, कठिन लक्ष्यवाले बहुत कम लोग ही अपने लक्ष्यों को पूरा करने में सफल हुए। जबकि कठिन लक्ष्यवालों ने आसान लक्ष्यवालों के मुकाबले निरंतर उच्च स्तरीय प्रदर्शन किया।' इन अध्ययनों से पता चला कि इस प्रकार जोरदार ढंग से अतिरिक्त कार्य करनेवाले लोग न सिर्फ अधिक उत्पादक थे बल्कि वे अधिक प्रेरित और जुड़ा हुआ भी महसूस करते थे : 'विशिष्ट चुनौतीपूर्ण लक्ष्यों का निर्धारण करना, कार्य में अपनी रुचि बढ़ाने और उससे जुड़ी किसी गतिविधि के सुखद पहलुओं की खोज करने में सहायक होता है।'

सन 2007 में नेशनल अकॅडमी ऑफ इंजीनियरिंग ने इंटरनेट व्यवसायी लैरी पेज, भविष्यवादी रे कर्ज़वेल और अनुवांशिकी विज्ञानी जे. क्रेग वेंटर जैसे शीर्ष विचारकोंवाले एक पैनल से पूछा कि '21वीं सदी में इंजीनियरिंग क्षेत्र की चौदह बड़ी चुनौतियाँ' क्या हैं? पैनल के सदस्यों ने करीब एक साल तक इस विषय पर गहन विचार-विमर्श करने के बाद कुछ आकांक्षापूर्ण लक्ष्य प्रस्तुत किए, जो इस प्रकार थे : एकीकरण से ऊर्जा पैदा करना, मस्तिष्क की रिवर्स-इंजीनियरिंग[1]

---

[1] किसी चीज़ की संरचना, बनावट और ढाँचे का विस्तृत अध्ययन करके उसकी प्रतिकृति बनाना।

करना, परमाणु आतंक को रोकना और साइबर स्पेस को सुरक्षित बनाना। (अब तो आप समझ ही गए होंगे कि यहाँ किस स्थिति की बात की जा रही थी।)

सभी आकांक्षापूर्ण लक्ष्य इतने असाधारण नहीं होते। कभी-कभी वे असाधारण स्तर पर 'साधारण' कार्य का प्रतिनिधित्व भी करते हैं। पर अगर इनकी व्यापकता और स्तर की परवाह न की जाए, तब भी ये उद्यमियों की मेरी पसंदीदा परिभाषा में फिट बैठते हैं :

ऐसे लोग, जो उम्मीदों से परे जाकर, कम से कम संसाधनों में भी, ज़्यादा से ज़्यादा कार्य पूरे करते हैं।[2]

अनुभवहीन स्टार्ट-अप्स हों या बाजार में अग्रणी रहनेवाले संगठन, दोनों में ही आकांक्षापूर्ण लक्ष्य उद्यमी संस्कृति को बढ़ावा दे सकते हैं। वे लोगों को उनकी तयशुदा सीमाओं से परे ले जाते हैं और कार्य पर अमल करनेवाले उत्कृष्ट बल के रूप में कार्य करते हैं। जैसा कि एडमंड्स डॉट कॉम के मुख्य डिजिटल अधिकारी फिलिप पॉटलॉफ ने कहा था, 'हम ऑटोमोटिव के क्षेत्र में खुदरा व्यापार के तौर-तरीकों को बदलने की कोशिश कर रहे हैं। यह हमारे लिए एक बड़ी चुनौती तो है ही, साथ ही एक बड़ा अवसर भी है। उद्योग को बदल डालने के इस विशाल व सनकी लक्ष्य को ओकेआर के बिना पूरा करना असंभव है। इसीलिए ओकेआर हमेशा से ही हमारे काम का केंद्र बिंदु रहे हैं।'

आकांक्षापूर्ण लक्ष्य हर ओकेआर सुपरपॉवर से होकर गुज़रते हैं। सच्चा फर्क लानेवाले लक्ष्यों को पूरा करने के लिए प्रतिबद्धता और ध्यान केंद्रित करना अनिवार्य हैं। केवल एक पारदर्शितापूर्ण, सहयोगी, सरेखित और आपसी जुड़ाव रखनेवाला संगठन ही तयशुदा मानकों से परे जाकर सफलता हासिल कर सकता हैं। और जब तक आपके पास अपनी प्रगति का मूल्यांकन करने का कोई कारगर तरीका नहीं होगा, तब तक आपको यह कैसे पता चलेगा कि आप अपने आकांक्षापूर्ण लक्ष्यों को पूरा करने में सफल हो गए हैं?

---

2 नौकरशाहों के विपरीत, जो ज़्यादा से ज़्यादा संसाधनों का उपयोग करके भी बहुत कम कार्यों को ही पूरा कर पाते हैं।

ओकेआर की दो श्रेणियाँ

गूगल अपने ओकेआर को दो श्रेणियों में बाँटता है, प्रतिबद्ध लक्ष्य और आकांक्षापूर्ण लक्ष्य (जिन्हें अंग्रेजी में 'स्ट्रेच गोल्स' भी कहा जाता है यानी ऐसे अतिरिक्त लक्ष्य, जो बेहद चुनौतीपूर्ण होते हैं और जिन्हें हासिल करने का प्रयास आमतौर पर तब किया जाता है, जब सभी प्राथमिक लक्ष्य पूरे हो चुके हों)। यह ऐसा अंतर है, जिससे काफी फर्क पड़ता है।

प्रतिबद्ध लक्ष्य गूगल के मात्रकों से बंधे होते हैं, जैसे प्रोडक्ट रिलीज, बुकिंग, नियुक्तियाँ और कंपनी के ग्राहक। मैनेजमेंट इन्हें कंपनी के स्तर पर निर्धारित करता है और कर्मचारी अपने विभाग के स्तर पर। आमतौर पर प्रतिबद्ध उद्देश्य - जैसे बिक्री और राजस्व से जुड़े लक्ष्य - को एक तयशुदा अवधि में पूर्णत: (100 फीसदी) हासिल करना होता है।

दूसरी ओर आकांक्षापूर्ण उद्देश्य दूरगामी परिणामों, बड़े जोखिमों और भविष्य की ओर झुकाव रखनेवाले विचारों को दर्शाते हैं। वे किसी भी स्तर से पैदा हो सकते हैं और उनका उद्देश्य पूरे संगठन को एकजुट करना होता है। अपनी परिभाषा के अनुसार वे आपको हासिल करने की चुनौती दे रहे होते हैं। 40 प्रतिशत की औसत दर से आनेवाली असफलताएँ गूगल का हिस्सा हैं।

इन दोनों श्रेणियों का सापेक्ष भार एक सांस्कृतिक प्रश्न है। विभिन्न संगठनों में, विभिन्न तिमाहियों में ये अलग ही होगा। संगठन का नेतृत्व करनेवालों को खुद से यह ज़रूर पूछना चाहिए : आनेवाले साल में हमें कैसी कंपनी की ज़रूरत होगी? चुस्त और साहसी, जो नए बाजार में अपनी जगह बनाए - या फिर और अधिक रूढ़िवादी व क्रियाशील, जो हमारी मौजूदा स्थिति को और दृढ़ बनाए? क्या हम खुद को बस किसी तरह बचाए रखने में जुटे हुए हैं या फिर हमारे हाथ में इतना धन है कि हम बड़ा फायदा कमाने के लिए एक बड़ा दाँव लगा सकें? हमारे व्यवसाय को फिलहाल इन दोनों विकल्पों में से किसका चुनाव करने की ज़रूरत है?

ज़ोर लगाने की हमारी ज़रूरत

एंडी ग्रोव बीसवीं सदी के मनोवैज्ञानिक अब्राहम मैस्लो के बड़े प्रशंसक थे। मैस्लो को उनकी हाईरार्की ऑफ नीड्स (ज़रूरतों का पदानुक्रम) के लिए

जाना जाता है। मैस्लो के अनुसार, अपनी बुनियादी ज़रूरतों - जिनमें सबसे पहली है 'भोजन और आश्रय' की ज़रूरत, इसके बाद आती है 'सुरक्षा' की ज़रूरत, फिर 'प्रेम और अपनेपन' की ज़रूरत - को पूरा करने के बाद ही हम इनसे ऊँचे स्तर की प्रेरणाओं की ओर बढ़ते हैं। मैस्लो के इस पिरामिड के शीर्ष पर 'आत्मसाक्षात्कार' की ज़रूरत को रखा गया है :

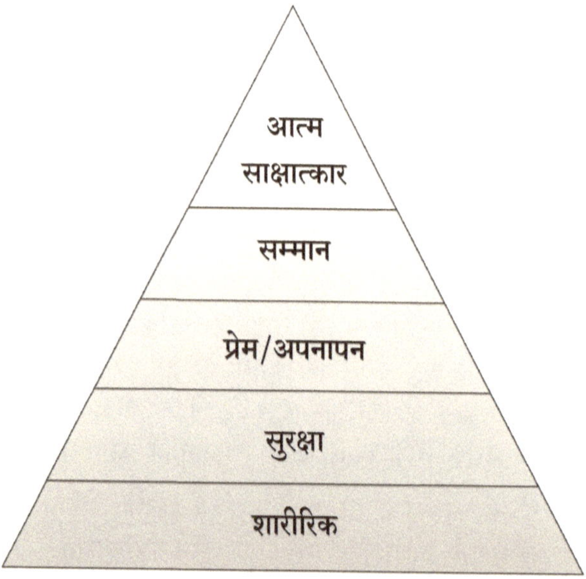

यहाँ मैस्लो की हाईरार्की ऑफ नीड्स (ज़रूरतों का पदानुक्रम) को एक पिरामिड के रूप में प्रस्तुत किया गया है, जिसमें सबसे बुनियादी ज़रूरतें पिरामिड में सबसे नीचे दर्शाई गई हैं।

ग्रोव यह जानकर उत्साहित थे कि कुछ लोग बिना किसी उकसावे के लगातार 'अपनी क्षमताओं की आखिरी सीमा को परखने' के लिए और अपना 'सर्वश्रेष्ठ' करने के लिए प्रेरित रहते हैं। ऐसे कर्मचारी मैनेजर्स को बहुत पसंद थे और वे कभी आत्म-संतुष्ट महसूस नहीं करते थे। लेकिन ग्रोव यह भी समझते थे कि हर कोई पैदाइशी विजेता नहीं होता। आत्म-संतुष्ट महसूस न करनेवाले कर्मचारियों से अलग बाकी के कर्मचारियों से 'आकांक्षापूर्ण' लक्ष्यों द्वारा अधिकतम आउटपुट हासिल किया जा सकता है: 'अगर आप खुद को और अपने नीचे काम करनेवाले कर्मचारियों को सबसे उच्च स्तरीय प्रदर्शन करते

देखना चाहते हैं, तो इस प्रकार का लक्ष्य निर्धारण बेहद महत्वपूर्ण है।'

इंटेल में ऐसे लोगों को बहुत महत्त्व दिया जाता था, जो जोखिम उठाने से पहले उसके संभावित परिणामों पर गहन सोच-विचार करते थे। यह कंपनी एक ऐसी जगह थी, जहाँ मैंने आकांक्षापूर्ण लक्ष्यों को पूरा करने के लिए जोर लगाना और असफलता का सामना करने का साहस विकसित करना सीखा। ऑपरेशन क्रश[3] में कंपनी के सारे सेल्समैनों का मूल्यांकन 8086 माइक्रोप्रॉसेसर को अन्य कंपनियों के उत्पादों के पुर्जे के रूप में बेचने संबंधी समझौते करने के आधार पर हुआ। बिल डेविडो के नेतृत्व में ऑपरेशन क्रश की टास्क फोर्स ने जो लक्ष्य निर्धारित किया था, मैंने उससे ज़्यादा साहसी लक्ष्य आज तक नहीं देखा। यह लक्ष्य था, एक साल की अवधि में 8086 माइक्रोप्रोसेसर को अन्य कंपनियों के उत्पादों के पुर्जे के रूप में बेचने संबंधी एक हज़ार समझौते करना। यह संख्या पिछले साल हुए कुल समझौतों की संख्या से दोगुनी थी। जैसा कि कंपनी में माइक्रोप्रोसेसर्स के जनरल मैनेजर डेव हाउस याद करते हुए बताते हैं :

> हम इंटेल की बात कर रहे हैं यानी वह कंपनी जहाँ मापन और मूल्यांकन करना बहुत ज़रूरी होता था। और मुझे लगता है कि यह जिम लैली ही थे, जिन्होंने कहा था कि हमें ऐसे 1000 समझौते करने की ज़रूरत है... यह संख्या बहुत बड़ी थी। और जब हम 1000 समझौते करने के लिए ज़रूरी योजनाएँ बना रहे थे, तो न जाने कैसे यह संख्या बढ़ाकर 2000 कर दी गई। इससे हमारी चिंता और बढ़ गई, लेकिन अब हमें यह लक्ष्य किसी भी हाल में पूरा करना था।

2000 समझौते करने का अर्थ था कि हर सेल्समैन, हर महीने कम से कम ऐसा एक समझौता करे। यानी अब कंपनी का मैनेजमेंट जमीन पर काम करनेवाले हमारे प्रतिनिधियों से माइक्रोचिप की बिक्री को तीन गुना करने के लिए कह रही थी, जबकि कंपनी का यह प्रोडक्ट (उत्पाद) बाजार में खासा लोकप्रिय नहीं था, हमारे सबसे पुराने और वफादार ग्राहक भी इससे खरीदने में हिचकिचा रहे थे। हमारी सेल्स फोर्स खुद को बुरी तरह हारा हुआ महसूस कर

---

[3] 16-बिट चिप माइक्रोप्रॉसेसर के बाजार में अपना वर्चस्व स्थापित करने के लिए इंटेल द्वारा चलाया गया बेहद आक्रामक अभियान

रही थी और उनके सामने माउंट एवरेस्ट की चोटी जितना ऊँचा लक्ष्य था, जिसे किसी भी हाल में पूरा करना था। हाल ही में जब मैंने बिल डेविडो से पूछा कि उन्होंने इतना ऊँचा लक्ष्य क्यों निर्धारित किया था, तो उनका जवाब था, 'मैंने दो हज़ार समझौतों का आँकड़ा इसलिए तय किया था क्योंकि हम एक ऐसा लक्ष्य चाहते थे, जो पूरी टीम को एकजुट कर सके और दो हज़ार समझौते करना ऐसा ही एक लक्ष्य था।'

जो सेल्समैन अपना लक्ष्य पूरा करने में सफल रहे, उन्हें कंपनी की ओर से इन्सेंटिव के रूप में परिवार के किसी एक सदस्य के साथ, दक्षिणी प्रशांत महासागर स्थित फ्रांसीसी पॉलिनेशिया के द्वीप ताहीती में छुट्टियाँ बिताने का मौका दिया गया। फिर जिमी लैली ने इसमें एक नई शर्त जोड़ दी कि अगर कोई एक सेल्समैन भी अपना लक्ष्य पूरा नहीं कर पाता है, तो उसके जिले में स्थित ऑफिस का हर कर्मचारी ताहीती में छुट्टी बिताने का मौका गँवा देगा। शुरुआती सफलता की दर तयशुदा लक्ष्य से बहुत नीचे थी। इसलिए कंपनी की टास्क फोर्स इन समझौतों के मानकों को सरल बनाने के बारे में सोचने लगी, जिससे सकारात्मक फर्क पड़ा। गर्मियों का मौसम आते-आते चीज़ें रहस्यमयी ढंग से बदलने लगीं और हर सेल्समैन ने ऐसा प्रदर्शन किया कि सभी को ताहीती में छुट्टियाँ मनाने का मौका मिलने लगा। तीसरी तिमाही आते-आते कर्मचारियों ने आपस में एक-दूसरे पर अपना-अपना लक्ष्य पूरा करने का इतना दबाव बना दिया कि हर वह सेल्समैन, जो पीछे छूट रहा था, उसने किसी तरह जोर लगाकर अपना लक्ष्य पूरा कर लिया।

साल के अंत तक कंपनी की सेल्स फोर्स ने निर्धारित लक्ष्य 2000 को पार करते हुए 2300 समझौते कर डाले। अब बाज़ार में 8086 माइक्रोप्रोसेसर का ही वर्चस्व था; इंटेल का भविष्य सुरक्षित हो चुका था। इंटेल के हर सेल्समैन को ताहीती में छुट्टी बिताने का मौका मिला। वास्तव में हमें ये शानदार परिणाम इसलिए मिले क्योंकि हमने अपने लिए एक 'आकांक्षापूर्ण लक्ष्य' निर्धारित किया और उसे हासिल करने के लिए जोर लगाया।

10 गुना का ईश्वरीय सिद्धांत

अगर एंडी ग्रोव को आकांक्षापूर्ण आकेआर का धर्म-संरक्षक माना जाए, तो लैरी पेज को इनका मुख्य-पुरोहित कहना अनुचित नहीं होगा। टेक्नोलॉजी के क्षेत्र में गूगल का अर्थ है, असंख्य नए रास्ते खोजना और अथक विकास करना। उद्देश्यों और मुख्य-परिणामों के मामले में यह कंपनी आक्रामक लक्ष्यों का या लेखक स्टीवन लेवी के शब्दों में कहें, तो '10 गुना का ईश्वरीय सिद्धांत' का पर्याय बन चुकी है।

ज़रा जीमेल पर विचार करें। पिछले वेब-आधारित ई-मेल सिस्टम की मुख्य समस्या यह थी कि उसकी स्टोरेज क्षमता बहुत कम - सिर्फ 2 से 4 एमबी (मेगाबाइट) तक - की थी। यूजर्स को नए ई-मेल को जगह देने के लिए मज़बूरी में अपने पुराने ई-मेल्स को डिलीट करना पड़ता था। साथ ही इसमें आर्काइव की सुविधा भी एक कभी न पूरा हो पानेवाले सपने जैसी थी। जीमेल के विकास के दौरान गूगल के नेतृत्वकर्ता इसकी स्टोरेज क्षमता को 100 एमबी की बनाने पर विचार कर रहे थे - जो उस समय के ईमेल सिस्टम की स्टोरेज क्षमता के मुकाबले काफी ज़्यादा थी। लेकिन सन 2004 में जब जीमेल को सार्वजनिक रूप से रिलीज किया गया, तब तक 100 एमबी स्टोरेज क्षमता के लक्ष्य को भुलाकर अब इसकी स्टोरेज क्षमता को 1 जीबी (गीगाबाइट) कर दिया गया, जो इसके प्रतिस्पर्धी के मुकाबले पाँच सौ गुना ज़्यादा थी। इसके यूजर्स जितने चाहें, उतने ई-मेल्स सँभालकर रख सकते थे। इसने डिजिटल कम्युनिकेशन की दुनिया को हमेशा के लिए बदलकर रख दिया।

तो यही हैं, बिग हेयरी ऑडेशस गोल्स (बीएचएजी) यानी 'बड़े, अक्खड़, दुस्साहसी लक्ष्य।' जीमेल सिर्फ मौजूदा सिस्टम में सुधार ही नहीं लाया बल्कि उसने इस श्रेणी की सुविधा को पुनःपरिभाषित करके प्रतिस्पर्धियों को दस गुना बेहतर प्रदर्शन करने के लिए मज़बूर कर दिया। यह 10 गुना सोच किसी भी क्षेत्र में और किसी भी मंच पर दुर्लभ होती है। लैरी पेज कहते हैं, 'अधिकतर लोग भौतिक स्तर पर यह समझने की कोशिश नहीं करते कि क्या करना संभव है बल्कि वे पहले से ही चीज़ों को असंभव मानकर चलते हैं।'

अमेरिकी मासिक पत्रिका वायर्ड में स्टीवन लेवी लिखते हैं :

> लैरी पेज इसे कुछ यूँ देखते हैं कि किसी चीज़ में दस फीसदी सुधार लाने का अर्थ है कि आप भी वही कर रहे हैं, जो बाकी लोग कर रहे हैं। हो सकता है कि आपको किसी बड़ी असफलता का सामना न करना पड़े पर इस बात की भी गारंटी है कि इस तरह आपको कोई बड़ी सफलता भी नहीं मिलनेवाली।
>
> इसीलिए लैरी पेज गूगल के कर्मचारियों से यह अपेक्षा रखते हैं कि वे ऐसे उत्पाद बनाएँ व ऐसी सेवाएँ दें, जो प्रतिस्पधियों से 10 गुना बेहतर हों। इसका अर्थ है कि उन्हें कुछेक छोटी-मोटी अदृश्य कुशलताओं को पहचानने या मामूली लाभ हासिल करने के लिए कोड में कोई छोटा-मोटा बदलाव करने में कोई दिलचस्पी नहीं है।
>
> जबकि दूसरी ओर एक हज़ार फीसदी सुधार लाने के लिए समस्याओं पर पुनर्विचार करने, तकनीकी रूप से क्या संभव होगा, उसका पता लगाने और इस प्रक्रिया का आनंद उठाने की ज़रूरत होती है।

गूगल में एंडी ग्रोव द्वारा तय किए गए पुराने मानकों के अनुरूप आकांक्षापूर्ण ओकेआर 60 से 70 फीसदी परिणामों के लिए निर्धारित किए जाते हैं। दूसरे शब्दों में कहें, तो उम्मीद की जाती है कि कम से कम 30 फीसदी मौकों पर संगठन का प्रदर्शन कमज़ोर साबित होगा और इसी को सफलता माना जाता है!

हेल्पआउट्स से लेकर गूगल आंसर्स जैसे उत्पादों तक, गूगल को कई बार भारी असफलताओं का सामना भी करना पड़ा है। 70 फीसदी के इस आँकड़े के आसपास रहना एक किस्म की उदारता और असफल होने के लिए तैयार रहनेवाले दृष्टिकोण को दर्शाता है। हो सकता है कि इस अवधि की शुरुआत में एक भी लक्ष्य ऐसा न हो, जो पूरा होता नज़र आ रहा हो। इसीलिए गूगल के कर्मचारियों को कठिन सवाल पूछने के लिए प्रोत्साहित किया जाता है, जैसे: भारी जोखिमभरे ऐसे कौन से कदम हैं, जिन्हें उठाने के बारे में विचार किया जाना चाहिए? हम ऐसा क्या कर रहे हैं, जो हमें नहीं करना चाहिए? अपने संसाधनों को किस दिशा की ओर मोड़ना चाहिए और नए साझेदार ढूँढ़ने के

एरिक श्मिट, लैरी पेज और सर्गे ब्रिन गूगल की पहली सेल्फ-ड्राइविंग कार के साथ, सन 2011 - '10 गुना सोच' फलीभूत होती हुई!

लिए किस दिशा की ओर जाना चाहिए? इस तरह डेडलाइन खत्म होते-होते असंभव दिखनेवाले कई लक्ष्य काफी हद तक पूरे हो जाते हैं।

ज़ोर लगाने के प्रभावी कारक

सफल होने के लिए ज़रूरी है कि आपके आकांक्षापूर्ण लक्ष्य किसी ऐसी परेड जैसे न लगे, जिसकी कोई मंजिल नहीं है। साथ ही ऊँचे पद पर बैठा कोई अधिकारी जमीनी सच्चाईयों को जाने बिना आकांक्षापूर्ण लक्ष्यों को अपने नीचे काम करनेवाले कर्मचारियों पर नहीं थोप सकता। अगर आप किसी आकांक्षापूर्ण लक्ष्य को पूरा करने के लिए अपनी टीम को ज़रूरत से ज़्यादा जोर लगाने पर मज़बूर करेंगे, तो हो सकता है कि आपकी टीम अचानक बिखर जाए। ऐसे जोखिमपूर्ण लक्ष्य, जिन्हें हासिल करने के लिए जबर्दस्त प्रयासों की ज़रूरत हो, वे कर्मचारी की प्रतिबद्धता की माँग करते हैं। इसके लिए यह ज़रूरी है कि नेतृत्व करनेवाला दो चीज़ें ज़रूर करे: कर्मचारियों को परिणाम के महत्त्व से अवगत कराना और यह भरोसा दिलाना कि परिणाम हासिल करना संभव है।

कोई बड़ा दाँव हारने की स्थिति में खुद को सहारा देने के लिए गूगल के

पास जितने संसाधन हैं, उतने संसाधन बहुत कम संगठनों के पास होते हैं। हर संगठन की जोखिम झेलने की एक निश्चित सीमा होती है, जो समय के साथ बदलती रहती है। किसी कंपनी के पास गलती होने पर खुद को सँभालने की जितनी क्षमता होती है, वह उतना ही अधिक जोखिम उठा सकती है। उदाहरण के लिए संगठन का नेतृत्व करनेवाले भले ही कुछ भी कहें, पर ओकेआर की विफलता की 40 फीसदी की दर बहुत ही जोखिम भरी - और हतोत्साहित करनेवाली लग सकती है। ऊँची उपलब्धि हासिल करनेवालों का मनोबल हर उस चीज़ के चलते गिर सकता है, जो 100 फीसदी परिणाम न दे रही हो। पूर्व एचआर लीडर अमीलिया मेरिल कहती हैं, 'कैलीफोर्निया के रिस्क मैनेजमेंट सॉल्यूशंस में कर्मचारियों की तुलना में डिग्रियाँ ज़्यादा हैं। यहाँ के लोगों को हर चीज़ में ग्रेड 'ए' पाने की आदत है, उन्हें ग्रेड 'बी' नहीं मिलता। इसीलिए यहाँ किसी कार्य में 100 फीसदी परिणाम न मिलना या ग्रेड 'ए' की जगह ग्रेड 'बी' पाकर संतोष करना सांस्कृतिक रूप से बहुत कठिन है।'

माईफिटनेसपैल में माइक ली सभी ओकेआर को प्रतिबद्ध लक्ष्य ही मानते हैं यानी ऐसे लक्ष्य जो कठिन होते हैं, जिनमें खासी मेहनत लगती है, लेकिन फिर भी उन्हें पूर्णत: हासिल करना संभव है। वे कहते हैं, 'मैं अपने हिसाब से सही मापदंड स्थापित करने की कोशिश कर रहा हूँ। अगर हम अपने सारे लक्ष्यों को पूरा कर लेते हैं, तो मैं संगठन की प्रगति को संतोषजनक मानूँगा।' यह एक उचित दृष्टिकोण है पर इसकी अपनी कुछ हानियाँ भी हैं। क्या माइक के कर्मचारी ऐसे उद्देश्यों से दूर ही रहेंगे, जिन्हें वे 100 फीसदी के बजाय सिर्फ 90 फीसदी ही पूरा कर सकते हैं? मेरा मानना है कि नेतृत्व करनेवालों को निर्धारित उद्देश्य पूरे करने के लिए सिर्फ एक हद तक ही जोर देना चाहिए। समय के साथ जब टीम और संगठन के सदस्य ओकेआर का अनुभव हासिल कर लेते हैं, तो उनके मुख्य परिणाम स्वत: ही और अधिक सटीक व आक्रामक हो जाते हैं।

हालाँकि ऐसा कोई जादुई आँकड़ा नहीं है, जिसे सबसे बेहतरीन आकांक्षापूर्ण लक्ष्य माना जा सके। पर ज़रा इस पर विचार करें : आपकी टीम अधिकतम लाभ कैसे हासिल कर सकती है? अद्भुत परिणाम कैसे होते हैं? अगर आप महानता हासिल करना चाहते हैं, तो अद्भुत परिणामों के लिए जोर लगाना एक अच्छी

शुरुआत है। पर जैसा कि एंडी ग्रोव ने स्पष्ट किया था, चाहे जो भी हो पर यह शुरुआती बिंदु एक ऐसी जगह नहीं बनना चाहिए, जहाँ आकर आप रुक जाएँ।

आप जानते हैं कि हमें इस व्यवसाय में कठिन व असुविधाजनक उद्‌देश्य निर्धारित करके उन्हें पूरा करना ही पड़ता है। और फिर पलभर अपनी सफलता का जश्न मनाकर हमें दोबारा ऐसे उद्‌देश्य निर्धारित करने होते हैं, जिन्हें पूरा करना खासा कठिन हो और फिर हमें उन्हें भी पूरा करना पड़ता है। आपके लिए ऐसे किसी भी लक्ष्य को पूरा करने का ईनाम यही है कि उसके बाद आपको एक बार फिर मैदान में उतरकर अपने जौहर दिखाने का मौका मिलता है।

13

जोर लगाना : गूगल क्रोम की कहानी

सुंदर पिचाई

सीईओ

प्रोजेक्ट लून और सेल्फ ड्राइविंग कारों को विकसित करनेवाली 'गूगल एक्स' टीम के लीडर एस्ट्रो टेलर ने आकांक्षापूर्ण लक्ष्य को बहुत खूबसूरती से परिभाषित किया था। वे कहते हैं, 'अगर आप अपनी कार के माइलेज को 50 मील प्रति गैलन करना चाहते हैं, तो शायद कार में कुछ छोटे-मोटे तकनीकी बदलाव करके आपका काम चल जाएगा। पर अगर मैं आपसे कहूँ कि आपको अपनी कार का माइलेज 500 मील प्रति गैलन करना होगा, तो इसके लिए आपको नए सिरे से शुरुआत करनी पड़ेगी।'

सन 2008 में सुंदर पिचाई गूगल में प्रोडक्ट डेवलपमेंट के वाइस प्रेसिडेंट थे। जब सुंदर और उनकी टीम क्रोम ब्राउजर को बाजार में लेकर आए, तो निश्चित ही वे नए सिरे से शुरुआत कर रहे थे। वे संभावित विफलता से घबराए बिना सफलता हासिल करने के लिए प्रेरित थे। अद्भुत परिणाम हासिल करके अपने प्रोडक्ट और अपनी कंपनी को आगे ले जाने के लिए उन्होंने ओकेआर का उपयोग किया। आज गूगल क्रोम मोबाइल और डेस्कटॉप, दोनों प्लेटफॉर्म्स पर दुनिया का सबसे लोकप्रिय वेब ब्राउजर है। आगे आपको पता चलेगा कि इस मंजिल के रास्ते में कंपनी को कई झटके भी लगे। पर जैसा कि लैरी पेज कहते हैं, 'अगर आप अपने लिए एक सनकी किस्म का, बेहद महत्वाकांक्षी लक्ष्य निर्धारित करके अंततः उसे हासिल नहीं कर पाते, तब भी आप कुछ न कुछ उल्लेखनीय ज़रूर हासिल कर लेते हैं। **जब आप सितारों को अपना लक्ष्य बनाते हैं, तो भले ही आप इस लक्ष्य को हासिल न कर सकें पर इस कोशिश में आप चाँद**

को ज़रूर हासिल कर लेते हैं।'

सुंदर पिचाई का कॅरियर आकांक्षापूर्ण लक्ष्य का साक्षात उदाहरण है। अक्टूबर 2015 में 43 वर्ष की उम्र में सुंदर गूगल के तीसरे सीईओ बने। आज वे इस संगठन के मुखिया हैं, जिसमें साठ हज़ार से ज़्यादा कर्मचारी काम करते हैं और जिसका राजस्व 80 बिलियन डॉलर्स का है।

सुंदर पिचाई : 1980 के दशक में अपने बचपन के दिनों में जब मैं दक्षिण भारत में रहता था, तब आज की तुलना में टेक्नोलॉजी तक मेरी पहुँच बहुत सीमित थी। फिर भी इसने मेरे जीवन पर गहरा प्रभाव डाला। मेरे पिता चेन्नई नामक एक महान महानगर में बतौर इलेक्ट्रिकल इंजीनियर कार्यरत थे। हम बहुत साधारण जीवन जीते थे। उस जमाने में अपने घर में एक रोटरी डायल मॉडलवाला टेलीफोन लगवाने के लिए भी तीन से चार साल तक इंतजार करना पड़ता था। मैं उस वक्त 12 साल का था, जब आखिरकार मेरे परिवार को भी एक टेलीफोन कनेक्शन मिल गया। उस समय यह एक बड़ी चीज़ थी। हमारे पड़ोसी भी हमारा फोन इस्तेमाल करने के लिए आते थे।

भारत में अपने जीवन को लेकर मेरी यादें दो हिस्सों में बँटी हुई हैं, एक है फोन कनेक्शन मिलने से पहले का जीवन और दूसरा है फोन कनेक्शन के बाद का जीवन। घर में फोन आने से पहले अगर मेरी माँ कहतीं कि 'जाओ ज़रा पता करो, अस्पताल में मेरी ब्लड टेस्ट रिपोर्ट तैयार हुई या नहीं?' तो मैं बस पकड़कर अस्पताल जाता और वहाँ अपने जैसे कई लोगों के साथ एक कतार में खड़ा रहता और तब भी अक्सर यही जवाब मिलता कि 'अभी रिपोर्ट तैयार नहीं हुई है, कल आना।' इसके बाद मैं दोबारा बस पकड़कर घर पहुँचता। अस्पताल आने-जाने की इस पूरी यात्रा में करीब तीन घंटे लग जाते। वहीं फोन कनेक्शन मिलने के बाद मैं अस्पताल में सिर्फ एक कॉल करके पता कर सकता था कि रिपोर्ट तैयार हुई या नहीं। आज हम टेक्नोलॉजी का मूल्य नहीं समझते, जबकि यह हर रोज बेहतर हो रही है। पर मेरे मन में, फोन कनेक्शन मिलने के पहले और बाद के ये क्षण आज भी इतने ताजा हैं कि मैं इन्हें कभी नहीं भूल सकता।

उस दौर में कंप्यूटर्स और सेमीकंडक्टर्स के विषय पर जो भी किताब मेरे हाथ लगती है, मैं उसे तुरंत पढ़ लेता। मेरी इच्छा थी कि मैं जीवन में एक दिन सिलिकन वैली पहुँच सकूँ। जिसका अर्थ था, उच्च शिक्षा के लिए स्टैनफोर्ड यूनिवर्सिटी जाना - मेरा लक्ष्य यही था कि मैं टेक्नोलॉजी के जरिये दुनिया में आनेवाले इस विशाल बदलाव का हिस्सा बन सकूँ। एक तरह से कहा जाए, तो मुझे लगता है कि मैंने इतने सारे सपने इसीलिए पाल रखे थे क्योंकि उस जमाने में टेक्नोलॉजी तक हमारी पहुँच बहुत सीमित थी। मेरी कल्पना शक्ति मुझे जीवन में बहुत कुछ करने के लिए निरंतर प्रेरित कर रही थी।

नया एप्लीकेशन प्लेटफॉर्म

मैंने सैंटा क्लारा में पाँच साल तक एप्लाइड मटीरियल्स नामक कंपनी में काम किया। यहाँ मैंने प्रॉसेस इंजीनियरिंग व रिसर्च एंड डेवलपमेंट जैसी चीज़ों पर काम किया। इस दौरान मुझे कभी-कभी इंटेल जाने की ज़रूरत पड़ती रहती थी और जब भी मैं इंटेल के ऑफिस में दाखिल होता, मुझे वहाँ एंडी ग्रोव द्वारा स्थापित संस्कृति का एहसास होने लगता। यह कंपनी छोटी से छोटी चीज़ के मामले में भी बहुत अनुशासित थी। (वहाँ मुझे हर बार कॉफी पीने पर पैसे चुकाने का अनुभव आज भी याद है।) सेमीकंडक्टर की प्रॉसेस इंजीनियरिंग में अपने लक्ष्य निर्धारित करने और उन्हें हासिल करने के मामले में आपको बहुत विधिपूर्वक और व्यवस्थित ढंग से काम करना पड़ता है। इसीलिए एप्लाइड मटीरियल्स में काम करने का अनुभव, लक्ष्यों के बारे में अपेक्षाकृत अधिक सटीक ढंग से सोच-विचार करने के मामले में मेरे लिए काफी सहायक साबित हुआ।

जैसे-जैसे इंटरनेट का विकास हुआ, मुझे इसमें छिपी जबर्दस्त संभावनाएँ नज़र आने लगीं। गूगल कंपनी जो कुछ भी कर रही थी, मैंने उसके बारे में उपलब्ध हर सामग्री पढ़ डाली - मैं इस विषय को लेकर बहुत उत्साहित था। जब गूगल ने डेस्कबार नाम का प्रोडक्ट लॉन्च किया, तब मैं खासतौर पर उत्साहित था। डेस्कबार में आप बिना ब्राउजर खोले वेब सर्च कर सकते थे - इसे टास्कबार की एक छोटी सी विंडो से लॉन्च किया जाता था। यह सिर्फ ज़रूरत पड़ने पर ही स्क्रीन पर उपलब्ध होता था। डेस्कबार हमारी प्रगति का

शुरुआती उपकरण होने के साथ-साथ गूगल को ज़्यादा से ज़्यादा लोगों तक पहुँचाने का रास्ता भी था।

सन 2004 में मैंने गूगल में बतौर प्रोडक्ट मैनेजर काम करना शुरू किया था। यह वो दौर था, जब कंपनी का सारा काम वेब सर्च सर्विस के इर्द-गिर्द ही घूमता था। पर यह वेब 2.0 का और यूजर जनरेटेड कंटेंट (उपयोगकर्ताओं द्वारा तैयार सामग्री) व एजेएएक्स[1] के उदय का भी साल था। शुरुआती दौर में वेब एक कंटेट प्लेटफॉर्म हुआ करता था पर यह तेजी से एक एप्लीकेशन प्लेटफॉर्म बनता जा रहा था। हम इंटरनेट पर बदलते प्रतिमानों को देख रहे थे और मुझे लगा कि इसका केंद्र गूगल ही होगा।

गूगल में मेरी पहली जिम्मेदारी थी, गूगल टूलबार को ज़्यादा से ज़्यादा लोगों तक पहुँचाना और इसके उपयोग में बढ़ोत्तरी लाना। गूगल टूलबार को किसी भी ब्राउजर में जोड़ा जा सकता था और इसे इस्तेमाल करके यूजर्स गूगल सर्च पर जा सकते थे। उस समय की ज़रूरतों को देखते हुए इस प्रोडक्ट को बाजार में उतारा गया था। अगले कुछ ही सालों में गूगल टूलबार उपयोग करनेवालों की संख्या में 10 गुना वृद्धि दर्ज की गई। यह पहली बार था, जब मुझे महत्वाकांक्षी व आकांक्षापूर्ण ओकेआर की ताकत का एहसास हुआ।

ब्राउजर पर पुनर्विचार करना

तब तक हमने गूगल में एक नई टीम तैयार कर ली थी, जिसका काम था, कंपनी के क्लाइंट सॉफ्टवेयर बनाना। हमारे पास ऐसे कर्मचारी भी थे, जो मोजिला के ब्राउजर, फायरफॉक्स को बेहतर बनाने के लिए काम कर रहे थे। सन 2006 आते-आते हम ब्राउजर पर पुनर्विचार कर उसे एक ऐसे कंप्यूटिंग प्लेटफॉर्म के रूप में देखने लगे थे, जो करीब-करीब एक ऑपरेटिंग सिस्टम जैसा हो ताकि वेब पर ही कंप्यूटर एप्लीकेशन भी लिखा जा सके। इसी मौलिक अंतर्दृष्टि ने क्रोम को जन्म दिया। हम जानते थे कि हमें एक मल्टीप्रॉसेस आर्किटेक्चर की ज़रूरत पड़ेगी ताकि क्रोम की हर टैब को अपनी एक अलग

---

[1] वेब-डेवलपमेंट तकनीकों का एक मॉड्यूल, जो वेब-पेज को फिर से लोड किए बिना या ब्राउजर को रीफ्रेश किए बिना यूजर्स को सर्वर के साथ संवाद करने में सक्षम बनाता था।

प्रक्रिया में तब्दील किया जा सके और किसी एप्लीकेशन के क्रैश होने की स्थिति में यूजर्स के जीमेल को बचाया जा सके। हम ये भी जानते थे कि इसके लिए हमें जावा स्क्रिप्ट को ऐसा बनाना होगा कि यह बेहद तेजी से काम करे। इन चुनौतियों के बावजूद हम दुनिया का सर्वश्रेष्ठ वेब ब्राउजर बनाने की जिम्मेदारी अपने कंधो पर लेने के लिए पूरी तरह तैयार थे।

हमारे सीईओ एरिक श्मिट जानते थे कि नए सिरे से किसी ब्राउजर का निर्माण करना कितना मुश्किल काम है: अगर आप वाकई एक ब्राउजर बनानेवाले हैं, तो आपको गंभीरता से काम लेना चाहिए। अगर क्रोम एक ऐसे ब्राउजर के रूप में सामने नहीं आता, जो बाजार में पहले से मौजूद अन्य परंपरागत ब्राउजर्स के मुकाबले तेज और बेहतर है, तो फिर इस प्रक्रिया को आगे ले जाना बिलकुल व्यर्थ होता।

गूगल क्रोम के अनावरण के साल यानी सन 2008 में हमारी प्रोडक्ट मैनेजमेंट टीम ने एक शीर्ष स्तरीय वार्षिक उद्देश्य निर्धारित किया, जिसका गूगल के भविष्य पर एक स्थाई प्रभाव पड़ा। यह उद्देश्य था, 'वेब एप्लीकेशन के लिए अगली पीढ़ी का क्लाइंट प्लेटफॉर्म तैयार करना।' इसका मुख्य परिणाम था, 'सप्ताह में सातों दिन सक्रिय रहनेवाले क्रोम यूजर्स की संख्या 20 मिलियन तक पहुँच जाए।'

ऊँचा लक्ष्य तय करना

ओकेआर के साथ गूगल का माहौल ऐसा था, जहाँ सभी इस बात को समझते थे कि लक्ष्य की (औसतन) 70 फीसदी उपलब्धि को सफलता माना जाता है। यानी आपको हर वह ओकेआर, जो यदि आपके टीम को आकांक्षापूर्ण ढंग से कार्य करने और जोर लगाने की दिशा में न ले जाता हो, तो उसके मामले में ग्रीन जोन तक पहुँचने का प्रयास करने की ज़रूरत नहीं है। लेकिन टीम के अंदर लक्ष्य हासिल करने को लेकर एक आंतरिक तनाव बना रहता था क्योंकि हर कर्मचारी को मालूम था कि अगर वे सफलता हासिल करने के लिए प्रेरित न होते, तो गूगल ने उन्हें काम पर रखा ही नहीं होता। कंपनी का कोई भी टीम लीडर यह नहीं चाहता था कि तिमाही के आखिर में वरिष्ठ अधिकारियों के साथ

होनेवाली समीक्षा बैठकों में स्क्रीन पर उसके नाम के आगे बड़े-बड़े अक्षरों से रेड जोन लिखा हो। और उसे सबके सामने यह स्पष्ट करना पड़े कि उसे और उसकी टीम को नाकामी क्यों हाथ लगी। इससे बचने का दबाव और तनाव ऐसा था, जिसने हममें से कई कर्मचारियों को साहसी कदम उठाने के लिए मज़बूर किया। जब भी टीम के उद्देश्यों का निर्धारण सही ढंग से किया जाता था, तो आमतौर पर इस अनुभव से बचना संभव हो जाता था।

कंपनी के लक्ष्यों को हासिल करने के मामले में लैरी का प्रदर्शन हमेशा से ही शानदार रहा है। उन्होंने समय-समय पर ऐसी कई बातें कहीं, जिन्हें मैं कभी नहीं भूल सका। वे चाहते थे कि गूगल के कर्मचारी 'असुविधाजनक उत्साह' महसूस करें। वे चाहते थे कि हम सबके अंदर 'असंभव' के प्रति स्वस्थ-उपेक्षा का भाव हो। मैंने भी कंपनी की प्रोडक्ट टीम्स के मामले में यही किया। एक ऐसा ओकेआर निर्धारित करना साहसभरा कार्य था, जो भले ही विफल हो जाए पर जिसके बिना हमारे लिए महान प्रदर्शन करना असंभव हो। हमने जान-बूझकर साल के अंत तक हर सप्ताह 20 मिलियन एक्टिव यूजर्स का लक्ष्य रखा, जबकि हम अच्छी तरह जानते थे कि यह कुछ ज़्यादा ही आकांक्षापूर्ण है और इसके लिए हमें बेहद जबर्दस्त ढंग से जोर लगाना होगा - आखिरकार हम शून्य से शुरुआत कर रहे थे।

एक टीम लीडर के तौर पर आपको अपनी टीम को नई-नई चुनौतियाँ देनी चाहिए पर साथ ही ध्यान रखें कि उन्हें यह न महसूस हो कि लक्ष्य पूरा करना असंभव है। मुझे लगा था कि हम इस लक्ष्य को शायद ही समय पर पूरा कर सकें। (सच कहूँ, तो मेरा यह मानना था कि इस लक्ष्य को पूरा करने का कोई तरीका है ही नहीं।) पर मेरा यह भी मानना था कि हमें हमारी क्षमताओं से ज़्यादा काम करने का निरंतर प्रयास करना चाहिए। 20 मिलियन एक्टिव यूजर्स का लक्ष्य सामने रखने के बाद मुझे पता था कि कुछ न कुछ अच्छा ज़रूर होगा। हमारे आकांक्षापूर्ण ओकेआर ने न सिर्फ टीम को एक दिशा दिखाई बल्कि प्रगति का मूल्यांकन करने के लिए एक मापदंड भी उपलब्ध कराया। जिसके चलते छोटे-मोटे परिणाम लाकर आत्मसंतुष्ट महसूस करना असंभव हो गया। और इसके चलते हम अपने कामकाज के ढाँचे और अन्य सभी महत्वपूर्ण पहलुओं

पर हर रोज पुनर्विचार करने में सक्षम हुए। ये सारी चीज़ें एक मनमाने लक्ष्य को डेडलाइन पर पूरा करने से कहीं ज़्यादा महत्वपूर्ण थीं।

शुरुआती दौर में जब गूगल क्रोम सिर्फ तीन फीसदी मार्केट शेयर हासिल करने के लिए संघर्ष कर रहा था, तभी हमें अप्रत्याशित रूप से एक बुरी खबर मिली। क्रोम का मैक वर्जन अपने शिड्यूल से काफी पीछे रह गया था। यानी अब 20 मिलियन एक्टिव यूजर्स का लक्ष्य पूरा करने के लिए हमारे पास सिर्फ वही उपभोक्ता बचे थे, जो विंडोज का उपयोग करते थे। हालाँकि एक अच्छी खबर भी थी। जिन्होंने भी क्रोम का उपयोग किया, उन्हें यह बहुत पसंद आया, जिससे इसकी प्रगति पर काफी गहरा प्रभाव पड़ा। तमाम रुकावटों के बावजूद क्रोम के जरिये वेब का उपयोग करने के एक नए तरीके के बारे में जागरूकता फैल रही थी। अब बस हमें जल्द से जल्द नए यूजर्स ढूँढ़ने की ज़रूरत थी।

गहन प्रयास करना

गूगल गति का पर्याय है। कंपनी ने लेटेन्सी के खिलाफ निरंतर लड़ाई लड़ी है। लेटेन्सी यानी डाटा ट्रांसफर में होनेवाला विलंब, जो यूजर के अनुभव की गुणवत्ता कम कर देता है। (इंजीनियरिंग के क्षेत्र में लेटेन्सी का अर्थ है, यूजर के कमांड देने और उस पर आनेवाली वेब एप्लीकेशन की प्रतिक्रिया के बीच लगनेवाला समय।) सन 2008 में लैरी और सर्गेई ने एक उम्दा ओकेआर निर्धारित किया, जिसने लोगों का खूब ध्यान आकर्षित किया। यह कुछ इस प्रकार था: 'हमें वेब को वह गति देनी है, जिस गति से कोई व्यक्ति एक पत्रिका के पेज पलटता है।' इससे पूरी कंपनी को गहन सोच-विचार करने की प्रेरणा मिली कि चीज़ों को बेहतर और तेज कैसे बनाया जाए?

क्रोम प्रोजेक्ट के लिए हमने एक सब-ओकेआर बनाया ताकि जावास्क्रिप्ट को और अधिक तेज व शक्तिशाली बनाया जा सके। हमारा लक्ष्य था, डेस्कटॉप पर होनेवाले डाउनलोड्स की तरह ही वेब एप्लीकेशंस भी बिलकुल सहजता से काम करें। हमने 10 गुना सुधार का बेहद महत्वाकांक्षी लक्ष्य रखा और अपने इस प्रोजेक्ट को हाई-परफॉमेंस कार इंजन के नाम पर 'वी8' नाम दिया। हमारा भाग्य अच्छा था, जो हमें डेनमार्क का एक बेहद योग्य प्रोग्रामर मिल गया। लार्स बक नामक यह प्रोग्रामर सन माइक्रोसिस्टम्स कंपनी के लिए वर्चुअल मशीनों

का निर्माण कर चुका था और उसके नाम पर दर्जनभर पेटेंट भी थे। लार्स अपने क्षेत्र का एक महान व्यक्ति था। वह हमारे पास आया और बिना डींगे हांके, स्पष्ट शब्दों में बोला कि 'मैं कुछ ऐसा कर सकता हूँ, जो इससे कहीं अधिक तेज होगा।' और सिर्फ चार महीने के भीतर उसने फायरफॉक्स पर जावास्क्रिप्ट को दस गुना तेज चलाकर दिखा दिया और सिर्फ दो साल के भीतर यह 20 गुना ज़्यादा तेजी से चलने लगा - यह प्रगति वाकई अविश्वसनीय थी। (कभी कभी जिस लक्ष्य को पूरा करने के लिए खास तौर पर ज़ोर लगाना ज़रूरी लगता है, वह उतना भी आकांक्षापूर्ण नहीं होता, जितना नज़र आता है। जैसा कि बाद में लार्स ने स्टीवेन लेवी को प्लेक्स में कहा, 'दरअसल हम अपनी क्षमताओं को कम करके आँक रहे थे।')

आकांक्षापूर्ण ओकेआर, जिन्हें पूरा करने के लिए जोर लगाना पड़ता है, वे किसी समस्या का समाधान ढूँढ़ने के एक गहन अभ्यास जैसे होते हैं। गूगल टूलबार की निर्माण प्रक्रिया से गुज़रने के बाद मुझे यह समझ में आ गया था कि रास्ते में निश्चित तौर पर आनेवाले उतार-चढ़ाव से कैसा पार पाना है। मैं मानता हूँ कि उस दौरान काम के दबाव में मेरी कई रातें जागते हुए नींद के इंतजार में बीतीं। हालाँकि तनाव भले ही कितना भी रहा हो, पर मैं अपनी टीम को लेकर हमेशा आशावादी नज़रिया बनाकर रखने में कामयाब रहा। जैसे जब कभी हमारे यूजर्स की संख्या कम होने लगती, तो मैं अपनी टीम से कहता, 'चलो एक ऐसा प्रयोग करते हैं, जिससे समझा जा सके कि यूजर्स कम क्यों हो रहे हैं और फिर हम इस समस्या का समाधान ढूँढ़ेंगे।' अगर हमें पता चलता कि हमारे और यूजर्स के बीच संगतता कम हो रही है, तो मैं अपनी टीम के किसी एक ग्रुप को इस पर ध्यान केंद्रित करने के लिए कह देता। मैं निरंतर विचारशील और व्यवस्थित बने रहने की कोशिश करता और साथ ही यह भी ध्यान रखता था कि मुझे किसी भी चीज़ को लेकर ज़्यादा भावुक नहीं होना है। मुझे लगता है कि अपने इस तरीके के चलते मुझे काफी मदद मिली।

गूगल महत्वाकांक्षी लक्ष्य निर्धारित करने की हमारी संस्कृति से प्रेरित है। बहुत महत्वाकांक्षी होना कठिन होता है। हमारी टीम को इस बात का एहसास था कि क्रोम की सफलता का अर्थ है, गूगल को कई मिलियन नए यूजर्स

मिलना। गूगल में हम जब भी कोई नया आविष्कार करते हैं, तो हम हमेशा यह सोच रहे होते हैं कि 'इसे बढ़ाकर बिलियन के आँकड़े तक कैसे ले जाएँ?' शुरुआत में यह आँकड़ा बहुत बड़ा व अमूर्त किस्म का नज़र आता है। पर जब आप अपनी चुनौतियों को तिमाही हिस्सों में बाँटकर एक ऐसा वार्षिक उद्देश्य तय करते हैं, जिसका मापन और मूल्यांकन करना संभव हो, तो महत्वाकांक्षी लक्ष्यों को हासिल करना संभव होने लगता हैं। यह ओकेआर के कई विशेष लाभों में से एक है। ओकेआर हमें स्पष्ट और मापन योग्य लक्ष्य देते हैं, जिन्हें हासिल करने की प्रक्रिया में अपनी प्रगति का मापन करना भी संभव होता है।

सन 2008 में जब हम 20 मिलियन एक्टिव यूजर्स का लक्ष्य पूरा नहीं कर सके, तो हमारे सामने यह स्पष्ट हो गया कि हमें और गहन प्रयास करने होंगे। हमने अपना उद्देश्य नहीं छोड़ा बल्कि उसे ज़रा बदल दिया। मैंने अपनी टीम से संवाद करके उन्हें यह संदेश पहुँचाने की कोशिश की : 'हम अपने लक्ष्य तक नहीं पहुँच सके, लेकिन इस कोशिश में हमने इस बाधा से पार पाने के लिए आवश्यक नींव ज़रूर तैयार कर ली है। तो अब हम क्या अलग करनेवाले हैं?' समझदार लोगों की संस्कृति में आपके पास इस सवाल के कई बढ़िया जवाब होने चाहिए पर इसका अर्थ यह नहीं है कि बाधाएँ पार करना आपके लिए बाएँ हाथ का खेल बन जाएगा। इस मामले में हमें एक बुनियादी समस्या का समाधान ढूँढ़ना था कि 'लोगों को एक नया ब्राउजर आजमाने के लिए प्रेरित करना इतना मुश्किल क्यों है?'

तो इस तरह हम गूगल क्रोम के नए वितरण सौदे करने के लिए प्रेरित हुए। समय के साथ हमें समझ में आया कि यूजर्स को स्पष्ट रूप से पता ही नहीं है कि एक ब्राउजर उनके लिए क्या करता है। इसलिए हमने उन्हें इस बारे में समझाने के लिए टीवी मार्केटिंग की मदद ली। क्रोम के हमारे विज्ञापन गूगल कंपनी के इतिहास का सबसे बड़ा ऑफलाइन अभियान साबित हुए। लोगों को आज भी 'डियर सोफी,'[2] याद है, जो एक पिता की डिजिटल स्क्रैपबुक में बेटी के लिए बनाया गया विशेष रिक्त स्थान था। इसने दिखाया कि हमारे ब्राउजर का उपयोग करके, जीमेल, यूट्यूब और गूगल मैप्स जैसे वेब-एप्लीकेशन तक

---

[2] www.whatmatters.com/dearsophie.

पहुँचना कितना आसान है। इसने इंटरनेट को एक एप्लीकेशन प्लेटफॉर्म के रूप में प्रस्तुत किया, जिससे लोग सही मायनों में इंटरनेट की ओर आकर्षित होने लगे।

प्रयास-विफलता, प्रयास-सफलता

हमें तत्काल सफलता नहीं मिली। सन 2009 में हमने गूगल क्रोम के लिए एक और आकांक्षापूर्ण लक्ष्य निर्धारित किया : सप्ताह में सात दिन सक्रिय रहनेवाले 50 मिलियन यूजर्स। हम यह लक्ष्य पूरा करने में भी असफल रहे और साल के अंत में सिर्फ 38 मिलियन एक्टिव यूजर्स का आँकड़ा ही हासिल कर सके। अगले साल सन 2010 में मैंने 100 मिलियन एक्टिव यूजर्स का लक्ष्य रखने का प्रस्ताव दिया। लैरी का मानना था कि हमें जरा और बड़ा लक्ष्य रखना चाहिए। उन्होंने संकेत दिया कि फिलहाल (2010 में) दुनिया में इंटरनेट उपयोग करनेवालों की संख्या एक बिलियन (1000 मिलियन) है और हमारा 100 मिलियन एक्टिव यूजर्स का लक्ष्य, इंटरनेट इस्तेमाल करनेवालों की कुल संख्या का सिर्फ 10 फीसदी है। इसके जवाब में मैंने कहा कि मेरे हिसाब से

सुंदर पिचाई गूगल की आई/ओ डेवलपर कॉन्फ्रेंस में गूगल क्रोम पर अपने विचार प्रस्तुत करते हुए, सन 2013.

100 मिलियिन एक्टिव यूजर्स का हमारा लक्ष्य भी खासा आक्रामक है।

आखिरकार मैं और लैरी 111 मिलियन एक्टिव यूजर्स के ओकेआर पर राजी हो गए, जो आकांक्षापूर्ण लक्ष्य का एक बढ़िया उदारहण था। हमें पता था कि इस लक्ष्य को पूरा करने के लिए हमें क्रोम के व्यवसाय को सुदृढ़ करके प्रगति के नए रास्ते ढूँढ़ने होंगे। एक बार फिर वही प्रश्न हमारे सामने था कि 'हम क्या अलग कर सकते हैं?' फरवरी में हमने ओईएम (ओरिजनल इक्यूपमेंट मैन्यूफैक्चरर्स - मूल उपकरण निर्माताओं) से अपने वितरण समझौतों को और व्यापक बनाया। मार्च के महीने में हमने यूनाइटेड स्टेट्स में अपने प्रोडक्ट के बारे में जागरूकता बढ़ाने के लिए 'क्रोम फास्ट' नामक एक मार्केटिंग अभियान शुरू किया। मई में क्रोम का ओएस-एक्स और लाइनेक्स वर्जन बाजार में उतारकर हमने अपने प्रोडक्ट की पहुँच को और व्यापक बना दिया। अंततः अब हमारा ब्राउजर सिर्फ माइक्रोसॉफ्ट विंडोज तक सीमित नहीं था।

तीसरी तिमाही आने के बाद भी परिणामों को लेकर संदेह बना रहा। फिर हमने एक छोटा सा कदम उठाया, जो काफी बड़ा कदम साबित हुआ : क्रोम के पूर्व-उपयोगकर्ताओं को लिए एक पैसिव अलर्ट देना। कुछ सप्ताह बाद, तीसरी तिमाही के अंतिम दौर में हमारे यूजर्स की संख्या 87 मिलियन से बढ़कर 107 मिलियन तक पहुँच गई। और इसके कुछ ही समय बाद हमने 111 मिलियन यूजर्स के आँकड़े को छू लिया। अंततः हम अपने लक्ष्य को पूरा करने में सफल रहे।

आज सिर्फ मोबाइल फोन पर ही क्रोम के एक्टिव यूजर्स की संख्या एक बिलियन से भी ज़्यादा है। ओकेआर (ऑब्जेक्टिव्स एंड की रिजल्ट्स - उद्देश्य और मुख्य परिणाम) के बिना हम इस शिखर तक नहीं पहुँच पाते। ओकेआर वह तरीका है, जिसका उपयोग करके हम गूगल की हर चीज़ के बारे में विचार-विमर्श करते हैं। हम हमेशा से यही करते आए हैं।

अगली मंजिल

मेरे पिता जिस दौर में वयस्क हुए, उस समय कंप्यूटिंग का मतलब था,

बड़ी-बड़ी टीमें, सिस्टम एडमिनिस्ट्रेटर्स और मेनफ्रेम कंप्यूटर्स[3] उस दौर में कंप्यूटर्स आम आदमी की पहुँच से बाहर थे और इनका उपयोग करना भी खासा जटिल था। जब मैं क्रोम पर काम कर रहा था, तब मुझे एहसास हुआ कि इंटरनेट इस्तेमाल करने के लिए मेरे पिता को बस कोई सीधा और आसान तरीका चाहिए। मैं भी हमेशा से सादगी-पसंद व्यक्ति रहा हूँ। गूगल सर्च बहुत से जटिल कार्य कर सकता था और उसे उपयोग करने का अनुभव बेहद सहज था। मैं हमारे ब्राउजर में भी यही खूबी चाहता था - और वह भी इस हद तक कि इसका यूजर भारत में रहनेवाला कोई बच्चा हो या फिर स्टैनफोर्ड यूनिवर्सिटी का कोई प्रोफेसर, इससे कोई फर्क नहीं पड़ना चाहिए। यानी अगर आपके पास एक कंप्यूटर और इंटरनेट कनेक्शन है, तो फिर क्रोम उपयोग करने का आपका अनुभव बेहद सहज होना चाहिए।[4]

सन 2008 में जब मेरे पिता रिटायर हुए, तो मैंने उन्हें एक नेटबुक दिया और बताया कि क्रोम का उपयोग कैसे करना है। और फिर उनके साथ एक बहुत बढ़िया चीज़ हुई : टेक्नोलॉजी के उपयोग के मामले में सामान्य तौर पर आनेवाली सारी जटिलता विलीन हो गई। अब वे तेजी से विकसित हो रहे हमारे वेब एप्लीकेशन 'क्रोम' पर जो चाहे कर सकते थे। एक बार हमारे इस ब्राउजर का उपयोग करने के बाद उन्होंने किसी दूसरे एप का उपयोग नहीं किया। उन्होंने इसके अलावा कभी कोई और सॉफ्टवेयर डाउनलोड ही नहीं किया। क्रोम उनके इंटरनेट जीवन का केंद्र बन गया। उन्होंने क्रोम के नए व बेहद सहज संसार को

---

[3] 50 के दशक में आईबीएम द्वारा निर्मित शुरुआती कंप्यूटर्स, जिनका आकार बहुत बड़ा होता था।

[4] यह मेरा सौभाग्य ही था कि मुझे क्रोम पर काम करने और लाइनस एप्सन जैसे व्यक्ति के साथ ऑफिस साझा करने का मौका मिला। लाइनस टीम के इंजीनियरिंग दल का नेतृत्व कर रहे थे। शाम को काम खत्म करने के बाद लाइनस की ऑफिस डेस्क को देखकर यह अंदाजा लगाना मुश्किल होता था कि वे काम निपटाकर ऑफिस से जा चुके हैं या अभी भी ऑफिस में ही हैं। ऐसा इसलिए क्योंकि उनकी डेस्क हमेशा बिलकुल साफ और व्यवस्थित रहती थी। (यहाँ तक कि अगर उनकी डेस्क पर उनका कोई पेन किसी अलग कोण से रखा होता, तो मुझे एहसास हो जाता कि हो न हो, आज कुछ न कुछ गड़बड़ ज़रूर है।) लाइनस का ध्यान बड़े ही मशीनी ढंग से सादगी पर केंद्रित रहता था। उन्होंने ही हमें एक टीम के रूप में ऐसी धार दी, जिससे हम क्रोम को आज की ज़रूरतों के अनुसार बेहद अत्याधुनिक और सहज बना सके।

पूरे दिल से अपनाया।

गूगल में काम शुरू करने के शुरुआती दिनों में ही मैंने निरंतर एक नई मंजिल - उदाहरण के लिए गूगल टूलबार से लेकर क्रोम तक - की कल्पना करने की प्रवृत्ति आत्मसात कर ली थी। आपको नई आकांक्षाएँ पालने और उन्हें पूरा करने के लिए जोर लगाना कभी बंद नहीं करना चाहिए। मेरे पिता के अनुभव को देखकर हमें यह विचार आया कि अगर हम इतनी ही सहजता और सुरक्षा से भरपूर एक ऑपरेटिंग सिस्टम डिजाइन करें, जिसका यूजर इंटरफेस क्रोम ब्राउजर हो, तो कैसा रहेगा? और अगर हम उस ऑपरेटिंग सिस्टम के इर्द-गिर्द एक नए लैपटॉप 'क्रोमबुक' का आविष्कार करें, जिससे क्लाउड स्टोरेज पर मौजूद इन सभी एप्लीकेशंस तक सीधे तौर पर पहुँचकर इनका उपयोग किया जा सके, तो कैसा रहेगा?

ये हमारे आनेवाले कल के आकांक्षापूर्ण लक्ष्य थे।

14

जोर लगाना : यूट्यूब की कहानी

सुजेन वोज्स्की
सीईओ

क्रिस्टॉस गुडरो
वाइस प्रेसिडेंट (इंजीनियरिंग)

गूगल अपने आकांक्षापूर्ण लक्ष्यों से इतना परिपूर्ण है कि अगर इनमें से सिर्फ किसी एक लक्ष्य का जिक्र किया जाएगा, तो बात अधूरी रह जाएगी। इसलिए यह रहा दूसरा आकांक्षापूर्ण लक्ष्य यानी यूट्यूब की कहानी। यह कहानी बताती है कि यूट्यूब ने आकांक्षापूर्ण ओकेआर के सुपरपॉवर की मदद से दिन दुगनी रात चौगुनी बढ़त कैसे हासिल की। जबकि यूट्यूब के ओकेआर को पूरा करने के लिए जोर लगाना पड़ता है।

मशहूर पत्रिका टाइम के अनुसार सुजेन वोज्स्की 'इंटरनेट दुनिया की सबसे शक्तिशाली महिला' हैं। वे गूगल से तब से जुड़ी हैं, जब यह सिर्फ 15 कर्मचारियोंवाली एक छोटी सी कंपनी हुआ करती थी। वे कंपनी की 16वीं कर्मचारी और पहली मार्केटिंग मैनेजर हैं और तभी से वे गूगल में एक क्रेंद्रीय भूमिका निभाती आई हैं। सितंबर 1998 में गूगल की स्थापना के कुछ ही दिनों बाद सुजन ने कंपनी का पहला ऑफिस खोलने के लिए मेनलो पार्क स्थित अपना गैरेज किराए पर दिया था। इसके आठ साल बाद एक विश्लेषक ने संदेह जताया कि शायद यूट्यूब - जो उस समय गूगल का हिस्सा नहीं बल्कि एक स्वतंत्र संगठन था - अपना अस्तित्व नहीं बचा सकेगा। तब सुजेन उन कर्मचारियों में सबसे आगे थीं, जिन्होंने गूगल के बोर्ड ऑफ डायरेक्टर्स को

सुजेन वोज्स्की और मेनलो पार्क स्थित उनका गैराज, जहाँ ये सब शुरू हुआ था

यूट्यूब का अधिग्रहण करने के लिए राज़ी किया था। यह सुजेन की दूरदर्शिता ही थी, जो वे उस समय यह समझ सकीं कि यूट्यूब जल्द ही टेलीविजन का विकल्प बनकर उभरेगा और वीडियो देखने के तरीके को हमेशा के लिए बदलकर रख देगा।

सन 2012 आते-आते यूट्यूब बाजार में एक अग्रणी संगठन के रूप में उभरा और दुनिया का सबसे बड़ा वीडियो प्लेटफॉर्म बन गया। लेकिन नई राहें खोजने की इसकी गति धीमी हो गई और एक बार जब यह गति कम हो जाती है, तो दोबारा पहले जैसी तेज गति हासिल करना आसान नहीं रह जाता। तब तक सुजेन पदोन्नति पाकर एडवर्टाइजिंग और कॉमर्स की सीनियर वाइस प्रेसिडेंट बन चुकी थीं। तब उन्होंने न सिर्फ एडवर्ड्स (गूगल द्वारा विकसित एक ऑनलाइन एडवर्टाइजिंग प्लेटफॉर्म) की पुनर्कल्पना की बल्कि एडसेंस (एडवर्टाइजिंग से संबंधित गूगल का एक प्लेटफॉर्म) के जरिए वेब का आर्थिक लाभ उठाने का नया तरीका भी ढूँढ़ा। (मूलत: उन्होंने गूगल की कमाई के दो मुख्य स्त्रोतों को सफलता दिलाने में सबसे अहम भूमिका निभाई।) सन 2014 में यूट्यूब की नई सीईओ के तौर पर उन्हें विरासत में दुनिया का सबसे आक्रामक लक्ष्य पूरा करने

की जिम्मेदारी मिली। मिशन था, अगले चार साल में यूट्यूब के वॉच टाइम (दर्शकों द्वारा वीडियो देखने में खर्च किया गया समय) को प्रतिदिन 1 अरब घंटों तक पहुँचाना – यानी मौजूदा आँकड़े से दस गुना ज़्यादा बढ़ोत्तरी हासिल करना। पर सुजेन कोई बड़ी कीमत चुकाकर यह बढ़ोत्तरी हासिल नहीं करना चाहती थीं – बल्कि वे तो जिम्मेदारी के साथ कदम उठाते हुए प्रगति करना चाहती थीं। इसलिए सुजेन ने और यूट्यूब के एक खासे अनुभवी इंजनियरिंग लीडर क्रिस्टॉस गुडरो ने तय किया कि वे हर कदम पर ओकेआर पर भरोसा करेंगे।

आकांक्षापूर्ण लक्ष्य स्फूर्तिदायक होते हैं। एक कट्टर और मापन योग्य सुधार करने का वचन लेकर, एक स्थापित संगठन तत्काल कदम उठाने की अपनी क्षमता में नई जान फूँक सकता है और भारी लाभ कमा सकता है। एक जमाने में यूट्यूब का वेब वीडियो व्यवसाय संघर्ष के दौर से गुज़र रहा था, फिर इसी यूट्यूब ने ऐसी प्रगति की कि इसके यूजर्स की संख्या एक अरब तक पहुँच गई, जो दुनियाभर में इंटरनेट इस्तेमाल करनेवालों का एक तिहाई हिस्सा था। यूट्यूब की वेबसाइट 80 से ज़्यादा देशों में 70 से ज़्यादा अलग-अगल भाषाओं में उपलब्ध है। अगर सिर्फ इसके मोबाइल प्लेटफॉर्म की ही बात करें, तो आज 18 से 49 के बीच की आयु वर्ग के इसके यूजर्स की संख्या, दुनिया के किसी भी केबल या ब्रॉडकास्ट नेटवर्क के कुल दर्शकों की संख्या से ज़्यादा है।

यह सब यूँ ही नहीं हुआ और न ही इसकी अभूतपूर्ण सफलता का श्रेय किसी एक विशेष अंतर्दृष्टि को जाता है। बल्कि इसके पीछे सालों तक सख्त रूप से कार्य पर अमल करना, विवरणों पर गहनता से ध्यान केंद्रित करना और ओकेआर का सशक्त सहारा व अनुशासन है। एक और बात, अपना विशाल और दुस्साहसभरा लक्ष्य पूरा करने की दिशा में आगे बढ़ने से पहले यूट्यूब को यह पता लगाना था कि जो वाकई मायने रखता है, उसका मापन कैसे किया जाए।

सुजेन वोज्स्की : जब मैंने लैरी और सर्गेई को गूगल का पहला ऑफिस खोलने के लिए अपना गैरेज किराए पर दिया, तब मुझे एक कंपनी के तौर पर गूगल में रत्तीभर भी दिलचस्पी नहीं थी। मैं बस ये चाहती थी कि वे सही समय पर किराया देते रहें। पर फिर लैरी और सर्गेई से मेरी जान-पहचान बढ़ी और मुझे

उनकी सोच पता चली। मैं अपनी खुद की एक कंपनी खोलना चाहती थी और इसके लिए मेरे पास कई अच्छे विचार थे। लेकिन फिर मुझे समझ में आया कि लैरी और सर्गेई मेरे इन विचारों को अमल में लाने के लिए ज़्यादा उपयुक्त हैं। फिर एक दिन ऐसा आया, जब गूगल सर्च डाउन था, जिसके चलते मेरे काम में रूकावट आ रही थी। तब मुझे एहसास हुआ कि गूगल एक आवश्यक सुविधा बन चुका है और इसके बिना मेरा जीवन मुश्किल हो जाएगा। मुझे लगा कि जिस तरह यह मेरे लिए महत्वपूर्ण है, उसी तरह बाकी हर किसी के लिए भी महत्वपूर्ण बननेवाला है।

सन 1999 की बसंत ऋतु में जब जॉन डोअर ओकेआर पर बात करने के लिए हमसे मिलने आए, तब मैं वहीं थी। तब तक हम इतनी प्रगति कर चुके थे कि गैरेजवाला ऑफिस छोड़कर माउंटेन व्यू के 2400 बेशोर में स्थित एक बिल्डिंग में आ चुके थे, जहाँ कभी सन माइक्रोसिस्टम्स का पुराना संयंत्र हुआ करता था। यह पूरी बिल्डिंग करीब 42,000 वर्गफीट की रही होगी और इसके आधे से भी कम हिस्से में हमारा ऑफिस चलता था। ओकेआर की यह बैठक हमने एक अलग हॉल में की, जो उन बैठकों के लिए आरक्षित था, जिनमें कंपनी के सभी कर्मचारी उपस्थित रहते हों। मुझे आज भी याद है कि जॉन ने इस अवधारणा को समझाते हुए क्या कहा था : 'ये रहा ऑब्जेक्टिव (उद्‌देश्य) और ये रहा की-रिजल्ट (मुख्य परिणाम)।' फिर उन्होंने फुटबॉल का उदाहरण देकर यह समझाया कि ओकेआर को लागू कैसे करते हैं। अभी कुछ दिन पहले की ही बात है, जब मुझे ऑफिस में जॉन की वह पुरानी प्रेजेन्टेशन - प्रोजेक्टर पर दिखाने के लिए तैयार की गई प्लास्टिक की लैमिनेट की हुई शीट्स - रखी हुई नज़र आई। आप समझ सकते हैं कि यह प्रेजेन्टेशन कितनी पुरानी होगी।

लैरी और सर्गेई में ऐसे लोगों की बात गंभीरता से सुनने का गुण था, जो किसी विषय पर अच्छी पकड़ रखते थे। उन्होंने जॉन से खूब तर्क-वितर्क और बहस की, लेकिन साथ ही जॉन की बात को पूरी गंभीरता से सुना भी। लैरी और सर्गेई ने इससे पहले कभी कोई कंपनी नहीं चलाई थी। यहाँ तक कि इससे पहले उन्होंने कभी किसी कंपनी में काम भी नहीं किया था। जॉन ने आकर बताया कि वे अपनी कंपनी कैसे चलाएँ, इसकी प्रगति व अन्य कई पहलुओं

का मापन और मूल्यांकन कैसे करें व इन सभी चीज़ों पर नज़र कैसे रखें।' मापन करना लैरी और सर्गेई के लिए सहज था और वे इस बात से प्रभावित थे कि इंटेल कंपनी भी ओकेआर का उपयोग करती है। इंटेल वाकई एक महान कंपनी थी और उस समय हम इंटेल के मुकाबले कुछ भी नहीं थे।

गूगल में हमारे अनुभवों को देखते हुए मैं यही कहूँगी कि ओकेआर उन नई कंपनियों के लिए खासतौर पर काफी उपयोगी होते हैं, जो अपनी कार्य-संस्कृति विकसित करने के शुरुआती दौर में हैं। जब आप छोटे हों और आपके संसाधन भी सीमित हों, तब इस विषय पर स्पष्ट होना और भी ज़रूरी हो जाता है कि आप किस दिशा में बढ़ रहे हैं। यह कुछ-कुछ अपने बच्चे पालने जैसा है। अगर आप उन्हें कभी कोई नियम-कायदा न सिखाएँ और फिर जब वे किशोर उम्र के हो जाएँ, तब आप अचानक उनसे कहें, 'अब तुम्हें फलाँ-फलाँ नियमों के अनुसार जीना होगा' - तो यकीन मानिए, आपको खासी मुश्किल होना तय है। अगर संभव हो, तो शुरुआत से ही नियम-कायदे स्पष्ट होने चाहिए। हालाँकि मैंने पुरानी कंपनियों को भी नए नियम-कायदों के अनुसार अपने कर्मचारियों और प्रक्रियाओं को नए सिरे से बदलते देखा है। दरअसल कोई भी कंपनी ओकेआर अपना सकती है, भले ही वह कोई नई-नवेली कंपनी हो या फिर सालों से चल रही कोई पुरानी कंपनी।

ओकेआर को संगठन की ज़रूरत होती है। एक सुगठित व कारगर प्रक्रिया को अपनाने के लिए आपको एक लीडर की और परिणामों व समीक्षाओं का निरीक्षण करने के लिए एक लेफ्टिनेन्ट की ज़रूरत होती है। जब मैं लैरी के लिए ओकेआर का संचालन करती थी, तब मैं उनके द्वारा चुने गए अलग-अलग विभागों के प्रमुखों के साथ चार-चार घंटे लंबी मीटिंग किया करती थीं, जहाँ वे कंपनी के सारे उद्देश्यों पर तर्क-वितर्क करते थे। मीटिंग में मौजूद हर विभाग के प्रमुख से यह उम्मीद की जाती थी कि वह अपने उद्देश्यों का सफलतापूर्वक बचाव करे और यह सुनिश्चित करे कि वे बिलकुल स्पष्ट हैं। ओकेआर के मामले में गूगल में जो भी मार्गदर्शन दिया जाता था, उसके पीछे आमतौर पर टॉप-डाउन (उच्च अधिकारियों द्वारा अपने नीचे काम करनेवाले कर्मचारियों का) दृष्टिकोण होता था। पर साथ ही टीम में मौजूद विशेषज्ञों से इस विषय

पर लंबी चर्चा भी होती थी और की-रिजल्ट्स (मुख्य परिणाम) से जुड़ा उचित आदान-प्रदान भी होता था : 'हम फलाँ दिशा की ओर आगे बढ़ना चाहते हैं, अब यह बताओ कि तुम वहाँ कैसे पहुँचोगे?'

इन लंबी-लंबी मीटिंग्स से लैरी को उन चीज़ों पर जोर देने का मौका मिलता था, जो उनके लिए महत्वपूर्ण थीं। इसके साथ ही उन्हें इन मीटिंग्स में अपनी कुंठाओं को बाहर निकालने मौका भी मिल जाता था, खासकर हमारे प्रोडक्ट ओकेआर से जुड़ी सेवाओं के बारे में। वे कहते, 'मुझे अपनी गति बताओ।' और फिर कहते, 'तुम इसे आधा क्यों नहीं कर सकते?'

हम अभी भी हर तिमाही में अपनी शीर्ष ओकेआर मीटिंग्स स्पेशल वीडियो कॉन्फ्रेंस के जरिए करते हैं, जिनमें हमारे सारे कर्मचारी उपस्थित होते हैं। हालाँकि अब गूगल कंपनी इतनी बड़ी और बहुआयामी हो गई है कि हर किसी के साथ हर चीज़ के बारे में चर्चा करना बहुत मुश्किल है। ऐसी ही एक यादगार मीटिंग में मुझसे पहले यूट्यूब के सीईओ बने सालार कामंगर ने कंपनी के ओकेआर रोस्टर का निरीक्षण किया, जो अपने आपमें एक उम्दा कदम था। (सालार में हर चीज़ को उसके संदर्भ में देखने का अद्‌भुत गुण है।) हालाँकि आमतौर पर विस्तृत चर्चाएँ हमारी विभिन्न टीम्स के बीच ही होती हैं। आपको आज भी गूगल के इंटरनेट पर कंपनी और टीम्स के पन्नों पर ओकेआर की सूची चिपकी नज़र आ जाएगी। इन्हें लगातार अपडेट किया जाता है और संगठन में योगदान देनेवाला कोई भी व्यक्ति इन्हें जब चाहे देख सकता है और इनकी समीक्षा कर सकता है।

अगर आप उन्हें हरा नहीं सकते...

हमारी फ्री वीडियो शेयरिंग वेबसाइट गूगल वीडियोज सन 2005 में यूट्यूब की शुरुआत से एक महीना पहले शुरू हुई थी। जब मैं इसे चला रही थी, तब हमने अपने यूजर्स के लिए जो पहली वीडियो क्लिप अपलोड की थी, उसमें एक बैंगनी रंग का मपेट, इटैलियन फिल्म का एक फालतू सा गाना गा रहा था, जो स्वीडन में सेक्स के बारे में था। सर्गेई और मैं यह नहीं तय कर पा रहे थे कि इसे किस नज़रिए से देखा जाए। पर फिर मेरे बच्चों ने चिल्लाते हुए कहा, 'इसे दोबारा प्ले करो!' हमने इसे अगली-पीढ़ी के अवसर के रूप में देखा यानी

आम लोगों द्वारा वैश्विक वितरण के लिए वीडियो बनाने का एक नया तरीका। हमने इसके लिए एक इंटरफेस तैयार किया और इसे जो पहला हिट मिला, वह आश्चर्यजनक रूप से मजेदार था: इस वीडियो में दो बच्चे अपने हॉस्टल के कमरे में बैकस्ट्रीट बॉयज बैंड का एक गाना गा रहे थे और उनका तीसरा रूममेट पीछे बैठकर पढ़ाई कर रहा था। हमने कुछ पेशेवर किस्म के वीडियोज भी अपलोड किए लेकिन यूजर्स द्वारा तैयार किया गया कंटेट उनसे कहीं बेहतर निकला।

गूगल वीडियोज की सबसे बड़ी कमी यह थी कि इसमें वीडियो अपलोड करने में काफी समय लगता था। इसने प्रोडक्ट डेवलपमेंट से जुड़ा कंपनी का यह नियम तोड़ दिया था कि 'ऐसे प्रोडक्ट्स बनाओ, जो तेज हों।' इसके अलावा गूगल वीडियोज में यूजर्स द्वारा बनाए जानेवाले वीडियोज तुरंत देखने के लिए उपलब्ध नहीं होते थे। जबकि दूसरी ओर यूट्यूब पर अपलोड होनेवाले वीडियोज तुरंत देखने को मिल जाते थे - जो हमारे लिए एक बड़ी समस्या थी। जब तक हम गूगल वीडियोज की इन समस्याओं को दूर कर पाते, तब तक हम बाजार में एक बड़ी हिस्सेदारी हासिल करने का मौका गँवा चुके थे। आँकड़ों के अनुसार यूट्यूब हमसे तीन गुना आगे था, हालाँकि उनका संगठन आर्थिक रूप से संघर्ष कर रहा था। यूजर्स के बीच यूट्यूब की माँग इतनी ज़्यादा बढ़ गई थी कि अब उनके संगठन को उस माँग के मुताबिक बुनियादी ढाँचा निर्मित करने के लिए अच्छी-खासी पूँजी की ज़रूरत थी। स्पष्ट था कि अब उन्हें पूँजी जुटाने के लिए अपनी कंपनी को बेचना होगा।

मुझे गूगल वीडियोज और यूट्यूब, दोनों सेवाओं को जोड़ने का अवसर नज़र आया। मैंने फौरन कुछ स्प्रेडशीट्स तैयार कीं ताकि मैं लैरी और सर्गेई के सामने 1.65 बिलियन डॉलर्स (यूट्यूब को खरीदने की प्रस्तावित कीमत) के खर्च को सही ठहरा सकूँ और उन्हें यह विश्वास दिला सकूँ कि हम जो पूँजी खर्च करेंगे, उसे निश्चित तौर पर वापस कमा लेंगे। अचानक गूगल के इन दोनों संस्थापकों ने मुझे बोर्ड मीटिंग में अपनी स्प्रेडशीट्स लेकर आने के लिए कहा। इस मीटिंग में ढेरों सवाल पूछे गए पर आखिरकार बोर्ड ने हमें हरी झंडी दे दी। हालाँकि वे साल-दर-साल यूजर्स की संख्या में बढ़ोत्तरी के मेरे अनुमान से पूरी तरह संतुष्ट नहीं थे। सबसे मजेदार बात ये है कि यूट्यूब के यूजर्स की संख्या

आज भी लगातार बढ़ रही है।

सबसे महत्वपूर्ण कार्य

क्रिस्टॉस गुडरो : सुजेन के हमारी टीम का हिस्सा बनने से तीन साल पहले फरवरी 2012 में जब मैं गूगल प्रोडक्ट सर्च से आया था, तब यूट्यूब के ओकेआर पर काम करने की ज़रूरत थी। तब यूट्यूब में करीब आठ सौ कर्मचारी कार्यरत थे और कंपनी हर तिमाही में सैकड़ों ओकेआर तैयार कर रही थी। कोई भी टीम गूगल डॉक का पेज खोलती और दस लोगों के लिए तीस से चालीस उद्देश्य लिख लेती। अंततः उनमें से सिर्फ आधे उद्देश्य ही पूरे हो पाते।

आमतौर पर इंजीनियर्स को लक्ष्य निर्धारण करने में दो किस्म की समस्याएँ होती हैं। वे जिस विचार को अच्छा मानते लगते हैं, उसे छोड़ना उन्हें कतई पसंद नहीं होता और किसी काम को पूरा करने में कितना समय लगेगा, इस अवधि को वे आदतन कम करके आँकते हैं। मैं प्रोडक्ट रिसर्च डिपार्टमेंट में यह सब झेल चुका था, जहाँ इंजीनियर्स कुछ इस तरह की बातें करते : 'छोड़ो भी। मैं भी एक अक्लमंद इंसान हूँ। तुम मुझे जितना काम दे रहे हो, मैं निश्चित ही उससे कहीं ज़्यादा काम पूरा कर सकता हूँ।' अपनी टीम के लिए उद्देश्यों की सूची को तीन से चार उद्देश्यों तक सीमित रखने के लिए उन्हें काफी अनुशासित होना पड़ा पर इससे काफी बड़ा फर्क पड़ा। हमारे ओकेआर बेहद सख्त हो गए।

हर किसी को पता था कि सबसे महत्वपूर्ण क्या है। यूट्यूब में सर्च और डिस्कवरी की जिम्मेदारी मिलने के बाद मुझे महसूस हुआ कि यहाँ भी वही करना सही होगा, जो मैंने प्रोडक्ट सर्च में किया था। फिर सालार कामंगर ने शिशिर मेहरोत्रा को यूट्यूब के तकनीकी पक्ष के दिन-प्रति-दिन के कामकाज की जिम्मेदारी सौंप दी। शिशिर कंपनी में ध्यान केंद्रित करने की प्रवृत्ति लेकर आए। वे बिग रॉक्स थ्योरी नामक एक रूपक का उपयोग करते थे, जिसे लेखक स्टीफन कॉवी ने मशहूर बनाया था। मान लीजिए आपके पास कुछ पत्थर, कंकड़ और थोड़ी सी रेत है और आपका लक्ष्य है, एक गैलन क्षमता के एक चौड़े मुँहवाले जार में जितनी हो सकें, ये सब चीज़ें भरना। अगर आप इस जार में पहले रेत और फिर कंकड़ डालेंगे तो उसमें पत्थरों को डालने की जगह नहीं

बचेगी। पर अगर आप पहले पत्थर डालते हैं, फिर कंकड़ और इसके बाद रेत को डालते हैं, तो वह रेत पत्थरों के बीच की खाली जगह में भर जाएगी और उस जार में तीनों चीज़ें आ जाएँगी। दूसरे शब्दों में कहें तो सबसे महत्वपूर्ण कार्यों को सबसे पहले पूरा करना चाहिए वरना वे कभी पूरे नहीं होते।

लेकिन यूट्यूब के बड़े पत्थर यानी सबसे महत्वपूर्ण कार्य कौन से थे? यहाँ लोग अपने-अपने काम पूरे कर रहे थे, जिनसे ढेरों सकारात्मक परिणाम सामने आ रहे थे, लेकिन इन लोगों में से कोई भी शीर्ष ओकेआर की पहचान नहीं कर सका। तब संगठन का नेतृत्व करनेवालों ने कहा, 'आप लोगों के सारे विचार अद्भुत हैं, लेकिन क्या हम इस तिमाही के लिए और इस साल के लिए उनमें से ऐसे विचारों की पहचान कर सकते हैं, जो सबसे महत्वपूर्ण हों?' इसके बाद यूट्यूब में काम करनेवाले हर व्यक्ति को पता चल गया कि हमारी शीर्ष प्राथमिकताएँ क्या हैं? हमारे सारे पत्थर उस जार में समा गए। यह उस लक्ष्य की ओर एक बड़ा कदम था, जिसे पूरा करने में मेरे जीवन के अगले चार साल खर्च हुए।

एक बेहतर मात्रक

यूट्यूब समझ चुका था कि पैसा कैसे कमाना है लेकिन वे अब भी यह नहीं समझ पा रहे थे कि अपने दर्शकों की संख्या कैसे बढ़ाई जाए। यह मेरा और कंपनी का सौभाग्य ही था कि गूगल रिसर्च ग्रुप का एक इंजीनियर हमारे सामने था। जिम मैक्फेडेन नामक यह इंजीनियर सिबिल नामक एक टीम में था, जो इसी कार्य के लिए समर्पित थी। जिम यूट्यूब में 'वॉच नेक्स्ट' 'रिलेटेड वीडियोज' या 'सजेशन' के रूप में सुझाए गए वीडियोज का चुनाव करने का एक सिस्टम तैयार कर रहा था। इस सिस्टम में दर्शकों के व्यूज बढ़ाने की जबर्दस्त क्षमता थी। पर क्या हम वाकई व्यूज ही बढ़ाना चाहते थे?

जैसा कि माइक्रोसॉफ्ट के सीईओ सत्या नडेला ने कहा था, 'एक ऐसी दुनिया में, जहाँ कंप्यूटर की क्षमता करीब-करीब असीमित हो चुकी हो, वहाँ अगर वाकई कोई चीज़ दुर्लभ है, तो वह है इंसान का ध्यान पाना।' जब यूजर्स अपना बहुत सा कीमती समय यूट्यूब के वीडियोज देखने में खर्च करते हैं, तो उन्हें उन वीडियोज से खुश करना ज़रूरी हो जाता है। यह एक नेक चक्र है :

दर्शक जितने संतुष्ट होते हैं (यानी वे जितना ज़्यादा समय वीडियोज देखने में खर्च करते हैं) उतने ही अधिक विज्ञापन मिलते हैं, जिससे वीडियो कंटेट तैयार करनेवाले यूजर्स को उतनी ही अधिक प्रोत्साहन राशि मिलती है, परिणाम स्वरूप दर्शकों की संख्या भी उतनी ही अधिक बढ़ती है। हमारी असली कमाई दर्शकों के 'व्यूज' या 'क्लिक्स' नहीं बल्कि 'वॉच टाइम' (दर्शकों द्वारा वीडियो देखने में खर्च किया गया समय) था। यह एक निर्विवाद तर्क था। यूट्यूब को वाकई एक मूल मात्रक की ज़रूरत थी।

वॉच टाइम, सिर्फ वॉच टाइम

मैंने सितंबर 2011 में अपने बॉस और यूट्यूब के लीडर्स की टीम को उकसानेवाला एक ईमेल भेजा। इस ईमेल का विषय था : 'वॉच टाइम, सिर्फ वॉच टाइम।' यह अपनी सफलता का मूल्यांकन करने के तरीके पर पुनर्विचार करने का आवाहन था : 'बाकी सब तो ठीक है पर हमारा लक्ष्य वॉच टाइम (दर्शकों द्वारा वीडियो देखने में खर्च किया गया समय) बढ़ाना है।' गूगल में काम कर रहे कई लोगों के लिए मेरा यह प्रयास किसी मत-विरोध से कम नहीं था। गूगल सर्च को एक ऐसे स्विचबोर्ड के रूप में तैयार किया गया था, जो आपको जल्द से जल्द किसी ऐसी वेबसाइट पर ले जाए, जो आपके लिए एक सर्वश्रेष्ठ गंतत्व साबित हो। इसीलिए वॉच टाइम को अधिकतम सीमा तक बढ़ाना, इसके मुख्य उद्देश्य के विपरीत था। इसके अलावा, वॉच टाइम से व्यूज (दर्शकों द्वारा देखना) की संख्या पर नकारात्मक प्रभाव पड़ सकता था और दर्शकों से लेकर कंटेट बनानेवालों तक, हर किसी के लिए व्यूज ही सबसे महत्वपूर्ण मात्रक था। और आखिरी बात ये कि हर चीज़ को वॉच टाइम के अनुकूल बनाने से, कमाई पर भी असर पड़ता (कम से कम शुरुआत में तो ये होना ही था)। चूँकि यूट्यूब पर हर विज्ञापन वीडियो शुरू होने से पहले ही दिखाया जाता था इसलिए वीडियोज के व्यूज जितने कम होते यानी जितने कम बार वीडियो को देखने के लिए उस पर क्लिक किया जाता, विज्ञापन भी उतने ही कम चल पाते और कम विज्ञापनों का अर्थ था, कम कमाई।[1]

---

[1] हालाँकि मूल्य की अपनी नई परिभाषा के अनुसार यूट्यूब अब कुछ विज्ञापनों को वीडियो के बीच में भी दिखाता है।

मेरा तर्क यह था कि गूगल और यूट्यूब, दोनों एक-दूसरे से बिलकुल अलग हैं। इस फर्क को पूरी स्पष्टता के साथ सबके सामने रखने के लिए मैंने एक उदाहरण दिया : 'मान लीजिए कोई यूजर यूट्यूब पर जाकर यह सर्च करता है कि 'बो-टाई की गाँठ कैसे बाँधते हैं?' हम मान लेते हैं कि हमारे पास इस विषय पर दो वीडियोज उपलब्ध हैं। इनमें से पहला वीडियो सिर्फ एक मिनट लंबा है, जो आपको फटाफट यह बता देता है कि बो-टाई की गाँठ कैसे बाँधते हैं। वहीं दूसरा वीडियो दस मिनट लंबा है, जो काफी मजेदार और मनोरंजक भी है और जिसे देखने के बाद शायद आप यह भी सीख जाएँ कि बो-टाई की गाँठ कैसे बाँधते हैं। यह उदाहरण सामने रखने के बाद मैंने अपने सहकर्मियों से पूछा, 'आपके अनुसार, हमें इन दोनों में से कौन से वीडियो को अपने सर्च रिजल्ट में पहले नंबर पर रखना चाहिए?'

मेरे इन सहकर्मियों में से जो लोग गूगल सर्च के लिए काम करते थे, उनके लिए मेरे इस सवाल का जवाब देना आसान था। उनके अनुसार, 'सबसे पहले हमें वीडियो को सर्च रिजल्ट में पहले नंबर पर रखना चाहिए। क्योंकि अगर लोग यूट्यूब पर बो-टाई की गाँठ बाँधना सीखना चाहते हैं, तो निश्चित ही हमें इसमें उनकी मदद करनी चाहिए।'

जबकि मेरा कहना था, 'मैं दर्शकों को दूसरा वीडियो दिखाना चाहूँगा।'

गूगल सर्च के कर्मचारी अपना विरोध जताने लगे, 'पर क्यों? बेचारे दर्शक तो सिर्फ अपनी बो-टाई की गाँठ बाँधना सीखना चाहते हैं।' (शायद गूगल सर्च के इन कर्मचारियों को लगा होगा कि मैं पागल हो गया हूँ।) पर मेरा तर्क ये था कि बुनियादी रूप से यूट्यूब का मिशन तो कुछ और था। चलिए मान लिया कि दर्शकों को बो-टाई की गाँठ बाँधना सीखना है और अगर वे वाकई सिर्फ यही चाहते हैं, तो वे दस मिनटवाले वीडियो के बजाय एक मिनटवाला वीडियो देख सकते हैं, जो सर्च रिजल्ट में दूसरे नंबर पर होगा। पर वास्तव में यूट्यूब का ये काम नहीं था। हमारा काम तो दर्शकों को यूट्यूब से जोड़े रखना ताकि वे यूट्यूब पर अपना समय बिताते रहें। इस लिहाज से दर्शक एक मिनट का वीडियो पूरा देखने के मुकाबले दस मिनट के वीडियो को सात मिनट तक देखकर (यहाँ तक कि दस मिनट के वीडियो को दो मिनट तक देखकर भी) ज़्यादा खुश होते हैं।

और जब दर्शक खुश रहते हैं, तो हम भी खुश रहते हैं।

मुझे इस बहस को जीतने में छह महीने लगे। 15 मार्च 2012 को हमने यूट्यूब की अपनी रेकमंडेशन एल्गोरिद्म का वह संस्करण लॉन्च कर दिया, जो वॉच टाइम के अनुकूल था। इसका लक्ष्य था, यूट्यूब के यूजर्स के जुड़ाव और संतुष्टि को बेहतर बनाना। हमारी यह नई रणनीति यूट्यूब को यूजर फ्रेंडली प्लेटफॉर्म बनानेवाली थी, खासकर म्यूजिक, हाउ टू वीडियोज, मनोरंजन और देर रात देखी जानेवाली कॉमेडी क्लिप्स के लिहाज से।

एक बड़ी संख्या

नवंबर 2012 में लॉस एंजिल्स में हमारी सालाना यूट्यूब लीडरशिप समिट में शिशिर ने हम सबको इकट्ठा किया और कहा कि नए साल में नई शुरुआत करने के लिए वह एक बड़े आकांक्षापूर्ण लक्ष्य की घोषणा करने जा रहा है। यह लक्ष्य था, एक अरब घंटे का डेली यूजर वॉच टाइम। (सरलता की अपनी शक्ति होती है और जिस संख्या के अंत में जीरो हो, वह अपेक्षाकृत सरल होती है।) उसने हमने पूछा, 'हम इस लक्ष्य को कब तक पूरा कर पाएँगे? इसकी समय सीमा क्या होगी?' एक अरब घंटे का आँकड़ा 10 गुना वृद्धि को दर्शाता है और हम जानते थे कि कुछ महीनों में इस आँकड़े तक पहुँचना असंभव है, इसमें सालों का वक्त लगेगा। हमने सोचा, 2015 की डेडलाइन तय करना कुछ ज़्यादा ही जल्दबाजी होगी और 2017 तो सुनने में ही अजीब लगता है (इस तरह की अधूरी संख्याएँ अक्सर अजीब ही लगती हैं)। शिशिर के मंच पर पहुँचने से पहले हमने तय किया कि हम 2016 के अंत तक इस लक्ष्य को पूरा करेंगे। इस तरह यह एक चार वर्षीय ओकेआर होगा, जिसके वार्षिक उद्देश्य होंगे और ऐसे मुख्य परिणाम होंगे, जो हर तिमाही में बढ़ेंगे।

उद्देश्य **एक अरब घंटे के डेली यूजर वॉच टाइम के आँकड़े तक पहुँचना (2016 तक)** **यह प्रगति निम्न मुख्य परिणामों द्वारा संचालित होनी चाहिए :**
मुख्य परिणाम 1. सर्च टीम+मुख्य एप (+इतने फीसदी) लिविंग रूम (+इतने फीसदी)। 2. बच्चों का जुड़ाव और गेमिंग वॉच टाइम (प्रति दिन इतने वॉच आवर्स) बढ़ाएँ। 3. यूट्यूब वर्चुअल रियलिटी एक्सपीरियंग लॉन्च करें और वर्चुअल रियलिटी कैटलॉग को फलाँ किस्म के वीडियोज से फलाँ श्रेणी के वीडियोज तक बढ़ाएँ।

सैद्धांतिक ढंग से आकांक्षापूर्ण लक्ष्य पूरे करना

आकांक्षापूर्ण लक्ष्य उस स्थिति में बहुत कठिन हो जाते हैं, जब लोगों को उनके पूरा होने का विश्वास नहीं होता। इसी बिंदु पर प्रवेश होता है, फ्रेमिंग की कला का। शिशिर ने एक मैनेजर के तौर पर अपनी चतुराई का परिचय देते हुए बीएचएजी (बिग हेयरी ऑडेशस गोल्स यानी बड़े, अक्खड़, दुस्साहसी लक्ष्यों) में कटौती की। भले ही एक अरब घंटे का डेली यूजर वॉच टाइम सुनने में बहुत बड़ा आँकड़ा लगे, पर यह पूरी दुनिया में टीवी के कुल वॉच टाइम का सिर्फ 20 फीसदी ही है। टीवी से यह तुलना करना काफी लाभदायी था, खासकर मेरे लिए। अब यह स्पष्ट था कि हम किसी मनमाने आँकड़े के चक्कर में उलझ नहीं रहे हैं। बल्कि टीवी के वॉच टाइम के रूप में जो आँकड़ा पहले से मौजूद था, वह हमारे आँकड़े से बहुत बड़ा था और हम बस उसी की दिशा में आगे बढ़ने की कोशिश कर रहे थे।

अगले चार साल तक अपने मिशन को पूरा करने के दौरान हम 10 गुना के विचार से चिपके हुए नहीं थे। वास्तव में हमने अपने यूजर्स के लाभ के लिए कुछ ऐसे निर्णय भी लिए, जिनका वॉच टाइम पर नकारात्मक प्रभाव पड़ना निश्चित था। उदाहरण के लिए, हमने यह नीति बनाई कि हम सनसनीखेज और वाहियात

किस्म के वीडियोज को अपनी रेकमंडेशन लिस्ट में जगह नहीं देंगे। उदाहरण के लिए कोई ऐसा वीडियो, जिसका शीर्षक हो 'दुनिया के सबसे बुरे माता-पिता' और थंबनेल की तस्वीर में एक बच्चा किसी स्टोव पर रखे बर्तन के अंदर बैठा हो। इस निर्णय के तीन सप्ताह के अंदर वॉच टाइम में आधे फीसदी की कमी दर्ज की गई। इसके बावजूद हम अपने निर्णय से नहीं हिले क्योंकि यह न सिर्फ हमारे दर्शकों के अनुभव के लिए बेहतर था बल्कि इससे क्लिक-बेट वीडियोज[2] में कमी आती थी और साथ ही यह विश्वसनीय ढंग से आगे बढ़ने की हमारी नीति का प्रतीक भी था। अगले तीन महीनों के अंदर वॉच टाइम फिर से बढ़ गया। एक बार जब वाहियात किस्म के वीडियोज की उपलब्धता कम हो गई, तो लोग अपेक्षाकृत अधिक संतोषजनक वीडियोज सर्च करने लगे।

हालाँकि बीएचएजी (बिग हेयरी ऑडेशस गोल्स यानी बड़े, अक्खड़, दुस्साहसी लक्ष्यों) का निर्धारण होने के बाद हमने वॉच टाइम पर पड़नेवाले प्रभाव का मूल्यांकन किए बिना कोई काम नहीं किया। अगर किसी बदलाव से हमारी प्रगति धीमी होने का अंदेशा होता, तो हम काफी सतर्कता ये यह अनुमान लगाते कि प्रगति कितनी धीमी होगी। फिर हम उस बदलाव को लेकर संगठन में आंतरिक सहमति बनाते, इसके बाद ही वह बदलाव करते।

गति हासिल करना

सुजेन : सालार कामंगर को उन कंपनियों में काम करने में बड़ा आनंद आता है, जो अपने शुरुआती दौर में हों। उन्हें इन कंपनियों को जमीन से आसमान की ऊँचाई पर ले जाना बहुत पसंद है और वे ऐसा करने में माहिर भी हैं। सन 2012 आते-आते यूट्यूब एक बड़ा संगठन बन चुका था और सालार ने यूट्यूब छोड़कर आगे बढ़ने का निर्णय ले लिया। कंपनी में दो गुट हुआ करते थे, एक था बिजनेस का और दूसरा था टेक्नोलॉजी का। संगठन को एक ऐसे व्यक्ति की ज़रूरत थी, जो दोनों गुटों को एक साथ ला सके। एक दशक तक एडवर्ड्स (गूगल द्वारा विकसित एक ऑनलाइन एडवर्टाइजिंग प्लेटफॉर्म) का नेतृत्व करने के बाद मैं जटिलता भरे पेशेवर माहौल में काम करने की आदी हो चुकी थी।

---

[2] इंटरनेट पर मौजूद ऐसे वीडियोज जिनका मुख्य उद्देश्य ध्यान खींचना और यूजर्स को उनके लिंक पर क्लिक करने के लिए उकसाना होता है।

अब मैं यूट्यूब को एकीकृत करने की चुनौती लेने के लिए उत्सुक थी।

जब यूट्यूब का नेतृत्व करनेवालों ने डेली वॉच टाइम को एक अरब घंटे तक पहुँचाने का लक्ष्य रखा तो अधिकतर कर्मचारियों को लगा कि इसे पूरा करना असंभव है। उन्हें लगा कि अगर ऐसा हुआ, तो इंटरनेट पर इतना दबाव पड़ेगा कि यह काम करना बंद कर देगा! पर मेरा मानना था कि एक अरब घंटे जैसा स्पष्ट और मापन योग्य उद्देश्य लोगों को उत्साहित करेगा। इसलिए मैं कर्मचारियों को खुश रखने की कोशिश करती रही।

फरवरी 2014 में जब मैं यूट्यूब में आई, तब तक इसके चार वर्षीय आकांक्षापूर्ण ओकेआर की एक तिहाई अवधि पूरी हो चुकी थी। हालाँकि उद्देश्य का निर्धारण सही ढंग से हुआ था, लेकिन इसके पूरा होने की गति बहुत धीमी थी। वॉच टाइम में होनेवाली प्रगति की दर इतनी कम हो गई थी कि तयशुदा अवधि में अपना उद्देश्य पूरा करना मुश्किल था, जो हम सबके लिए चिंता की बात थी। आकांक्षापूर्ण लक्ष्यों के मामले में गूगल में 70 फीसदी सफलता को भी संतोषजनक माना जाता है। कभी-कभी तो लोग पूरी तरह असफल हो जाते हैं। लेकिन इसका यह अर्थ कतई नहीं है कि ओकेआर पूरे करने निकली कोई टीम यह तय करके बैठी हो कि 'चलो 70 फीसदी परिणाम हासिल करके उसे ही सफलता मान लेंगे।' हर कोई 100 फीसदी परिणाम हासिल करने की कोशिश करता है, खासकर तब, जब किसी उद्देश्य को पूरा करना संभव नज़र आ रहा हो। इसलिए यह कहना उचित होगा कि यूट्यूब का कोई भी कर्मचारी 70 करोड़ घंटे के डेली वॉच टाइम से संतुष्ट होनेवाला नहीं था।

ईमानदारी से कहूँ, तो मैं इस बात को लेकर निश्चिंत नहीं थी कि हम निर्धारित अवधि में एक अरब घंटे के डेली वॉच टाइम का लक्ष्य हासिल कर सकेंगे। मेरा मानना था कि अगर हम इस लक्ष्य को पूरा करने से ज़रा चूक भी गए तो कोई बात नहीं, बस संगठन के कर्मचारियों के बीच एकजुटता बनी रहे और वे एक ही दिशा की ओर अग्रसर होते रहें। मैंने गूगल में देखा था कि जब भी हम लक्ष्य पूरा करने में चूक जाते, तो एक बार फिर लक्ष्य पर ध्यान केंद्रित करते और आगे बढ़ना जारी रखते। सन 2007 में जब हमने वेब से आर्थिक लाभ कमाने के लिए एडसेंस (एडवर्टाइजिंग से संबंधित गूगल का एक प्लेटफॉर्म)

की शुरुआत की, तब उसे लॉन्च करना एक तिमाही ओकेआर था। हमने इसे निर्धारित तारीख को रिलीज करने के लिए बहुत मेहनत की, फिर भी दो दिन की देरी हो गई। पर इससे किसी को कोई नुकसान नहीं हुआ।

शायद ओकेआर की सबसे अच्छी बात यही है कि लक्ष्य तक पहुँचने की दिशा में आपकी प्रगति पर नज़र रखना, खासकर जब आप शिड्यूल से पीछे चल रहे हों। जब मैं गूगल के मध्य-तिमाही ओकेआर के अपडेट्स का नेतृत्व कर रही थी, तो मुख्य मसला था कि चीज़ों को ठीक करके वापस सही रास्ते पर कैसे लाया जाए। ये अपडेट्स, नेतृत्व करनेवालों की टीम को इकट्ठा करके यह कहने का अवसर थे कि 'आप सब पाँच ऐसे प्रोजेक्ट्स के नाम बताएँ, जिन्हें पूरा करके हम अपने लक्ष्य के करीब पहुँच सकते हैं।' हम ओकेआर का विस्तार करके सकारात्मक व्यवहार को बढ़ावा देते थे। इसलिए मैं निर्धारित समय सीमा में एक अरब घंटे का लक्ष्य हासिल करने को लेकर ज़्यादा चिंतित नहीं थी।

हालाँकि ओकेआर के संरक्षक क्रिस्टॉस गुडरो का दृष्टिकोण ज़रा अलग था। एक अरब घंटे का डेली वॉच टाइम हासिल करना उनका जुनून बन चुका था। मैंने जब कंपनी में काम शुरू किया, उसके कुछ ही समय बाद एक अनौपचारिक मीटिंग में क्रिस्टॉस ने मुझे 46 स्लाइड्स की एक प्रेजेन्टेशन दी, जिसकी पाँचवीं स्लाइड में उन्होंने स्पष्ट शब्दों में जोर देते हुए कहा : 'हम पीछे रह गए हैं! अब हमें बहुत तेजी से आगे बढ़ना होगा।'

क्रिस्टॉस : मैं बहुत चिंतित था। हम हर साल अपने वार्षिक उद्देश्यों और उन चीज़ों की घोषणा करते थे, जिन पर हमें अपना ध्यान केंद्रित करना होता था। सन 2013 से 2016 तक एक अरब घंटेवाले ओकेआर हमारी सभी प्रेजेन्टेशंस का केंद्र रहे। इसके साथ ही हमने स्पष्ट मील के पत्थर भी तय कर रखे थे ताकि रास्ते से न भटकें। जब मैं पहली बार सुजेन से मिला, तो सबसे पहले मैंने उन्हें हमारा 10 गुना लक्ष्य बनाए रखने के लिए धन्यवाद दिया। इसके बाद मैंने उनसे कहा, 'देखिए, हम काफी पीछे रह गए हैं। मैं काफी परेशान हूँ और उम्मीद करता हूँ कि आप भी थोड़ा-बहुत परेशान ज़रूर होंगी। इसलिए जब आप ये निर्णय ले रही हों कि किस चीज़ को प्राथमिकता देनी है और अपना झुकाव किस ओर रखना है, तो कृपया यह ज़रूर ध्यान रखें कि अगर हम इस मामले में कोई ठोस

कदम नहीं उठाएँगे, तो वॉच टाइम के ओकेआर को हासिल नहीं कर सकेंगे।'

सुजेन : मैं कुछ बातों को लेकर काफी चिंतित थी। इनमें से एक थी, गूगल में मशीनों से जुड़ा कामकाज देखनेवालों की मदद करना ताकि यह सुनिश्चित किया जा सके कि हमारे पास अपना लक्ष्य हासिल करने के लिए ज़रूरी बुनियादी ढाँचा मौजूद हो। ईमेल या सोशल मीडिया के मुकाबले यूट्यूब वीडियोज को हमारे डाटा सेंटर्स से यूजर्स तक ले जाने में बहुत सारी बाइट्स खर्च होती हैं (इनके लिए तकनीकी शब्द है 'एग्रेस बैंडविड्थ')। हम अपनी ओर से पहले से ही ये सुनिश्चित करने की पूरी कोशिश करते हैं कि इन सभी बाइट्स को रूट करने के लिए गूगल के पास पर्याप्त सर्वर्स मौजूद हों ताकि आपको अपने फोन या लैपटॉप पर आसानी से अपने मनचाहे वीडियोज देखने को मिल सकें।

एक अरब घंटे के ओकेआर की घोषणा करने के बाद यूट्यूब की लीडरशिप टीम महत्वपूर्ण लोगों का सहयोग हासिल करने के लिए सबको खुश करने में जुट गई ताकि उस बैंडविड्थ को आरक्षित किया जा सके, जिसकी ज़रूरत हमें 2016 में पड़नेवाली थी। जब मैंने संगठन की बागडोर सँभाली, तो गूगल के सर्वर ग्रुप ने बैंडविड्थ के खर्च पर दोबारा बातचीत करने के लिए कहा क्योंकि उन्हें यह खर्च ज़रूरत से ज़्यादा लग रहा था। मेरे लिए यह एक मुश्किल पड़ाव था : मैं नई थी और निर्धारित लक्ष्यों को पूरा करने के मामले में पीछे चल रही थी। पर मैं जानती थी कि अगर हमने अपनी मशीनें कम कर दी, तो दोबारा सब कुछ ठीक करना मुश्किल हो जाएगा। इसलिए मैंने इसे बाद के लिए टाल दिया। मैंने संगठन में अच्छी-खासी हैसियत रखनेवाले तकनीकी लोगों से साफ कह दिया, 'फिलहाल सब कुछ पहले से निर्धारित योजना के अनुसार ही होगा और तीन महीने बाद हम आपस में मिलकर इस पर पुनर्विचार करेंगे।' मैं आरक्षित बैंडविड्थ पर तब तक अपना भरोसा कायम रखना चाहती थी, जब तक यह स्पष्ट न हो जाए कि हम वास्तव में किस स्थिति में हैं। तीन महीने बाद हमारे पास न सिर्फ ज़्यादा डाटा था, बल्कि हमने पहले से कहीं ज़्यादा प्रगति भी कर ली थी। अब हमारे लिए अपने तरीकों की वकालत करना ज़्यादा आसान हो गया था।

एक अरब घंटे का ओकेआर ही यूट्यूब का धर्म था। बाकी करीब-करीब

सब चीज़ें बेमानी थी। लोगों के धर्म का सम्मान करना ज़रूरी होता है और मैं इस धर्म को, इस विशाल आकांक्षापूर्ण लक्ष्य को अपना सहयोग देना चाहती थी। पर यह मामला कुछ ऐसा था कि मुझे इस बात का डर था कि अगर इसका सही प्रबंधन नहीं किया गया, तो यह हानिकारक हो सकता है। मेरा काम था, उन बारीक चीज़ों पर नज़र रखना, जिन्हें बाकी लोग अंजाने में ही नज़रअंदाज कर देते हैं। डेली वॉच टाइम के पीछे दो मुख्य कारक होते हैं: डेली एक्टिव व्यूअर्स की औसत संख्या (जिसे संक्षिप्त में डीएवी भी कहते हैं) और वह औसत समय अवधि जो ये व्यूअर्स यूट्यूब के वीडियोज देखने में खर्च करते हैं। यूट्यूब इन दोनों में से दूसरे कारक के मामले में अच्छा प्रदर्शन कर रहा था - जो सचमुच आसान होता है। एक नया रिश्ता शुरू करने के मुकाबले किसी पुराने रिश्ते को नया आयाम देना कहीं ज़्यादा आसान होता है। हमारी रिसर्च से यह स्पष्ट हुआ कि अपने मौजूदा किशोर यूजर्स के वॉच टाइम को दोगुना करने से कहीं ज़्यादा संभावना इस बात में छिपी थी कि हम अपना यूजर बेस बढ़ाएँ। हम चाहते थे कि यूट्यूब को नए यूजर्स मिलें - हमारे विज्ञापनदाता भी यही चाहते थे।

आपसी सहयोग

क्रिस्टॉस : जब भी नेतृत्व करनेवालों की टीम बदल जाती है, तो हर चीज़ की नए सिरे से समीक्षा की जाती है। जब सुजेन ने यूट्यूब की बागडोर सँभाली, तो वे एक अरब घंटे के ओकेआर को पूरा करने के लिए बाध्य नहीं थीं। क्योंकि यह तो यूट्यूब के पिछली लीडरशिप का लक्ष्य था। वे वॉच टाइम बढ़ाने के इस लक्ष्य को, व्यूज बढ़ाने के लक्ष्य में भी बदल सकती थीं या फिर कोई ऐसा लक्ष्य तय कर सकती थीं, जो यूट्यूब की कमाई बढ़ाने की ओर केंद्रित हो या फिर वे वॉच टाइम ओकेआर के साथ-साथ समान या अधिक महत्ववाले तीन नए लक्ष्य निर्धारित कर सकती थीं। अगर वे ऐसा कुछ भी करतीं, तो हम एक अरब घंटे के लक्ष्य तक निश्चित समय सीमा में कभी नहीं पहुँच पाते। हमारा ध्यान बँट जाता और हम पीछे छूट जाते।

सुजेन के आने के बाद हमने यूट्यूब कंपनी के लक्ष्यों के आगे लोगों के नाम लिखने शुरू कर दिए। ये नाम हरे, पीले और लाल रंग की पंक्तियों में लिखे जाते थे, जो उनकी प्रगति को दर्शाता था। हर साप्ताहिक स्टाफ मीटिंग में

एक अरब घंटे के लक्ष्य के आगे मेरा नाम क्रिस्टॉस लिखा होता। साल-दर-साल यही चलता रहा। इसलिए मैं इस ओकेआर को लेकर व्यक्तिगत रूप से जिम्मेदार महसूस करता था।

मैं इस बात के लिए गूगल की सराहना करता हूँ कि यहाँ आक्रामक व जोखिमभरे लक्ष्य निर्धारित करने और उन्हें हासिल करने में असफल होने को स्वीकार किया जाता है। मैं जानता था कि यहाँ बहुत सी अच्छी चीज़ें हो चुकी हैं। बीएचएजी (बिग हेयरी ऑडेशस गोल्स यानी बड़े, अक्खड़, दुस्साहसी लक्ष्यों) के निर्धारण के बाद से मेरी टीम ने यूट्यूब के वीडियो सर्च और रेकमंडेशंस जैसे फीचर्स में महत्वपूर्ण सुधार किए। हम ओकेआर रूपी भाले के उस नुकीले सिरे जैसे थे, जिसने गूगल में यूट्यूब का कद और आकर्षण बढ़ा दिया था। कंपनी का उत्साह आसमान पर था। मैंने देखा कि मार्केटिंग विभाग के लोग भी वॉच टाइम जैसी तकनीकी चीज़ के बारे में भारी उत्साह के साथ चर्चा करने लगे हैं। मैंने कभी सोचा भी नहीं था कि ऐसा होगा।

यह ओकेआर, मेरे लिए और कंपनी के लिए ज़रा अलग था। मैंने शिशिर से पहले ही कह दिया था कि अगर हम चार साल की निर्धारित अवधि में यह लक्ष्य पूरा नहीं कर सके, तो मैं गूगल से इस्तीफा दे दूँगा - और मैंने यह मज़ाक में नहीं कहा था। मैं जानता हूँ कि मेरी ये बात ज़रा नाटकीय लग रही होगी, लेकिन मैं वाकई ऐसा ही महसूस करता था। और शायद मेरी प्रतिबद्धता की यह तीव्रता ही थी, जिसके चलते मुझे इससे जुड़े रहने में मदद मिली।

2016 में, अपनी इस रेस के आखिरी दौर में आते-आते हम निर्धारित समयासीमा के अंदर ही चल रहे थे पर ऐसा मुश्किल से ही हो पा रहा था। फिर गर्मियों का मौसम आया और लोग अपने-अपने घरों से बाहर ज़्यादा समय बिताने लगे और उनका यूट्यूब पर वीडियो देखना कम हो गया। हमें लगा कि क्या वे कभी वापस भी आएँगे या नहीं? जुलाई आते-आते हमारी प्रगति की घटती दर के चलते साल के अंत तक लक्ष्य पूरा करना मुश्किल हो गया। मैं इसे लेकर इतना घबरा गया कि मैंने वॉच टाइम बढ़ाने के लिए अपनी टीम को

इससे जुड़ी सारी चीज़ें फिर से व्यवस्थित करने के लिए कह दिया।

सितंबर में लोग अपनी गर्मियों की यात्राओं से लौटने लगे। पुराने यूजर्स ने यूट्यूब पर वीडियोज देखने की अपनी आदत फिर से अपना ली और बहुत से नए यूजर्स ने भी यूट्यूब का उपयोग शुरू कर दिया। इस तरह सर्च और रेकमंडेशन जैसे फीचर्स में हमने जो सुधार किए थे, वे नज़र आने लगे। अब हमें एक अरब घंटे के आँकड़े तक पहुँचना आसान लगने लगा। हमारे इंजीनियर्स वॉच टाइम में 0.2 फीसदी जैसी छोटी सी बढ़त लानेवाले बदलावों को करने से भी नहीं चूक रहे थे। सिर्फ 2016 में ही उन्होंने ऐसे करीब 150 छोटे-मोटे बदलाव किए। हमें अपने उद्देश्य तक पहुँचने के लिए इन सभी की ज़रूरत थी।

अक्टूबर शुरू होते-होते यूट्यूब का डेली वॉच टाइम बढ़ने की दर हमारी उम्मीद से भी ज़्यादा हो गई। यही वह पड़ाव था, जब मुझे यकीन हो गया कि अब हमें हमारे लक्ष्य को हासिल करने से कोई नहीं रोक सकता। इसके बावजूद मैं छुट्टी पर होने या बीमार होने पर भी हर रोज वॉच टाइम ग्राफ का निरीक्षण करता रहा। और फिर एक दिन - वह सोमवार का दिन था - जब मैंने ग्राफ जाँचा, तो पाया कि हम सप्ताहांत में ही एक अरब घंटे का लक्ष्य हासिल कर चुके हैं। आखिरकार हमने अपने उस आकांक्षापूर्ण ओकेआर को समय से पहले ही हासिल कर लिया, जिसे अधिकतर लोग असंभव मान रहे थे।

अगले दिन, तीन साल में पहली बार ऐसा हुआ, जब मैंने वॉच टाइम ग्राफ का निरीक्षण नहीं किया।

हमारे इस ऐतिहासिक ओकेआर के कुछ अप्रत्याशित परिणाम सामने आए। एक अरब घंटे का डेली वॉच टाइम हासिल करने के चार वर्षों के दौरान हमारे डेली व्यूज भी समानांतर रूप से बढ़े। आकांक्षापूर्ण ओकेआर आमतौर पर शक्तिशाली ताकतों को सक्रिय कर देते हैं और फिर यह निश्चित नहीं होता कि वे ताकतें आपको कहाँ ले जाएँगी। इसके अलावा मेरे लिए एक अन्य सबक ये था कि शीर्ष नेतृत्व - सुजेन के साथ-साथ लैरी और सर्गेई की ओर से - मिलनेवाला सहयोग कितना महत्वपूर्ण है।

संगठन के संस्थापक यूट्यूब के कामकाज में व्यक्तिगत रूप से शामिल नहीं थे। उनके पास इस बात को लेकर निश्चिंत होने का कोई तरीका नहीं था कि हमने अपने लिए जो रास्ता चुना है, वह सही है। हालाँकि मुझे लगता है कि वे इस बात से खुश ज़रूर थे कि यह महत्वाकांक्षी और स्पष्ट है। लेकिन जब गूगल सर्च के बहुत से कर्मचारी हमारे ओकेआर पर संदेह जता रहे थे, तब लैरी और सर्गेई मंच पर जाकर यह कहने से नहीं हिचके कि 'यूट्यूब ने एक अरब घंटे का डेली वॉच टाइम हासिल करने का लक्ष्य तय किया है। वे इस कठिन लक्ष्य को हासिल करने में लगे हुए हैं और हम उनका समर्थन करते हैं।' उन्होंने हमें काम करने की वह आज़ादी दी, जो निर्धारित उद्देश्य को पूरा करने के लिए ज़रूरी थी।

बड़ी सोच

सुजेन : आकांक्षापूर्ण लक्ष्य पूरे संगठन को पुनर्व्यवस्थित करने की प्रक्रिया शुरू कर देते हैं। हमारे मामले में इसने यूट्यूब के बुनियादी ढाँचे में कई नवाचारों को

सुजेन वोज्स्की यूट्यूब का दसवाँ जन्मदिन मनाते हुए, सन 2015.

प्रेरित किया। लोगों ने कहना शुरू कर दिया, 'अगर हम सचमुच इतना अधिक विस्तार करने ही वाले हैं, तो हमें अपने आर्किटेक्चर और स्टोरेज को फिर से डिजाइन करना चाहिए।' यह कंपनी के लिए, भविष्य के लिए पूरी तरह से तैयार रहने की प्रेरणा बन गई। हर कोई बड़ा सोचने लगा था।

आज जब मैं पीछे मुड़कर देखती हूँ, तो मुझे लगता है कि अगर हमने नई प्रक्रियाएँ और संचनाएँ नहीं अपनाई होतीं और अगर हमारा आकांक्षापूर्ण लक्ष्य इतना स्पष्ट नहीं होता, तो शायद हम चार साल की समयसीमा में अपने लक्ष्य तक नहीं पहुँच पाते। तेजी से आगे बढ़ रही किसी कंपनी में सभी को एक ही दिशा में अग्रसर रखना और सबका ध्यान एक ही उद्देश्य पर केंद्रित रखना किसी चुनौती से कम नहीं होता। लोगों को अपने प्रदर्शन का मूल्यांकन करने के लिए एक निश्चित मापदंड की ज़रूरत होती है। ऐसे में सबसे ज़रूरी ये होता है कि आप मापदंड तय करें। एक अरब घंटे के डेली वॉच टाइम ने हमारे तकनीकी कर्मचारियों को एक मिशन स्टेटमेंट दे दिया था।

लेकिन कोई भी चीज़ हमेशा एक जैसी नहीं रहती। सन 2013 में वॉच टाइम मात्रक यूट्यूब के अनुभव की गुणवत्ता परखने का सर्वश्रेष्ठ तरीका था। अब हमारी नज़र वेब-एडेड वीडियोज और फोटोज से लेकर यूजर्स की संतुष्टि और सामाजिक जिम्मेदारी जैसे अन्य कारकों पर है। जैसे अगर आप दस-दस मिनट के दो वीडियोज देखते हैं, तो दोनों का वॉच टाइम तो एक है, लेकिन हमारे लिए महत्त्व इस बात का है कि आप इन दोनों में से कौन सा वीडियो देखकर खुश हुए?

तो जब तक यह किताब प्रकाशित होगी, तब तक शायद हमें अपनी प्रगति के लिए कोई नया मात्रक मिल चुका होगा। सन 2015 में हमने वॉच टाइम से परे जाकर, रेकमंडेड वीडियोज में यूजर्स की संतुष्टि को एक कारक बनाकर आगे बढ़ना शुरू किया। यूजर्स से ऐसे कंटेट के बारे में पूछकर, जो उन्हें सबसे संतुष्टिदायक लगा हो और 'लाइक्स' व 'डिसलाइक्स' का मापन करके हम यह सुनिश्चित करने लगे कि यूट्यूब पर यूजर्स अच्छा समय बिताएँ। सन 2017 में हमने इसके होमपेज पर एक ब्रेकिंग न्यूज शेल्फ की शुरुआत की। हमारा यह

कदम खबरों के अधिकारिक स्रोतों में से सबसे उचित और महत्वपूर्ण कंटेट को सामने लाने पर केंद्रित था। यूट्यूब की वीडियो रेकमंडेशंस में नए और सार्थक बदलाव लाने के लिए ज़रूरी कदम उठाना आज भी जारी है। जैसे-जैसे हमारा व्यवसाय आगे बढ़ेगा व हमारा समाज और विकसित होगा, वैसे-वैसे हम अपनी सेवाओं के लिए सही मात्रकों और साथ ही सही ओकेआर की खोज करते रहेंगे।

भाग दो

कामकाज की नई दुनिया

15

सतत प्रदर्शन प्रबंधन : ओकेआर और सीएफआर

बातचीत से लोगों की सोच बदली जा सकती है, सोच बदलकर उनका व्यवहार बदला जा सकता है और व्यवहार बदलकर संस्थानों में बदलाव लाया जा सकता है।

- शेरिल सैंडबर्ग

वार्षिक प्रदर्शन समीक्षाएँ करना महँगा, थकाऊ और आमतौर पर व्यर्थ होता है। इन समीक्षाओं की एक प्रत्यक्ष रिपोर्ट तैयार करने में एक मैनेजर स्तर के अधिकारी के औसतन 7.5 घंटे खर्च हो जाते हैं। फिर भी सिर्फ 12 फीसदी एचआर लीडर्स ही ऐसे हैं, जो इस प्रक्रिया को व्यवसाय में लाभ कमाने के लिए 'अत्यंत प्रभावी' मानते हैं। सिर्फ 6 फीसदी अधिकारी ही इन समीक्षाओं को इस योग्य मानते हैं कि इन पर अपना बहुमूल्य समय खर्च किया जाए। विकृत रीसेन्सी बायस[1], अच्छी रैंक हासिल करने के दबाव एवं बेल कर्व (सामान्य वितरण को दर्शानेवाला एक ग्राफ) के बोझ के चलते, साल के आखिर में होनेवाला यह मूल्यांकन न तो पूर्णत: निष्पक्ष रह पाता है और न ही इसके परिणामों का सही मापन हो पाता है।

व्यापार की दुनिया का नेतृत्व करनेवालों ने कई समस्याओं का सामना करने के बाद यह सीखा है कि किसी व्यक्ति के प्रदर्शन और उसके भविष्य की संभावनाओं का मूल्यांकन सिर्फ संख्याओं के सीमित दायरे में रहकर नहीं किया जा सकता। यहाँ तक कि पीटर ड्रकर भी जाँच-पड़ताल की प्रक्रिया की

---

1 नवीनता से जुड़ा याददाश्त संबंधी पूर्वाग्रह – जिसमें व्यक्ति अतीत की घटनाओं के मुकाबले हालिया घटनाओं को अधिक प्राथमिकता देता है।

सीमाओं को समझ गए थे। उन्हें सही मूल्यांकन के बाद निर्धारित किए गए लक्ष्यों का चैंपियन माना जाता है। ड्रकर ने कहा था, 'एक मैनेजर की पहली भूमिका व्यक्तिगत होती है। उसके लिए सबसे पहले लोगों के साथ अच्छे रिश्ते बनाना, आपसी विश्वास विकसित करना और अपना एक समुदाय बनाना ज़रूरी होता है।' या जैसा कि एल्बर्ट आइंस्टीन ने कहा था, **'हर वह चीज़ जिसका मूल्यांकन किया जा सकता है, ज़रूरी नहीं कि वह मायने रखती हो और हर वह चीज़ जो मायने रखती है, ज़रूरी नहीं कि उसका मूल्यांकन करना संभव हो।'**

कल्पना से परे लगनेवाले लक्ष्यों को हासिल करने के लिए लोगों का उच्च स्तरीय प्रबंधन करना पड़ता है। कार्यस्थल में आपसी संवाद की मौजूदा प्रणाली को बेहतर बनाने की सख्त ज़रूरत है। जिस तरह तिमाही ओकेआर ने मशीनी ढंग से निर्धारित किए गए वार्षिक लक्ष्यों को अप्रासंगिक (अनुचित) बना दिया है, उसी तरह पुरानी पड़ चुकी प्रदर्शन प्रबंधन प्रणाली में क्रांति लाने के लिए हमें भी ऐसी ही किसी चीज़ की ज़रूरत है। संक्षेप में कहें, तो हमें कामकाज की नई दुनिया में एक नए एचआर मॉडल की ज़रूरत है। सतत प्रदर्शन प्रबंधन की यह परिवर्तनकारी प्रणाली ही वार्षिक समीक्षाओं का समकालीन विकल्प है। इसे सीएफआर (कन्वर्सेशन फीडबैक रेकग्निशन - बातचीत फीडबैक मान्यता) नामक प्रणाली के साथ लागू किया जाता है ताकि :

* **बातचीत** : प्रदर्शन को बेहतर बनाने के उद्देश्य से मैनेजर और कर्मचारी के बीच होनेवाली एक प्रामाणिक और समृद्ध बातचीत।
* **फीडबैक** : प्रगति का मूल्यांकन करने और भविष्य के सुधारों को दिशा देने के लिए कर्मचारियों के बीच होनेवाला द्विपक्षीय संवाद।
* **मान्यता** : छोटा या बड़ा, किसी भी तरह का योगदान देने के लिए योग्य व्यक्ति की सराहना करना।

ओकेआर की ही तरह सीएफआर भी संगठन में हर स्तर पर पारदर्शिता, जवाबदेही, सशक्तिकरण और टीमवर्क को सुनिश्चित करते हैं। संवाद को प्रेरित करनेवाली प्रणाली के रूप में सीएफआर ओकेआर को सक्रिय करके उन्हें चारों ओर फैला देते हैं। जो सचमुच मायने रखता है, उसका मापन और मूल्यांकन

करने के लिए सीएफआर एक संपूर्ण वितरण प्रणाली है। सीएफआर एंडी ग्रोव की उन्नत पद्धति की प्रचुरता और शक्ति से परिपूर्ण हैं और ओकेआर को अपनी मानवीय आवाज देते हैं।

सबसे अच्छी बात ये है कि ओकेआर और सीएफआर परस्पर बलों की तरह कार्य करते हैं। डग डेनेरलाइन बेटरवर्क्स नामक कंपनी के सीईओ हैं, जो इन दोनों प्रणालियों को क्लाउड व मोबाइल फोन पर उपलब्ध कराने और सैकड़ों संगठनों को इन्हें अपनाने में मदद करनेवाली सबसे अग्रणी कंपनी है। डग कहते हैं, 'इन दोनों के बीच का संबंध ही सबसे महत्वपूर्ण चीज़ है। अगर आपकी बातचीत सिर्फ इस बिंदु तक सीमित है कि आप लक्ष्य हासिल कर सकेंगे या नहीं, तो यह तय है कि आप इसका संदर्भ खो देंगे। सबसे महत्वपूर्ण सवालों को सामने लाने के लिए आपको सतत प्रदर्शन प्रबंधन की ज़रूरत पड़ती है। ये सवाल इस प्रकार हैं: इस लक्ष्य का निर्धारण करते समय यह आपको जितना मुश्किल लग रहा था, क्या यह उससे भी ज़्यादा मुश्किल है? क्या यह वाकई उचित लक्ष्य था? क्या यह सचमुच प्रेरणादायी है? क्या हमें उन कदमों को दोगुना महत्त्व देना शुरू कर देना चाहिए, जिन्हें उठाना पिछली तिमाही में कारगर साबित हुआ या फिर समय आ गया है कि हम इस पर नए सिरे से सोच-विचार करें और इसके किसी एक पहलू को बढ़ावा देना शुरू कर दें? दरअसल आपको पूरे संगठन से ऐसी कई अंतर्दृष्टियाँ हासिल करके उन्हें प्रकाश में लाने की ज़रूरत है।

'दूसरी ओर अगर आपके पास लक्ष्य नहीं है, तो फिर आप भला किस बारे में बात कर रहे हैं? आपने क्या हासिल किया और कैसे? मेरा अनुभव कहता है कि जब लोगों के पास स्पष्ट और संरेखित लक्ष्य होते हैं, तो वे सबसे ज़्यादा संतुष्ट महसूस करते हैं। जब उनके पास ऐसे लक्ष्य होते हैं, तो वे न तो रास्ते से भटकते हैं और न ही अपने काम को लेकर दुविधा में रहते हैं। क्योंकि तब वे यह देखने में समर्थ होते हैं कि ये सब चीज़ें आपस में एक-दूसरे से कैसे जुड़ी हुई हैं। इससे संगठन को काफी मदद मिलती है।'

आइए आपको फुटबॉल का एक और उदाहरण देता हूँ : मान लीजिए कि ऑब्जेक्टिव्स (उद्देश्य) आपके गोलपोस्ट हैं यानी वे ऐसे लक्ष्य हैं, जिन्हें आप

हासिल करना चाहते हैं। जबकि की-रिजल्ट्स (मुख्य-परिणाम) वे यार्ड-मार्कर हैं, जिनके रास्ते आपको अपने लक्ष्य तक पहुँचना है। एक टीम के रूप में आगे बढ़ने के लिए खिलाड़ियों और कोच को किसी खास चीज़ की ज़रूरत होती है यानी कुछ ऐसा, जो किसी भी सामूहिक प्रयास के लिए बहुत महत्वपूर्ण होता है। सीएफआर उन सभी आपसी संवादों का मूर्त रूप हैं, जो एक के बाद एक, हर मैच में टीम के सदस्यों को आपस में एक-दूसरे से जोड़ते हैं। वे विरोधी टीम के उन वीडियो टेप्स जैसे हैं, जिन्हें बारीकी से देखकर आपकी टीम, विरोधी खिलाडियों की कमजोरी पहचानने की कोशिश करती है। वे मैच के बीच में टीम के सदस्यों द्वारा मैदान में गोला बनाकर की जानेवाली कुछ पलों की मीटिंग जैसे हैं। वे मैच से ठीक पहले टीम के सदस्यों द्वारा एकजुट होकर अपनी शक्ति पर विश्वास जताने की परंपरा जैसे हैं - और वे मैच के अंत में जीत का जश्न मनाने जैसे हैं, जो यह बताता है कि सभी ने अच्छा प्रदर्शन किया।

एचआर को नए सिरे से गढ़ना

एक अच्छी खबर ये है कि ये बदलाव का दौर है। फॉर्च्यून 500 में शामिल 10 फीसदी कंपनियों ने साल में एक बार प्रदर्शन की समीक्षा करने की परंपरा को त्याग दिया है, इसके बावजूद उनका लाभ लगातार बढ़ रहा है। अनगिनत छोटे स्टार्टअप भी ठीक ऐसा ही कर रहे हैं, जो आमतौर पर परंपराओं के बंधन में अपेक्षाकृत कम ही जकड़े होते हैं। दरअसल आज हम एक ऐसे बिंदु पर आकर खड़े हैं, जहाँ एचआर की दुनिया के हर रिवाज को नए सिरे से गढ़ने की ज़रूरत है। एक फुर्तीली वर्कफोर्स - और एक नॉनहाइरार्कल वर्कप्लेस (पदानुक्रमरहित कार्यस्थल) - के लिए यह ज़रूरी है।

जब कंपनियाँ वार्षिक समीक्षा की परंपरा त्यागकर उसकी जगह सतत संवाद और तत्काल आनेवाले फीडबैक की पद्धति अपना लेती हैं, तो वे पूरे साल सुधार करने में अधिक सक्षम हो जाती हैं। फिर पारदर्शिता और संरेखण (आपस में एक ही दिशा की ओर अग्रसर होना) प्रतिदिन की अनिवार्यता बन जाता है। अगर कर्मचारी किसी मामले में संघर्ष कर रहे होते हैं, तो उनके मैनेजर चुपचाप बैठकर पहले से निर्धारित उस दिन का इंतजार नहीं करते, जब कर्मचारियों की समस्याओं पर विचार-विमर्श होगा। वे तो बिना झिझके फौरन

विचार-विमर्श या चर्चा शुरू कर देते हैं।

यह सुनने में बड़ा आसान लग सकता है, पर सतत होनेवाला प्रदर्शन प्रबंधन हर व्यक्ति की उपलब्धियों को नई ऊँचाई पर ले जाता है। यह उच्च अधिकारी से लेकर सबसे निचले स्तर पर काम करनेवाले व्यक्ति तक, हर किसी के प्रदर्शन को बेहतर बनाता है। यह संगठन का नेतृत्व करनेवालों से लेकर एक साधारण कर्मचारी तक, सभी का मनोबल बढ़ाने और उनके व्यक्तिगत विकास के मामलों में सचमुच कमाल के परिणाम देता है। जब तिमाही लक्ष्यों और ओकेआर की नज़र रखने की अंतर्निहित विशेषता के साथ इसका लाभ उठाया जाता है, तो यह और भी अधिक सशक्त हो जाता है।

बदलाव के इस क्षण में बहुत से संगठन दक्षता और टीम के साथ मिलकर काम करने जैसे वैकल्पिक मानकों के साथ अपने मूल्यांकन को और व्यापक बना रहे हैं। कई संगठन वार्षिक समीक्षाओं के साथ-साथ सतत प्रदर्शन प्रबंधन और निरंतर जारी संवाद जैसे समानान्तर रास्तों पर भी अपने कदम आगे बढ़ा रहे हैं। नई और पारंपरिक सोच का यह संतुलन बड़ी कंपनियों के लिए खासतौर पर कारगर साबित होता है। हो सकता है कि इनमें से कई कंपनियाँ हमेशा यह संतुलन बनाकर संतुष्ट महसूस करें पर कई कंपनियाँ ऐसी भी हैं, जो पारंपरिक बंधनों को तोड़ते हुए रेटिंग और रैंकिंग जैसी प्रणालियों को त्याग रही हैं, ताकि अपेक्षाकृत अधिक पारदर्शी, बहुआयामी और सहयोगात्मक ढंग से विकसित समीक्षा मानकों को अपनाया जा सके।

तालिका 15.1 : **वार्षिक प्रदर्शन प्रबंधन बनाम सतत प्रदर्शन प्रबंधन**

वार्षिक प्रदर्शन प्रबंधन	**सतत प्रदर्शन प्रबंधन**
वार्षिक फीडबैक	सतत फीडबैक
मुआवजे का बंधन	मुआवजे का कोई बंधन नहीं
निर्देशन/निरंकुश	प्रशिक्षण/लोकतांत्रिक
परिणाम केंद्रित	प्रक्रिया केंद्रित
कमजोरी पर आधारित	शक्ति पर आधारित
पूर्वाग्रह से ग्रसित होने की संभावना	तथ्य द्वारा संचालित

पैक्ट में सतत प्रदर्शन प्रबंधन

वॉशिंग्टन डी.सी. स्थित अंतर्राष्ट्रीय व्यापार और विकास के क्षेत्र में सक्रिय गैर-लाभकारी संस्था पैक्ट ने ओकेआर और सतत प्रदर्शन प्रबंधन के बीच के तालमेल को स्वयं अनुभव किया है। पैक्ट के एक डायरेक्टर टिम स्टाफा कहते हैं :

हमने ओकेआर को अपनाया क्योंकि हमारी प्रदर्शन प्रबंधन प्रक्रिया लगातार कई उतार-चढ़ावों से गुज़र रही थी। ओकेआर अपनाने के बाद हमने अपनी वार्षिक प्रदर्शन समीक्षा को आधिकारिक तौर पर त्याग दिया। हमने इसकी जगह मैनेजर्स और कर्मचारियों के बीच परस्पर संपर्क और संवाद से जुड़े कुछ बिंदुओं का उपयोग शुरू कर दिया। आंतरिक रूप से हमने इसे 'प्रॉपेल' नाम दिया। इसमें चार तत्त्व शामिल हैं-

पहला है, कर्मचारियों और मैनेजर्स के बीच इस विषय पर मासिक संवाद हो कि संगठन में सब कुछ कैसा चल रहा है।

दूसरा है, निर्धारित ओकेआर के मामले में अपनी प्रगति की तिमाही समीक्षा। हम बैठकें करते और एक-दूसरे से पूछते कि 'इस तिमाही में तुमने क्या हासिल करने का सोचा है - और वह क्या है, जो तुम नहीं कर पा रहे हो? क्यों? और क्यों नहीं? वह क्या है, जिसमें हम बदलाव ला सकते हैं?'

तीसरा, हम छह महीने में एक बार पेशेवर विकास पर आपस में संवाद करते हैं। इसमें कर्मचारी अपने कॅरियर के बारे में बात करते हैं - जैसा कि पहले वे कॅरियर के लिहाज से किस स्थिति में थे, अब कहाँ हैं और भविष्य में कहाँ पहुँचना चाहते हैं। साथ ही संगठन और मैनेजर्स उन्हें नई दिशा की ओर ले जाने में क्या मदद कर सकते हैं?

चौथा तत्त्व है, एक स्वचालित अंतर्दृष्टि। हम पॉजिटिव रीइन्फोर्समेंट (सकारात्मक प्रबलीकरण) और फीडबैक से लगातार घिरे रहते हैं और हममें से कई लोग ऐसे हैं, जिन्हें इन दोनों चीज़ों की तलाश में जुटे रहने का कोई प्रशिक्षण नहीं मिला है। जैसे मान लीजिए कि आप अपनी टीम को एक प्रेजेन्टेशन देते हैं, जिसके बाद आपका कोई सहकर्मी आकर आपसे कहता है, 'वाह! तुम्हारी प्रेजेन्टेशन बढ़िया थी।' ऐसे में ज़्यादातर लोग जवाब में सिर्फ धन्यवाद कहकर आगे बढ़ जाते हैं। लेकिन हम ज़रा और गहराई में जाना चाहते हैं। इसलिए हम सिर्फ धन्यवाद नहीं कहेंगे बल्कि यह भी पूछेंगे कि 'मेरी प्रेजेन्टेशन में तुम्हें कौन सी चीज़ सबसे अच्छी लगी?' दरअसल ऐसा करने के पीछे यह विचार है कि हमें सहकर्मी का विस्तृत फीडबैक मिले और वह भी तत्काल।

एक सौहार्दपूर्ण अलगाव

सतत प्रदर्शन प्रबंधन को अपनाने की ओर बढ़ रही कंपनियों के लिए पहला कदम स्पष्ट है: ओकेआर से अलगाव का मुआवजा (बोनस और वेतन में बढ़ोत्तरी दोनों ही)। अपने उतार-चढ़ावों और भविष्य की योजनाओं पर दो अलग-अलग संवाद होने चाहिए। पहला संवाद, पीछे मुड़कर देखने और वह मूल्यांकन करने से जुड़ा है, जो आमतौर पर साल के अंत में किया जाता है। जबकि दूसरा है, मैनेजर्स और कर्मचारियों के बीच होनेवाला संवाद, जो भविष्य की ओर उन्मुख होता है और निरंतर जारी रहता है। यह पाँच प्रश्नों पर केंद्रित होता है:

* आप किस चीज़ पर काम कर रहे हैं?
* आप कैसे हैं; आपके ओकेआर कैसे चल रहे हैं?
* क्या आपके काम में कोई बाधा आ रही है?
* आपको (और अधिक) सफलता हासिल करने के लिए मुझसे क्या चाहिए?
* कॅरियर से जुड़े लक्ष्य हासिल करने के लिए आपको आगे कैसे बढ़ना है?

हालाँकि मैं यह नहीं कह रहा हूँ कि प्रदर्शन की समीक्षा और लक्ष्यों को पूरी तरह त्याग देना चाहिए। किसी कर्मचारी की उपलब्धियों का ऐसा सारांश, जो डाटा द्वारा संचालित हो, रेटिंग से जुड़े पूर्वाग्रहों का अच्छा नाशक हो सकता है। और चूँकि ओकेआर किसी व्यक्ति के सबसे सार्थक कार्य को दर्शाते हैं, इसलिए वे कामकाज से संबंधित अगले घटनाचक्र में फीडबैक का एक विश्वसनीय स्रोत होते हैं। लेकिन जब मुआवजे के निर्धारण के लिए लक्ष्यों का उपयोग और दुरुपयोग किया जाता है, तो कर्मचारियों की शक्ति और मुख्य क्षमताओं पर नकारात्मक असर पड़ता है। फिर वे इस खेल में रक्षात्मक ढंग से खेलने लगते हैं, अद्‍भुत परिणाम हासिल करने के लिए ज़ोर लगाना बंद कर देते हैं और फिर चुनौतियों की कमी के चलते ऊबने लगते हैं। इसका सबसे ज़्यादा नुकसान उनके संगठन को ही होता है।

मान लीजिए 'अ' नामक कर्मचारी अपने लिए बेहद आकांक्षापूर्ण लक्ष्य निर्धारित करता है और किसी तरह उनमें से 75 फीसदी लक्ष्यों को पूरा भी कर लेता है। उसका यह उम्मीद से बेहतर प्रदर्शन, 100 फीसदी बोनस के योग्य है या फिर 120 फीसदी? दूसरी ओर 'ब' नामक कर्मचारी अपने 90 फीसदी की-रिजल्ट्स (मुख्य-परिणाम) हासिल कर लेता है, लेकिन उसका मैनेजर जानता है कि इसके लिए उसने कोई ज़ोर नहीं लगाया था - और इससे भी बड़ी बात ये कि उसने टीम की कुछ महत्वपूर्ण बैठकों में शामिल होना ज़रूरी नहीं समझा। क्या ऐसे में उसे 'अ' नामक कर्मचारी से अधिक बोनस मिलना चाहिए?

इसका संक्षिप्त जवाब है 'नहीं', खासकर अगर आप चाहते हों कि संगठन में पहल करने की प्रवृत्ति और कर्मचारियों का मनोबल कम न हो।

लाज़्लो बॉक के अनुसार, गूगल में प्रदर्शन पर मिलनेवाली रेटिंग में ओकेआर का हिस्सा एक तिहाई या उससे भी कम होता है। अलग-अलग टीम्स से मिलनेवाले फीडबैक और सबसे ज़्यादा संदर्भ के सामने ओकेआर कम महत्वपूर्ण हो जाते हैं। 'एक लक्ष्य-निर्धारण प्रणाली का उपयोग करने के बावजूद भी यह संभव है कि आप गलत लक्ष्य तय कर लें। हो सकता है कि बाजार में अचानक कोई अजीब सा बदलाव आ जाए या आपके ग्राहक अपना कामकाज बंद कर दें और आपको दोबारा नए सिरे से शुरुआत करनी पड़े। इसीलिए आपकी कोशिश यही होती है कि आप इन सभी पहलुओं को अपने ध्यान में रखें।' गूगल में लक्ष्यों के कच्चे स्कोर को मुआवजे से जुड़े निर्णयों से अलग रखने को लेकर काफी सावधानी बरती जाती है। हर चक्र के बाद ओकेआर से जुड़े उनके आँकड़े सिस्टम से मिटा दिए जाते हैं।

जटिल इंसानी व्यवहार के लिए आज तक किसी ऐसे फार्मूले का आविष्कार नहीं हो सका है, जो सौ फीसदी कारगर हो। इस मोड़ पर आकर यह साबित हो जाता है कि इंसान की निर्णय लेने की क्षमता बाकी किसी भी चीज़ से कहीं अधिक महत्वपूर्ण होती है। आज के जमाने में कार्यस्थल पर ओकेआर और मुआवज़े, दोनों के बीच सौहार्द बनाकर रखना संभव है। ये दोनों कभी एक-दूसरे से पूरी तरह अलग नहीं हो सकते पर अब ये दोनों एक साथ एक जगह पर नहीं रहते, जो असल में बेहतर ही है।

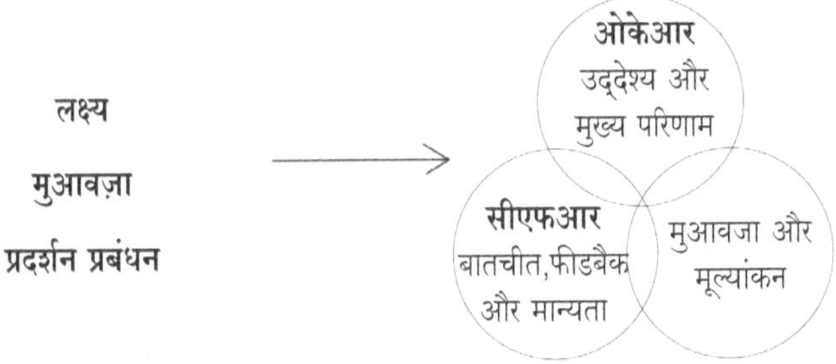

जैसे-जैसे कंपनियाँ सतत प्रदर्शन प्रबंधन को अपनाती हैं, वैसे-वैसे ओकेआर और सीएफआर आमतौर पर मुआवजे और औपचारिक मूल्यांकन से मुक्त होते जाते हैं।

बातचीत

पीटर ड्रकर उन सबसे शुरुआती लोगों में से थे, जिन्होंने इस बात की महत्ता पर ज़ोर दिया कि मैनेजर्स और उन्हें सीधे रिपोर्ट करनेवाले कर्मचारियों को एक-दूसरे के साथ नियमित बैठकें करनी चाहिए। एंडी ग्रोव का अनुमान था कि मैनेजर द्वारा अपने नीचे काम करनेवाले कर्मचारी को 90 मिनट का समय देने से 'उस कर्मचारी के काम की गुणवत्ता दो सप्ताह के लिए बढ़ जाती है। इसीलिए हमेशा की तरह एंडी ने समय से पहले ही इंटेल में इन बैठकों को अनिवार्य बना दिया था। इसके बारे में उन्होंने लिखा था :

> इन बैठकों का उद्देश्य है कि मैनेजर और उसके कर्मचारी को एक-दूसरे से सीखने और महत्वपूर्ण सूचनाएँ साझा करने का मौका मिले। परिस्थितियों और समस्याओं के बारे में विस्तृत बातचीत से कर्मचारी को अपने मैनेजर का हुनर सीखने का मौका मिलता है, साथ ही उसे यह भी समझ में आता है कि विभिन्न प्रकार की पेशेवर समस्याओं से कैसे निपटना चाहिए। इसके अलावा मैनेजर कर्मचारी को ये सुझाव भी दे सकता है कि उसे विभिन्न चीज़ों को कैसे देखना चाहिए। इसी तरह कर्मचारी भी मैनेजर को इस विषय पर विस्तृत जानकारी देता है कि वह वास्तव में क्या कर रहा है और किन चीज़ों को लेकर चिंतित है... ऐसी किसी भी बैठक का एक मुख्य बिंदु ये है कि इसे कर्मचारी की बैठक के

तौर पर देखा जाना चाहिए यानी बैठक का एजेंडा और दिशा कर्मचारी द्वारा तय की जानी चाहिए... क्योंकि मैनेजर को इस बैठक में न सिर्फ प्रशिक्षण देना होता है बल्कि खुद भी काफी कुछ सीखना होता है।[2]

'इन बैठकों में मैनेजर को कामकाज से जुड़े भावनात्मक मुद्दों पर भी चर्चा को प्रोत्साहन देना चाहिए। क्योंकि यह कामकाज से जुड़ी उन बारीक और गहन समस्याओं पर बात करने का सर्वश्रेष्ठ मंच है, जो कर्मचारी को मानसिक या भावनात्मक रूप से प्रभावित कर रही हैं। क्या कर्मचारी अपने प्रदर्शन से संतुष्ट है? या फिर किसी किस्म का तनाव, निराशा या बाधा उसके आड़े आ रही है। क्या वह इस बात को लेकर दुविधा में है कि वह किस दिशा की ओर जा रहा है?'

नियमित बातचीत का समन्वय करने और उस पर गौर करने के सामयिक तरीकों के चलते ग्रोव के ये सिद्धांत आज पहले से कहीं अधिक प्रासंगिक (उचित) हैं।[3] इस प्रकार की प्रभावी बैठकों में रोज़मर्रा के कामकाज के बारे में सतही बातचीत के बजाय गहन चर्चाएँ होती हैं। साप्ताहिक बैठकों से लेकर तिमाही बैठकों तक, इनका अपना एक निर्धारित प्रवाह होता है, जो कर्मचारियों और मैनेजर की ज़रूरत के अनुसार सक्रिय रहता है। बेटरवर्क्स नामक कंपनी के सैकड़ों प्रोजेक्ट्स से मिले अनुभवों के आधार पर मैनेजर और कर्मचारी के बीच बातचीत के पाँच महत्वपूर्ण क्षेत्र उभरकर सामने आए हैं :

लक्ष्य निर्धारण और गहन सोच-विचार - भविष्य के लिए कर्मचारी की ओकेआर योजना पहले से तय होती है। चर्चा इस पर केंद्रित होती है कि व्यक्तिगत उद्देश्यों और मुख्य परिणामों को संगठनात्मक प्राथमिकताओं के साथ सर्वश्रेष्ठ ढंग से संरेखित कैसे किया जाए।

फिलहाल जारी प्रगति पर अपडेट्स - कर्मचारी की ताजा प्रगति और

---

2 एंडी मानते थे कि इन बैठकों में 90 फीसदी बातचीत कर्मचारी को ही करनी चाहिए। जब मैं इंटेल में अपने बॉस से मिला, तो उनका ध्यान इस बात पर केंद्रित था कि मेरे मुख्य परिणाम हासिल करने में वे मेरी सहायता कैसे कर सकते हैं।

3 गैलप के अनुसार नियमित रूप से ऐसी बैठकें करने से कर्मचारी की वचनबद्धता तीन गुना तक बढ़ जाती है।

ज़रूरत पड़ने पर समस्याओं को सुलझाने की प्रवृत्ति के बारे में संक्षिप्त और डाटा द्वारा संचालित निरीक्षण करना।[4]

दोतरफा प्रशिक्षण - कर्मचारी को उसकी क्षमताओं का दोहन करने और मैनेजर को बेहतर ढंग से कार्य करने में समर्थ बनाना।

कॅरियर में प्रगति - हुनर विकसित करने, प्रगति के अवसर तलाशने और कंपनी में अपने भविष्य के बारे में कर्मचारी के दृष्टिकोण का विस्तार करने के लिए।

प्रदर्शन की सहज समीक्षा - ज़रूरी इनपुट्स इकट्ठे करने और पिछली बैठक के बाद कर्मचारी द्वारा हासिल की गई उपलब्धियों को संगठनात्मक ज़रूरतों के संदर्भ में संक्षेप में सामने रखने के लिए फीडबैक की व्यवस्था। (जैसा कि पहले भी बताया गया था, कर्मचारी के वार्षिक मुआवजे/बोनस की समीक्षा बैठक के बजाय, यह बातचीत अलग से होनी चाहिए।)

जैसे-जैसे कार्यस्थल में होनेवाली बातचीत या संवाद कामकाज का एक अनिवार्य अंग बन रहा है, वैसे-वैसे मैनेजर्स सख्ती से काम लेनेवाले बॉस के बजाय, एक शिक्षक, प्रशिक्षक और सलाहकार की भूमिका अपना रहे हैं। मान लीजिए, किसी उत्पाद की निर्माण योजना का प्रमुख, उसकी डिजाइन से जुड़े किसी निर्णय को लेकर दुविधा में है, जिसके चलते उत्पाद को निर्धारित तारीख पर बाजार में उतारने की पूरी योजना खटाई में पड़ने का खतरा पैदा हो गया है। ऐसे में एक प्रभावी सीईओ/प्रशिक्षक, कार्यकारी अधिकारियों की टीम की अगली बैठक में सबसे पहले यही कहेगा, 'क्या आप इस माहौल में खुद को और अधिक निर्णायक बनाने के बारे में विचार कर सकते हैं? इसके लिए अगर आप अपने सामने दो सर्वश्रेष्ठ विकल्प रखें और फिर यह स्पष्ट कर दें कि उन दोनों में से आप किसे प्राथमिकता देंगे, तो कैसा रहेगा? क्या आप ऐसा कर सकते हैं?' अगर निर्माण योजना का प्रमुख इस सुझाव से सहमत हो जाता है, तो यह सुझाव एक योजना की तरह काम करेगा। एक प्रभावी सीईओ/प्रशिक्षक, ऐसी स्थिति में नकारात्मक आलोचना करने के बजाय अपनी नज़र भविष्य में

[4] प्रगति संबंधित अपडेट्स के साथ दो बुनियादी प्रश्न जुड़े होते हैं: वह क्या है, जो कारगर साबित हो रहा है? और वह क्या है, जो कारगर साबित नहीं हो रहा है?

होनेवाले सुधारों पर केंद्रित रखता है।

फीडबैक

अपनी उत्कृष्ट किताब, लीन इनः वूमेन, वर्क एंड द विल टू लीड में शेरिल सैंडबर्ग कहती हैं, 'फीडबैक एक राय या मत है, जो अवलोकनों और अनुभवों पर आधारित होता है और जिससे हमें यह पता चलता है कि हम दूसरों पर कैसी छाप छोड़ते हैं।' ओकेआर प्रक्रिया का पूरा लाभ उठाने के लिए फीडबैक इसका एक अभिन्न अंग होना चाहिए। क्योंकि अगर आपको यह पता ही नहीं होगा कि आप कैसा प्रदर्शन कर रहे हैं, तो फिर आप अपने प्रदर्शन को बेहतर कैसे बनाएँगे?

आजकल के कर्मचारी किसी से यह सुनना पसंद नहीं करते कि उन्हें क्या करना चाहिए बल्कि वे तो 'सशक्त' और 'प्रेरित' महसूस करना चाहते हैं। वे अपने मैनेजर्स का फीडबैक पाने के लिए पूरा साल इंतजार नहीं करना चाहते बल्कि अपने मैनेजर्स को फीडबैक देना चाहते हैं। वे नियमित रूप से अपने लक्ष्यों पर चर्चा करना और उन्हें दूसरों से साझा करना चाहते हैं। साथ ही वे जानना चाहते हैं कि उनके सहकर्मी उनकी प्रगति के बारे में क्या सोचते हैं। सार्वजनिक व पारदर्शी ओकेआर हर दिशा से उचित सवालों को प्रेरित करते हैं: क्या इन चीज़ों पर मेरा/आपका/हमारा ध्यान केंद्रित करना सही है? अगर मैं/आप/हम इन चीज़ों को पूरा कर लेते हैं, तो क्या इसे एक बड़ी सफलता के रूप में देखा जाएगा? क्या आपके पास इस बारे में कोई फीडबैक है कि मैं/आप/हम और अधिक ज़ोर कैसे लगा सकते हैं?

फीडबैक अत्यधिक रचनात्मक हो सकता है – पर सिर्फ तभी, जब यह विशिष्ट हो।

नकारात्मक फीडबैक : आपने पिछले सप्ताह मीटिंग देर से शुरू की थी, जिसके चलते यह काफी अव्यवस्थित रही।

सकारात्मक फीडबैक : आपकी प्रेजेन्टेशन बहुत अच्छी रही। इसकी शुरुआत में ही आपने ऐसा किस्सा सुनाया कि हर किसी का ध्यान आप पर केंद्रित हो गया। साथ ही आपने 'अगली चरणबद्ध कार्यवाही' के बारे में बताकर

जिस तरह अपनी प्रेजेन्टेशन खत्म की, वह मुझे बेहद पसंद आया।

विकासशील संगठनों में, आमतौर पर फीडबैक एचआर (ह्यूमन रिसोर्स – मानव संसाधन) के नेतृत्व में नियत तारीख व समय पर दिया जाता है। जबकि अपेक्षाकृत अधिक परिपक्व संगठनों में फीडबैक न सिर्फ तत्काल और अनौपचारिक ढंग से दिया जाता है बल्कि हर किसी को फीडबैक देने की छूट भी होती है। दरअसल ऐसे संगठनों में फीडबैक हर स्तर के कर्मचारियों के बीच होनेवाला खुला संवाद होता है। अगर हम ओला या ऊबर टैक्सी के उपयोग के बाद उसके ड्राइवर को रेटिंग दे सकते हैं और अगर हम येल्प (एक यूजर रिव्यू और लोकल सर्च वेबसाइट) पर रेटिंग देनेवालों को रेट कर सकते हैं, तो फिर एक संगठन अपने मैनेजर्स और कर्मचारियों के बीच होनेवाले दो-तरफा फीडबैक का समर्थन क्यों नहीं कर सकता? यह अपने नेतृत्वकर्ताओं से ये कहने का एक अच्छा अवसर है कि आपको सफल होने के लिए मुझसे क्या चाहिए? और साथ ही अब मैं आपको बताता हूँ कि मुझे आपसे क्या चाहिए।

ज़्यादा पुरानी बात नहीं है, जब कर्मचारी अपना नाम गुप्त रखते हुए ऑफिस के सुझाव-बक्से में नोट्स डालकर अपनी बात संगठन के सामने रखते थे। आज प्रगतिशील संस्कृतिवाली कंपनियों ने इस सुझाव-बक्से की जगह कर्मचारियों के बीच होनेवाले त्वरित सर्वेक्षण, नाम गुप्त रखनेवाले सोशल नेटवर्क और बैठकों व उनका आयोजन करनेवालों को रेटिंग देने के लिए रेटिंग एप्स जैसे कई फीडबैक टूल्स अपना लिए हैं, जो हमेशा चालू रहते हैं।

सहकर्मी-से-सहकर्मी को मिलनेवाला फीडबैक (या 360 डिग्री फीडबैक) सतत प्रदर्शन प्रबंधन के लिए एक अतिरिक्त दृष्टिकोण जैसा है। यह अनाम भी हो सकता है और सार्वजनिक भी या फिर इन दोनों के बीच का भी। अगर फीडबैक को इस तरह तैयार किया गया हो कि इससे कर्मचारियों को अपने-अपने कॅरियर में आगे बढ़ने में मदद मिले तो इसे व्यक्तिगत रूप से कर्मचारियों तक पहुँचा दिया जाता है। अगर इसका उद्देश्य किसी संगठन के समस्याजनक पहलुओं को उजागर करना होता है तो इसे सीधे एचआर विभाग तक पहुँचा दिया जाता है। यह सब फीडबैक के संदर्भ और उद्देश्य के अनुसार ही तय होता है।

अपने सहकर्मियों का फीडबैक उन प्रोजेक्ट्स में खासतौर पर कारगर साबित होता है, जिनमें संगठन के विभिन्न विभागों के कर्मचारी एक साथ काम कर रहे हों क्योंकि यह फीडबैक विभिन्न टीम्स के बीच जुड़ाव बढ़ाने का कार्य करता है। जब संगठन में बराबर की हैसियत रखनेवाले कर्मचारियों के बीच खुलकर संवाद होता है, तो विभिन्न विभागों की टीम्स का एक-दूसरे के साथ मिलकर काम करना आम हो जाता है। चूँकि ओकेआर में सभी सहकर्मियों द्वारा आपस में एक-दूसरे को फीडबैक देना भी शामिल होता है, इसलिए संगठन के किसी अन्य विभाग के कर्मचारियों के साथ सूचनाएँ साझा करने से बचने की प्रवृत्ति जल्द ही बीते दिनों की बात हो जाती है।

मान्यता

तो ये रहा सीएफआर का वह घटक, जिसे सबसे कम करके आँका जाता है और जिसके बारे में लोगों को सबसे कम समझ होती है। वे दिन हवा हुए, जब संगठन में सिर्फ लंबे समय तक काम करने के लिए ही पुरस्कार स्वरूप सोने की घड़ी देने का चलन था। आधुनिक समय में कर्मचारी के प्रदर्शन के आधार पर ही उसके योगदान को मान्यता दी जाती है। साथ ही अब सिर्फ उच्च अधिकारी ही नहीं बल्कि सहकर्मी भी एक-दूसरे के योगदान को पहचानकर उसे मान्यता देते हैं। इस तरह कर्मचारियों के बीच सबसे योग्य लोगों का चुनाव कर उन्हें आगे लाया जाता है। जब जेटब्लू नामक कंपनी ने एक मूल्य-संचालित, सहकर्मी-से-सहकर्मी को मिलनेवाली मान्यता प्रणाली को अपनाया और संगठन के नेतृत्वकर्ताओं ने अपने आसपास मौजूद योग्य लोगों पर गौर करना शुरू किया, तो कर्मचारियों की संतुष्टि का मात्रक करीब-करीब दोगुना हो गया।

सतत रूप से मान्यता देते रहना आपसी जुड़ाव बढ़ाने का एक सशक्त तरीका है, 'अपने सहकर्मी को किसी कार्य के लिए 'थैंक यू' कहना भले ही कितना भी साधारण लगे, लेकिन यह आपसी जुड़ाव से भरपूर टीम तैयार करने का एक असाधारण तरीका है... जिन कंपनियों में कर्मचारियों के योगदान को पहचानकर उसे उचित मान्यता दी जाती है, वहाँ कर्मचारियों द्वारा नौकरी छोड़ने की दर उन कंपनियों के मुकाबले 31 फीसदी कम होती है, जहाँ कर्मचारियों के योगदान को ज़्यादा मान्यता नहीं दी जाती।' इसे लागू करने के कुछ तरीके इस

प्रकार हैं:

* सहकर्मी-से-सहकर्मी को मान्यता मिलने की संस्कृति विकसित करें। जब कर्मचारियों की उपलब्धियों को सहकर्मियों द्वारा निरंतर मान्यता मिलती है, तो संगठन में कृतज्ञता की संस्कृति का जन्म होता है। जैसे जूम पिज्जा नामक कंपनी में हर शुक्रवार को सभी कर्मचारियों के साथ होनेवाली 'राउंडअप' मीटिंग के अंत में, उल्लेखनीय कार्य करनेवाले कर्मचारियों की दिल खोलकर सराहना की जाती है और उनका उत्साह बढ़ाया जाता है।

* स्पष्ट मानदंड स्थापित करें। विशेष प्रोजेक्ट्स को पूरा करने, कंपनी के लक्ष्यों को हासिल करने और कंपनी के मूल्यों का प्रदर्शन करने जैसे कार्यों और उनसे हासिल हुए परिणामों में योगदान देनेवालों की पहचान करें। कर्मचारियों को 'एम्प्लॉई ऑफ द मंथ' जैसे पुरस्कार की जगह 'एचीवमेंट ऑफ द मंथ' पुरस्कार दें।

* कर्मचारियों के योगदान को पहचानने और उन्हें मान्यता देने से जुड़ी कहानियाँ साझा करें। न्यूजलेटर्स और कंपनी के ब्लॉग के जरिए विभिन्न उपलब्धियों से जुड़ी कहानियों को हर किसी तक पहुँचाया जा सकता है। इससे कर्मचारियों के योगदान की पहचान करना और उन्हें मान्यता देना, अपेक्षाकृत अधिक सार्थक हो जाएगा।

* मान्यता देने की इस प्रक्रिया में निरंतरता लाएँ और कर्मचारियों के लिए इसे आसान बनाएँ। छोटी उपलब्धियाँ हासिल करनेवाले कर्मचारियों को भी शाबाशी दें : जैसे निर्धारित समयसीमा के अंदर काम पूरा करने के लिए किए गए अतिरिक्त प्रयासों के लिए... किसी प्रस्ताव को अधिक आकर्षक बनाने के लिए किए गए अतिरिक्त कार्य के लिए... और मैनेजर्स द्वारा बेकार समझे जानेवाले छोटे-मोटे कार्यों के लिए... भी कर्मचारियों को शाबासी देना न भूलें।

* मान्यता देने को कंपनी के लक्ष्यों व रणनीति का हिस्सा बनाएँ। ग्राहक सेवा, नवाचार, टीमवर्क और लागत में कटौती जैसी कोई भी संगठनात्मक प्राथमिकता हो, उसमें योगदान देनेवाले कर्मचारियों को समय रहते शाबाशी

देना लाभप्रद ही होता है।

ओकेआर प्लेटफॉर्म्स को, सहकर्मी-से-सहकर्मी को मिलनेवाली मान्यता के लिए विशेष रूप से तैयार किया गया है। तिमाही लक्ष्य उन क्षेत्रों को स्थापित व पुनर्स्थापित करने का काम करते हैं, जहाँ फीडबैक के साथ-साथ मान्यता मिलना सबसे मूल्यवान होता है। पारदर्शी ओकेआर, सहकर्मियों के लिए बड़ी और छोटी, दोनों उपलब्धियों का जश्न समान रूप से मनाने को स्वाभाविक बना देते हैं। आखिर अपने हिस्से की प्रसिद्धि पाने का हक हर किसी को है।

जब विभिन्न टीम्स और विभाग एक-दूसरे के साथ इस प्रकार जुड़ना शुरू कर देते हैं, तो ज़्यादा से ज़्यादा लोग संगठन और उसके प्रोजेक्ट्स का हिस्सा बनने लगते हैं। पहचान करने व मान्यता देने का यह तरीका पूरी कंपनी में क्रांति ले आता है। फिर कंपनी का कोई भी कर्मचारी किसी भी अन्य कर्मचारी के लक्ष्यों की सराहना कर उसे प्रोत्साहित कर सकता है, भले ही वह किसी भी विभाग का हो या किसी भी पद पर बैठा हो। याद रखें: ऐसी हर सराहना और प्रोत्साहन संगठन के उत्कृष्ठ संचालन की ओर एक महत्वपूर्ण कदम जैसा होता है। ओकेआर व सीएफआर का मुख्य प्रयोजन यही है।

16

वार्षिक प्रदर्शन समीक्षाओं को त्यागना : एडोब की कहानी

डोना मॉरिस

कार्यकारी उपाध्यक्ष

ग्राहक और कर्मचारी अनुभव

छह वर्ष पहले, अधिकतर व्यवसायों की तरह ही सॉफ्टवेयर कंपनी एडोब भी पुरातनपंथी वार्षिक प्रदर्शन समीक्षाओं के बोझ से लदी हुई थी। कंपनी के मैनेजर्स हर कर्मचारी पर आठ घंटे का समय खर्च करते हुए हर किसी को हतोत्साहित कर रहे थे। हर साल फरवरी के महीने में कर्मचारियों के बीच असंतोष की एक लहर उठती। अपने प्रदर्शन की निराशाजनक समीक्षा के चलते उनकी प्रतिक्रिया ये होती कि वे एडोब छोड़कर किसी और कंपनी में नौकरी करने चले जाते और इस तरह एडोब उनकी प्रतिभा से वंचित हो जाती। कुल मिलाकर एडोब कंपनी अपने मैनेजर्स के 80 हजार घंटे - करीब 40 पूर्णकालिक कर्मचारियों की कार्य-अवधि के बराबर - एक ऐसी यांत्रिक प्रक्रिया पर खर्च कर रही थी, जिससे कोई स्पष्ट लाभ होता नज़र नहीं आ रहा था। एडोब तेजी से क्लाउड आधारित सबस्क्रिप्शन बिजनेस मॉडल को अपना रही थी, जो कंपनी को सफल बनाए रखने के लिए ज़रूरी था। हालाँकि भले ही एडोब अपने उत्पादों और ग्राहक-संबंधों को समकालीन व तत्काल संचालनवाली कार्य-प्रणाली की ओर ले जा रही थी, लेकिन अपने कर्मचारियों के प्रति कंपनी का दृष्टिकोण अब भी अतीत के पुरातनपंथी बंधनों से मुक्त नहीं हो सका था।

भविष्य की ओर एडोब की छलांग, जैसा कि सन 2012 में इंडिया टाइम्स ने रिपोर्ट किया।

VIRTUAL COMPULSIONS

Adobe Set to Junk Annual Appraisals

Company to rely on regular feedback round the year to rate & reward stuff

DEVINA SENGUPTA

BANGALORE

About 10,000 employees at Adobe Systems, including 2,000 in India, have just completed what could probably be their last performance review. The global product services company plans to scrap the age-old practice of being pitted against colleagues and measured up by the bosses once a year.

"We plan to abolish the performance review format," says Donna Morris, senior VP-HR at the company. Still in its blueprint, the plan is to have managers give regular feedback to their teams to ensure a quicker and continuous self-actualisation, rather than wait for the year end.

Adobe took the plunge after it entered the digital marketing space, which required a completely different gamut of customer base and marketing strategies that called for an overhaul of HR processes as well.

Should Cos Scrap Yearly Reviews?

WHY . . .

Once-a-year review may be based on top of mind recall

Regular feedback can help improve performance continuously

Unfair to pit employees against one another in an annual exercise

WHY NOT . . .

Difficult to monitor employee's work constantly, especially in virtual teams

Promotions and increments may get complicated

Difficult to get the best out of employees without annual targets and reviews

Jaleel Abdul, HR head for the Indian arm. Not a borrowed practice, the roots can be traced to management guru Marshall Goldsmith's theory on how instant and real-time feedback can boost performance.

"Course correction is also faster and more immediate this way," says Abdul.

Companies constantly innovate and tweak their appraisal systems.

सन 2012 में भारत की व्यापारिक यात्रा के दौरान एडोब की एक अधिकारी डोना मॉरिस ने पारंपरिक प्रदर्शन प्रबंधन के बारे में अपनी भड़ास निकाली। जेट लैग की थकान में डूबी डोना ने एक रिपोर्टर से कहा कि कंपनी ने वार्षिक समीक्षा और मैनेजर्स द्वारा कर्मचारियों को रैंकिंग देने की प्रक्रिया को त्यागकर अपेक्षाकृत अधिक नियमित व भविष्य-केंद्रित फीडबैक प्रक्रिया अपनाने की योजना बनाई थी। यह बहुत अच्छा विचार था। बस बात ये थी कि डोना ने अब तक अपने एचआर स्टाफ से या एडोब के सीईओ से इसके बारे में कोई चर्चा नहीं की थी।

ऊर्जावान और दृढ़ चरित्र की डोना ने कंपनी को सही रास्ते पर लाने की भरपूर कोशिश की। जैसा कि वे एडोब के इंटरनेट पर लिखती हैं, 'योगदानों

की समीक्षा करना, उपलब्धियों को पुरस्कृत करना और फीडबैक देना व पाना ही हमारे लिए असली चुनौती थी। पर क्या ये सब बोझिल प्रक्रियाओं के जरिए होना चाहिए? मैं ऐसा नहीं मानती। अब समय आ गया है कि हम मौलिक रूप से कुछ अलग सोचें। अगर हम अपनी 'वार्षिक समीक्षाओं' को त्याग देते हैं, तो आप इनकी जगह और कौन सी चीज़ देखना चाहेंगे? जब प्रेरित करना, प्रोत्साहित करना व योगदान को महत्त्व देना और अधिक प्रभावी ढंग से होगा, तो कैसा लगेगा?' डोना की इस एक पोस्ट पर इतनी व्यापक चर्चा हुई, जो कंपनी के इतिहास में पहले कभी नहीं हुई थी।

डोना की यही स्पष्टवादिता, सतत प्रदर्शन प्रबंधन के लिए एडोब की नई प्रणाली 'चेक-इन' की वजह बनी। कंपनी को आगे ले जाने के सामूहिक प्रयास के तौर पर मैनेजर्स, कर्मचारी और सहकर्मी हर साल विभिन्न चेक-इन संवादों में हिस्सा लेने लगे। इस प्रक्रिया को आगे ले जाने का सारा भार सिर्फ एचआर टीम के कंधों पर डालने के बजाय, संगठन के सभी नेतृत्वकर्ता इसमें व्यक्तिगत रूप से सक्रिए हो गए।

सहज, लचीली, पारदर्शी और न्यूनतम संरचनावाली 'चेक-इन' प्रणाली में कागजी कार्यवाही करने और नज़र रखने जैसी मज़बूरियाँ नहीं होती। यह तीन मुख्य क्षेत्रों पर केंद्रित रहती है: तिमाही लक्ष्य और अपेक्षाएँ (एडोब में ओकेआर को इसी नाम से जाना जाता है), नियमित फीडबैक और कॅरियर में उन्नति। सभी चर्चा-सत्र कर्मचारियों द्वारा बुलाए जाते हैं और उन्हें मुआवजे (बोनस और वेतन में बढ़ोत्तरी दोनों ही) से अलग रखा जाता है। कर्मचारियों को रैंकिंग देने की जगह वार्षिक पुरस्कार चेक-इन प्रक्रिया अपना ली जाती है। मैनेजर्स को प्रशिक्षित किया जाता है, ताकि वे कर्मचारियों के प्रदर्शन, व्यवसाय पर उनके प्रभाव, संगठन में उनके जैसे कौशल की दुर्लभता और बाज़ार के हालात के आधार पर मुआवजे का पैमाना तय करें। इसके लिए कोई तयशुदा दिशा-निर्देश नहीं होते।

सन 2012 की शरद ऋतु में 'चेक-इन' प्रणाली अपनाने के बाद एडोब की नौकरी छोड़कर जानेवाले कर्मचारियों की संख्या बहुत तेजी से गिरी। सीएफआर के साथ सतत प्रदर्शन प्रबंधन प्रणाली लागू करके एडोब ने अपने व्यवसाय को

सुदृढ़ बना लिया।[1]

डोना मॉरिस : एडोब कंपनी को चार प्रमुख मूल्यों के आधार पर स्थापित किया गया था- सच्ची, असाधारण, अभिनव और भागीदार। हमारी पुरानी वार्षिक समीक्षा प्रक्रिया इन चारों मूल्यों के विपरीत थी। इसलिए मैंने अपने कर्मचारियों से कहा, 'अगर हमारे संगठन में कोई रेटिंग न हो, कोई रैंकिंग न हो और कोई तयशुदा शैली न हो, तो कैसा रहेगा? इसके बजाय, अगर आपको पहले से ही पता हो कि संगठन से आपको क्या अपेक्षाएँ हैं और अगर आपके पास एडोब में ही काम करते हुए अपने कॅरियर में भरपूर उन्नति करने का मौका हो, तो कैसा रहेगा?' एडोब के लिए उसका एक-एक कर्मचारी बहुत मूल्यवान है।

चेक-इन ने हमें एडोब के मूल्यों के अनुसार जीने में मदद की है। यह नई प्रक्रिया कुछ इस प्रकार कारगर रही: हमने इसकी शुरुआत चालीस से साठ मिनट के वेब प्रशिक्षण सम्मेलनों की एक श्रृंखला से की। हमने उन्हें वरिष्ठ नेतृत्वकर्ताओं के सामने रखा। फिर हमने उन्हें मैनेजर्स के सामने और इसके बाद कर्मचारियों के सामने रखा। (इन सम्मेलनों में कर्मचारियों की भागीदारी 90 फीसदी के आसपास रही।) अपेक्षाएँ तय करने से लेकर फीडबैक देने और पाने तक, हमने हर तिमाही में चेक-इन के एक नए चरण को संबोधित किया।

हमने एक कर्मचारी संसाधन केंद्र में भी निवेश किया। इस केंद्र में ऐसे टेम्पलेट और वीडियो उपलब्ध कराए जाते हैं, जिनकी मदद से हमारे कर्मचारी रचनात्मक फीडबैक देने का हुनर विकसित कर सकें। एडोब में बहुत से इंजीनियर्स थे, जिन्हें खुला संवाद करने का अनुभव नहीं था। उन्हें इस प्रक्रिया के साथ सामंजस्य बिठाने में कर्मचारी संसाधन केंद्र की ओर से काफी मदद मिली।

हमारे नेतृत्वकर्ताओं ने स्वयं चेक-इन की भूमिका निभाई। उनके लिए यह जताना ज़रूरी था कि वे अपने बारे में फीडबैक पाने को लेकर खुला रवैया रखते हैं और अगर कोई उनके विज़न पर सवाल उठाता है, तो इससे वे असहज नहीं होंगे।

[1] कंपनी के नए दृष्टिकोण के बारे में अधिक जानकारी के लिए मैं आपको उनके ओपन सोर्स कंटेट को देखने के लिए www.whatmatters.com/adobe पर आमंत्रित करता हूँ।

अब हम हर मैनेजर को व्यवसाय का नेतृत्वकर्ता मानते हैं। वे अपने नीचे कार्यरत कर्मचारियों को प्रोत्साहन राशि और समान हिस्सेदारी दे सकें, इसके लिए बजट तैयार किया जाता है। मैनेजर्स को बजट की यह राशि अपने विवेक के अनुसार वितरित करने की छूट होती है। दरअसल इस तथ्य से वे सशक्त महसूस करते हैं कि अब उनकी सारी रिपोर्ट्स की असली जिम्मेदारी उन्हीं की है। साथ ही इस प्रक्रिया में भागीदारी का मौका मिलने के चलते कर्मचारी भी सशक्त महसूस करते हैं। सालभर नियमित रूप से चेक-इन प्रक्रिया को शिड्यूल करने के चलते वे अपने मैनेजर्स को कई चीज़ों से अवगत कराते रहते हैं। जैसे पूर्व निर्धारित लक्ष्यों को हासिल करने की दिशा में उन्होंने कितनी प्रगति की है और इस प्रगति को जारी रखने के लिए उन्हें किन-किन चीज़ों की ज़रूरत होगी। और चूँकि अब हम निर्धारित मुआवजे की प्रक्रिया से छुटकारा पा चुके हैं इसलिए टीम के सदस्य एक-दूसरे को प्रतिद्वंदी की तरह नहीं बल्कि सहकर्मी की तरह देखते हैं।

हर कर्मचारी अपनी सफलता की बागडोर अपने हाथों में रखना चाहता है। वह साल के अंत तक इस बात का इंतजार नहीं करना चाहता कि कोई अधिकारी आकर उसे ग्रेड्स देगा। वह काम करते-करते ही यह जानना चाहता

डोना मॉरिस गोल समिट में अपने विचार व्यक्त करते हुए, सन 2017

है कि वह कैसा प्रदर्शन कर रहा है और कहीं उसे कुछ अलग करने की ज़रूरत तो नहीं है। हमारी नई प्रणाली के तहत कर्मचारियों को उसके प्रदर्शन के बारे में हर छह सप्ताह की अवधि में विशिष्ट फीडबैक देने का प्रावधान है। हालाँकि व्यावहारिक रूप से उन्हें यह फीडबैक हर सप्ताह दिया जाता है। इसीलिए हर किसी को यह मालूम होता है कि उसकी स्थिति क्या है और वह कंपनी को कितना योगदान दे रहा है। प्रदर्शन प्रबंधन की प्रक्रिया कर्मचारियों के लिए किसी मार्गदर्शक की तरह काम करती है।

चेक-इन के तहत हमारा फीडबैक आमतौर पर मैनेजर-से-कर्मचारी की ओर होता है, लेकिन यह कर्मचारी-से-मैनेजर की ओर भी हो सकता है, जैसे - 'मैं फलाँ प्रोजेक्ट को लेकर अकेला महसूस कर रहा था। मुझे वाकई और अधिक सहयोग की ज़रूरत थी।' और चूँकि एडोब एक ऐसा संगठन है, जहाँ अधिकतर कर्मचारियों के एक से ज़्यादा बॉस होते हैं इसलिए फीडबैक सहकर्मी-से-सहकर्मी को भी दिया जा सकता है। उदाहरण के लिए मेरे विभाग में मेरा एक कम्यूनिकेशन पार्टनर, एक फाइनैंस पार्टनर और एक लीगल पार्टनर है। एक ओर जहाँ उनके अलग बॉस हैं, वहीं मेरे और उनके अधिकार क्षेत्र पूर्णत: अलग-अलग हैं। फिर भी हम अपनी अपेक्षाओं की समीक्षा करते हैं और प्रदर्शन के बारे में एक-दूसरे को फीडबैक भी देते हैं।

एडोब के इस अनुभव के आधार पर मैं कह सकती हूँ कि एक सतत होनेवाली प्रदर्शन प्रबंधन प्रणाली की तीन प्रमुख ज़रूरतें होती हैं। पहली है, कार्यकारी अधिकारियों का समर्थन। दूसरी है, कंपनी के उद्देश्यों को लेकर स्पष्टता और व्यक्तिगत प्राथमिकताओं के साथ उनका सरेखण - जैसा कि हमारे लक्ष्यों और अपेक्षाओं (एडोब में ओकेआर को इसी नाम से जाना जाता है) में निर्धारित है। वहीं तीसरी ज़रूरत है, प्रशिक्षण में निवेश करना ताकि संगठन के लीडर्स और मैनेजर्स को और अधिक प्रभावी बनाया जा सके। हम लोगों को कोई कोर्स करने नहीं भेज रहे बल्कि सिर्फ एक घंटे के ऑनलाइन-सत्र में शामिल होने को कह रहे हैं, जहाँ उनके सामने उस भूमिका का खाका खींचा जाता है, जो उन्हें निभानी है। यह कुछ इस तरह किया जाता है: 'क्या आपको कोई ऐसा मुश्किल फीडबैक देना है, जो सामनेवाले को ठेस पहुँचा सकता है?

अगर हाँ, तो ये फीडबैक देने के लिए आपको फलाँ कदम उठाने होंगे।'

सुधार संबंधी फीडबैक देना स्वाभाविक रूप से लोगों के लिए मुश्किलभरा होता है। पर जब आप ऐसा फीडबैक सही ढंग से देते हैं, तो यह सामनेवाले के लिए सबसे बड़ा उपहार साबित हो सकता है - क्योंकि इससे लोगों की मानसिकता बदल सकती है और उनके व्यवहार में सकारात्मक व महत्वपूर्ण सुधार आ सकता है। हम एक ऐसा वातावरण तैयार कर रहे हैं, जहाँ लोग यह कह सकें कि 'अगर मुझसे कोई गलती हो भी जाती है, तो कोई बात नहीं। क्योंकि यही वह तरीका है, जिससे मुझे काफी कुछ सीखने को मिलेगा और मेरी उन्नति होगी।' यह हमारे संगठन में हो रहे सांस्कृतिक बदलाव का एक मुख्य हिस्सा है।

जैसा कि चेक-इन से स्पष्ट हो जाता है, संगठन के नेतृत्वकर्ताओं का काम है, व्यवसाय को सफल बनाना। हमारा काम है, अन्य नेतृत्वकर्ताओं के साथ इस विषय पर विचार-विमर्श करना कि कंपनी का मिशन पूरा करने के मामले में अपने सभी घटकों को सफल कैसे बनाया जाए। सफलता रैंकिंग करने या रेटिंग देने से नहीं आती और न ही इसमें उन नीतियों या कार्यक्रमों की कोई भूमिका होती है, जो कर्मचारियों के रास्ते में बाधा बनकर उन्हें बेकार की चीज़ों में उलझा देते हैं। वास्तव में सफलता हासिल करने का एक ही तरीका है, संगठन के सदस्यों की क्षमता बढ़ाना और उन्हें कंपनी के लक्ष्य पूरे करने में सक्षम बनाना।

एडोब का प्रदर्शन प्रबंधन, तब और अब

	तब: वार्षिक प्रदर्शन समीक्षा	अब: चेक इन
प्राथमिकताएँ तय करना	कर्मचारियों की प्राथमिकताएँ साल की शुरुआत में तय की जाती थीं और आमतौर पर उन पर दोबारा गौर नहीं किया जाता था।	प्राथमिकताओं का निर्धारण और उनमें ज़रूरी बदलाव मैनेजर द्वारा नियमित रूप से किया जाता है।
फीडबैक प्रक्रिया	उपलब्धियों को सामने रखने, फीडबैक का आग्रह करने और समीक्षाएँ लिखने की लंबी प्रक्रिया।	बिना किसी औपचारिक व लिखित समीक्षा के फीडबैक और आपसी संवाद की निरंतर जारी रहनेवाली प्रक्रिया।
मुआवजे संबंधी निर्णय	कर्मचारियों के वेतन में बढ़ोत्तरी करने और समान हिस्सेदारी तय करने के लिए उन्हें रेटिंग और रैंकिंग देने की कष्टदायक प्रक्रिया।	कोई औपचारिक रेटिंग या रैंकिंग नहीं: मैनेजर्स कर्मचारियों के प्रदर्शन के आधार पर वार्षिक रूप से उनका वेतन और समान हिस्सेदारी तय करते हैं।
नियमित बैठकें	फीडबैक सत्र असंगत और निरीक्षणरहित होता था। साल के अंत में कर्मचारियों की उत्पादकता में अचानक बढ़ोत्तरी आ जाती थी क्योंकि प्रदर्शन की समीक्षा से जुड़ी चर्चाएँ साल के अंत में ही होती थीं।	हर तीन माह में फीडबैक से जुड़ी चर्चाएँ अपेक्षित होती हैं और फीडबैक की प्रक्रिया निरंतर जारी रखना एक मापदंड बनता जा रहा है। सालभर निरंतर जारी चर्चाओं और फीडबैक पर आधारित कर्मचारियों की उत्पादकता एक समान बनी रहती है।
एचआर टीम की भूमिका	एचआर टीम कागजी कार्यवाही और प्रक्रियाओं का प्रबंधन करती थी ताकि सभी चरणों को पूरा करना सुनिश्चित किया जा सके।	एचआर टीम कर्मचारियों और मैनेजर्स को रचनात्मक बातचीत करने में सक्षम बनाती है।
प्रशिक्षण और संसाधन	एचआर साझेदारों द्वारा प्रशिक्षण और संसाधन दिए जाते थे, जो हमेशा हर किसी तक नहीं पहुँच पाते थे।	ज़रूरत पड़ने पर केंद्रीकृत कर्मचारी संसाधन केंद्र मदद और आवश्यक जवाब उपलब्ध कराता है।

एडोब का तब-और-अब चार्ट

सर्विस सेक्टर के व्यवसाय में किसी भी संगठन के लिए ऐसे कर्मचारी सबसे मूल्यवान होते हैं, जो न सिर्फ पूरी लगन से काम करते हैं बल्कि संगठन छोड़कर कहीं और नहीं जाना चाहते और जिन्हें लगता है कि यहाँ वे वाकई महत्वपूर्ण फर्क ला सकते हैं। कर्मचारियों द्वारा नौकरी छोड़कर जाना संगठन को महँगा पड़ सकता है। इसलिए बेहतर यही है कि कर्मचारी को संगठन में रहकर अपने कॅरियर में उन्नति करने का मौका मिले ताकि वह उन्नति की उम्मीद में किसी और संगठन में न जाए। वास्तव में लोग अपने कॅरियर में खानाबदोशों की तरह बार-बार एक से दूसरी जगह जाना नहीं चाहते, वे तो बस एक ऐसी जगह ढूँढ़ रहे होते हैं, जहाँ रहकर उन्हें लगे वे सचमुच प्रभावी ढंग से कुछ महत्वपूर्ण कर सकते हैं। एडोब में चेक-इन ने इसी चीज़ को संभव बनाया है।

17

हर रोज बेहतर बेकिंग करना : जूम पिज्जा की कहानी

जूलिया कॉलिन्स और एलेक्स गार्डेन

सहसंस्थापक और सीईओ

हम देख चुके हैं कि ओकेआर और सीएफआर अच्छे प्रदर्शन और जबर्दस्त उन्नति के प्रामाणिक वाहक हैं। साथ ही उनका एक सूक्ष्म, आंतरिक और आम प्रभाव भी होता है – जैसे अधिकारियों को बेहतर बनाना या संगठन में कार्यरत कम मुखर कर्मचारियों को आगे बढ़ने का मौका देना। उत्कृष्टता से कार्य करने की लंबी और मुश्किल प्रक्रिया के दौरान ओकेआर और सीएफआर हर रोज़ सुधार करने में संगठन की सहायता करते हैं। इनकी मदद से नेतृत्वकर्ताओं के संवाद करने और प्रेरित करने के कौशल में बेहतरी आती है और कर्मचारियों के सोच-विचार करने का कौशल अधिक अनुशासित और सुदृढ़ हो जाता है। जब रचनात्मक लक्ष्य निर्धारण के साथ सार्थक संवाद होता है और फीडबैक मिलता है, तो लोग बाधाओं का सामना करते हुए अपना काम पूरा करना सीख जाते हैं – छोटे पैमाने पर काम करनेवाली कंपनियों के लिए यह सबक बहुत महत्वपूर्ण है।

जूम पिज्जा नामक कंपनी की कहानी इन आंतरिक पहलुओं को बड़ी स्पष्टता से दर्शाती है। यह कहानी बताती है कि कैसे एक स्टार्ट-अप कंपनी ने ओकेआर और सीफआर – और साथ ही कुछ रोबोट्स – की मदद से अपने क्षेत्र की दिग्गज कंपनियों से लोहा लिया।

अमेरिका का पिज्जा डिलिवरी बाजार 10 बिलियन डॉलर्स का है, जिस पर काफी लंबे समय से तीन अमेरिकी पिज्जा कंपनियों – डॉमिनोज़, पिज्जा

हट और पापा जोन्स – ने नियंत्रण कर रखा है। हालाँकि ऐसा नहीं है कि ये तीनों कंपनियाँ दुनिया का सबसे स्वादिष्ट पिज्जा बनाती हों, लेकिन इनकी ढेरों शाखाएँ हैं, जो बढ़िया चल रही हैं और चूँकि इनका कामकाज बहुत बड़े पैमाने पर होता है, इसलिए इन्हें इसका स्वाभाविक लाभ भी मिलता है। सन 2016 की बसंत ऋतु में जब जूम पिज्जा ने सिलिकॉन वैली स्थित एक कंक्रीट के बंकर जैसी अलबेली जगह पर अपना व्यवसाय शुरू किया, तो बहुत से लोगों को इसके सफल होने पर संदेह था। खास बात ये थी, इस कंपनी में पिज्जा बनाने से जुड़े अधिकतर काम रोबोट्स करते थे, जिसे लोगों ने ध्यान खींचने के लिए की जानेवाली किसी नौटंकी की तरह लिया। जूम पिज्जा की सफलता के आसार बहुत कम नज़र आ रहे थे।

लेकिन इसके दो साल के भीतर ही जूम ने विश्व-स्तरीय गुणवत्ता और उचित कीमतवाले शानदार पिज्जा बनाते हुए अपने बारे में लगाए गए सारे कयासों और संदेहों को गलत साबित कर दिया। कंपनी ने पिज्जा बनाने से जुड़े हर उस कार्य को रोबोट्स को सौंप दिया, जिसमें यंत्रवत ढंग से दोहराव की ज़रूरत पड़ती है। इसके चलते कंपनी में कार्यरत लोगों को ऐसे रचनात्मक काम करने की स्वतंत्रता मिल गई, जो ज़्यादा महत्वपूर्ण थे। इंसानी कर्मचारियों के बजाय रोबोट्स से काम कराने के चलते कंपनी ने जो पैसा बचाया, उसका उपयोग पिज्जा के लिए बेहतर सामग्री खरीदने पर किया गया, जैसे नॉन-जीएमओ आटा, ऑर्गेनिक टमाटर, स्थानीय सब्जियाँ और स्वास्थ्यवर्धन ढंग से संरक्षित किया गया माँस। यही कारण है कि कंपनी का पिज्जा न सिर्फ बेहद स्वादिष्ट है बल्कि स्वास्थ्य के लिए भी अच्छा है। एक और खास बात ये है कि ऑर्डर मिलने के सिर्फ पाँच मिनट बाद ही यह गर्मागर्म पिज्जा आप तक पहुँचा दिया जाता है।

जैसे ही जूम के पास कोई ऑनलाइन ऑर्डर आता है, रोबोट्स आटे से पिज्जा का बेस तैयार करते हैं, उस पर सॉस लगाते हैं और फिर उसे 800 डिग्री की गर्माहटवाले ओवन में डाल देते हैं। जैसे-जैसे रोबोट्रिक्स टेक्नोलॉजी परिपक्व हो रही है, कंपनी पिज्जा बनाने की पूरी प्रक्रिया को – पिज्जा पर चीज़ व ग्राहक की मनपसंद टॉपिंग्स डालकर, उसे आंशिक रूप से पकाकर, एल्गोरिद्म

से संचालित बेकिंग-ऑन-द-वे ट्रकों पर रखवाकर, ग्राहक के पास पहुँचाने तक - स्वचालित बनाने की योजना पर काम कर रही है। इस बात की पूरी संभावना है कि भविष्य में ये ट्रक कंप्यूटर की मदद से, बिना ड्राइवर के चलेंगे।

पिज्जा का यह व्यवसाय शुरू करने के तीन महीने के अंदर ही जूम ने अपने स्थानीय बाज़ार में 10 फीसदी की हिस्सेदारी हासिल कर ली थी। सन 2018 आते-आते जूम ने सैन फ्रांसिस्को बे एरिया में पिज्जा बेचनेवाले बड़े-बड़े ब्रांड्स को कड़ी टक्कर देना शुरू कर दिया। जल्द ही पूरे वेस्ट कोस्ट में जूम पिज्जा आउटलेट्स खुल गए और फिर कुछ ही समय में इसका विस्तार राष्ट्रीय स्तर पर होने लगा। सन 2019 आते-आते कंपनी के संस्थापक यह उम्मीद करने लगे कि जल्द ही वे दूसरे देशों में भी अपने आउटलेट्स खोलना शुरू कर देंगे। ओकेआर से कंपनी के सह-संस्थापक एलेक्स गार्डेन का पहला परिचय ज़्यांगा स्टूडियोज़ (एक अमेरिकी सोशल-नेटवर्क गेम डेवलपर कंपनी) के अध्यक्ष के रूप में हुआ था। वे कहते हैं, 'जल्द ही हम खानपान की दुनिया में वही हैसियत हासिल कर लेंगे, जो टेक्नोलॉजी की दुनिया में अमेजॉन की है।'

जब आप एक छोटी कंपनी हों और आपका मुकाबला अपने क्षेत्र की सबसे बड़ी कंपनियों से हो, तो आपके लिए सही समय और अवसर सबसे ज़्यादा महत्वपूर्ण होते हैं। ऐसे में अस्थिर संचालन और असरेखित स्टाफ जैसी

ज़ूम के सह-संस्थापक जूलिया कॉलिन्स और एलेक्स गार्डन अपने बेकिंग-ऑन-द-वे पिज़्ज़ा ट्रक के साथ

चीज़ें आपके लिए समस्या खड़ी कर सकती हैं। जूम के नेतृत्वकर्ता आपसे यही कहेंगे कि ओकेआर ने उनकी कंपनी को आगे बढ़ने में जिस तरह मदद की है, उसकी वे कल्पना भी नहीं कर सकते थे।

जूलिया कॉलिन्स : शुरुआत में जूम का अस्तित्व सिर्फ मेरे और एलेक्स के दिमाग में था। तब अगर आप हमसे इससे जुड़ा कोई सवाल पूछते, तो हम आपको एक जैसा जवाब देते। क्यों हमने एक-दूसरे के साथ इतना समय बिता लिया था कि हम इससे जुड़ी एक-एक चीज़ को गहराई से समझ चुके थे। हम दो लोगों की छोटी सी टीम के साथ जूम पिज्जा का विचार कारगर सिद्ध हो रहा था। फिर हमारे साथ एक मुख्य तकनीकी अधिकारी भी जुड़ गया और हम तीनों 'पिज्जा में मौजूद तीन अलग-अलग किस्म के चीज़' जैसे हो गए, जिनका मिश्रण पिज्जा का स्वाद बढ़ा देता है। तब तक सब कुछ बढ़िया चल रहा था। लेकिन फिर जब हमने पारमीजियानो-रिजिआनो से लेकर मॉजरेला, रोमानो और प्रोवोलान (चीज़ की विभिन्न किस्में) को साथ लिया, तो काफी कुछ बदल गया। कहने का मतलब है कि जैसे-जैसे संगठन में लोग बढ़े, वैसे-वैसे बहुत कुछ बदलने लगा। हमारे कर्मचारियों की संख्या सात होते-होते ये स्थिति आ गई कि अगर हमसे पूछा जाता, 'हमारा आज का मुख्य लक्ष्य क्या है?' - तो आठ अलग-

जूम पिज़्ज़ा का एक रोबोट अपना काम करते हुए

अलग जवाब मिलते।

हमने लिक्विड प्लानर नामक एक प्रोजेक्ट मैनेजमेंट सॉफ्टवेयर से शुरुआत की, जो वॉटरफॉल प्रणाली[1] पर आधारित था। यह पिज्जा के लिए रसोई-कक्ष का निर्माण करने में काफी सहायक रहा। इसके लिए पहले आपको कंक्रीट डालना होता है और फिर उसे सूखने देना होता है। इसके बाद फर्श को चिकना बनाने के लिए उस पर इपॉक्सी डालनी होती है और उसे सूखने देना होता है। फिर उसे ढककर वहाँ एक वॉक-इन फ्रिज लगवाना होता है। है ना? एक रेखीय प्रक्रिया के रूप में ये वाकई बढ़िया होता है।

अधिकारिक रूप से शुरुआत करने की तैयारी करते-करते जून 2016 तक जूम एक जटिल व्यवसाय बन चुका था। अब हमारे वेतनभोगी कर्मचारियों की संख्या 16 हो चुकी थी। इसके अतिरिक्त घंटों के हिसाब से काम करनेवाले तीन दर्जन रसोई-कर्मचारी और 'पायलट्स' भी थे, यानी वे अपरिहार्य लोग जो ग्राहकों तक हमारा पिज्जा पहुँचाते थे। हमने बड़े पैमाने पर काम करने की दिशा में बढ़ना शुरू कर दिया और साथ ही रोबोट्स को एकीकृत करने, सॉफ्टवेयर तैयार कराने और एक बढ़िया मेनू बनाने में भी जुट गए... लेकिन तब तक वॉटरफॉल प्रणाली ने सहजता से काम करना बंद कर दिया था। एक साथ कई चीज़ें हो रही थीं और हर कोई आपस में एक-दूसरे पर निर्भर था। हम जानते थे कि हमें बहुत मुस्तैद रहना होगा। हमारे इंजीनियर्स ने दो सप्ताह तक हर रोज सुबह जेआईआरए के प्रोजेक्ट मैनेजमेंट सॉफ्टवेयर को जाँचा-परखा पर जेआईआरए और लिक्विड प्लान में से कोई भी इस सवाल का जवाब नहीं दे सका कि हमारे लिए सबसे महत्वपूर्ण क्या है?

जूम की सबसे बड़ी संपत्ति है, हमारी प्रतिभाशाली और रचनात्मक टीम। वे हमेशा महत्वपूर्ण चीज़ों पर काम करने के लिए तत्पर रहते हैं। उनके द्वारा सामने रखे गए विचार अक्सर अच्छे होते थे, लेकिन आमतौर पर उनमें आपसी तालमेल की कमी नज़र आती थी। जल्द ही हमने ओकेआर को अपना लिया।

---

1 प्रोजेक्ट मैनेजमेंट का एक रेखीय दृष्टिकोण, जिसमें शेयर धारकों व ग्राहकों की ज़रूरतों की सूची प्रोजेक्ट की शुरुआत में ही बना ली जाती है और फिर उन ज़रूरतों को पूरा करने के लिए प्रोजेक्ट की सिलसिलेवार योजना तैयार की जाती है।

कंपनी द्वारा तैयार किया गया पहला पिज्जा बेचने के तीन सप्ताह बाद ही हमने ओकेआर के अनुसार काम करना शुरू कर दिया था क्योंकि हम यह सुनिश्चित करना चाहते थे कि हमारी शीर्ष प्राथमिकताएँ हर किसी को पता हों। जटिल कार्य पूरे हों, यह सुनिश्चित करने के लिए शुरू-शुरू में मैंने और एलेक्स ने 100 फीसदी टॉप-डाउन सरेखण का मानक तय किया। हम दोनों ने पहले दो ओकेआर चक्रों के लिए जूम के उद्देश्य निर्धारित किए। हमने तय किया कि इसमें सिर्फ तभी ढील दी जाएगी, जब आनेवाले समय में बाजार में अपना अस्तित्व बनाकर रखने को लेकर हमारी चिंता कम हो जाएगी।

सच्ची उपलब्धि हासिल करना

एलेक्स गार्डेन : इस बात से इंकार नहीं किया जा सकता कि ओकेआर बहुत मूल्यवान होते हैं और वे नेतृत्वकर्ताओं की सच्ची महत्वाकांक्षाओं के अनुसार संगठन को एक दृढ़ स्वरूप देने में सहायक होते हैं। लेकिन जूम जैसी नई कंपनियों के मामले में एक और अंतर्निहित मूल्य है, जो उतना ही महत्त्व रखता है, फिर भी अक्सर अनदेखा रह जाता है। अधिकारियों और मैनेजर्स के लिए ओकेआर बेहतरीन प्रशिक्षण का एक कारगर तरीका है। ओकेआर आपको यह सिखाते हैं कि तमाम सीमाओं के बावजूद अपने व्यवसाय का प्रबंधन कैसे किया जाए। नए विचारों को आज़माना और अपनी मौजूदा सीमाओं को पार करके आगे निकलना ज़रूरी है पर ऐसा करना आसान नहीं होता। संसाधनों यानी धन, समय और लोगों की कमी से हर किसी को जूझना पड़ता है और संगठन जितना बड़ा होता है, चुनौतियाँ भी उतनी ही बड़ी होती जाती हैं। माइक्रोसॉफ्ट एक्सबॉक्स लाइन के जनरल मैनेजर के रूप में मुझे ऐसे कई अधिकारियों के साथ काम करने का मौका मिला, जो दूरदर्शी सोच रखते थे। लेकिन चूँकि संगठन की क्षमताओं और नेतृत्वकर्ता की इच्छाओं के बीच तालमेल नहीं था इसलिए हमें काफी संघर्ष करना पड़ा। क्या करना है और कैसे करना है, यह तय करने की जिम्मेदारी मेरे और अन्य विभागों के कुछ ऐसे लोगों पर थी, जिनके पास बहुत कम अधिकार थे। अब यह हमारी जिम्मेदारी थी कि हम संगठन के अव्यवस्थित किस्म के मिशन को पूरा करने के लिए, अव्यावहारिक ढंग से लिए गए निर्णयों के अनुसार काम करके, मनचाहा परिणाम हासिल करें। जबकि

अगर हमारे पास शुरू से ही लक्ष्य निर्धारण की एक कारगर प्रक्रिया होती, तो हम बहुत सी मुश्किलों से बच जाते।

पुरातनपंथी बिजनेस-मॉडल के अनुसार जैसे-जैसे आप ऊँचे पदों पर पहुँचते हैं, वैसे-वैसे एक अधिकारी के तौर पर आपकी भूमिका और अधिक गूढ़ व अमूर्त होती जाती है। मध्यम श्रेणी के मैनेजर्स आपको रोज़मर्रा के कामकाज की जानकारी देते रहते हैं, जिससे आप दूरगामी लक्ष्यों पर ध्यान केंद्रित करने के लिए आज़ाद रहते हैं। हो सकता है कि यह तरीका किसी पुराने दौर में कारगर रहा हो पर मेरा अनुभव यही है कि ओकेआर तभी प्रभावी होते हैं, जब शीर्ष पर बैठे लोग उनके प्रति बेशर्त प्रतिबद्धता रखें यानी ठीक वैसी प्रतिबद्धता, जो आमतौर पर धार्मिक मतों के प्रति देखने को मिलती है। किसी के धार्मिक मतों को बदलना बहुत कठिन होता है और इसके लिए आपको कोई श्रेय भी नहीं मिलता। जब आपके कर्मचारी खुद को ओकेआर के अनुसार ढालने की प्रक्रिया में हों - जिसमें करीब एक साल का समय लग सकता है - तो हो सकता है कि वे आपको ज़्यादा पसंद न करें, लेकिन यकीन मानिए, इसका परिणाम सकारात्मक ही होगा।

बेहतर अनुशासन

जूलिया : अगर ओकेआर के आंतरिक मूल्य की बात करें, तो जो चीज़ सबसे पहले आती है, वह है, सीईओ के तौर पर हमारे अंदर ओकेआर द्वारा विकसित किया गया अनुशासन।

एलेक्स : ओकेआर हमें इस बारे में विचारशील होने का प्रशिक्षण देते हैं कि हम वास्तव में क्या हासिल कर सकते हैं। इसके साथ ही वे हमें संगठन के अधिकारियों और उनके नेतृत्व में काम करनेवाले कर्मचारियों के अंदर भी यही दृष्टिकोण विकसित करने का प्रशिक्षण देते हैं। अपने कॅरियर के शुरुआती दौर में जब आप एक व्यक्तिगत योगदानकर्ता के रूप में काम कर रहे होते हैं, तो आपका आंकलन इस आधार पर किया जाता है कि आपने कितना काम किया और आपके द्वारा किए गए काम की गुणवत्ता कैसी है और फिर एक दिन अचानक आपको मैनेजर बना दिया जाता है। मान लीजिए कि एक मैनेजर

के तौर पर आप अच्छा प्रदर्शन कर रहे हैं और कंपनी आपके नेतृत्व में काम करनेवालों की संख्या को लगातार बढ़ा रही है। तो अब आपका आंकलन इस आधार पर नहीं होगा कि आपने व्यक्तिगत रूप से कितना काम किया बल्कि इस आधार पर होगा कि एक मैनेजर के रूप में आप जो निर्णय ले रहे हैं, वे कितने सही साबित हो रहे हैं। लेकिन तब आपको यह बतानेवाला कोई नहीं होता कि आपके आंकलन का आधार बदल गया है। इसीलिए जब कुछ गड़बड़ होती है, तो आप सोचते हैं, 'मैं और ज़्यादा मेहनत करूँगा! आखिर मेहनत करने के चलते ही तो मैं अपने कॅरियर में यहाँ तक पहुँचा हूँ।'

दरअसल आपको वह करना चाहिए, जो इसके बिलकुल विपरीत है। ज़रा रुकें और अपने मन में चल रहे तमाम विचारों के शोर को शांत होने दें। अपनी आँखें बंद करें, ताकि अपने सामने मौजूद सारे रास्तों को देख सकें और फिर वह रास्ता चुनें, जो संगठन की ज़रूरतों के संदर्भ में आपके और आपकी टीम के लिए सर्वश्रेष्ठ हो। ओकेआर की अच्छी बात ये है कि यह पीछे मुड़कर देखने और जो हो चुका है, उस पर विचार करने को एक ऐसी रस्म में तब्दील कर देता है, जिसे आप एक पेशेवर के तौर पर निभाते हैं। ओकेआर के चलते कम से कम हर तीन महीने में एक बार संगठन के लोगों को पीछे मुड़कर देखने और इस बात पर विचार करने का मौका मिलता है कि उनके निर्णय कंपनी की ज़रूरतों को पूरा करने में कितने कारगर साबित हुए। जिसके चलते लोग बारीकी से सोचना शुरू कर देते हैं और साथ ही अधिक स्पष्ट और सटीक हो जाते हैं। ऐसा इसलिए होता है क्योंकि कोई भी व्यक्ति अपने ओकेआर संबंधी सोच-विचार के विवरण को नब्बे पेज के निबंध में नहीं बदल सकता इसलिए उसका दृष्टिकोण स्पष्ट व सटीक हो ही जाता है। इसीलिए आपको चार-पाँच मुख्य चीज़ों का चुनाव करना चाहिए और देखना चाहिए कि उनका सटीक मापन या मूल्यांकन कैसे किया जा सकता है। फिर जब आपको मैनेजर बनाया जाता है, तो आपको पहले से ही यह पता होता है कि एक मैनेजर को किस तरह सोच-विचार करना चाहिए, जो वास्तव में बहुत बड़ी बात है।

अधिकांश स्टार्ट-अप कंपनियाँ संरचनात्मक लक्ष्य निर्धारण को अपनाने के लिए बहुत उत्सुक नहीं होतीं : 'हमें इसकी कोई ज़रूरत नहीं है,' 'हम बहुत

तेजी से काम करते हैं,' 'हम स्वत: ही चीज़ों को समझ लेते हैं।' और आमतौर पर ये कंपनियाँ सचमुच चीज़ों को स्वत: ही समझ भी लेती हैं। पर मुझे लगता है कि ऐसा करके वे अपने कर्मचारियों को यह सिखाने का मौका गँवा देती हैं कि संगठन का विस्तार होने से पहले ही अपने अंदर अधिकारियों जैसे गुण कैसे विकसित किए जाएँ। अगर ये गुण शुरुआत में ही विकसित न किए जाएँ, तो इसके दो परिणाम हो सकते हैं : असफल कंपनियाँ अपने नेतृत्वकर्ताओं की क्षमता से ज़्यादा अपना विस्तार कर लेती हैं और फिर जब नेतृत्वकर्ता उन्हें सँभाल नहीं पाते, तो वे खत्म हो जाती हैं। सफल कंपनियाँ अपनी टीम की क्षमता से ज़्यादा विस्तार करती हैं और फिर टीम को ही बदल देती हैं। ये दोनों ही परिणाम दुखद हैं। इससे बेहतर ये है कि संगठन के कर्मचारियों को शुरू से ही किसी नेतृत्वकर्ता की तरह सोचना सिखा दिया जाए।

तो ओकेआर आपके कर्मचारियों का विकास करते हैं, अधिकारियों को दृढ़ बनाते हैं और उन्हें बचकानी गलतियाँ करने से रोकते हैं। वे एक छोटी कंपनी के तंत्र में किसी बड़ी कंपनी जैसी दृढ़ता और लय स्थापित कर देते हैं। जब हमने जूम में ओकेआर को लागू किया, तो इसकी प्रक्रिया ही हमारे लिए त्वरित-लाभ जैसी थी। लोगों को एक-दूसरे पर निर्भर होते हुए विचारपूर्वक और पारदर्शी ढंग से सोचने के लिए बाध्य करने मात्र से ही उनका प्रदर्शन तेजी से बेहतर होने लगा।

कामकाज से बेहतर जुड़ाव

एलेक्स : ओकेआर अस्पष्टता को खत्म कर देते हैं और जब ऐसा होता है, तो अक्सर कुछ लोग कहते हैं, 'मैं इसके लिए यहाँ नहीं आया था और अब मैं संगठन छोड़कर जा रहा हूँ।' जबकि बाकी लोग कहते हैं, 'मैं प्रेरित महसूस कर रहा हूँ क्योंकि अब अंतत: मुझे पता है कि हम क्या करने की कोशिश कर रहे हैं।' जो भी हो, इससे कर्मचारियों के बीच कामकाज को लेकर स्पष्टता आती है। तो ऐसे में जो लोग संगठन छोड़कर नहीं जाते, एक तरह से उनके लिए आपने कामकाज से जुड़ाव रखने का आधार तैयार कर दिया होता है। फिर हर कोई इस मिशन का हिस्सा बन जाता है। किसी टीम की खेल भावना तब तक कारगर साबित नहीं होती, जब तक पूरी टीम एक साथ मिलकर न खेले।

जूलिया : जैसे-जैसे लोग ओकेआर प्रक्रिया से परिचित होते जाते हैं, वैसे-वैसे यह स्वाभाविक रूप से और अधिक सहयोगी होती जाती है। सन 2016 की तीसरी तिमाही में एलेक्स और मैंने कंपनी के शीर्ष ओकेआर लिखकर तैयार किए और विभिन्न विभागों के अध्यक्षों ने हमारे कुछ की-रिजल्ट्स (मुख्य परिणामों) को अपने ऑब्जेक्टिव (उद्देश्य) में तब्दील कर लिया। हमने उनका प्रवाह अपने नीचे कार्यरत कर्मचारियों की ओर कर दिया। चौथी तिमाही में हम दोनों ने कंपनी के ऑब्जेक्टिव्स तो लिखे, लेकिन फिर हमारी टीम बीच में आ गई और उसने ऑब्जेक्टिव्स को गहनता से परखा, जो काफी अच्छा रहा। टीम ने अपनी रचनात्मक भूमिका निभाई, जिससे ओकेआर बेहतर हो गए। हमारे लक्ष्य अभी भी काफी आकांक्षापूर्ण थे, लेकिन कर्मचारियों का मानना था, ये लक्ष्य काफी यथार्थवादी हैं।

जूम ने अपनी प्रमुख तकनीक को 'बेकिंग ऑन द वे' का नाम दिया है। यही वह चीज़ है, जिसके चलते हम इस उद्योग में हलचल मचाने और अपने ग्राहकों को ज़्यादा खुशी देने में कामयाब हुए। चौथी तिमाही में कंपनी का एक शीर्ष ऑब्जेक्टिव था, 56 ओवनवाले 20 फीट लंबे अपने उन ट्रकों को तैनात करना, जो ग्राहकों के ऑर्डर्स का अनुमान लगाने और उसे पूरा करनेवाली एक परिष्कृत प्रणाली से जुड़े हुए थे। इनकी मदद से हम आपके पिज्जा के ऑनलाइन ऑर्डर को एक एल्गोरिद्म के जरिए पूरा करते हैं और ऑर्डर मिलने के बाद पाँच मिनट के अंदर हमारा गर्मागर्म पिज्जा आपके पास पहुँचा दिया जाता है। हमारे प्रोडक्ट मैनेजर वैभव गोयल का एक ओकेआर था कि ग्राहकों से ऑर्डर लेना, उनका समन्वय करना और जूम के 'बेकिंग ऑन द वे' बेड़े का पहला ऑर्डर पूरा करना। यह वाकई बढ़िया ओकेआर था। हम जानते थे कि अगर वैभव अपने तीन की-रिजल्ट्स को हासिल करने में सफल रहे, तो हम अपने ऑब्जेक्टिव्स को ज़रूर पूरा कर लेंगे।

उद्देश्य
250 पोलारिस एवेन्यू (माउंटेन व्यू हेड क्वार्टर) के लिए ट्रक डिलिवरी पूरी करें
मुख्य परिणाम
1. 11.30 तक 126 पूर्णतः प्रमाणित ओवन की डिलिवरी करें।
2. 11.30 तक 11 पूर्णतः प्रमाणित रैक्स की डिलिवरी करें।
3. 11.30 तक 2 पूर्णतः प्रमाणित फुल-फॉर्मेट डिलिवरी वाहनों की डिलिवरी करें।

हर संगठन में कुछ ऐसे लोग होते हैं, जो अपनी बात को स्पष्ट ढंग से रखने में सक्षम होते हैं। अगर वे पहली बार में आपको अपनी बात स्वीकार नहीं करवा पाते, तो वे उतने ही स्पष्ट अंदाज में दोबारा अपनी बात रखने से बिलकुल नहीं हिचकिचाते। लेकिन जो लोग अपनी बात स्पष्ट नहीं बोलते, उन्हें अक्सर अनसुना कर दिया जाता है, जिसके चलते वे उपेक्षित रह जाते हैं और उनकी ज़रूरतें आपके सामने नहीं आ पातीं। ओकेआर तंत्र, हर विभाग को बराबर महत्त्व और मौका देता है। फिर किसी को भी चुपचाप समस्याएँ झेलते रहने की ज़रूरत नहीं रह जाती क्योंकि फिर किसी के पास यह विकल्प ही नहीं होता कि वह चुपचाप सब सहता रहे। ओकेआर तंत्र में आपके ऑब्जेक्टिव्स को भी, बाकी हर किसी की तरह स्क्रीन पर आकर सहकर्मियों की टिप्पणी और सहयोग पाने का पूरा मौका मिलता है।

यहाँ मैं एक बात और जोड़ना चाहूँगी कि एक अच्छी कंपनी विभिन्न किस्म के मतों को बराबर महत्त्व देती है। ऐसी कंपनी कर्मचारियों के बीच मौजूद असंतोष की पहचान करने के लिए तत्पर रहती है और उसे सबके सामने लाकर दूर करने का रास्ता भी खोजती है। यही वह तरीका है, जिसके ज़रिए हम योग्यता आधारित व्यवस्था को बढ़ावा देते हैं।

एलेक्स : संगठन के सभी कर्मचारियों के बीच ओकेआर लागू करने से पहले हम ने दो तिमाहियों तक उन्हें अपने अधिकारियों के बीच लागू करके देखा। क्योंकि सबसे पहले ओकेआर की संस्कृति को स्थापित करना ज़रूरी था। अजीब बात

ये थी कि ऐसा करने पर हमने पाया कि जो लोग सबसे सक्रिय प्रतिभागी बनकर उभरे, वे ही शुरुआती दौर में इस पर सबसे ज़्यादा संदेह कर रहे थे।

जोसेफ सुजुकी (मार्केटिंग प्रमुख) : मैंने इसे एक और डायट प्लान की तरह लिया – जो कुछ इस तरह के दावे करता है कि इसका पालन करने से आपका वजन घटेगा और आप सुंदर दिखने लगेंगे। यह मुझे बहीखाता रखने जैसी एक और प्रशासनिक प्रक्रिया भर लग रही थी। भले ही मैंने शुरुआत में इसे गंभीरता से न लिया हो, लेकिन फिर भी इसने मुझ पर ऐसा प्रभाव डाला, जिसकी मैंने कल्पना तक नहीं की थी। जब मैंने हमेशा की तरह दो सप्ताह में एक बार होनेवाला चेक-इन किया, तो मुझे इस बारे में कुछ देर विचार करने का मौका मिला कि मैं वास्तव में क्या कर रहा हूँ और इस तिमाही में मेरे लक्ष्य कंपनी की ज़रूरतों के संदर्भ में कितने महत्वपूर्ण हैं।

एक स्टार्ट-अप कंपनी के तौर पर आप नीतिगत बारीकियों में उलझ सकते हैं – खासकर मेरे विभाग में, जहाँ हर व्यक्ति कई अलग-अलग किस्म की जिम्मेदारियाँ पूरी कर रहा होता है। यह वाकई खतरनाक साबित हो सकता है क्योंकि ऐसे में आप लगातार बदलती परिस्थितियों के बीच कई समस्याओं को एक साथ सुलझा रहे होते हैं, जिसके चलते बड़ी गलतियाँ होने का खतरा हमेशा बना रहता है। लेकिन ओकेआर के चलते मुझे सही दिशा चुनने में बहुत मदद मिली और इस सवाल का जवाब भी मिला कि मैं अपनी ओर से महत्वपूर्ण योगदान कैसे दे सकता हूँ? फिर यह मेरे लिए सिर्फ एक और रिपोर्ट तैयार करना या एक और कार्यक्रम आयोजित करना भर नहीं था। यह कुछ ऐसा था, जो न सिर्फ एक बड़ी योजना का हिस्सा था और अपेक्षाकृत अधिक सार्थक भी।

बेहतर पारदर्शिता

जूलिया : इस प्रक्रिया ने हमें शुरू से ही यह स्पष्ट करने के लिए बाध्य कर रखा था कि किस चीज़ की जिम्मेदारी किसके कंधों पर है। जैसे अगर क्रिकेट के खेल में दो फील्डर कोई कैच लेने के लिए एक साथ गेंद की ओर लपकते हैं, तो यह ज़रूरी होता है कि उनमें से कोई एक फील्डर दूसरे फील्डर को इशारा कर दे कि यह कैच लेने की जिम्मेदारी उसकी खुद की है। क्योंकि अगर वह दूसरे फील्डर

को ये इशारा नहीं करेगा, तो दोनों फील्डर्स एक साथ गेंद की ओर लपकेंगे और इस चक्कर में कैच तो छूटेगा ही, साथ वे एक-दूसरे से टकराकर घायल भी हो सकते हैं। शुरुआती दौर में मार्केटिंग और प्रोडक्ट से जुड़े लोग ही हमारे मुख्य फील्डर्स हुआ करते थे - पर जूम के रेवेन्यू (राजस्व या आमदनी) संबंधी लक्ष्यों की जिम्मेदारी किसकी थी? दरअसल यह जिम्मेदारी जिन अधिकारियों की थी, वे सिर्फ एक महीने पहले ही कंपनी से जुड़े थे। उनके लिए न सिर्फ ओकेआर एक नई चीज़ थे बल्कि वे जूम कंपनी के लिए भी नए थे और जूम अपने आपमें भी एक नया संगठन था। जब मैंने और एलेक्स ने उन्हें दुविधा में पाया, तो हमने ऑब्जेक्टिव्स को दो हिस्सों, न्यू रेवेन्यू (मार्केटिंग) और रिपीट रेवेन्यू (प्रोडक्ट) में बाँट दिया, फिर उन दोनों अधिकारियों ने इनकी बागडोर अपने हाथ में ले ली। इस बारे में अधिकारियों और हमारे बीच हुई बातचीत वाकई बहुत महत्वपूर्ण रही। यूँ तो यह बातचीत किसी विशेष ऑब्जेक्टिव (उद्देश्य) से जुड़ी हुई नहीं थी, लेकिन यह निश्चित तौर पर शुरुआती चरण में ओकेआर प्रक्रिया अपनाने का एक बाई-प्रोडक्ट ज़रूर थी। जब किसी चीज़ की रूपरेखा सही ढंग से तैयार नहीं की जाती, तो उसकी कमियाँ हर किसी को साफ नज़र आने लगती है और उन्हें नज़रअंदाज करना असंभव हो जाता है।

बेहतर टीमवर्क

एलेक्स : एक स्थाई शुरुआत के बाद आठ महीने की अवधि के अंदर हमने एक फूड कंपनी, एक लॉजिस्टिक्स कंपनी, एक रोबोटिक्स कंपनी और एक मेन्युफैक्चरिंग कंपनी शुरू कर ली। हमने अपने संगठन में सोच-विचार करने की संस्कृति विकसित करने के लिए ओकेआर को एक ऐसे उपकरण के तौर पर उपयोग किया, जो कर्मचारियों और अधिकारियों को शिक्षित करता है। ओकेआर के चलते आप स्पष्ट रूप से यह सोचना शुरू कर देते हैं कि आप जो काम कर रहे हैं, उसका आपके आसपास के लोगों पर क्या प्रभाव पड़ रहा है और साथ ही आप उन पर किस तरह निर्भर हैं।

जूलिया : हमारी टीम बहुत उदार है। हमारे एग्जीक्यूटिव शेफ एरॉन बटकस न्यू यॉर्क के कई मॉम-एंड-पॉप रेस्त्रां में काम कर चुके थे। हमारे वाहनों के बेड़े के मैनेजर माइक बेसोनी फिल्म निर्माण के क्षेत्र से आए थे। हमारे पास एक उत्पाद

विशेषज्ञ और एक सॉफ्टवेयर इंजीनियर भी था। ये सब अलग-अलग भाषाएँ बोलते थे। ऐसे में ओकेआर ही हमारी साझा शब्दावली थे। सात सदस्योंवाली नेतृत्वकर्ताओं की यह टीम हर सोमवार को लंच पर मिलती थी और करीब-करीब हर दूसरे सप्ताह हम अपने ओकेआर पर चर्चा किया करते थे। आपस में बातचीत के दौरान अगर हममें से कोई व्यक्ति कुछ ऐसी बात कहता कि 'ग्राहक किसके कब्जे में हैं' या 'तुम अपने लक्ष्य को की-रिजल्ट (मुख्य परिणाम) कैसे करोगे' तो हम सब ये समझ जाते कि उसकी बात का अर्थ क्या है?

आपका पिज्जा भले ही दुनिया का सबसे स्वादिष्ट पिज्जा हो, पर अगर आप अपने ग्राहकों को ठंडा पिज्जा परोसेंगे, तो वे उसे कभी पसंद नहीं करेंगे। हमारी टीम के दो सदस्य माइक और एरॉन का साझा उद्देश्य था, ग्राहकों को खुशी देना। जैसे अगर माइक कहते हैं कि 'हमारे वितरण क्षेत्र का विस्तार करने के लिए मेरे पास एक की-रिजल्ट (मुख्य परिणाम) है, जो अब खतरे में आ चुका है।' अगर ऐसा इसलिए हुआ है क्योंकि हमारी निर्माण-टीम को ऑनलाइन वाहन का इंतजाम करने में देर हो गई है, तो इस स्थिति में हम सब आपस में सामूहिक रूप से इस विषय पर चर्चा करेंगे कि इस देरी के चलते हमारे सेवा क्षेत्र और आमदनी पर क्या प्रभाव पड़ेगा। फिर हमारे मार्केटिंग प्रमुख जोसेफ सुजुकी और शीर्ष-आमदनी बढ़ाने के लिए उनके ओकेआर भी इससे जुड़ जाएँगे।

कोई और कंपनी होती, तो शायद माइक निर्माण-टीम के प्रमुख को फोन करके गुस्से से चीखते, 'ये क्या बेड़ा गर्क करके रखा है तुमने? मैं और कुछ नहीं जानता, बस तुम फौरन वाहन का इंतजाम करो, आखिर मैं कब तक इंतजार करता रहूँगा!' लेकिन जब आप इस तरह की बातें करने के बजाय ये कहेंगे कि 'मेरे की-रिजल्ट (मुख्य परिणाम) खतरे में हैं,' तो इसमें गुस्से या खीझ का भाव न के बराबर होगा और साथ ही उनकी बात तर्कपूर्ण होगी। चूँकि हमारी कंपनी पूर्णत: संरेखित है इसलिए पूरी टीम पहले से ही की-रिजल्ट (मुख्य परिणाम) से और इन पर हमारी निर्भरता से अच्छी तरह परिचित होती है। इसलिए ऐसे में हम सबको पता होता है कि यहाँ कोई किसी का आंकलन नहीं कर रहा है, बस हमारे सामने एक समस्या आ गई है, जिसे हमें जल्द से जल्द सुलझाना है। ज़रा अंदाजा लगाइए कि इसके बाद क्या होता होगा? दरअसल इसके बाद

दोनों नेतृत्वकर्ता यानी माइक और निर्माण-टीम के प्रमुख मुझसे और एलेक्स से एक-दूसरे के संसाधनों में बढ़ोत्तरी करने की सिफारिश करना शुरू कर देंगे।

एरॉन बटकस (एग्जीक्यूटिव शेफ) : अगर मैं कोई नया पकवान तैयार करना चाहता हूँ, तो मैं यूँ ही अचानक ऐसा नहीं कर सकता। इसके लिए यह ज़रूरी है कि मार्केटिंग टीम को कम से कम एक सप्ताह पहले से इसके बारे में पता हो। साथ ही डिजाइन टीम को इसकी तस्वीरों की व्यवस्था भी करनी होती है। यानी कोई नया पकवान तैयार करने का मेरा निर्णय संगठन के प्रोडक्ट मैनेजर की वेबसाइट से लेकर टेक टीम और उनके मोबाइल एप तक - हर विभाग को प्रभावित करता है। ऐसे में ओकेआर मुझे केंद्रित रखते हैं और रास्ते से भटकने नहीं देते। वे ये गारंटी देते हैं कि मैं सही समय पर रेसिपी पूरी कर लूँ ताकि उसके पूरा होने का इंतजार कर रहे अन्य सभी विभागों को कोई समस्या न हो। मेरी सारी डेडलाइन की-रिजल्ट (मुख्य परिणाम) के दायरे में रहकर ही तय होती हैं। मैं दूरगामी योजना को अधिक स्पष्टता से देख सकता हूँ।

यह निश्चित ही टीम निर्माण की प्रक्रिया है। ये आपको याद दिलाती है कि आप इस छोटे से, अलबेले समुदाय का हिस्सा हैं। अपनी ही समस्याओं में उलझकर रह जाना बहुत आसान होता है, खासकर जब आप रसोई में काम कर रहे हों। लेकिन ओकेआर लोगों को सोच-विचार करने की दिशा की ओर ले जाते हैं और तब आपको यह याद रहता है कि आपको किसी भी चीज़ पर अकेले नहीं बल्कि कई अन्य लोगों के साथ मिलकर काम करना है।

बेहतर बातचीत

एलेक्स : जूम में हर कोई हर दो सप्ताह में उस व्यक्ति के साथ आमने-सामने बैठकर बातचीत करता है, जिसे वह रिपोर्ट करता है। (जूलिया और मैं एक-दूसरे से बातचीत करते हैं।) यह हमारे लिए एक पवित्र समय होता है। किसी को भी इसमें देर से आने या इसे रद्द करने की अनुमति नहीं है। इसके अलावा सिर्फ एक और नियम है : इस दौरान आप कामकाज के बारे में बात नहीं कर सकते। क्योंकि इस बातचीत का एजेंडा आप खुद हैं और इसमें आपको इस विषय पर चर्चा करनी होती है कि अगले दो-तीन सालों में आप व्यक्तिगत तौर पर क्या

हासिल करना चाहते हैं और अपने उस लक्ष्य को पूरा करने की आपकी हर दो सप्ताह की योजना क्या है। मैं अपनी बातचीत तीन सवालों के साथ शुरू करना पसंद करता हूँ : आपको किस चीज़ से बेहद खुशी मिलती है, आपकी ऊर्जा किस चीज़ के चलते कम हो जाती है और आपके सपनों की नौकरी किस तरह की होगी?

फिर मैं कहता हूँ कि 'देखिए, मैं आपको बताता हूँ कि आपसे मेरी अपेक्षाएँ क्या हैं? सबसे पहली अपेक्षा है कि हमेशा सच बोलें। दूसरी अपेक्षा है कि हमेशा वही करें, जो सही हो। अगर आप इन दोनों अपेक्षाओं को पूरा करते हैं, तो हम आपको हमेशा बेशर्त समर्थन और सहयोग देंगे और मैं आपको व्यक्तिगत तौर पर यह गारंटी दूँगा कि आज आपके जो भी व्यक्तिगत व पेशेवर लक्ष्य हैं, उन्हें आप अगले तीन साल में ज़रूर पूरा कर लेंगे।' और फिर हम इस बिंदु से एक साथ आगे बढ़ेंगे।

हो सकता है कि लोग इसे परोपकारिता की तरह देखें, पर वास्तव में यह लोगों को व्यवसाय से जोड़ने का – और उन्हें संगठन छोड़कर जाने से रोकने का एक शक्तिशाली तरीका है। इससे उन्हें बाधाओं के बारे में गहन समझ मिलती है। हो सकता है कि एक नेतृत्वकर्ता आपसे कहे कि 'यह लक्ष्य आपको बहुत महत्वपूर्ण लग रहा होगा, लेकिन आपने पिछले दो सप्ताह में इसे हासिल करने की दिशा में ज़्यादा प्रगति नहीं की है। इसका क्या कारण है?' भले ही यह बात सुनने में विरोधाभासी लगे, लेकिन कामकाज से अलग, एक-दूसरे के साथ आमने-सामने बैठकर बातचीत करना, अपने मौजूदा प्रदर्शन के बारे में फीडबैक लेने जैसा है। लोगों के व्यक्तिगत लक्ष्यों को हासिल करने के बारे में बातचीत करके आपको उसके बारे में काफी कुछ जानने का मौका मिलता है, जैसे उनके कॅरियर में वे कौन सी चीज़ें हैं, जो उन्हें आगे बढ़ाती हैं – या पीछे रोककर रखती हैं।

जब आप नियमित रूप से गहन बातचीत करते हैं, तो आपको इस बात का अंदाजा लग जाता है कि आपको एक कदम पीछे कब खींचना है और लोगों को ज़रा ठहरकर अपनी खोई हुई ऊर्जा दोबारा हासिल करने का मौका कब देना है। जब संगठन अपने एक दौर के लक्ष्यों को पूरा कर ले, तो आप अपने

व्यक्तिगत विकास से जुड़े लक्ष्यों के लिए योगदानकर्ताओं का समय ले सकते हैं - जैसे अगली तिमाही में 5 फीसदी से लेकर 15 या 20 फीसदी। हो सकता है कि ये आपको भारी टैक्स चुकाने जैसा लगे, लेकिन इससे कंपनी की दो या तीन तिमाहियों के कार्यों पर अमल करने की तैयारी हो जाती है।

बेहतर संस्कृति

जूलिया : संस्कृति वह आम भाषा है, जो किसी संगठन में कार्यरत लोगों को व्यक्तिगत रूप से यह भरोसा दिलाती है कि वे सब समान दिशा की ओर केंद्रित हैं - वे उस पर जो भी बातचीत कर रहे हैं, वह अर्थपूर्ण है। इसके अलावा संस्कृति एक ऐसा आम तंत्र स्थापित करती है, जिसके आधार पर सारे निर्णय लिए जाते हैं। इसके अभाव में, मुख्य कार्यों को मूल्यांकन योग्य बनाने और उन्हें उसी रूप में जारी रखने के मामले में नुकसान झेलना पड़ता है।

इसके बाद संस्कृति के एक ऐसे चरण की बात आती है, जो अपेक्षाकृत अधिक आकांक्षापूर्ण होता है। ये है, मूल्यों पर बातचीत। एक संगठन के रूप में हम क्या बनना चाहते हैं? हम संगठन के कर्मचारियों को, उनके कामकाज और हमारे प्रोडक्ट के बारे में कैसा महसूस कराना चाहते हैं? हम दुनिया पर कैसा प्रभाव डालना चाहते हैं?

एलेक्स : जूम के दो मुख्य सिद्धांत हैं, जिन्हें हम अपने मिशन के रूप में देखते हैं। जूलिया ने मुझे ये सिद्धांत तब बताए थे, जब पहली बार फोन पर बातचीत करते हुए हमारा एक-दूसरे से परिचय हुआ था। इन सिद्धांतों ने मुझ पर ऐसा प्रभाव डाला कि हमने उन्हें एक विशाल पोस्टर पर लिखकर अपनी रसोई की दीवार पर टाँग लिया। पहला सिद्धांत हैं : 'लोगों को खाना परोसना एक पवित्र जिम्मेदारी है,' और दूसरा सिद्धांत है : 'स्वादिष्ट, स्वास्थ्यवर्धक और सस्ता खाना हर अमेरिकी व्यक्ति का अधिकार है।'

ये रहा वह ओकेआर, जो सीधे हमारे मिशन से निकला है :

उद्देश्य **ग्राहकों को खुशी देना** **विवरण** **लोगों को खाना खिलाना एक पवित्र जिम्मेदारी है। इस जिम्मेदारी को विश्वसनीय ढंग से निभाने के लिए हमें अपने ग्राहकों को सर्वश्रेष्ठ गुणवत्तावाला खाना और सर्वश्रेष्ठ कस्टमर सर्विस उपलब्ध करानी होगी। एक व्यवसाय के रूप में सफल होने के लिए हमें यह सुनिश्चित करना होगा कि ग्राहक हमारे प्रोडक्ट और हमारी सर्विस से इतने प्रभावित हों कि वे बार-बार हमारा पिज्जा ऑर्डर करें और अपने शानदार अनुभव को दोस्तों से भी साझा करें।**
मुख्य परिणाम 1. नेट प्रमोटर स्कोर 42 या उससे ज़्यादा हो। 2. ऑर्डर रेटिंग 4.6/5.0 या उससे ज़्यादा हो। 3. ब्लाइंट टेस्ट टेस्ट (दो अलग-अलग ब्रांड्स के बीच तुलना करने के लिए किया जानेवाला एक परीक्षण) में 75 फीसदी ग्राहक किसी अन्य प्रतिस्पर्धी ब्रांड के मुकाबले जूम के प्रोडक्ट को प्राथमिकता दें।

जूलिया : बहुत से दैनिक निर्णय ऐसे होते हैं, जो हमारे मिशन के अधीन होते हैं। जैसे सबसे ताजा टमाटरों के लिए खासा जोर लगाने के मुकाबले, अपने पिज्जा में थोड़ा सा अतिरिक्त नमक डालने या सॉस में थोड़ी सी अतिरिक्त चीनी डालने का निर्णय अपेक्षाकृत आसान होता है। इसीलिए कई संगठन ऐसे छोटे-मोटे कपटी किस्म के समझौते करने लगते हैं, जिससे उनकी पहचान खोखली होने लगती है।

जूम से जुड़नेवाले हर नए कर्मचारी को सबसे पहले संगठन के मिशन व मूल्यों का प्रशिक्षण दिया जाता है। एलेक्स और मैं इस बात को लेकर बहुत स्पष्ट हैं कि हम अपने कर्मचारियों से क्या चाहते हैं? और हमारी यह स्पष्टता, एक संगठन और एक व्यक्ति के तौर पर हमें अत्यधिक जवाबदेह बनने के लिए मज़बूर कर देती है। हमारे यहाँ की संस्कृति ऐसी है, जहाँ सिर्फ सर्वश्रेष्ठ

विचार को ही स्वीकार किया जाता है और यहाँ हर कर्मचारी को, किसी भी अन्य कर्मचारी या अधिकारी - यहाँ तक की कंपनी के सीईओ - की गलती की ओर इशारा करने की पूरी छूट होती है।

एलेक्स : सीईओ की गलती की ओर इशारा करना खासतौर पर महत्वपूर्ण है। जब कोई हमें सबके सामने चुनौती देता है, तो हम इस बात के लिए उसकी प्रशंसा ज़रूर करते हैं कि उसने अपनी बात खुलकर सबके सामने रखी। दरअसल हम उस व्यक्ति की कुछ ज़्यादा ही प्रशंसा कर देते हैं, ताकि अन्य लोगों के अंदर गलतियों की ओर इशारा करने की प्रवृत्ति विकसित होती रहे।

बेहतर नेतृत्वकर्ता

जूलिया : मैं अपने कॅरियर में कुछ महान नेतृत्वकर्ताओं के साथ काम कर चुकी हूँ। वे सब एक-दूसरे से काफी अलग व्यक्तित्ववाले थे पर एक विशेषता ऐसी थी, जो उन सभी में थी: गहनतापूर्वक ध्यान केंद्रित रखने की विशेषता। अगर आप उनके साथ कुछ देर के लिए भी बैठें, तो आपको यह एहसास हो जाता था कि उनकी सोच बहुत स्पष्ट है। वे बहुत स्पष्टता के साथ यह बताने में माहिर थे कि क्या करना ज़रूरी है। जब आप व्यवसाय के लिए पूँजी जुटा रहे हों, रोबोट्स से पिज्जा बनवा रहे हों और इसके लिए अत्याधुनिक रसोई-कक्ष तैयार करवा रहे हों, तो बहुत सी चीज़ें तेजी से संदर्भ सहित बदल रही होती हैं। जिसके चलते कभी-कभी आप बहुत उत्तेजित और व्यथित महसूस करते हैं। लेकिन अगर आपको अपनी कंपनी के ऑब्जेक्टिव्स (उद्देश्य) अच्छी तरह याद हों, तो इससे आपको मानसिक शांति महसूस होती है। ओकेआर से मुझे एक ऐसा नेतृत्वकर्ता बनने में मदद मिली, जो मानसिक स्पष्टता के साथ अपना ध्यान केंद्रित रख सकता है। इसलिए भले ही स्थितियाँ कितनी भी मुश्किल क्यों न हो जाएँ, मैं हमेशा पीछे मुड़कर उन चीज़ों की ओर केंद्रित हो सकती हूँ, जो वाकई मायने रखती हैं।

18

संस्कृति

आपको एक ऐसी संस्कृति की ज़रूरत होती है,
जो छोटे और नए विचारों को बढ़ावा दे।

- जेफ बेजॉस

कहते हैं कि भले ही आप कोई भी रणनीति बना लें, वह कितनी प्रभावी होगी, ये इस बात पर निर्भर करता है कि जहाँ उसे लागू किया जाना है, वहाँ की संस्कृति कैसी है। यही वह चीज़ है, जो जमीनी स्तर पर दाँव पर लगी होती है; यही वह चीज़ है, जो कामकाज को सार्थक बनाती है। इसीलिए अक्सर नेतृत्वकर्ता संस्कृति से आसक्त रहते हैं। इसी तरह संस्थापक यह जानना चाहते हैं कि उन्नति करते हुए अपने संगठन के सांस्कृतिक मूल्यों की रक्षा कैसे की जाए। बड़ी कंपनियों के अध्यक्ष ओकेआर और सीएफआर को सांस्कृतिक बदलाव के औज़ार में तब्दील कर रहे हैं। नौकरी की चाह रखनेवाले या अपना कॅरियर बनाने में लगे हुए ऐसे लोगों की संख्या तेजी से बढ़ रही है, जो किसी संगठन को आँकने के लिए उसे संस्कृति की कसौटी पर परखने को प्राथमिकता देते हैं।

जैसा कि आपने इस किताब में पहले भी देखा होगा, नेतृत्वकर्ताओं की प्राथमिकताओं और अंतर्दृष्टियों के लिए ओकेआर स्पष्ट पात्र की तरह होते हैं। वहीं सीएफआर यह सुनिश्चित करते हैं कि उन प्राथमिकताओं और अंतर्दृष्टिओं का प्रसार हो। लेकिन किसी भी लक्ष्य को निर्वात (शून्य) में हासिल नहीं किया जा सकता। ध्वनि तरंगों की तरह ही लक्ष्यों को भी एक माध्यम की ज़रूरत होती है। ओकेआर और सीएफआर के लिए संगठन की संस्कृति इसी माध्यम का

काम करती है। संस्कृति ही किसी संगठन के सबसे महत्वपूर्ण मूल्यों और धारणाओं की जीवंत अभिव्यक्ति होती है।

ऐसे में सवाल उठता है कि एक सकारात्मक संस्कृति को परिभाषित कैसे किया जाए और कंपनियाँ ऐसी संस्कृति कैसे विकसित करें? मेरे पास इस सवाल का कोई सीधा जवाब नहीं है, लेकिन ओकेआर और सीएफआर इसके लिए एक खाका ज़रूर प्रदान करते हैं। ओकेआर और सीएफआर, कुछ सामूहिक उद्देश्यों की पूर्ति के लिए सभी टीमों को संरेखित करते हैं और फिर हल्के-फुल्के व लक्ष्य की ओर केंद्रित संवाद की मदद से सभी टीमों को एकजुट करके पारदर्शिता व जवाबदेही सुनिश्चित करते हैं, जो निरंतर सर्वश्रेष्ठ प्रदर्शन करने के लिए सबसे महत्वपूर्ण चीज़ें हैं। स्वस्थ संस्कृति और दृढ़ लक्ष्य निर्धारण एक-दूसरे पर आश्रित होते हैं। वे उत्कृष्टता को सुनिश्चित करने की दिशा में एक-दूसरे के सबसे स्वाभाविक साझेदार होते हैं।

एंडी ग्रोव जानते थे कि यह परस्पर क्रिया कितनी महत्वपूर्ण होती है। अपनी किताब 'हाई आउटपुट मैनेजमेंट' में वे लिखते हैं, 'सीधे शब्दों में कहें, तो संस्कृति कुछ मूल्यों और मान्यताओं का एक समूह होती है, साथ ही किसी कंपनी में कामकाज का जो तरीका है और जो तरीका होना चाहिए, उससे परिचित होना भी संस्कृति का ही हिस्सा है। कहने का मतलब है कि एक सुदृढ़ और सकारात्मक कॉरपोरेट संस्कृति बेहद ज़रूरी है।' एक इंजीनियर होने के नाते ग्रोव संस्कृति और कार्यक्षमता को एक समान मानते थे। उनके अनुसार संस्कृति और कार्यक्षमता, तेजी से विश्वसनीय निर्णय लेने के लिए ज़रूरी नियमावली का काम करते हैं। जब कोई कंपनी सांस्कृतिक रूप से सुसंगत होती है, तो उसका आगे का रास्ता कुछ इस प्रकार होता है:

> कॉरपोरेट संस्कृति के मूल्यों का पालन करनेवाला व्यक्ति - जिसे एक बुद्धिमान कॉरपोरेट नागरिक भी कह सकते हैं - समान परिस्थितियों में एक समान व्यवहार करता है। जिसका अर्थ है कि मैनेजरों को, औपचारिक नियम-कायदों और प्रक्रियाओं के चलते पैदा होनेवाली अक्षमताओं का शिकार नहीं होना पड़ता... ये मैनेजमेंट की जिम्मेदारी है कि वह ऐसे सामूहिक मूल्यों, उद्देश्यों और प्रणालियों का विकास व

पोषण करे, जो आपसी विश्वास के लिए ज़रूरी हैं। इसके लिए हमें क्या करना होगा? एक तरीका ये है कि सबके सामने स्पष्ट शब्दों में उनका वर्णन करें... दूसरा तरीका - उनका वर्णन उदाहरणसहित करें, जो और भी महत्वपूर्ण है।

एक कार्यकारी अधिकारी के रूप में ग्रोव ने इंटेल के सर्वोच्च सांस्कृतिक मानकों के आदर्श स्थापित किए। अपने आईओपीईसी सेमिनारों में वे कंपनी के नए कर्मचारियों के मन में इन मानकों को स्थापित करने का प्रयास करते थे। आगे आपको सन 1985 की दो मौलिक स्लाइड्स देखने को मिलेंगी, जो इंटेल के सात मूल सांस्कृतिक मूल्यों के बारे में एंडी की शिक्षाओं की रूपरेखा दर्शाती हैं :

intel

कार्य पर अमल करने की शैली

- हमारी मूल्य व्यवस्था

* लोगों की ओर उन्मुख
  - हमारे लिए सुदृढ़ आपसी प्रतिबद्धता बहुत मूल्यवान है।
  - हर तरह के काम के लिए सम्मान का भाव।
  - चुनौतियाँ और अवसर।
* खुलापन
  - समस्याओं और ज़रूरी मसलों को सबके सामने रखने की अपेक्षा की जाती है।
* समस्याओं का निराकरण
  - शुद्ध और स्पष्ट।
  - विरोध हमेशा बेहतरी के उद्देश्य से हो।
* परिणाम
  - सभी कार्यों में परिणाम की ओर उन्मुख होना।
  - सतहीपन के लिए सम्मान का कोई भाव नहीं।
  - सफलता को सकारात्मक फीडबैक देकर पुरस्कृत करें।

IOPEC

intel

* अनुशासन
  - अत्यधिक प्रतिस्पर्धी और जटिल वातावरण में उत्कृष्टता हासिल करने के लिए ये ज़रूरी है।
* जोखिम उठाना
  - अत्याधुनिक प्रोद्योगिकी की ओर उन्मुख होने के लिए ये ज़रूरी है।
  - असफल होने का भय कम, आत्म-प्रदर्शन
  - विजेता
* आपसी विश्वास और सत्यनिष्ठा

IOPEC

इंटेल स्लाइड - कार्य पर अमल करने की स्लाइड

एंडी ग्रोव के बेशकीमती गुण - सामूहिक जवाबदेही, निडरता, जोखिम लेने की प्रवृत्ति, मापन योग्य उपलब्धियाँ - गूगल में भी बहुत महत्वपूर्ण माने जाते हैं। प्रोजेक्ट अरस्तू के तहत गूगल ने 180 टीमों का गहन अध्ययन किया था। इस प्रोजेक्ट अरस्तू में असाधारण प्रदर्शन करनेवाली टीमें, नीचे दिए गए पाँच सवालों की सकारात्मक प्रतिक्रियाओं से सह-संबंधित थीं।

1. **दृढ़ता और स्पष्टता** : क्या हमारी टीम के लक्ष्य, भूमिकाएँ और कार्य पर अमल करने की योजनाएँ बिलकुल स्पष्ट हैं?
2. **मनोवैज्ञानिक सुरक्षा** : क्या हम बिना जोखिम उठाए या बिना शर्मिंदा हुए फलाँ टीम पर दाँव लगा सकते हैं?

3. **काम का अर्थ** : क्या हम किसी ऐसी चीज़ पर काम कर रहे हैं, जो हम सबके लिए व्यक्तिगत रूप से महत्वपूर्ण है?

4. **निर्भरता** : क्या हम समयसीमा के भीतर उच्च गुणवत्तावाले काम के लिए एक-दूसरे पर भरोसा कर सकते हैं?

5. **काम का प्रभाव** : क्या हम मूल रूप से यह मानते हैं कि हम जो काम कर रहे हैं, वह वाकई मायने रखता है?

इस सूची में शीर्ष पर मौजूद 'दृढ़ता और स्पष्टता' ऑब्जेक्टिव्स (उद्देश्य) और की-रिजल्ट्स (मुख्य परिणाम) के अस्तित्व में आने का सबसे मुख्य कारण हैं। बाकी चारों बिंदु एक स्वस्थ कार्यस्थल संस्कृति के मुख्य पहलू हैं और ओकेआर सुपरपॉवर्स व सीएफआर संचार साधनों से सीधे तौर पर जुड़े हुए हैं। अब ज़रा सहकर्मी-की-सहकर्मी पर निर्भरता के बारे में विचार करें। एक उच्च क्रियाशील ओकेआर वातावरण में पारदर्शिता और संरेखण होने से लोग अपने दायित्व पूरे करने के मामले में अधिक परिश्रमी हो जाते हैं। गूगल में सारी टीमें लक्ष्य हासिल करने या असफलता के लिए सामूहिक रूप से जिम्मेदार होती हैं। साथ ही व्यक्तियों को विशिष्ट मुख्य परिणामों के लिए जिम्मेदार ठहराया जाता है। उच्च स्तरीय प्रदर्शन आपसी सहयोग और जवाबदेही का परिणाम होता है।

ओकेआर संस्कृति जवाबदेह होती है। आप सिर्फ इसलिए कोई लक्ष्य हासिल करने नहीं निकल पड़ते क्योंकि आपके बॉस ने आदेश दिया है। आप तो ऐसा इसलिए करते हैं क्योंकि ओकेआर कंपनी के लिए और आपके उन सहकर्मियों के लिए पारदर्शी रूप से महत्वपूर्ण है, जो आप पर भरोसा करते हैं। कोई नहीं चाहता कि अन्य लोग उसे एक ऐसे व्यक्ति के रूप में देखें, जो टीम को आगे नहीं बढ़ने दे रहा है। आगे बढ़कर उन्नति करने में हर किसी को गर्व महसूस होता है। यह एक सामाजिक अनुबंध है, लेकिन साथ यह स्वत: नियंत्रित भी होता है।

अपनी किताब 'द प्रोग्रेस प्रिंसिपल' में टेरेसा एमाबेल और स्टीवन क्रैमर ने 26 प्रोजेक्ट टीमों, 238 व्यक्तियों और कर्मचारियों की 12,000 डायरी एंट्रियों

का विश्लेषण किया। उनका निष्कर्ष था कि उच्च-प्रेरणावाली संस्कृतियाँ दो तत्त्वों कैटलिस्ट्स (उत्प्रेरकों) और नरिशर्स (पोषकों) के मिश्रण पर निर्भर होती हैं। कैटलिस्ट्स (उत्प्रेरकों) को 'कामकाज में सहयोगी क्रियाओं' के रूप में परिभाषित किया गया है, जो काफी हद तक ओकेआर जैसे ही लगते हैं : 'इनमें स्पष्ट लक्ष्य निर्धारित करना, स्वायत्ता की अनुमति देना, पर्याप्त संसाधन और समय मुहैया कराना, काम में मदद करना, समस्याओं और सफलताओं से सीख लेना और विचारों के मुक्त आदान-प्रदान की अनुमति देना शामिल है।' दूसरी ओर नरिशर्स (पोषकों) को 'पारस्परिक सहयोग की क्रियाओं' के रूप में परिभाषित किया गया है, जो काफी कुछ सीएफआर से मिलते-जुलते हैं : 'इनमें सम्मान, मान्यता, प्रोत्साहन, भावनात्मक सहजता और आपस में संबद्ध होने के अवसर शामिल हैं।'

संस्कृति परिवर्तन के मामले में बहुत कुछ दाँव पर लगा होता है, ऐसे में जब हम नएपन की ओर अपने कदम बढ़ा रहे होते हैं, तो ओकेआर हमें मकसद और स्पष्टता प्रदान करते हैं। वहीं सीएफआर हमें वह ऊर्जा प्रदान करते हैं, जो इस यात्रा के लिए ज़रूरी होती है। जहाँ लोगों के बीच प्रामाणिक संवाद होता है, जहाँ उन्हें रचनात्मक फीडबैक मिलता है और जहाँ बड़ी उपलब्धियों के लिए उचित मान्यता दी जाती है, वहाँ हर कोई उत्साहित महसूस करता है। आकांक्षापूर्ण सोच-विचार और प्रतिदिन सुधार करने की प्रतिबद्धता के मामले में भी ऐसा ही होता है। जो कंपनियाँ अपने कर्मचारियों को महत्वपूर्ण भागीदार के रूप में देखती हैं, उनकी कस्टमर सर्विस सर्वश्रेष्ठ होती है, उनके प्रोडक्ट सबसे अच्छे और उनकी बिक्री में होनेवाली वृद्धि भी सबसे तेज होती है। यही कंपनियाँ आगे चलकर विजेता के रूप में उभरती हैं।

जैसे-जैसे सतत प्रदर्शन प्रबंधन का महत्त्व बढ़ रहा है, वैसे-वैसे कर्मचारियों के सालाना सर्वेक्षण की जगह तत्काल फीडबैक को अपनाया जा रहा है। इसी का एक उदाहरण है 'पल्सिंग,' जो वास्तव में आपकी कार्यस्थल-संस्कृति के स्नैपशॉट की तरह है। ज़मीनी हकीकत का पता लगानेवाली इस प्रश्नावली का उपयोग एचआर विभाग द्वारा आमतौर पर साप्ताहिक या मासिक रूप से किया जाता है या फिर इसे किसी मौजूदा ड्रिप कैम्पेन (डायरेक्ट मार्केटिंग में उपयोग

होनेवाली एक प्रणाली) का हिस्सा बना दिया जाता है। जो भी हो, 'पल्स' बहुत सरल, तेज और विस्तृत होती हैं। उदाहरण के लिए : क्या आप पर्याप्त नींद ले रहे हैं? क्या आपने लक्ष्यों और अपेक्षाओं पर चर्चा करने के लिए हाल ही में अपने मैनेजर से मुलाकात की? क्या आपके अंदर इस बात को लेकर स्पष्ट समझ है कि अपने कॅरियर को किस रास्ते पर ले जाना है? क्या आपको पर्याप्त चुनौतियाँ, प्रेरणा और ऊर्जा मिल रही है – क्या आपको लगता है कि आप बिलकुल मगन होकर अपना काम करते हैं?

फीडबैक एक ऐसी चीज़ है, जिसमें सुनना महत्वपूर्ण होता है। कामकाज की इस नई दुनिया में संगठनों के नेतृत्वकर्ता, ग्लासडोर[1] जैसे किसी मंच पर अपनी आलोचना होने का या मूल्यवान कर्मचारियों के नौकरी छोड़कर किसी और संगठन में जाने का इंतजार नहीं कर सकते। इसीलिए ये ज़रूरी होता है कि नेतृत्वकर्ता अपने कर्मचारियों को सुनें और उनके इशारों को समझें। क्या हो, अगर लक्ष्य निर्धारण का कोई मंच कर्मचारियों के लॉग-इन करते ही पल्सिंग करे यानी उनके सामने दो या तीन सवालोंवाली एक प्रश्नावली प्रस्तुत कर दे? क्या हो, अगर ये लक्ष्य प्राप्त करने की दिशा में हुई उन्नति के मापन योग्य डाटा के साथ, नियमित संवाद और फीडबैक के मापन योग्य इनपुट को आपस में जोड़ दे? हालाँकि अभी वह दिन दूर है, जब हमारे पास एक ऐसा सॉफ्टवेयर होगा, जो किसी मैनेजर को सतर्क करने के लिए कुछ ऐसा संदेश देगा कि 'बॉब से बात करें। उनकी टीम में कुछ गड़बड़ चल रही है।'

जैसे-जैसे ओकेआर किसी संगठन को लक्ष्य हासिल करने में सक्षम बनाते हैं, वैसे-वैसे सीएफआर उसे अधिक लचीला और प्रतिक्रियाशील बना देते हैं। पल्सिंग की प्रक्रिया से पता चलता है कि संगठन ठीक से चल रहा है या नहीं और उसके कामकाज व संस्कृति की स्थिति कैसी है।

----

[1] एक वेबसाइट जहाँ पूर्व व वर्तमान कर्मचारी अपना नाम गुप्त रखते हुए कंपनियों की समीक्षा करते हैं।

ऑनलाइन उच्च शिक्षा के क्षेत्र में अग्रणी कोर्सेरा[2] ने अपनी स्थापना के सिर्फ एक साल के भीतर 2013 में ही ओकेआर को अपना लिया था। तत्कालीन अध्यक्ष लीला इब्राहिम के मार्गदर्शन में कंपनी ने कुछ दुर्लभ और अनुकरणीय करने का प्रयास किया। इससे पहले लीला इब्राहिम इंटेल में काम कर चुकी थीं और एंडी ग्रोव का बहुत सम्मान करती थीं। उन्होंने ओकेआर को स्पष्ट रूप से कंपनी के मूल्यों और अपने बुलंद मिशन स्टेटमेंट के साथ जोड़ दिया, जो संगठन की संस्कृति की एक स्पष्ट अभिव्यक्ति थी। यह मिशन स्टेटमेंट कुछ इस प्रकार था : **'हमारा सपना है एक ऐसी दुनिया बनाना, जहाँ कोई भी व्यक्ति, चाहे वह कहीं भी रहता हो, शिक्षा हासिल करने का दुनिया का सर्वश्रेष्ठ अनुभव प्राप्त कर सके।'** कोर्सेरा ने टीम-स्तर के उद्देश्यों से लेकर शीर्ष रणनीतिक उद्देश्यों तक का निर्धारण किया, जिससे संगठन के पाँच प्रमुख मूल्य स्पष्ट हुए :

1. **छात्रों का हित सबसे पहले** - छात्रों के साथ जुड़ना और उन्हें वह उपलब्ध कराना, जो उनके लिए सचमुच मूल्यवान हो; नए छात्रों तक पहुँच बनाना।
2. **उत्कृष्ट साझेदार** - यूनिवर्सिटियों का उत्कृष्ट साझेदार बनना।
3. **बड़ा सोचना और शिक्षा व प्रशिक्षण को उच्च स्तरीय बनाना** - शिक्षा का एक अभिनव और विश्व-स्तरीय मंच तैयार करना।
4. **टीम के साथियों का खयाल रखना और मानवीय बने रहना** - एक दृढ़ और क्षमतावान संगठन तैयार करना।
5. **सही कदम उठाना, अच्छा काम करना** - प्रयोग करना और एक टिकाऊ बिजनेस मॉडल विकसित करना।

हर प्रमुख मूल्य को ओकेआर के एक संबंधित समूह के साथ जोड़ दिया गया। उदाहरण के लिए सबसे पहले मूल्य 'छात्रों का हित सबसे पहले' का ओकेआर इस प्रकार है :

---

[2] सन 2012 में स्थापित एक एजुकेशन टेक्नोलॉजी कंपनी, जो बड़े पैमाने पर ऑनलाइन कोर्स उपलब्ध कराती है।

उद्देश्य
नए छात्रों तक कोर्सेरा की पहुँच बढ़ाना
मुख्य परिणाम 1. ए/बी टेस्ट करें, सीखें और नए छात्र हासिल करने व पुराने छात्रों को जोड़कर रखने के कारगर तरीके अपनाएँ। 2. मंथली एक्टिव यूजर्स (मासिक सक्रिय उपयोगकर्ता) की संख्या बढ़ाकर डेढ़ लाख करें। 3. मुख्य विकास मात्रकों पर नज़र रखने के लिए आंतरिक तरीके ईजाद करें। 4. ऐसे फीचर्स लॉन्च करें, जिनकी मदद से प्रशिक्षक अपेक्षाकृत अधिक आकर्षक वीडियो तैयार कर सकें।

ओकेआर ने कोर्सेरा के मिशन को पूरा करना आसान बना दिया। उन्होंने विभिन्न टीमों को स्पष्ट लक्ष्य तय करने और कंपनी के उद्देश्यों व व्यापक मूल्यों के साथ संरेखित होने में सक्षम बनाया। आज इतने साल बाद भी कंपनी की संस्कृति मित्रतापूर्ण और समावेशी बनी हुई है, जो सिलिकॉन वैली की कई स्टार्ट-अप कंपनियों की प्रचंड व जुझारू होने जैसी विशिष्टताओं के बिलकुल विपरीत है।

जैसा कि कोर्सेरा के पूर्व सीईओ रिक लेविन कहते हैं, 'मैं कल्पना भी नहीं कर सकता कि बिना ओकेआर के हम किस स्थिति में होते। ओकेआर हमें हर तिमाही के बाद एक बार पीछे मुड़कर देखने और अपनी जवाबदेही तय करने के लिए मज़बूर करते हैं। साथ ही वे हमें एक तिमाही से आगे देखने और यह सोचने के लिए भी बाध्य करते हैं कि हम और बेहतर ढंग से अपने मूल्यों के अनुसार कैसे जी सकते हैं।'

2007 में मशहूर व्यवसाय-दार्शनिक डोव सायडमैन ने संस्कृति पर एक क्रांतिकारी किताब लिखी, जिसका शीर्षक था, हाउ: व्हाई हाउ वी डू एनीथिंग

कोर्सेरा की टीम, पूर्व अध्यक्ष और सीओओ लीला इब्राहीम (बाएँ), सह-संस्थापक डैफ्ने कोहलर (जॉन डोअर के बाईं ओर) और सह-संस्थापक एन्ड्रयू एनजी (सबसे दाईं ओर) के साथ, सन 2012.

मीन्स एवरीथिंग... इन बिजनेस (एंड इन लाइफ)। डोव ने अपनी बात की शुरुआत इस आधार पर की कि लोगों का व्यवहार कैसा होगा या किसी संगठन में कामकाज का तरीका क्या होगा, यह इस बात से तय होता है कि उनकी संस्कृति कैसी है। आज हमारी ओपेन-सोर्स्ड और हाइपर कनेक्टेड दुनिया में, किसी कंपनी को उसके प्रोडक्ट या बाजार में हिस्सेदारी के मुकाबले उसका व्यवहार अधिक अर्थपूर्ण ढंग से परिभाषित करता है। जैसा कि डोव ने हाल ही में मुझसे कहा था, 'यही एक ऐसी चीज़ है, जिसकी न तो नकल की जा सकती है और न बाजारीकरण।'

डोव का मुख्य विचार ये था कि जो कंपनियाँ अपने प्रतिस्पर्धियों से बेहतर व्यवहार करती हैं, वे अपने प्रतिस्पर्धियों से बेहतर प्रदर्शन भी करती हैं। उन्होंने एक मूल्य आधारित मॉडल, 'स्व-शासित संगठन' की पहचान की यानी एक ऐसा स्थान जहाँ दीर्घकालीन विरासत, अगली तिमाही के आरओआई (रेट ऑफ रिटर्न) से ज़्यादा महत्वपूर्ण होता है। ऐसे संगठन अपने कर्मचारियों के साथ

सिर्फ जुड़ाव ही नहीं रखते बल्कि उन्हें प्रेरित भी करते हैं। वे नियमों के बजाय साझा सिद्धांतों के अनुसार चलते हैं; कभी पुरस्कार तो कभी दंड देने की प्रवृत्ति की जगह, एक उद्‌देश्य के लिए आगे बढ़ने की सोच अपना लेते हैं। ऐसे संगठनों का निर्माण आपसी विश्वास की नींव पर होता है, जो उन्हें जोखिम उठाने के लिए सक्षम बनाता है, नवाचार को बढ़ावा देता है और कर्मचारियों के प्रदर्शन व उत्पादकता का संचालन करता है।

डोव ने मुझे बताया कि 'अतीत में कर्मचारियों की सिर्फ एक जिम्मेदारी होती थी, अपने काम को अच्छी तरह पूरा करना यानी अपने बॉस के आदेशों का पालन करना। उस समय संगठन की संस्कृति बहुत महत्वपूर्ण नहीं मानी जाती थी। पर आज हम एक ऐसी दुनिया में रहते हैं, जहाँ हमें अपने कर्मचारियों से काम को अच्छी तरह पूरा करने का निवेदन करना होता है। नियम-कायदे आपको सिर्फ ये बता सकते हैं कि आप क्या कर सकते हैं और क्या नहीं। लेकिन आपको क्या करना चाहिए, ये बताने के लिए संस्कृति की ज़रूरत होती है।'

यह एक शानदार और संभावित रूप से परिवर्तनकारी विचार था। हालाँकि डोव स्वीकार करते हैं, साहस, करुणा या रचनात्मकता जैसे मूल्यों का ढिंढोरा पीटना एक बात है, जबकि बड़े पैमाने पर उनका प्रसार करना दूसरी बात। इसके लिए मात्रकोंवाली एक प्रणाली की ज़रूरत होती है। 'हम मापने या मूल्यांकन करने के लिए जिस चीज़ का चुनाव करते हैं, वह हमारे मूल्यों और उन चीज़ों की झलक दिखानेवाले रोशनदान जैसी होती है, जिन्हें हम महत्वपूर्ण मानते हैं। क्योंकि किसी चीज़ का मापन या मूल्यांकन करने का अर्थ है, लोगों के सामने ये जाहिर करना कि वह सचमुच मायने रखती है।'

अपने तर्कों की पुष्टि करने और अपने अवलोकनों का परीक्षण करने के लिए डोव को बहुत सारे डाटा की ज़रूरत थी। एलआरएन में उनकी टीम एक दृढ़, अनुभवजन्य विश्लेषण करने निकल पड़ी, जिसे समय के साथ कई बार संशोधित किया गया और सालाना 'हाऊ रिपोर्ट्स' की एक श्रृंखला में प्रकाशित भी किया गया।

एक ओर जहाँ एंडी ग्रोव ने मात्रात्मक लक्ष्यों को संतुलित बनाने के लिए उनके साथ गुणात्मक लक्ष्यों को जोड़ा, वहीं दूसरी ओर डोव ने 'विश्वास' जैसे अमूर्त नज़र आनेवाले मूल्यों का परिमाण निर्धारित करने का तरीका खोजा। उनका ट्रस्ट इंडेक्स (विश्वास सूचकांक) विशिष्ट व्यवहारों - जैसे पारदर्शिता - का मापन करता है। डोव ने मुझे बताया, 'मैं लोगों से उनकी धारणाओं के बारे में कुछ पूछने से बचता हूँ। मैं उनसे ऐसा कोई सवाल नहीं पूछता कि 'क्या आपको लगता है कि आपकी कंपनी आपके साथ ईमानदार है?' बल्कि मैं तो बस सूचना के प्रवाह पर नज़र डाल लेता हूँ। क्या कंपनी चुपचाप सूचनाएँ इकट्ठा कर रही है या ज़रूरत पड़ने पर ही सूचनाएँ सामने लाती है या फिर कंपनी में सूचनाओं का मुक्त प्रवाह होता है? जब आप किसी मसले पर अपने बॉस के बजाय, उसके वरिष्ठ अधिकारी के पास चले जाते हैं, तो इसके लिए आपकी सराहना की जाती है या फिर दंड दिया जाता है?'

सन 2016 तक 'हाऊ रिपोर्ट्र्स' ने 17 देशों और 60 हज़ार से ज़्यादा कर्मचारियों का विश्लेषण किया। इस विश्लेषण से स्पष्ट हुआ कि स्वशासी संगठनों की संख्या, जो सन 2012 में सिर्फ 3 फीसदी थी, अब बढ़कर 8 फीसदी तक पहुँच गई है। इन मूल्य-संचालित कंपनियों में से 96 फीसदी ने सुनियोजित नवाचार के मामले में ऊँचा स्कोर हासिल किया। वहीं 95 फीसदी कंपनियों के कर्मचारियों में कामकाज के प्रति बेहतर जुड़ाव और संगठन के प्रति वफादारी जैसे गुण देखने को मिले। बेहतर व्यवहार का परिणाम सचमुच बेहतर प्रदर्शन के रूप में सामने आया; तभी तो इनमें से 94 फीसदी कंपनियों की बाजार में हिस्सेदारी बढ़ी हुई पाई गई।

डोव के अनुसार, 'सक्रिय पारदर्शिता' सबसे सशक्त सांस्कृतिक बल है, जहाँ इंसान अपने मन की बातें खुलकर सामने रखता है, सच साझा करता है और इस प्रक्रिया में दूसरों को शामिल भी करता है। जब डोव मुझे ये बता रहे थे, तो मैं अपनी कल्पना में देख सकता था कि एंडी ग्रोव उनकी ये बात सुनकर मुस्कुरा रहे हैं। एक ओकेआर/सीएफआर संस्कृति सबसे बढ़कर एक पारदर्शी संस्कृति होती है। इनमें वे सभी पुराने सबक देखने को मिलते हैं, जिन्हें मैंने इंटेल में सीखा था और जिन्हें मैंने अनगिनत बार गूगल और दर्जनों प्रगतिशील

कंपनियों में सही साबित होते देखा है। आदेश देकर नियंत्रण रखनेवाले नेतृत्व के मुकाबले, वह नेतृत्व कहीं बेहतर साबित होता है, जिसके पास अपना एक विज़न होता है। लॉग चार्ट जितना सपाट होगा, संगठन उतना ही अधिक चुस्त होगा। जब प्रदर्शन प्रबंधन दो-तरफा होता है, तो लोग सचमुच महानता हासिल करने लगते हैं।

आखिरकार, सबसे महत्वपूर्ण है, एक-दूसरे के साथ जुड़ना। जैसा कि डोव कहते है, 'सहकार्य - एक-दूसरे से जुड़ने की हमारी क्षमता - प्रगति और नवाचार का इंजन है।

ज़रूरत पड़ने पर ओकेआर और सीएफआर, टॉप-डाउन सरेखण, टीम के हितों को सर्वोपरि रखनेवाली नेटवर्किंग, बॉटम-अप स्वायत्ता और कामकाज से जुड़ाव वगैरह को सुनिश्चित कर सकते हैं - यही वे चीज़ें हैं, जो किसी भी जीवंत, मूल्य-संचालित संस्कृति का आधार होती हैं। हालाँकि कुछ परिदृश्यों में - जैसा कि आप अगले अध्याय में प्रस्तुत लूमरिस की कहानी में देखेंगे - ओकेआर अपनाने से पहले ही सांस्कृतिक बदलावों की पहल करने की ज़रूरत पड़ सकती है। जबकि अन्य मामलों में - जैसा कि आयरिश गायक, व्यवसायी और सामाजिक कार्यकर्ता बोनो और उनके संगठन वन कैम्पेन की आगे प्रस्तुत की गई कहानी से स्पष्ट होगा - एक करिश्माई सीईओ/संस्थापक (जो इस मामले में सचमुच एक करिश्माई रॉकस्टार था) संगठन के शीर्ष से ही संस्कृति में बदलाव लाने की शुरुआत करते हुए ओकेआर को अपना सकता है। यही कारण है कि अगले अध्यायों में प्रस्तुत हमारी आखिरी दो कहानियाँ सांस्कृतिक बदलाव और संरचनात्मक लक्ष्य निर्धारण के बीच के इस समृद्ध अंतर्संबंध की पड़ताल करती हैं।

19

संस्कृति में बदलाव : लूमरिस की कहानी

एड्यू कोल

एचआर प्रमुख/संगठनात्मक विकास अधिकारी

जब कोई संगठन खुला रवैया और जवाबदेही जैसे मूल्यों को अपनाने के लिए पूरी तरह तैयार नहीं होता, तो ओकेआर को लागू करने से पहले संस्कृति पर काम करना ज़रूरी हो जाता है। जैसा कि जिम कॉलिन्स ने अपनी किताब गुड टू ग्रेट में बताया है, 'सबसे पहले संगठन रूपी अपनी गाड़ी में 'उपयुक्त लोगों को बिठाना, गलत लोगों को उतारना और उपयुक्त लोगों को सही सीट पर बिठाना ज़रूरी होता है।' इसके बाद ही आप संगठन की गाड़ी को गति देकर आगे ले जा सकते हैं।

ज़्यादा पुरानी बात नहीं है, जब मूल्य-आधारित स्वास्थ्य सेवा की दुनिया का एक अग्रणी संगठन 'लूमरिस' दोराहे पर खड़ा था। लूमरिस, सेंट लुईस स्थित एक टेक्नोलॉजी सॉल्यूशंस फर्म है, जो सॉफ्टवेयर्स और तकनीकी सेवाओं के अलावा स्वास्थ्य के क्षेत्र से जुड़े पेशेवरों को व्यावहारिक ज्ञान उपलब्ध कराती है। इसके ग्राहकों में यूनिवर्सिटी हॉस्पिटल नेटवर्क से लेकर पारंपरिक बीमा कंपनियाँ तक शामिल हैं। लूमरिस की शुरुआत सन 2006 में, एसेन्स हेल्थकेयर नामक एक संघीय नियंत्रित बीमा कंपनी के माध्यम से, सेंट लुईस के 200 डॉक्टरों के समूह के साथ हुई थी। इसका उद्देश्य था मिजुरी राज्य के 65 हजार बुजुर्गों को मेडिकेयर एडवांटेज प्लान के रूप में चिकित्सा सहायता का लाभ पहुँचाना।

मरीजों से जुड़े डाटा के एक विशाल संग्रह का उपयोग करते हुए लूमरिस

पारंपरिक, शुल्क-मुक्त और मात्रा-आधारित चिकित्सा सेवा को बदलकर बिलकुल नया रूप देने में अपने साथी संगठनों की सहायता करता है। यह नई चिकित्सा व्यवस्था रोकथाम को प्रोत्साहित करती है और अनावश्यक स्वास्थ्य परीक्षणों व लंबे समय तक अस्पताल में बेवजह भर्ती रहने को हतोत्साहित करती है। इस मूल्य-आधारित मॉडल के तहत प्रमुख स्वास्थ्य सेवा उपलब्ध करानेवाले डॉक्टर्स अपने मरीजों के जन्म से लेकर मृत्यु तक की पूरी जिम्मेदारी ले लेते हैं। इस मॉडल को अपनाने का उद्देश्य जीवन की गुणवत्ता में सुधार लाने के साथ-साथ कीमती संसाधनों का संरक्षण और धन की बचत करना भी है। लूमरिस ने दुनिया के सामने यह साबित कर दिया है कि इन दो विपरीत नज़र आनेवाले उद्देश्यों को साथ लेकर भी संगठन को सफलतापूर्वक चलाया जा सकता है।

लूमरिस के सीईओ माइक लॉन्ग के अनुसार संगठन का मुख्य लक्ष्य है, राष्ट्रीय स्वास्थ्य व्यवस्था की सप्लाई चेन को तर्कसंगत बनाना : किसी भी इंडस्ट्री में सफलता हमेशा पारदर्शी लागत (मूल्य), गुणवत्ता, सेवा और विकल्पों की उपलब्धता पर आधारित होती है। लेकिन स्वास्थ्य सेवा के क्षेत्र में इनमें से कोई भी सिद्धांत कारगर नहीं है क्योंकि पूरी स्वास्थ्य व्यवस्था ही अपारदर्शी है। हालत ये है कि डॉक्टरों के लिए भी यह जानना मुश्किल है कि आपके लिए किस सेवा की व्यवस्था की जा रही है और उसकी लागत क्या है। तो भला ऐसे में उन्हें संगठन के वित्तीय परिणामों के लिए जिम्मेदार कैसे ठहराया जा सकता है?' यह बदलाव लाने की चुनौती है और लूमरिस - ओकेआर की सहायता से - इस चुनौती का सफलतापूर्वक सामना करनेवाला अग्रणी संगठन है।

पारदर्शी डाटा पर इसकी निर्भरता को देखते हुए लूमरिस एंडी ग्रोव की लक्ष्य-निर्धारण प्रणाली के लिए उपयुक्त है। पर संगठन के पूर्व एचआर प्रमुख एंड्र्यू कोल आपको बताएँगे कि इसके प्रति अनुकूल होना किसी भी लिहाज से आसान नहीं था। एंड्र्यू कहते हैं, 'अगर सांस्कृतिक बाधाओं को दूर न किया जाए, तो एंटीबॉडीज़ अनियंत्रित हो जाएँगे और संगठन रूपी शरीर, ओकेआर रूपी बाहरी अंग को अस्वीकार कर देगा।' संगठनात्मक बदलाव लानेवाले एक अनुभवी वास्तुकार के रूप में एंड्र्यू, ओकेआर प्रत्यारोपण को सुनिश्चित करने के लिए बिलकुल उपयुक्त व्यक्ति थे। साथ ही वे संगठन रूपी गाड़ी की उपयुक्त

सीट पर भी विराजमान थे।

एंड्यू कोल : जब मैं लूमरिस में आया, तो संगठन को ओकेआर अपनाए तीन तिमाहियाँ बीत चुकी थीं – पर सिर्फ कागजी तौर पर। मुझे बताया गया कि कर्मचारियों की भागीदारी की दर शानदार है। लेकिन संगठन का गहन विश्लेषण करने पर मुझे एहसास हुआ कि यहाँ इस प्रक्रिया को सिर्फ सतही तौर पर ही अपनाया गया है। दरअसल हर तिमाही के अंत में एक अकेला एचआर कर्मचारी बोर्ड मीटिंग से पहले ताजा आँकड़े जुटाने के लिए संगठन के हर मैनेजर के पीछे भागता दिखाई देता था। लोग यूँ ही बेपरवाही से सॉफ्टवेयर खोलते, उद्देश्य के मात्रक को अपनी सुविधानुसार बदलते और कहते, 'ये लो, ये रहे ताजा आँकड़े।' इसके बाद वे बड़े आराम से सॉफ्टवेयर के बॉक्स पर क्लिक करते और इस आदान-प्रदान की तारीख दर्ज कर लेते। यह सब पॉवर पॉइंट पर तो बड़ा अच्छा नज़र आता, लेकिन इसमें कोई सच्चाई नहीं होती थी।

हमारे संगठन के कुछ ही लोग ऐसे थे, जो ओकेआर के पीछे के तर्क को समझ रहे थे। लेकिन हमें संगठन के अधिकारी स्तर के नेतृत्वकर्ताओं के समर्थन की ज़रूरत थी। सबसे बड़ी बात ये थी कि संगठन की व्यवस्था को बेहतर बनाने के लिए किसी की जवाबदेही तय नहीं की जा रही थी। जब मैंने कर्मचारियों के उद्देश्यों को परखा, तो पता चला कि वास्तविक काम से उन उद्देश्यों का कोई संबंध ही नहीं था। जब मैं मैनेजर्स के पास जाता और पूछता, 'आपके ओकेआर में फलाँ बात क्यों शामिल है?' तो पता चलता कि उनमें से ज़्यादातर को इस बात का कोई अंदाजा ही नहीं था कि एक संगठन के रूप में हम जो हासिल करने में जुटे हुए हैं, उससे उनके उद्देश्य किस प्रकार जुड़े हुए हैं। क्योंकि ज़्यादातर उद्देश्य सिर्फ दिखावे के लिए निर्धारित किए जाते थे।

किसी संगठन की बागडोर हाथ में लेकर उसकी पूर्वनिर्मित चीज़ों को तोड़कर नया रूप देने से पहले मैं उस संगठन को गहनता से समझने की कोशिश करता हूँ। लेकिन लूमरिस में दो तिमाही बाद भी मैं इस बात को लेकर निश्चिंत महसूस नहीं कर रहा था कि ओकेआर प्रक्रिया को बचाया जा सकेगा या नहीं।

बोर्ड ऑफ डायरेक्टर्स के एक सत्र के दौरान मैंने जॉन डोअर से पूछा, 'अगर मुझे लगेगा कि यह प्रक्रिया हमारे लिए उचित नहीं है, तो हम इसे नहीं अपनाएँगे, है ना?' इस पर उनका जवाब था, 'हाँ, बिलकुल।' तब तक मैं समझ चुका था कि हमारे संगठन की मूल समस्या है, पैसिव-अग्रेसिव अप्रोच (निष्क्रिय-आक्रामक दृष्टिकोण)। आज तक किसी ने उस बुनियादी सवाल का कोई जवाब नहीं दिया था, जो लूमरिस में काम करनेवाले हर व्यक्ति के मन में था कि 'आखिर इन सब चीज़ों में मेरा क्या लाभ है?' यूँ तो ओकेआर प्रक्रिया विशेष रूप से लक्ष्य निर्धारण और सहयोगात्मक संवाद को बेहतर बनाने की ओर केंद्रित थी, लेकिन लोगों को इस पर भरोसा नहीं था। इसीलिए यह तय था कि जब तक हम संगठन का माहौल नहीं बदलेंगे, तब तक संभवत: यह प्रक्रिया सफल नहीं होगी।

कोई भी बदलाव रातों-रात नहीं होता। अधिकारियों की टीम ओकेआर इसलिए लेकर आई थी ताकि दो विरोधी आंतरिक संस्कृतियों को आपस में एकीकृत किया जा सके। प्राचीन यूनान के विद्धान और पश्चिमी चिकित्सा शास्त्र के जन्मदाता हिपोक्रेटिस द्वारा प्राप्त अंतर्दृष्टियों के अनुसार विचार करें, तो सेंट लुईस के डॉक्टरों के समूह द्वारा स्थापित स्वास्थ्य बीमा कंपनी एसेंस में जोखिम जैसा कुछ नहीं था; एक ओर जहाँ लूमरिस टेक्नोलॉजी और डाटा से जुड़ी भविष्य की सबसे महत्वपूर्ण अंतर्दृष्टि हासिल करने के लिए दिन-रात एक कर रही थी, वहीं एसेंस भारी प्रतिस्पर्धावाली इस इंडस्ट्री में मालिकाना हक से जुड़े तंत्र को पोषित कर रही थी। लूमरिस का योगदान ये है कि उसने ये सारे सबक लेकर उन्हें दुनिया के साथ साझा किया।

जैसे-जैसे हमारी सेवाओं की माँग बढ़ने लगी, वैसे-वैसे संस्कृति का यह अंतर हमारी गति को धीमा करने लगा। मेरे संगठन में आने के 11 सप्ताह बाद मई 2015 में हमने अपने सारे उप-संगठनों का संपूर्ण पुनर्गठन करके उन्हें लूमरिस के तहत लाने की घोषणा कर दी। (इसके पीछे तर्क ये था कि एक कंपनी का एक ही नाम होना चाहिए।) मैं जानता था कि अंतत: ओकेआर हमारी सामूहिक भाषा बन सकते हैं यानी हर किसी के उद्देश्यों को आपस में संबंद्ध करने का एक जरिया, लेकिन इसके लिए अभी हमें थोड़ा इंतजार करने की ज़रूरत थी। क्योंकि सांस्कृतिक संरेखण के बिना सर्वश्रेष्ठ क्रिया पर अमल करने की यह

रणनीति भी विफल हो जाती है।

एचआर में बदलाव

आप जो बोलते हैं, उससे ज़्यादा लोगों की नज़र इस बात पर होती है कि आप क्या करते हैं। लूमरिस में कुछ वरिष्ठ नेतृत्वकर्ता ऐसे थे, जो पुरातनपंथी और स्वेच्छाधारी दृष्टिकोणवाले थे। वे स्वामित्व, जवाबदेही, काम का जुनून और टीम के प्रति वफादारी जैसे हमारे मूलभूत मूल्यों के अनुसार नहीं जी रहे थे। जब तक वे नेतृत्वकर्ता कंपनी छोड़कर नहीं चले जाते, तब तक हमारे कुछ भी करने का कोई खास मतलब नहीं था। हमने यह सुनिश्चित किया कि वे अपनी गरिमा और सम्मान कायम रखते हुए कंपनी छोड़ दें। यह किसी भी कंपनी में हो रहे संपूर्ण बदलाव की प्रक्रिया का सबसे महत्वपूर्ण क्षण होता है।

हम संस्कृति के विषय से जुड़ी हर मीटिंग में अपने कर्मचारियों से कहते : 'यह आपका अधिकार है बल्कि आपकी जिम्मेदारी है कि हम संगठन में जैसी संस्कृति विकसित करना चाहते हैं, उसके लिए आप अपने अधिकारियों की टीम को जिम्मेदार ठहराएँ और उनकी जवाबदेही तय करें। यहाँ तक कि अगर आपको लगे कि हम खुद उस रास्ते पर नहीं चल पा रहे हैं, जो हमने बाकी सबके लिए तय किया है, तो फौरन हमसे मिलने का समय माँगें या फिर एक ई-मेल भेज दें। या फिर यूँ ही कभी ऑफिस के गलियारे में हमारे पास आकर स्पष्ट शब्दों में कह दें कि हमने बाकी सबसे जो करने को कहा था, हम खुद वह नहीं कर पा रहे हैं।

हमारे निमंत्रण को पहली स्वीकार्यता मिलने में तीन महीने लग गए। हमारे सीईओ माइक लॉन्ग ने लंच के दौरान एक समूह से कह दिया, 'भला कोई व्यक्ति ऐसे माहौल में काम क्यों करना चाहेगा, जहाँ किसी भी चीज़ के लिए एक-दूसरे को जिम्मेदार ठहराए जाने का डर हो?' यह हमारे लिए वाकई एक कठिन मोड़ था और लोग उनकी इस बात पर विश्वास भी करने लगे थे। लेकिन सांस्कृतिक बदलाव हर किसी के लिए एक व्यक्तिगत मसला होता है। हमें हर नाजुक मौके पर एक-एक करके लोगों को ये समझाना पड़ा कि उन्हें आपस में मिलजुलकर काम करने, जवाबदेही साझा करने और पारदर्शिता रखने का फल

भी मिलेगा। साथ ही हमें यह भी समझाना पड़ा कि उन्हें लूमरिस के इस नए रूप के किसी भी पहलू से डरने या घबराने की कोई ज़रूरत नहीं है।

एचआर, उत्कृष्ट कार्यान्वयन (क्रिया पर अमल) का एक सशक्त वाहक हो सकता है। यही वह स्थान है, जहाँ सांस्कृतिक बदलाव को संरचनात्मक स्वरूप दिया जाता है - आखिरकार आप संगठन में जिस किस्म के लोगों को भर्ती करते हैं और वे अपने साथ जैसे मूल्य लेकर आते हैं, वही तो संस्कृति है। एक ओर जहाँ लूमरिस के मिडिल मैनेजमेंट में कई ए-प्लेयर्स[1] और बी-प्लेयर्स[2] थे। वहीं दूसरी ओर कुछ सी-प्लेयर्स[3] और उनसे भी निचले स्तर का प्रदर्शन करनेवाले कर्मचारी भी थे। ये ऐसे लोग थे, जिन्हें गलत मानदंडों और अस्पष्ट किस्म के इंटरव्यू के बाद नियुक्त किया गया था। व्यवसाय की दुनिया में ऐसा कोई तरीका - इसमें ओकेआर भी शामिल है - नहीं है, जो गलत दिशा-निर्देशों के बावजूद कारगर साबित हो।

समय बदलाव का दुश्मन है। हमें अपने एचआर विभाग के 85 फीसदी कर्मचारियों को हटाकर उनकी जगह नए कर्मचारी भर्ती करने में 18 महीनों से भी कम का समय लगा। एक बार जब कंपनी का सीनियर मैनेजमेंट और ग्राहकों से सीधा संपर्क रखनेवाले सबसे अगली पंक्ति के कर्मचारी इस प्रक्रिया में पूर्णत: शामिल हो गए, तो हम अपने मिडिल मैनेजमेंट को सशक्त करने में जुट गए - जो वास्तव में सबसे मुश्किल काम था। आमतौर पर इस प्रक्रिया को पूरा होने में तीन साल का समय लगता है। एक बार जब यह पूरी हो जाती है, तो कंपनी में नई संस्कृति का आगमन सुनिश्चित हो जाता है।

---

[1] ऐसे कर्मचारी, जो अपने उत्कृष्ट प्रदर्शन के चलते संगठन में किसी सितारे जैसी हैसियत रखते हैं।

[2] ऐसे क्षमतावान कर्मचारी, जो सबसे ज़्यादा काम करते हैं और जिनके प्रदर्शन में निरंतरता होती है।

[3] ऐसे कर्मचारी, जिनके प्रदर्शन से कंपनी संतुष्ट न हो।

उद्देश्य
एक ऐसी संस्कृति स्थापित करना, जो ए-प्लेयर्स को आकर्षित करे और उन्हें संगठन में बनाए रखें
मुख्य परिणाम
1. ए-प्लेयर मैनेजर्स/लीडर्स को नियुक्त करने की ओर ध्यान केंद्रित करें।
2. नियुक्ति प्रक्रिया व क्रिया पर अमल ऐसा हो, जो ए-प्लेयर स्तर की प्रतिभा को आकर्षित करे।
3. नौकरी से संबंधित सभी विवरणों को मिटा दें।
4. संभावित कर्मचारियों की इंटरव्यू प्रक्रिया में शामिल सभी लोगों को नए सिरे से प्रशिक्षित करें।
5. यह सुनिश्चित करें कि कोचिंग और परामर्श निरंतर उपलब्ध हो।
6. कर्मचारियों का विकास सुनिश्चित करने के लिए सीखने को महत्त्व देनेवाली संस्कृति बनाएँ।

ओकेआर का पुनरुत्थान

सन 2015 के अंत में मैंने अपनी एचआर टीम को, ओकेआर के अनुसार काम करने के कंपनी के पिछले प्रयास का गहन विश्लेषण करने को कहा। दोबारा ओकेआर के अनुसार काम करने के लिए ये ज़रूरी था कि कंपनी के हर सदस्य को नए सिरे से प्रशिक्षित किया जाए - और हर किसी से मेरा मतलब है, एक-एक व्यक्ति को, चाहे वह किसी भी पद पर हो। क्योंकि इसके लिए हमें कोई तीसरा मौका नहीं मिलनेवाला था।

अगले साल अप्रैल में हमने इस प्लेटफॉर्म को, अपने कार्यान्वयन (क्रिया पर अमल) समूह के 100 कर्मचारियों के लिए, 60 दिवसीय पायलट प्रोग्राम के साथ फिर से लॉन्च किया। हमारे सीनियर वाइस प्रेसिडेंट (ऑपरेशंस एंड डिलीवरी) को ज़रा संदेह था। लेकिन कड़ा प्रशिक्षण मिलने और सॉफ्टवेयर में सुधार होने पर उनके सारे संदेह खत्म हो गए और इसे लेकर उनका उत्साह बहुत बढ़ गया। यहाँ तक कि अगले दो सप्ताह के भीतर वे पायलट ग्रुप को कुछ इस

प्रकार के ई-मेल भेजने लगे: 'आपने फलाँ उद्देश्य को इस प्रकार क्यों लिखा? इसमें कौन सा मात्रक है? यह किस तरह का ओकेआर है? यह ग्राहक से मिले फीडबैक के अनुसार तो कतई नहीं है।' और ऐसा ई-मेल मिलने पर खीझने के बजाय उनके कर्मचारियों की प्रक्रिया ये होती थी कि 'वाइस प्रेसिडेंट ने जिस गड़बड़ी की ओर इशारा किया है, हमें उस पर गौर करना होगा।'

ओकेआर के मामले में अपने कर्मचारियों को एक साथ लाना कतई आसान नहीं था और ऐसा करने में काफी समय भी लगा। पारदर्शिता ज़रा डरावनी चीज़ है। अपनी विफलताओं को स्वीकार करना - और वह भी सार्वजनिक रूप से - आमतौर पर बहुत डरावना अनुभव होता है। इसके लिए हमें लोगों को नए सिरे से तैयार करना पड़ा। यह पहली बार स्कूबा डाइव करने जैसा है, जब आप गहरे पानी में 35 फीट नीचे जाते हैं और जोश व उत्तेजना के साथ-साथ डर भी महसूस कर रहे होते हैं। लेकिन जब आप सतह पर वापस ऊपर आते हैं, तो आनंद से भर जाते हैं। तब तक आपके अंदर सतह के नीचे बसी पानी की दुनिया के बारे में एक नई अंतर्दृष्टि पैदा हो चुकी होती है।

ओकेआर को अपनाना भी इससे ज़्यादा अलग नहीं है। जब आप अपने सहकर्मियों के साथ ईमानदारी से, दिल खोलकर, दो-तरफा संवाद करते हैं, तो आपको समझ में आने लगता है कि उन्हें कौन सी चीज़ प्रेरित करती है। अपने से ज़्यादा बड़ी चीज़ों से जुड़ने की उनकी तड़प को आप महसूस करने लगते हैं। दूसरों की स्वीकृति पाने और दूसरों द्वारा अपने काम के महत्त्व को पहचाने जाने की उनकी ज़रूरत भी आपको स्पष्ट नज़र आने लगती है। ऑब्जेक्टिव्स (उद्देश्य) और की रिजल्ट्स (मुख्य परिणाम) के झरोखे की मदद से आप सबको एक-दूसरों की कमियों का पता लगता है और ऐसे में यह डर भी नहीं होता कि हमारी गलती पकड़ने के लिए कोई तैयार बैठा हुआ है। (मैनेजर्स के लिए ओकेआर का मुख्य लाभ है कि उन्हें संगठन में भर्ती होनेवाले नए लोगों की ओर ले जाया जा सकता है, जो मैनेजर्स की कमियों की क्षतिपूर्ति में सहायक हो सकते हैं।) हमारे कर्मचारियों ने विफलताओं में अटके रहने की प्रवृत्ति को त्याग दिया। उन्हें यह एहसास हुआ कि अपनी ओर से पूरा प्रयास करने के बावजूद अगर कोई असफल हो जाता है, तो इसमें शर्म की कोई बात नहीं है। खासकर

तब, जब आप असफल होने के बावजूद ओकेआर के चलते पहले से अधिक बुद्धिमान और असफलता से जुड़ी बाधाएँ पार करने के मामले में पहले से कहीं अधिक तेज हो गए हों।

आखिरकार बदलाव नज़र आने लगा। हमें ऐसी टिप्पणियाँ सुनने को मिलने लगीं, 'पहले मुझे इसकी सफलता पर संदेह था, पर अब मैं साफ देख सकता हूँ कि ये मेरे लिए किस प्रकार कारगर साबित हो रहा है।' हमारे पायलट समूह के 98 फीसदी लोग हमारे ओकेआर प्लेटफॉर्म के एक्टिव यूजर्स बन गए; 72 फीसदी लोग ऐसे थे, जिन्होंने अपने लिए कम से कम एक ऐसा उद्देश्य निर्धारित किया, जो कंपनी के लक्ष्यों के साथ सरेखित था। वहीं पायलट समूह के 92 फीसदी लोगों ने कहा कि 'अब मुझे पता है कि मेरा मैनेजर मुझसे क्या अपेक्षा रखता है।'

आलोचनारहित पारदर्शिता

2016 की वसंत ऋतु में आर्ट ग्लास्गो कंपनी के प्रेसिडेंट और सीओओ बनकर आए। हम दोनों इस बात से सहमत थे कि ओकेआर का तब तक कोई मतलब नहीं है, जब तक उन्हें पूरी तरह न अपनाया जाए। आर्ट ने अपनी ओर से हमारा एग्जीक्यूटिव स्पॉन्सर यानी लक्ष्य निर्धारण का शेफर्ड बनने की पहल की। जिस मीटिंग में संगठन का हर कर्मचारी शामिल होता है, उसमें उन्होंने सबके सामने खड़े होकर स्पष्ट कहा, 'अब हम अपनी कंपनी का संचालन ओकेआर के साथ ही करेंगे और हम उनका उपयोग करके उन सभी लोगों का मूल्यांकन करेंगे, जो आपके बॉस हैं। (हालाँकि यह हमारी 'पुरस्कार और दंड' नीति का सिर्फ आधा हिस्सा था, पर इसे प्रमुखता इसलिए दी गई, ताकि संगठन में संतुलन कायम रहे।) आर्ट ने इस संघर्ष में सबसे महत्वपूर्ण भूमिका निभाई थी। 'अलोचनारहित कठोर पारदर्शिता' के विचार की दिशा उन्हीं ने तय की थी। इस तरह उन्होंने कामकाज के मामले में मेरे अकेलेपन को कम कर दिया था।

तीसरी तिमाही में ओकेआर को लूमरिस के सारे कर्मचारियों पर लागू करने के साथ ही हमने अपना एक प्रशिक्षण कार्यक्रम भी तैयार कर लिया। एक नए स्वरूप में आ चुके हमारे एचआर विभाग ने अगले पाँच सप्ताह की अवधि में,

ओवरटाइम करते हुए कंपनी के एक-एक मैनेजर से समूहों में मुलाकात की, जिनकी संख्या 250 से भी ज़्यादा थी। हमने ऐसी खुली व्यवस्था की कि वे सीधे आकर हमसे आमने-सामने बात कर सकें। इन मुलाकातों में उनसे स्पष्ट कहा जाता कि वे बिना झिझके जो चाहें, पूछ सकते हैं। सवाल-जवाब के ये सारे सत्र एक सुनहरा मौका बनकर उभरे। कंपनी के कामकाज से कर्मचारियों का जुड़ाव बढ़ाने और उन्हें अपेक्षा से बेहतर प्रदर्शन के लिए प्रेरित करने में इन सत्रों ने बहुत महत्वपूर्ण भूमिका निभाई।

* **लक्ष्य-निर्धारण, एक विज्ञान से ज़्यादा, एक कला है।** हम सिर्फ लोगों को ये नहीं सिखा रहे थे कि किसी उद्‌देश्य या मापन योग्य मुख्य परिणाम को परिष्कृत कैसे करें बल्कि इसके पीछे हमारा एक सांस्कृतिक एजेंडा भी था।
* पारदर्शिता महत्वपूर्ण क्यों है? आप यह क्यों चाहते हैं कि अन्य सभी विभागों के लोग भी आपके लक्ष्यों के बारे में जानें? और हम जो कर रहे हैं, वह मायने क्यों रखता है?
* सच्ची जवाबदेही क्या है? (दूसरों की विफलताओं के प्रति) सम्मानवाली जवाबदेही और (अपनी विफलताओं के प्रति) अतिसंवेदनशीलतावाली जवाबदेही में क्या फर्क है?
* 'दूसरों द्वारा काम पूरा कराने में' ओकेआर मैनेजर्स की सहायता कैसे करते हैं? (एक तेजी से बढ़ती कंपनी में मापन योग्य होने के मामले में यह एक बड़ा कारक है।) हम दूसरी टीमों को इस प्रकार कैसे जोड़ें कि वे हमारे उद्‌देश्यों को प्राथमिकता दें और यह सुनिश्चित करें कि हम उन उद्‌देश्यों को पूरा कर सकें?

टीम पर पड़ रहे काम के बोझ को कम करने का - या अपनी गति कम करके ज़रा ठहरने का सबसे सही समय कौन सा है? आप किसी उद्‌देश्य को टीम के किसी अन्य सदस्य की ओर कब स्थानांतरित करेंगे या किसी उद्‌देश्य को और स्पष्ट बनाने के लिए उसका पुनर्लेखन कब करेंगे या फिर उसे अपने उद्‌देश्यों की सूची से पूरी तरह कब हटाएँगे? कंपनी के कर्मचारियों में विश्वास

पैदा करने के मामले में समय ही सब कुछ होता है।

इन सवालों के जवाब ढूँढ़ने के कोई तयशुदा नियम-कायदे नहीं हैं। इन मसलों पर जिस समझ की ज़रूरत होती है, वह उन नेतृत्वकर्ताओं में होती है, जिनका अपनी टीम के साथ और उन मैनेजर्स के साथ व्यक्तिगत जुड़ाव होता है, जो यह दिखा सकें कि सफलता क्या होती है और जो यह जानते हों कि अपनी विजय की घोषणा कब करनी होती है। (मेरी सलाह यही है कि ऐसी घोषणाएँ जल्दबाजी में नहीं करनी चाहिए।)

कर्मचारियों को प्रशिक्षित करने में हमने समय, ऊर्जा और धन का जो निवेश किया था, हमें उसका फल भी मिला। 2016 की तीसरी तिमाही में हमारे 75 फीसदी कर्मचारियों ने कम से कम एक ओकेआर ज़रूर निर्धारित किया, जो इस प्रणाली में हमारा पहला संपूर्ण योगदान था। हमारा रिटेन्शन नंबर सही दिशा की ओर आगे बढ़ने लगा। इन दिनों लूमरिस की नौकरी छोड़कर जानेवाले कर्मचारियों की संख्या बहुत कम है। हम उपयुक्त लोगों की भर्ती कर रहे हैं और ऐसे लोगों को कंपनी में रोककर रखे हुए हैं, जो यहाँ प्रगति कर सकते हैं।

अपने लाल ओकेआर बेचना

कंपनी में आने के बाद जल्द ही आर्ट ने लूमरिस के नेतृत्वकर्ताओं की टीम के लिए एक दिवसीय ऑफ-साइट समीक्षा का आयोजन किया। अब ऐसा आयोजन हर महीने होता है। जब हमारे शीर्ष ओकेआर किसी स्क्रीन पर दिखाए जा रहे होते हैं, तो यह स्पष्ट हो जाता है कि कौन से नेतृत्वकर्ता अपने उद्देश्य तैयार कर रहे हैं। चूँकि आर्ट को पीला रंग पसंद नहीं है, इसलिए स्क्रीन पर सारे ओकेआर या तो हरे (वे ओकेआर जो सही चल रहे हैं) या लाल रंग (वे ओकेआर जो खतरे में हैं) से लिखे होते हैं। इसीलिए इस मामले में कोई अस्पष्टता नहीं होती और समस्याओं को छिपाने की सारी गुंजाइश भी खत्म हो जाती है।

ये समीक्षाएँ तीन घंटे तक चलती हैं और करीब एक दर्जन वरिष्ठ अधिकारी बारी-बारी से इसमें हिस्सा लेते हैं। लोगों के हरे ओकेआर पर बहुत कम समय खर्च किया जाता है। इसके बजाय वे वहाँ अपने लाल ओकेआर 'बेच' रहे होते

हैं यानी वे इन ओकेआर के लाभ बताकर उनके बारे में हर किसी की स्वीकृति हासिल करने की कोशिश कर रहे होते हैं। टीम लाल रंग से लिखे उस ओकेआर के लिए वोट करती है, जो कंपनी के लिए सबसे महत्वपूर्ण है। इसके बाद सब मिलकर उस पर तब तक सोच-विचार और चर्चा करते हैं, जब तक उससे जुड़े उद्देश्य फिर से सही रास्ते पर नहीं आ जाते। विभिन्न विभागों के बीच एकजुटता की भावना को ध्यान में रखते हुए कर्मचारी अपने सहकर्मियों के लाल ओकेआर 'खरीदने' की पहल करते हैं। जैसा कि आर्ट कहते हैं, हम सब यहाँ एक-दूसरे की मदद करने के लिए ही हैं और हम सब एक सामूहिक लक्ष्य को पूरा करने में जुटे हुए हैं।' जहाँ तक मुझे पता है, अपने लाल ओकेआर बेचना, ओकेआर का एक अनूठा उपयोग है, जो सचमुच अनुकरण करने योग्य है।

आज के नए लूमरिस में परस्पर निर्भरता को बहुत मूल्यवान माना जाता है। यहाँ सुविचारित समन्वय को बहुत महत्त्व दिया जाता है। लूमरिस में अमेरिकी बाजार के वाइस प्रेसिडेंट जेफ स्मिथ कहते हैं, 'ओकेआर आपको सिर्फ व्यवसाय का कामकाज सँभालने के बजाय, व्यवसाय को बेहतर बनाने की दिशा

लूमरिस के डॉक्टर और लीफर, सन 2017. पीछे की ओर - डॉ. सुजेन एडम्स और सीओओ आर्ट ग्लास्गो, आगे की ओर - डॉ. टॉम हैस्टिंग्स और सीईओ माइक लॉन्ग।

में केंद्रित करने में मदद करते हैं। क्षेत्रीय बाजारों की जिम्मेदारी सँभालनेवाले हमारे प्रमुख अधिकारी अवसरों को अकेले अपनी मुट्ठी में दबोचकर रखने के बजाय, उन्हें अपने कर्मचारियों के साथ मिल-जुलकर भुना रहे हैं। इस तरह अब हम 'महानायक संस्कृति' से 'टीम संस्कृति' की ओर बढ़ रहे हैं। स्मिथ को यह जानकर बड़ी खुशी हुई कि ऑपरेशंस और डिलीवरी टीम अपने उद्देश्यों को स्मिथ के सेल्स संबंधी लक्ष्यों के साथ संबद्ध कर रही है। स्मिथ कहते हैं, 'पहले अक्सर कुछ ऐसी बातें सुनने को मिलती थीं, 'मैं डिलीवरी विभाग से हूँ और तुम सेल्स से इसलिए हमारा आपस में कोई मेल नहीं है, तो तुम अपना काम करो और मुझे अपना काम करने दो।' जबकि अब माहौल बदल गया है। अब लोग एक-दूसरे से कहते हैं, 'तुम फिक्र मत करो, मैं तुम्हारी मदद करूँगा।' वास्तव में यह ओकेआर प्रक्रिया का ऐसा परिणाम है, जिसकी मैंने कभी कल्पना भी नहीं की थी।' सबसे पहले लूमरिस को ऐसी संस्कृति पोषित करनी थी, जिससे संगठन में ओकेआर की जड़ें मज़बूत हों। लूमरिस को अपनी शक्ति बनाए रखने के लिए ओकेआर की ज़रूरत थी और साथ ही इस नई संस्कृति को गहनता से अपनाना भी ज़रूरी था ताकि अपने लोगों का दिल जीतने के साथ-साथ उन्हें बौद्धिक स्तर पर भी प्रभावित किया जा सके। यह एक ऐसा अभियान है, जो कभी खत्म नहीं होता। इसे हमेशा जारी रखना पड़ता है।

चाहे किसी भी मात्रक के आधार पर आँकलन किया जाए, यह स्पष्ट था कि 2017 लूमरिस का सबसे सफल वर्ष है। अब लूमरिस मूल्य-आधारित स्वास्थ्य व्यवस्था के क्षेत्र का अग्रणी संगठन बन चुका था। आर्ट ग्लासगो ने मुझसे कहा था, 'बाजार एक नई पारी शुरू कर रहा है। मुझे पहली बार ऐसा लग रहा है कि हमारी सेल्स की योजना यथार्थवादी भी हो सकती है। इसलिए अब शायद मुझे कुछ आकांक्षापूर्ण लक्ष्य तय करने होंगे।'

जब ये शब्द लिखे जा रहे थे, तब 'लूमरिस भुगतानकर्ताओं, प्रदाता समूहों और स्वास्थ्य-सेवा तंत्र के साथ 18 राज्यों में साझेदारी शुरू कर चुका था, जिसका लाभ 10 लाख से ज़्यादा लोगों को मिलेगा।' इसमें बहुत संभावनाएँ हैं। अगर इसे राष्ट्रव्यापी रूप से लागू किया जाए, तो कंपनी के मिजुरी मॉडल

की मदद से चिकित्सा क्षेत्र में होनेवाले व्यर्थ खर्च को रोककर सालाना 800 बिलियन डॉलर बचाए जा सकते हैं। सबसे महत्वपूर्ण बात ये है कि इससे हमारे देश की गुणवत्ता और देशवासियों के जीवन की गुणवत्ता में बेहतरी होगी।

आज ओकेआर लूमरिस के बाहरी कवच का हिस्सा हैं। जैसा कि एंड्र्यू कोल कहते : एक बार जब लोग कंपनी के नए रूप का गहन अनुभव ले लेते हैं, तो बार-बार वही अनुभव लेने का मोह नहीं छोड़ पाते।

20

संस्कृति में बदलाव : बोनो के वन कैम्पेन की कहानी

बोनो

सह-संस्थापक

हमने देखा कि ओकेआर कैसे संस्कृति में बदलाव को सुनिश्चित कर सकते हैं। बोनो के वन कैम्पेन की ये कहानी भी यही दर्शाती है कि दृढ़ लक्ष्य-निर्धारण एक समृद्ध सांस्कृतिक बदलाव को भी प्रेरित कर सकता है।

लगभग दो दशकों तक दुनिया के सबसे बड़े रॉकस्टार्स में से एक रहे बोनो ने 'वैश्विक स्तर पर एक उदासीनता-विरोधी प्रयोग किया।' बोनो का पहला बिग हेयरी ऑडेशस गोल (बीएचएजी) यानी बड़ा, अक्खड़, दुस्साहसी लक्ष्य 'जुबली 2000' नामक एक वैश्विक पहल से निकला, जिसने दुनिया के सबसे गरीब देशों को 100 बिलियन डॉलर्स के कर्ज के बोझ से छुटकारा दिलाया। इसके दो साल बाद बिल एंड मिलिंडा गेट्स फाउंडेशन से मिले स्टार्ट-अप अनुदान की मदद से बोनो ने सार्वजनिक नीति-परिवर्तन के लिए डीएटीए (डेट, एड्स, ट्रेड, अफ्रीका - कर्ज, एड्स, व्यापार, अफ्रीका) नामक एक ग्लोबल एडवोकेसी संगठन की सह-स्थापना की। इस संगठन का मिशन था, सरकारी संस्थाओं और अन्य बहुराष्ट्रीय एनजीओ के साथ मिलकर अफ्रीका में गरीबी, बीमारी और विकास जैसे मुद्दों पर काम करना। (इस पर बिल गेट्स कहेंगे कि यह उनका मिलियन डॉलर्स का सर्वश्रेष्ठ खर्च था।) सन 2004 में बोनो ने जमीनी स्तर पर सक्रिय, एक निर्गुट कार्यकर्ता गठबंधन को अस्तित्व में लाने के लिए 'वन कैम्पेन' नामक संगठन शुरू किया, जो दरअसल डीएटीए के भीतरी कामकाज का बाहरी पूरक है।

बोनो से पहली मुलाकात में ही मैं 'तथ्यवाद' या तथ्य आधारित समाज-सुधार के प्रति उनके जुनून को देखकर बहुत प्रभावित हुआ। 'वन कैम्पेन' के कठोर, विश्लेषणात्मक और परिणाम केंद्रित वातावरण में ओकेआर को स्थापित करना एक आसान काम था। पिछले दस वर्षों से ओकेआर इस संगठन की प्राथमिकताओं में स्पष्टता लाने में सहायता कर रहे हैं - पर यह कोई आसान काम नहीं है, खासकर तब, जब आपका मिशन दुनिया बदलने का हो। संगठन के पूर्व सीईओ डेविड लेन के अनुसार, 'हमें एक अनुशासन-प्रक्रिया की ज़रूरत थी ताकि हम सब कुछ करने के चक्कर में पड़ने के बजाय सिर्फ वही कार्य करें, जो करना हमारे लिए सचमुच संभव है।'

जैसे-जैसे वन कैम्पेन का दायरा बढ़ा, वैसे-वैसे संगठन की संस्कृति में मूलभूत बदलाव लाने के लिए इसका झुकाव ओकेआर की ओर बढ़ता गया। पहले यह संगठन 'अफ्रीका में' काम करने की ओर केंद्रित था और अब यह धीरे-धीरे 'अफ्रीका के साथ' काम करने की ओर केंद्रित हो रहा है। जैसा कि डेविड ने मुझे बताया, 'विकासशील देशों की उन्नति में सहायता करने और उन्हें अपने बूते उन्नति करने के लिए सशक्त बनाने को लेकर लोगों की सोच में दार्शनिक स्तर पर एक नाटकीय बदलाव आया है। हमें इसमें सक्षम बनाने की दिशा में ओकेआर ने बहुत महत्वपूर्ण भूमिका निभाई है।'

दुनिया के सबसे कमजोर लोगों का जीवन बेहतर बनाने के लिए वन कैम्पेन ने स्वास्थ्य के क्षेत्र में ऐतिहासिक पहल करते हुए करीब 50 बिलियन डॉलर्स का फंड उपलब्ध कराने में सहायता की है। इसके अलावा संगठन ने न सिर्फ भ्रष्टाचार से लड़ने के लिए पारदर्शिता लाने संबंधी नियमों की सफ़लतापूर्वक पैरवी की है बल्कि संसाधनों को अफ्रीकी तेल और गैस से राजस्व कमाने के बजाय, गरीबी से लड़ने की ओर केंद्रित करने की पैरवी भी की है, जिसमें इसे काफी सफलता मिली है। सन 2005 में टाइम मैगजीन ने बोनों को बिल और मेलिंडा गेट्स के साथ 'पर्सन ऑफ द ईयर' चुना था।

--

बोनो : यू2 (हमारा रॉक बैंड) को लेकर हमने शुरू से ही ऊँचे लक्ष्य बना रखे

थे। (आप कह सकते हैं कि मैं कम उम्र से ही महत्वाकांक्षाओं का शिकार हो गया था।) एज पहले से ही एक कुशल गिटार वादक था, वहीं लैरी बहुत अच्छा ड्रम बजाता था, पर मैं एक साधारण गायक था और एडम को तो बास बजाना बिलकुल नहीं आता था। फिर भी हमने सोचा कि चूँकि हम संगीतकारों के बाकी समूहों जितने कुशल नहीं है इसलिए बेहतर होगा कि हम खुद को बेहतर बनाएँ।

हम उन बैंड्स जितने कुशल और परिष्कृत नहीं थे, जिनके हम कार्यक्रम देखने जाया करते थे। लेकिन हमारे बीच एक केमिस्ट्री थी यानी वह खूबी जो चीज़ों को जादुई बना देती है। हमें लगता था कि अगर हमने खुद को बर्बाद होने से बचा लिया, तो एक न एक दिन हम दुनिया में धूम मचा देंगे। हमें लगा कि हमें बस संगीत की दुनिया में कूद जाना चाहिए। बाकी म्यूजिक बैंड्स के पास सब कुछ था, पर हमारे पास वह था, जो हमें चाहिए था। हम अपना उत्साह बनाकर रखने के लिए बार-बार इसी बात को दोहराया करते थे।

हमने अपनी प्रभावशीलता का मूल्यांकन कैसे किया? शुरुआत में हमने खुद से इस बारे में सवाल किए कि म्यूजिक क्लब्स और पॉप चार्ट्स से परे इस दुनिया में हमारी क्या जगह है? जैसे: क्या हमारा संगीत किसी के लिए उपयोगी

रॉक बैंड यू2 का 360 टूर, सन 2009.

हो सकता है और क्या कला राजनीतिक बदलाव को प्रेरित कर सकती है? सन 1979 में जब हम सिर्फ 18 साल के थे, हमें एक रंगभेद-विरोधी कार्यक्रम में पहली बार काम मिला। इसी तरह हमें आयरलैंड में गर्भनिरोधक के समर्थन में हो रहे एक कार्यक्रम में भी काम मिला, जो हमारे लिए वाकई बड़ी बात थी। इसके बाद उम्र के तीसरे दशक की शुरुआत में हम जानबूझकर आयरलैंड के उग्रवादी समूहों और उन्हें बुरा कहने से बचनेवालों के लिए एक सिरदर्द बन गए। हमें यह कहने के लिए मज़बूर होना पड़ा कि सुपरमार्केट में बम विस्फोट कर मासूम बच्चों की हत्या करना कभी सही नहीं हो सकता। राजनीति पर अपने प्रभाव का अनुमान हमने इस बात से लगाया कि हमें इसके बदले में लोगों से कितना भला-बुरा सुनना पड़ रहा है।

संगीतकारों के जीवन में एक समय ऐसा भी आता है, जब उनके अंदर यह इच्छा जागती है कि उनके गाने भी म्यूजिक चार्ट्स में जगह बनाएँ। दरअसल हमने संगीत की मुख्यधारा में अपनी जगह बनाने के लिए बहुत मेहनत की। हम लाइव कार्यक्रमों में तो बहुत सफल थे, लेकिन हमारे गाने बाजार में रिलीज होने के बाद ज़्यादा अच्छा प्रदर्शन नहीं कर रहे थे। इसलिए पहले हम अपनी सफलता का आंकलन इस बात से करते थे कि हमारे लाइव कार्यक्रमों के कितने टिकट बिके। इसके बाद हम यह आंकलन अपने एलबम्स की बिक्री के आधार पर करने लगे।

अपने संघर्षों का चुनाव

जब हमने अपना गेर-लाभकारी संगठन डीएटीए शुरू किया, तो इसे आगे ले जाने की दिशा में हमने ठीक उसी तरह काम किया, जैसे अपना रॉक बैंड यू2 शुरू करने के बाद किया था। यू2 बैंड के चार सदस्य थे- लूसी मैथ्यू, बॉबी श्राइवर, जेमी ड्रमंड और मैं। तब हमें यह नहीं पता था कि हम चार में से बैंड का गायक कौन होगा या बास, गिटार व ड्रम कौन बजाएगा। पर हमें यह ज़रूर पता था कि हम कोई हिप्पी नहीं हैं, जो किसी की देखा-देखी संगीत की दुनिया में चले आए हों। हम काफी हद तक पंक रॉकवाले थे। हम सख्त दिमागवाले अवसरवादी लोग थे और सिर्फ एक विचार पर काम कर रहे थे कि हमें सबसे गरीब देशों को कर्ज के बोझ से मुक्ति दिलानी है। एक समय में किसी एक संघर्ष

का चुनाव करना और फिर कठोर शिड्यूल बनाकर उसमें जुट जाना – हम ऐसा करने के मामले में वाकई तेज थे।

इसके बाद हम एड्स की दवा की वैश्विक उपलब्धता सुनिश्चित करने की दिशा में काम करने लगे, जो हमारा एक और स्पष्ट लक्ष्य था। मैं आपको बताना चाहूँगा कि जब लोगों को हमारे इस लक्ष्य के बारे में पता चलता तो वे हमारे मुँह पर हँसते थे : 'तुम लोगों का दिमाग खराब हो गया है। यह असंभव है। तुम्हें इतने बड़े रोग से लड़ने के चक्कर में पड़ने की क्या ज़रूरत है, इससे बेहतर तो तुम मलेरिया या रिवर ब्लाइंडनेस जैसी किसी साधारण बीमारी से लड़ते तो बेहतर होता। या फिर पोलियो कैसा रहेगा?'

और मुझे याद है कि इस तरह की बातों पर मेरा एक ही जवाब होता था, 'नहीं, हमने एड्स से संघर्ष करने का चुनाव इसलिए किया क्योंकि ये दो गोलियाँ' – अब इसके लिए एक ही गोली होती है – 'असमानता को दर्शाती हैं।' अगर आप अमेरिका के पालो ऑल्टो या आयरलैंड के डबलिन जैसे किसी शहर में रहते हैं, तो आपको ये दवा बड़ी आसानी से मिल जाएगी, लेकिन अगर आप अफ्रीका के लिलॉग्वे जैसे किसी शहर में रहते हैं, तो फिर भूल जाइए क्योंकि वहाँ के बाजार में यह दवा उपलब्ध ही नहीं है। यानी आप जिंदा बचेंगे या मर जाएँगे, यह इस संयोग से तय होगा कि आप कहाँ रहते हैं। यह स्थिति किसी भी लिहाज से सही नहीं है।'

वैसे मैं इस बात को लेकर निश्चिंत रहता था कि इस बहस में मेरा पलड़ा ही भारी रहेगा। क्योंकि हर कोई जानता था कि इस प्रकार की असमानता गलत है। बात बहुत सीधी सी है। यह ओकेआर का उपयोग शुरू करने से बरसों पहले की बात है, पर तब भी मैं यही कहा करता था कि 'एवरेस्ट की सबसे ऊँची चोटी की कल्पना करो और फिर विस्तार से यह वर्णन करो कि उस पर चढ़ाई करना कितना मुश्किल होगा। इसके बाद यह बताओ कि हम उसके शिखर पर कैसे पहुँचेंगे।' एड्स पर विजय हासिल करना भी एवरेस्ट के शिखर पर पहुँचने की तरह ही असंभव था। इसलिए सबसे पहले तो आपको इससे जुड़ी मुश्किलों का विस्तार से वर्णन करना होगा, इसके बाद ही आप इस पर विजय हासिल कर सकते हैं।

सन 2017 में ये शब्द लिखे जाने तक, 21 मिलियन लोगों को एड्स से लड़ने में उपयोगी विभिन्न किस्म की थेरेपी उपलब्ध कराई जा रही है। यह वाकई कमाल है। पिछले दस सालों में एड्स से होनेवाली मौतों में 45 फीसदी की कमी आई है। बच्चों में एचआईवी संक्रमण की दर अब आधी रह गई है और हम जिस गति से इस दिशा की ओर बढ़ रहे हैं, उसे देखकर यह कहना मुश्किल नहीं है कि सन 2020 तक हम माँ से बच्चे को होनेवाले एड्स संक्रमण पर विजय हासिल कर लेंगे। मुझे विश्वास है कि हम अपने जीवन में एड्स-मुक्त दुनिया का सपना सच करने में कामयाब होंगे।

ओकेआर के साथ बड़े होना

हमारे एनजीओ जैसे बैंड में उद्यमशीलता की भावना थी और हम आंतरिक रूप से अपने लक्ष्यों पर पैनी नज़र रखते थे। लेकिन बिना किसी ठोस प्रक्रिया के आप सिर्फ एक सीमा तक ही आगे जा सकते हैं। जब हम सचमुच प्रभावी होने लगे और वास्तविक पहुँच हासिल करने में कामयाब होने लगे, तो डीएटीए को अपेक्षाकृत ज़्यादा डाटा मिलने लगा - जिसका परिणाम था, अधिक मापन योग्य प्रक्रियाएँ और अधिक मापन योग्य परिणाम। फिर अपने 'वन कैम्पेन' के समर्थन में एक गठबंधन बनाने के लिए हम 11 विभिन्न समूहों को एक साथ लेकर आए। हमारे पास बहुत सारे प्रतिभाशाली लोग थे पर हमारी समस्या थी ज़रूरत से ज़्यादा लक्ष्यों का होना। जैसे अफ्रीका में हरित-क्रांति, लड़कियों की शिक्षा, बिजली की समस्या, ग्लोबल वॉर्मिंग वगैरह। हम बहुत सी चीज़ों में उलझे हुए थे।

डीएटीए और वन कैम्पेन ने दो बिलकुल अलग-अलग संस्कृतियों को आपस में जोड़ दिया था - और यह काफी पेचीदा मामला था। हमें एहसास हुआ कि हमारे यहाँ पारदर्शिता की कमी है। अगर आप अपने लक्ष्यों को स्पष्ट रूप से नहीं निपटाते, तो गड़बड़ होने लगती है। लोग अपने काम को लेकर दुविधा से ग्रस्त हो जाते हैं। कुछ समय के लिए हमारे संगठन में भी फूट पड़ने की स्थिति आ गई थी।

मुख्य बात ये है : हमने कभी छोटा नहीं सोचा। हम हमेशा से आकांक्षापूर्ण

थे और जोर लगाने में विश्वास रखते थे। लेकिन हमारे लक्ष्य इतने ज़्यादा ऊँचे थे कि हमने कुछ ज़्यादा ही जोर लगा दिया, जिसके चलते हमारे संगठन के लोग थककर कमज़ोर पड़ने लगे पर ओकेआर ने हमें बचा लिया। वन कैम्पेन के बोर्ड चेयरमैन टॉम फ्रेस्टन ने उनकी महत्ता को पहचाना और इसीलिए वे हमारे संगठन का एक अभिन्न हिस्सा बन गए - इसे संभव बनाने में टॉम फ्रेस्टन की भूमिका बहुत महत्वपूर्ण है। ओकेआर ने हमें स्पष्टता के साथ सोच-विचार करने और इस मसले पर आपसी सहमति बनाने के लिए बाध्य किया कि हम उपलब्ध संसाधनों के साथ क्या हासिल कर सकते हैं। ओकेआर से हमें एक ऐसा ढाँचा मिला, जिस पर हम निर्भर हो सकते थे। और आपको एक ऐसे ढाँचे की ज़रूरत पड़ती ही है क्योंकि इसके बिना आपका दिमाग किसी एक दिशा की ओर केंद्रित होने के बजाय चारों ओर भटकता रहेगा। ओकेआर ट्रैफिक लाइट्स और कलर कोडिंग ने हमारे बोर्ड की बैठकों को सिरे से बदलकर रख दिया। जिससे हमारी रणनीतियाँ, कार्यों पर अमल करना और हमारे परिणाम बेहतर हो गए। ओकेआर ने अत्यधिक गरीबी से लड़ाई में हमें एक प्रभावी हथियार में तब्दील कर दिया।

मुख्य आधार

जब जॉन डोअर वन कैम्पेन की हमारी पहली बैठक में आए थे, तो उन्होंने एक सीधा सा, लेकिन गहन सवाल पूछा था : 'हम किसके लिए काम कर रहे हैं? हमारा ग्राहक कौन है?'

हमने जवाब दिया, 'जॉन, हम दुनिया के सबसे गरीब और सबसे कमज़ोर लोगों के लिए काम कर रहे हैं।' इस पर जॉन ने कहा, 'ठीक है। तो क्या हमारी मेज़ पर एक सीट उनके लिए भी आरक्षित है?'

हमने कहा, 'बेशक, हमारी पूरी मेज़ ही उनके लिए है।'

लेकिन जॉन ने जोर दिया, जो सचमुच ज़रूरी भी था कि 'क्या आप उस एक व्यक्ति की स्पष्ट कल्पना कर सकते हैं? क्या हमें इस मेज पर उसकी भौतिक उपस्थिति सुनिश्चित करने के बारे में नहीं सोचना चाहिए?'

इसी सोच ने उस मुख्य आधार को पोषित किया, जिसने अंततः हमारे संगठन को बदलकर रख दिया। जॉन की बात पश्चिम अफ्रीकी देश सेनेगल के

एक व्यक्ति से मिलती जुलती थी, जिससे हमारी मुलाकात पेरिस में हुई थी। उस व्यक्ति का कहना था, 'बोनो, क्या तुम्हें पता है कि सेनेगल में एक कहावत बड़ी प्रचलित है कि अगर आप किसी व्यक्ति के बाल काटना चाहते हैं, तो बेहतर यही है कि वह व्यक्ति भी कमरे में हो।' उस व्यक्ति ने यह बात प्यार भरे ढंग से कही थी, पर इस कहावत के पीछे छिपे संदेश को समझने में हमसे कोई चूक नहीं हुई, 'अगर तुम्हें लगता है कि तुम ये जानते हो कि हम क्या चाहते हैं, तो ज़रा सँभल जाओ। क्योंकि हम अच्छी तरह जानते हैं कि हम क्या चाहते हैं। तुम कोई अफ्रीकी व्यक्ति नहीं हो और हमारा मसीहा बनने की तुम्हारी जो पुरानी आदत है, उसका परिणाम हमेशा अच्छा नहीं रहा है।'

मैं सन 2002 में दक्षिण-पूर्व अफ्रीका में लोगों को एचआईवी से मरते हुए देख चुका हूँ। एड्स की समस्या पर काम करनेवाले अन्य कई सामाजिक कार्यकर्ताओं के साथ मैंने भी इस संक्रामक महामारी की व्यापकता और इससे होनेवाली तबाही को नाटकीय ढंग से प्रस्तुत किया। मैंने अपने संगठन में लोगों को इस बात के लिए प्रोत्साहित किया कि कभी भी एड्स शब्द का इस्तेमाल अकेले न करें बल्कि इसके साथ 'आपातकाल' शब्द ज़रूर जोड़ें यानी 'एड्स का आपातकाल।' लेकिन सन 2009 आते-आते हमें इसके लिए विरोध झेलना पड़ा। कुछ धनी अफ्रीकियों ने हमारे द्वारा एड्स को प्रस्तुत करने के तरीके से असहमति जताई, हालाँकि हम गलत नहीं कह रहे थे। डावीसा मोयो नामक एक अर्थशास्त्री 'डेड एंड' शीर्षक से एक किताब लिखकर उन लोगों के प्रतिनिधि बन गए, जिनकी सोच ये थी कि 'अपनी मदद अपने पास रखो। हमें इसकी कोई ज़रूरत नहीं है। इससे हमें फायदा कम और नुकसान ज़्यादा हो रहा है। हम अपने महाद्वीप की छवि एक ऐसे स्थान के रूप में स्थापित करने की कोशिश रहे हैं, जहाँ निवेश करना, जीना और काम करना एक सकारात्मक अनुभव है, लेकिन तुम लोग हमारी इन कोशिशों को बर्बाद कर रहे हो।'

मैं स्पष्ट देख सकता था कि वन कैम्पेन की विश्वसनीयता खतरे में पड़ रही है। हमने उत्तर की सरकारों पर ध्यान केंद्रित कर रखा था क्योंकि वॉशिंग्टन, लंदन और बर्लिन में लिए जानेवाले निर्णयों का अधिकतर गरीब देशों पर महत्वपूर्ण प्रभाव पड़ता है। जेमी सहित मेरे अधिकतर सामाजिक कार्यकर्ता दोस्त जैसे जॉन

गिथोंगो, ओरी ओकलोह और राकेश राजानी जमीनी स्तर पर सक्रिय थे और वे भी हमें यही बात याद दिला रहे थे। अफ्रीका का भविष्य अफ्रीकी लोगों को ही तय करना चाहिए। भले ही हमने अपने संगठन को 'वन' नाम दिया हो, लेकिन इन समस्याओं को सुधारने के लिए जितने लोगों की ज़रूरत थी, हमारी संख्या उसकी आधी ही थी। यह सोचना एक फंतासी ही था कि दक्षिण के साथ संपूर्ण भागीदारी के बिना ही, उत्तर अत्यधिक गरीबी की समस्या को खत्म करने में सफल हो सकता है।

वन कैम्पेन, संगठनात्मक और सांस्कृतिक दोनों किस्म के बदलाव लाने के लिए प्रतिबद्ध है। यहाँ तक कि अभी भी हम अफ्रीकन नेताओं के साथ जमीनी स्तर पर और उच्च स्तर पर सहयोगात्मक कार्य कर रहे हैं। हमने दक्षिण अफ्रीका के जोहान्सबर्स में और महाद्वीप के आसपास अफ्रीकी कार्यालय शुरू किए हैं, जिनके कामकाज का दायरा तेजी से बढ़ रहा है। ओकेआर ने हमें कई ठोस बदलाव लाने की ओर केंद्रित कर रखा है, जैसे अफ्रीका में कर्मचारियों की भर्ती करना, संगठन के बोर्ड को और व्यापक बनाना, अपने पुराने जुबली साझेदारों के साथ फिर से जुड़ना और सलाह लेने के लिए नए नेटवर्क की पहचान करना। मेरा मानना है कि हम दूसरों की बात सुनने के मामले में पहले से बेहतर हो गए हैं। मुझे नहीं लगता कि ओकेआर - ऑब्जेक्टिव (उद्देश्य) और की-रिजल्ट्स (मुख्य परिणाम) के बिना यह सब संभव हो पाता।

उद्देश्य **वन कैम्पेन के कामकाज के साथ अफ्रीकी प्रतिनिधियों की एक विस्तृत श्रृंखला के दृष्टिकोण को एकीकृत करना। अफ्रीकी प्राथमिकताओं के साथ और करीब से संरेखित होना। अफ्रीका में और अफ्रीका के प्रति अन्य देशों में, विशिष्ट नीतिगत बदलाव लाने के लिए, वन कैम्पेन की राजनीतिक पूँजी को साझा करना और उसका लाभ उठाना।**
मुख्य परिणाम 1. अप्रैल तक तीन अफ्रीका निवासियों की भर्ती और उन्हें संगठन के बोर्ड में शामिल करना, साथ ही जुलाई तक बोर्ड के दो अफ्रीकी सदस्यों को मंजूरी देना। 2. जुलाई तक अफ्रीकी एडवायजरी बोर्ड की स्थापना और दिसंबर तक दो बार संचालन। 3. कम से कम दस से पंद्रह अग्रणी अफ्रीकी विचारकों के साथ अपने संबंध विकसित करना, जो नियमित रूप से वन कैम्पेन की नीतियों और बाहरी कामकाज के बारे में सवाल करें और साथ ही मार्गदर्शन भी करें। 4. साल 2010 में अफ्रीका की चार भागीदारीपूर्ण यात्राएँ करना।

जुनून का मापन

सूडानी कारोबारी और परोपकारी मो इब्राहीम का संगठन के बोर्ड का सदस्य बनना हमारे लिए बड़ा परिवर्तनकारी था। अफ्रीका में वे किसी रॉक स्टार जैसी हैसियत रखते हैं। वे और उनकी बेटी हेडेल महाद्वीप के संदर्भ में हमें वह बौद्धिक स्थायित्व प्रदान करते हैं, जिसकी हमें वाकई ज़रूरत थी और जो अपेक्षाकृत दृढ़ माध्यमों के साथ एक लय में आने के लिए ज़रूरी भी था। हमसे मिलने से पहले मो हमारे कुछ उद्दश्यों से पूरी तरह असहमत थे। उन्होंने न सिर्फ अफ्रीका में बल्कि यूरोप और अमेरिका में भी हमें पारदर्शिता को अपना केंद्रीय लक्ष्य बनाने की ओर अग्रसर किया। हमने अपने शोध में पाया कि विकासशील

देशों में होनेवाले भ्रष्टाचार के चलते हर साल एक ट्रिलियन डॉलर्स का नुकसान होता है। मो ने हमसे कहा कि 'यह एचआईवी/एड्स से कहीं ज़्यादा महत्वपूर्ण है और यह भ्रष्टाचार रोककर हम बहुत सी जानें बचा सकते हैं।'

अफ्रीकियों से मिलनेवाले प्रोत्साहन के चलते वन कैम्पेन में बदलाव होते रहे। हमने 'पब्लिश वाट यू पे'[1] के साथ कंधे से कंधा मिलाकर पैरवी की। इसीलिए अब न्यूयॉर्क स्टॉक एक्सचेंज व यूरोपियन यूनियन की किसी भी कंपनी के लिए, खनन अधिकार हासिल करने के लिए चुकाए गए धन से जुड़ी कोई भी जानकारी छिपाना गैरकानूनी हो गया है। पिछले साल एलिको डांगोट भी हमारे बोर्ड के सदस्य बन गए, उन्हें अफ्रीका का बिल गेट्स कहा जाता है।

यह सब तो बढ़िया है, लेकिन हमें तथ्यों को लेकर स्पष्ट होना होगा। उदाहरण के लिए : दिसंबर 2017 तक वन कैम्पेन के उन सदस्यों की संख्या 8.9 मिलियन थी, जिन्होंने इसकी सदस्यता ऑनलाइन ली थी या जो संगठन के कम से कम किसी एक कार्य का हिस्सा रह चुके थे। (इनमें से तीन मिलियन से भी ज़्यादा सदस्य इस समय अफ्रीका में हैं।) मैं कल्पना कर सकता हूँ कि इस बात को सुनकर बिल गेट्स अपनी आँखें तरेर कर कहेंगे, 'इसमें कौन सी बड़ी बात है? सदस्यता फॉर्म पर हस्ताक्षर करने से कोई संगठन का सदस्य नहीं बन जाता। ये तो बस वे लोग हैं, जिन्होंने किसी कागज पर हस्ताक्षर कर दिए हैं। इससे ज़्यादा इनका कोई महत्त्व नहीं है।' निश्चित ही, बिल की यह बात सही भी है पर इससे यह सवाल तो उठता ही है कि 'संगठन के साथ अपने सदस्यों के जुड़ाव का मापन कैसे किया जाए? अगर हम इसके लिए कोई मात्रक तय कर लें, तो वह बस एक स्थिर संख्या होगी या फिर वह बढ़ भी सकती है? दरअसल हमें यह साबित करने की ज़रूरत थी कि हम लोगों को, हस्ताक्षर करनेवालों से संगठन के सदस्य में, फिर संगठन के सदस्य से सामाजिक कार्यकर्ता में और फिर सामाजिक कार्यकर्ता से बदलाव लानेवाले प्रेरकों में तब्दील कर सकते हैं। इसलिए हमने अपने सदस्यों को एक से ज़्यादा कार्य करने पर धन्यवाद कहना और पुरस्कार देना शुरू कर दिया। हमने कुछ अमेरिकी सीनेटर्स और कॉंग्रेस

---

1 पीडब्ल्यूवायपी – सामुदायिक संगठनों का एक समूह जो प्राकृतिक संसाधनों पर निर्भर उद्योगों में आर्थिक पारदर्शिता की वकालत करता है।

आंतरिक विस्थापितों के शिविरों का दौरा करने के लिए बोनो वन कैम्पेन को डालोरी, नाइजीरिया लेकर आए, सन 2016.

सदस्यों के जिलों में अपने संगठन के लोगों की भीड़ लगा दी, जिससे वे करीब-करीब घबरा गए। जैसे अगर आपके ग्रैंगर का उदाहरण लें - जो टेक्सास से रिपब्लिकन पार्टी की काँग्रेस सदस्य हैं - तो शायद उन्हें यही लगता होगा कि वन कैम्पेन की टी-शर्ट पहने हुए संगठन के सदस्य हर तरफ फैले हुए हैं और वे विभिन्न मसलों पर अपना मत स्पष्ट करने और सकारात्मक बदलाव का समर्थन करने के लिए उन पर दबाव डाल रहे हैं; दरअसल वे हमारे कई रणनीतिक लक्ष्यों में से एक थीं। आखिरकार वे सचमुच वन कैम्पेन के लिए सामने भी आईं।

आज तक किसी ने भी सामाजिक कार्यकर्ताओं के जुनून का मापन नहीं किया है। भले ही जुनून का मापन करना सुनने में ज़रा अजीब सा लगे पर यह पूर्णत: ओकेआर ही है। तो अगर आप जुनूनी हैं - तो कितने जुनूनी हैं? आपका जुनून आपको किस तरह के कार्य करने की दिशा में ले जाता है? इसीलिए अब जब भी बिल गेट्स हमारे बोर्ड की बैठकों में कोई मुश्किल सवाल उठाएँगे, तो हम अपने ओकेआर को सामने रखकर कह सकते हैं कि 'हमने जो किया और उसका जो भी प्रभाव रहा, वह ये रहा।'

एक ओकेआर ढाँचा

क्या ओकेआर का कोई नकारात्मक पहलू भी है? देखिए, अगर आप उन्हें गलत ढंग से ग्रहण करेंगे, तो मेरा मानना है कि आप ज़रूरत से ज़्यादा व्यवस्थित हो जाएँगे। वन कैम्पेन को संस्थागत नहीं हो जाना चाहिए; हमें विध्वंसकारी बने रहना होगा। मुझे हमेशा इस बात का डर रहता है कि कल को हम एक कॉरपोरेट संगठन में बदल जाएँगे और अपने तिमाही लक्ष्यों से भी ज़्यादा हासिल करने की कोशिश में लग जाएँगे। इसी संदर्भ में जॉन ने हमें एक महत्वपूर्ण बात याद दिलाई कि 'अगर सब हरा है, (जो ओकेआर सही चल रहे होते हैं, उन्हें संगठन की बैठकों में लगी स्क्रीन में हरे रंग से लिखकर दर्शाया जाता है) तो इसका अर्थ है कि आप असफल हो गए हैं।' यह बात बहुत से लोगों के अंतर्ज्ञान के विपरीत थी, खासकर हमारे संगठन में कार्यरत उन बेहद प्रतिभाशाली लोगों के लिए, जो अपने-अपने क्षेत्र में सर्वश्रेष्ठ प्रदर्शन करते रहे हैं। इसके अलावा एक कारण यह भी था कि अब हमारा संगठन पहले के मुकाबले आर्थिक रूप से कहीं अधिक मज़बूत हो चुका है। लेकिन जॉन हमेशा कहते रहे कि 'हमें स्क्रीन पर और अधिक लाल ओकेआर (ऐसे ओकेआर जो खतरे में हैं) चाहिए।' वे बिलकुल सही कह रहे थे क्योंकि स्क्रीन पर लाल ओकेआर का अर्थ होगा कि हमारे लक्ष्य बहुत ऊँचे हैं, जिन्हें हासिल करने के लिए हमें और मेहनत करनी होगी। यानी असल में हमें कुछ और ऊँची महत्वाकांक्षाओं की ज़रूरत थी क्योंकि ऊँची महत्वाकांक्षाएँ रखने के मामले में हम काफी गुणी हैं। जबकि क्रमशः वृद्धि करने के मामले में हमारा प्रदर्शन उतना प्रभावी नहीं रहता।

वन कैम्पेन हमारे जुनून की नींव पर नहीं खड़ा है। हम भी अपने नैतिक आक्रोश के सहारे नहीं टिके हुए हैं। वास्तव में हम कुछ तयशुदा सिद्धांतों से निर्मित नींव पर खड़े हैं और इसी नींव पर हमारी वह दृढ़ सोच टिकी है, जो ओकेआर से आई है। इसके लिए हम सचमुच बहुत आभारी भी हैं। बदलाव लाने के लिए बौद्धिक दृढ़ता की ज़रूरत होती है, जिसके लिए निश्चित ही गंभीर रणनीतियों की ज़रूरत पड़ती है। अगर आपकी बौद्धिकता और भावनात्मकता के बीच उचित तालमेल की कमी है, तो आपके जुनून का कोई मतलब नहीं है। एक ओकेआर ढाँचा आपके अंदर पागलपन को बढ़ावा देता है और इसी पागलपन

में वह जादू छिपा होता है, जो आपको आगे लेकर जाता है। यह हमें जोखिम उठाने और एक-दूसरे पर भरोसा करने का वातावरण देता है। इस वातावरण में आपकी असफलता को किसी ऐसे अपराध की तरह नहीं देखा जाता, जिसके लिए आपको नौकरी से निकाल दिया जाए - यानी एक ऐसा स्थान जहाँ आप वह बनकर रह सकते हैं, जो आप वास्तव में हैं। जब आपके पास ऐसा स्थान और ऐसा वातावरण हो, इसके अलावा उपयुक्त लोगों का साथ भी हो, तो आपको जादुई परिणाम हासिल करने से कोई नहीं रोक सकता।

तो एज शुरू से ही एक प्रतिभाशाली गिटार वादक था पर मैं कोई बेहतरीन गायक नहीं था। एडम भी कोई सर्वश्रेष्ठ बास वादक नहीं था, जबकि लैरी अच्छा ड्रम बजाने की दिशा की ओर बढ़ रहा था। फिर भी हमारे अपने कुछ लक्ष्य थे और हमें मोटे तौर पर मालूम था कि इन लक्ष्यों को कैसे हासिल करना है। वास्तव में हम दुनिया का सर्वश्रेष्ठ म्यूजिक बैंड बनना चाहते थे।

21

भविष्य के लक्ष्य

मेरे लक्ष्य ही मुझे सक्रिय रखते हैं।
- मोहम्मद अली

नए विचार सोचना तो आसान होता है पर असली चीज़ है, उन पर अमल करना।

अगर आप इस किताब को यहाँ तक पढ़ चुके हैं, तो यह समझ गए होंगे कि कैसे ओकेआर और सीएफआर असंभव नज़र आनेवाले लक्ष्य हासिल करने में हर किस्म के छोटे-बड़े संगठनों की सहायता करते हैं। आपने कई संगठनों के प्रमुख सदस्यों द्वारा यह जाना कि कैसे ओकेआर और सीएफआर कर्मचारियों को प्रेरित करते हैं, नेतृत्वकर्ताओं को विकसित करते हैं और बड़े-बड़े काम करने के लिए टीम को एकजुट करते हैं। साथ ही जो सचमुच मायने रखता है, उसका मापन करके ऑब्जेक्टिव्स (उद्देश्य) और की-रिजल्ट्स (मुख्य परिणाम) अफ्रीका में गरीबी और बीमारी के खिलाफ लड़ने में बोनो और गेट्स फाउंडेशन की मदद कर रहे हैं। इसी तरह वे संसार भर की सूचनाएँ हर किसी को सुलभता से उपलब्ध कराने की दिशा में 10 गुना वृद्धि हासिल करने की गूगल की अक्खड़ और साहसी लालसा को भी संचालित कर रहे हैं। इसके साथ ही वे ज़ूम कंपनी के पिज्जा विशेषज्ञों को भी सशक्त बना रहे हैं ताकि वे रोबोट द्वारा तैयार किया गया गर्मागर्म स्वादिष्ट पिज्जा मिनटों में आपके दरवाजे तक पहुँचा सकें।

और सबसे दिलचस्प बात - मुझे लगता है कि हमने तो बस अभी शुरुआत ही की है।

ओकेआर को भले ही एक टूल या एक प्रोटोकॉल या फिर एक प्रक्रिया कहा जाता हो, लेकिन मेरे लिए ये एक ऐसा लाँच पैड हैं, जिनकी मदद से मैं उद्यमिता की अगली ऊँची छलाँग लगा सकता हूँ। मेरा सपना है, एंडी ग्रोव के दिमाग में उपजे ओकेआर द्वारा जीवन के हर पहलू को रूपांतरित होते हुए देखना। मेरा मानना है कि जीडीपी की वृद्धि में, स्वास्थ्य क्षेत्र के परिणामों में, स्कूलों की सफलता में, सरकारों के प्रदर्शन में, व्यवसाय के परिणामों में और सामाजिक विकास में इनकी भूमिका बहुत महत्वपूर्ण हो सकती है। कैलीफोर्निया के माउंटेन व्यू स्थित खान लैब स्कूल में प्राथमिक शिक्षा ले रहे सभी छात्रों का परिचय ओकेआर से करानेवाले ओर्ली फ्रीडमैन जैसे विचारकों के जरिए हमें उस उजले भविष्य की झलक भी देखने को मिल रही है। (जरा कल्पना कीजिए कि सिर्फ पाँच या छह साल की उम्र में, जब आप पढ़ना व तर्क करना सीख ही रहे होते हैं, तब इनके साथ-साथ आप सीखने से जुड़े अपने लक्ष्य - अपने व्यक्तिगत ऑब्जेक्टिव्स और की-रिजल्ट्स भी निर्धारित कर रहे हैं!)

मैं इस बात को लेकर पूरी तरह आश्वस्त हूँ कि अगर दृढ़ लक्ष्य-निर्धारण और निरंतर संवाद जैसी चीज़ों को दृढ़ता और कल्पनाशीलता के साथ संपूर्णता से लागू किया जाए, तो पूरे समाज की उत्पादकता और नवाचार में तेजी से बढ़ोत्तरी होगी।

ओकेआर इतने संभावनाशील इसलिए होते हैं क्योंकि उनमें किसी भी परिस्थिति के अनुकूल बनने की खासियत होती है और उनके साथ तालमेल बिठाना काफी आसान होता है। उनमें कोई हठधर्मिता नहीं होती और उनके सही उपयोग के सिर्फ एक नहीं बल्कि कई तरीके होते हैं। समय के साथ हर संगठन की ज़रूरतें बदलती हैं। जैसे कुछ संगठनों के लिए अपने लक्ष्यों को खुला और पारदर्शी बनाने जैसा साधारण सा कदम उठाना भी, बेहतरी की दिशा में बहुत बड़ा दाँव खेलने जैसा होता है। जबकि अन्य संगठनों के लिए तिमाही योजनाएँ ही बड़े बदलाव लानेवाली साबित होती हैं। यह आपके ऊपर निर्भर करता है कि आप इनका वह बिंदु ढूँढ़ें, जिस पर जोर देकर इन्हें अपना व्यक्तिगत औजार बनाया जा सकता है।

इस किताब में ओकेआर और सीएफआर से जुड़ी पर्दे के पीछे चलनेवाली

कई कहानियाँ प्रस्तुत की गई हैं। ऐसी ही हज़ारों अन्य कहानियों को संसार के सामने प्रस्तुत करने की शुरुआत हो चुकी है और ऐसी हज़ारों कहानियाँ है, जिनका संसार के सामने आना अभी बाकी है। हम अपने इस संवाद को whatmatters.com पर जारी रखेंगे। मैं आपको इस वेब एड्रेस पर आने का आमंत्रण देता हूँ। आप मुझे john@whatmatters.com पर ई-मेल करके इस संवाद में शामिल हो सकते हैं।

मेरा सबसे बड़ा आकांक्षापूर्ण ओकेआर है, असंभव लगनेवाली चीज़ों को मिलकर हासिल करने के लिए लोगों को सशक्त बनाना, सफलता व प्रासंगिकता के लिए टिकाऊ संस्कृतियाँ तैयार करना और वे सभी लक्ष्य - खासकर आपके लक्ष्य - हासिल करने के लिए प्रेरणा का स्रोत सक्रिय करना, जो सबसे ज़्यादा मायने रखते हैं।

रिसोर्स 1

गूगल की ओकेआर प्लेबुक

गूगल के पास ओकेआर लागू करने का सबसे ज़्यादा अनुभव है। इस मामले में गूगल का मुकाबला कोई नहीं कर सकता। जैसे-जैसे कंपनी का विस्तार हुआ, यह समय-समय पर ओकेआर से जुड़े दिशा-निर्देश और टेम्पलेट्स जारी करती रही। निम्नलिखित सामग्री अधिकतर आंतरिक स्रोतों से ली गई है और इसे गूगल से अनुमति लेने के बाद ही इस किताब में पुन:प्रकाशित किया जा रहा है। (नोट: यह ओकेआर के मामले में गूगल का दृष्टिकोण है। आपका दृष्टिकोण इससे अलग हो सकता है और होना भी चाहिए।)

गूगल में हम बड़ा सोचना पसंद करते हैं। हम यहाँ आपसी संवाद करने, मापन करने और अपने ऊँचे लक्ष्यों को हासिल करने के लिए ओकेआर (ऑब्जेक्टिव्स एंड की-रिजल्ट्स - उद्देश्य और मुख्य परिणाम) नामक प्रक्रिया का इस्तेमाल करते हैं।

हम जो कार्य करते हैं, उसी से गूगल का भविष्य निर्धारित होता है। गूगल सर्च, क्रोम और एंड्रॉयड के मामले में हमने बार-बार देखा है कि सामूहिक महत्वाकांक्षी लक्ष्य को पूरा करने की दिशा में सक्रिय एक टीम - जिसमें कंपनी के कुछ प्रतिशत कर्मचारी ही शामिल होते हैं - दो वर्ष से भी कम अवधि में एक पूरे परिपक्व उद्योग को बदल सकते हैं। इसीलिए यह महत्वपूर्ण हो जाता है कि बतौर गूगल कर्मचारी हम एक व्यक्ति और टीम के सदस्य के रूप में यह चुनाव करते समय जागरूक, सावधान और जानकार रहें कि हमें अपना समय और ऊर्जा कैसे खर्च करनी है। ओकेआर सावधानी से किए गए ऐसे चुनावों की अभिव्यक्ति भी है और वह साधन भी, जिसके जरिए हम अपने महान सामूहिक लक्ष्यों को हासिल करने की दिशा में हर व्यक्ति के कार्यों का समन्वय करते हैं।

हम लोगों के उत्पादन की योजना बनाने, उनकी प्रगति पर नज़र रखने और उनके व टीम के बीच प्राथमिकताओं एवं बड़ी उपलब्धियों का समन्वय करने के लिए ओकेआर का उपयोग करते हैं। हम सबसे महत्वपूर्ण लक्ष्यों पर लोगों का ध्यान केंद्रित रखने और तत्काल लेकिन कम महत्वपूर्ण लक्ष्यों के चलते उनका ध्यान भटकने से रोकने के लिए भी ओकेआर का उपयोग करते हैं।

ओकेआर बड़े ज़रूर होते हैं, लेकिन वृद्धिशील नहीं - हमें यह उम्मीद भी नहीं होती कि हम सारे निर्धारित ओकेआर हासिल कर लेंगे। (अगर हमें यह उम्मीद है, तो इसका अर्थ है कि हमने ओकेआर का निर्धारण पर्याप्त आक्रामकता के साथ नहीं किया है) ओकेआर के मामले में अपने प्रदर्शन का आंकलन करने के लिए हम उन्हें कलर-स्केल के साथ ग्रेड करते हैं।

0.0-0.3 यानी लाल ओकेआर

0.4-0.6 यानी पीला ओकेआर

0.7-1.0 यानी हरा ओकेआर

प्रभावी ओकेआर निर्धारित करना

ओकेआर का बुरा या अप्रभावी उपयोग समय की बर्बादी और एक निरर्थक प्रबंधन-गतिविधि है। जबकि अच्छी तरह उपयोग किए गए ओकेआर एक प्रेरक प्रबंधन-औजार की तरह हैं, जो टीम के सामने यह स्पष्ट करने में सहायक होते हैं कि उसके लिए क्या महत्वपूर्ण है, उसे क्या करना है और अपने रोज़मर्रा के कामकाज में उसे कैसे समझौते करने होंगे।

अच्छे ओकेआर निर्धारित करना आसान नहीं होता, लेकिन यह असंभव भी नहीं है। आगे दिए गए महत्वपूर्ण नियमों पर गौर करें।

ऑब्जेक्टिव्स (उद्देश्य) का अर्थ है 'क्या' :

* ये लक्ष्यों और इरादों की अभिव्यक्ति करते हैं;
* ये आक्रामक होने के बावजूद वास्तविक होते हैं;
* इन्हें मूर्त, वस्तुनिष्ठ, स्पष्ट होना चाहिए। साथ ही एक तर्कसंगत

अवलोकनकर्ता के लिए यह स्पष्ट होना चाहिए कि उद्देश्य हासिल किया जा चुका है या नहीं।

- किसी उद्देश्य की पूर्ति, गूगल के लिए स्पष्ट रूप से मूल्यवान होनी चाहिए।

की-रिजल्ट्स (मुख्य परिणाम) का अर्थ है 'कैसे' :

- ये ऐसी उपलब्धियों की स्पष्ट व्याख्या करते हैं, जिनका मापन और मूल्यांकन संभव है और जिन्हें हासिल करने से उद्देश्यों में ऐसी बेहतरी आएगी, जो उन्हें पूरा करने में लगे कर्मचारियों के लिए उपयोगी होगी।
- इनसे परिणामों की अभिव्यक्ति होनी चाहिए, न कि गतिविधियों की। अगर आपके मुख्य उद्देश्यों में 'परामर्श', 'सहायता', 'विश्लेषण' और 'भाग लेना' जैसे शब्द शामिल हैं, तो इसका अर्थ है कि वे गतिविधियों का वर्णन कर रहे हैं। इसके बजाय उपयोगकर्ता इन गतिविधियों के प्रभाव का वर्णन करें। इसके लिए 'कोलोसस में विलंब का आंकलन करना' जैसे अस्पष्ट वाक्यों के बजाय कुछ इस प्रकार के वाक्यों का प्रयोग करें : '07 मार्च तक छह कोलोसस[1] सेल्स का औसत प्रकाशित करें और कितना विलंब हुआ, इस पर नज़र रखे।'
- इनमें उद्देश्य की पूर्ति का प्रमाण शामिल होना चाहिए। यह प्रमाण न सिर्फ उपलब्ध होना चाहिए बल्कि विश्वसनीय और आसानी से खोजे जाने योग्य होना चाहिए। इस प्रमाण के उदाहरण हैं – परिवर्तन सूची, दस्तावेजों के लिंक, नोट्स और प्रकाशित हो चुकी मात्रक रिपोर्ट्स वगैरह।

क्रॉस-टीम ओकेआर

गूगल की कई महत्वपूर्ण योजनाओं के लिए विभिन्न समूहों के योगदान की ज़रूरत होती है। इनका आपस में समन्वय करने के लिए ओकेआर आदर्श होते हैं। क्रॉस-टीम ओकेआर में वह प्रत्येक समूह शामिल होना चाहिए, जो

---

[1] गूगल फाइल सिस्टम या जीएफएस का एक संस्करण, जो 2010 में रिलीज हुआ था।

ओकेआर प्रक्रिया में भागीदार हो। साथ ही ऐसे ओकेआर जिनमें हर समूह का योगदान हो, वे हर समूह के ओकेआर में स्पष्ट रूप से प्रकट भी होने चाहिए। उदाहरण के लिए एक नई ऍड सर्विस (विज्ञापन सेवा) का सहयोग करने के लिए ज़रूरी है कि ऐड्स डेवलपमेंट, ऐड्स एसआरई और नेटवर्क डेप्लॉयमेंट की टीमें अपना काम पूरा करें। फिर तीनों टीमों के पास ऐसे ओकेआर होने चाहिए, जो प्रोजेक्ट में अपना योगदान देने की उनकी प्रतिबद्धता का वर्णन करते हों।

प्रतिबद्ध ओकेआर बनाम आकांक्षापूर्ण ओकेआर

ओकेआर दो प्रकार के होते हैं और दोनों में अंतर करना ज़रूरी है :

प्रतिबद्धताएँ यानी ऐसे ओकेआर, जिन्हें हासिल करने को लेकर हम आपस में सहमत हों। इनके लिए हम अपना शिड्यूल बदलने और संसाधनों को समायोजित करने के लिए भी तैयार हो जाते हैं ताकि इन्हें हासिल किया जा सके।

* एक प्रतिबद्ध ओकेआर का अपेक्षित स्कोर 1.0 होता है; अगर स्कोर 1.0 से कम होगा, तो स्पष्टीकरण देना होगा। क्योंकि 1.0 से कम का स्कोर, नियोजन और कार्य पर अमल में हुई गलतियों को दर्शाता है।

इसके विपरीत आकांक्षापूर्ण ओकेआर इस बात की अभिव्यक्ति होते हैं कि यह दुनिया कैसी होनी चाहिए, भले ही हमें ठीक-ठीक यह न पता हो कि उस स्थिति में पहुँचने के लिए क्या करना होगा या इस ओकेआर को हासिल करने के लिए किन-किन संसाधनों की ज़रूरत होगी।

* आकांक्षापूर्ण ओकेआर का अपेक्षित औसत स्कोर 0.7 होता है और इसमें बड़ा फेरबदल होता रहता है।

ओकेआर निर्धारण में होनेवाली गलतियाँ

गलती - 1 : प्रतिबद्ध और आकांक्षापूर्ण ओकेआर के बीच अंतर करने में विफल होना।

* एक प्रतिबद्ध ओकेआर को आकांक्षापूर्ण ओकेआर के रूप में दर्ज करने से असफलता की संभावना बढ़ जाती है। क्योंकि हो सकता है कि टीमें

इस ओकेआर को गंभीरता से न लें और इसे हासिल करने के लिए अपनी अन्य प्राथमिकताओं में कोई बदलाव न करें।

* वहीं दूसरी ओर एक आकांक्षापूर्ण ओकेआर को प्रतिबद्ध ओकेआर के रूप में दर्ज करने के चलते वे टीमें रक्षात्मक व्यवहार करने लगती हैं, जो वे इसे पूरा करने का कोई तरीका नहीं ढूँढ़ पातीं। साथ ही इसके कारण कई प्राथमिकताएँ भी बदलने लगती हैं क्योंकि आकांक्षापूर्ण ओकेआर पर ध्यान केंद्रित करने के लिए ज़रूरी कर्मचारी जुटाने के कारण, प्रतिबद्ध ओकेआर को पूरा करने में जुटे कर्मचारियों की संख्या कम हो जाती है।

गलती - 2 : ओकेआर को एक आम व्यावसायिक कदम मानना।

* टीम या कंपनी के ग्राहक वास्तव में क्या चाहते हैं, इसके बजाय ओकेआर का निर्धारण इस आधार पर करना कि टीम के अनुसार फिलहाल वह जो कर रही है, उसमें कोई बदलाव लाये बिना ओकेआर को पूरा किया जा सकता है।

गलती - 3 : संकोच भरे आकांक्षापूर्ण ओकेआर।

* आकांक्षापूर्ण ओकेआर आमतौर पर वर्तमान अवस्था से शुरू होते हैं और प्रभावी रूप से यह सवाल पूछते हैं, 'अगर हमारे पास अतिरिक्त कर्मचारी होते और हम जरा भाग्यशाली होते, तो हम क्या करते?' इसका एक वैकल्पिक और अपेक्षाकृत बेहतर तरीका होगा, इस सवाल से शुरुआत करना कि 'अगर हम अपनी सभी मर्यादाओं से मुक्त हो जाएँ, तो अगले कुछ सालों में मेरी (और मेरे ग्राहकों की) दुनिया कैसी होगी?' स्पष्ट है कि जब ओकेआर को पहली बार तैयार किया जाता है, तब आप यह नहीं जान सकते कि इस अवस्था को कैसे प्राप्त किया जाए - इसीलिए यह एक आकांक्षापूर्ण ओकेआर होता है। लेकिन यह तय है कि अपनी मनचाही अवस्था को जाने और समझे बिना आप उसे हासिल करने में सफल नहीं हो सकते।

* प्रामाणिक परीक्षण : जब आप अपने ग्राहक से पूछते हैं कि वे वास्तव में क्या चाहते हैं, तो क्या आपका आकांक्षापूर्ण उद्देश्य उनकी इच्छा

पूरी कर पाता है या फिर आपका वह उद्देश्य उनकी इच्छा से भी ज़्यादा आकांक्षापूर्ण होता है?

गलती - 4 : परिणामों को अपेक्षा से बेहतर दर्शाने के लिए अपेक्षाएँ कम करने की रणनीति अपनाना।

* किसी भी टीम के प्रतिबद्ध ओकेआर ऐसे होने चाहिए, जिनमें उसके अधिकतर (न कि सभी) उपलब्ध संसाधान खर्च हों। वहीं उनके प्रतिबद्ध+आकांक्षापूर्ण ओकेआर ऐसे होने चाहिए, जिन पर उसके सभी उपलब्ध संसाधनों से भी ज़्यादा का खर्च हो।

* जो टीमें अपने सभी सदस्यों और अपनी पूरी पूँजी का उपयोग किए बिना ही अपने सारे ओकेआर पूरे कर लेती हैं... उनके बारे में यह मान लिया जाता है कि या तो वे अपने संसाधानों की जमाखोरी करके बैठी हैं या फिर टीम के सदस्य परिणाम हासिल करने के लिए ज़्यादा जोर नहीं दे रहे हैं या फिर उन पर ये दोनों ही बातें लागू होती हैं। यह कंपनी के सीनियर मैनेजमेंट के लिए एक संकेत है कि वह उन समूहों को अतिरिक्त कर्मचारी व संसाधन उपलब्ध कराए, जो उनका प्रभावी उपयोग करें।

गलती - 5 : कम मूल्यवान उद्देश्य (जिन्हें 'हू केयर्स?' या 'किसे परवाह है?' ओकेआर भी कहते हैं)। ओकेआर ऐसे होने चाहिए, जो स्पष्ट व्यावसायिक मूल्य का वादा करें - अन्यथा उन्हें पूरा करने के लिए अधिक संसाधन खर्च करना व्यर्थ है। लो वैल्यू ऑब्जेक्टिव्स (कम मूल्यवान उद्देश्य) वे होते हैं, जो भले ही 1.0 के स्कोर के साथ पूरे हों, फिर भी न तो कोई उन पर गौर करता है और न किसी को उनकी परवाह होती है।

* कम मूल्यवान उद्देश्य का एक आम (और मोहक) उदाहरण : 'टास्क सीपीयू का उपयोग 3 फीसदी बढ़ाना।' यह उद्देश्य अपने आपमें गूगल या उसके उपयोगकर्ताओं के लिए सीधे तौर पर सहायक नहीं है। हालाँकि (संभवतः संबंधित) लक्ष्य का एक स्पष्ट आर्थिक मूल्य होता है। यह लक्ष्य है, 'गुणवत्ता/विलंब में कोई बदलाव किए बिना अधिकतम पड़ताल के लिए आवश्यक कोर की मात्रा में कमी लाना... और इसके

परिणाम स्वरूप जो अतिरिक्त कोर बचें, उन्हें फ्री पूल में वापस लाना।' यह एक बेहतर उद्देश्य है।

* प्रामाणिक परीक्षण : क्या ओकेआर उचित परिस्थितियों में कोई आर्थिक लाभ या एक्टिव यूजर्स उपलब्ध कराए बिना भी 1.0 का स्कोर हासिल कर सकते हैं? यदि ऐसा है, तो मूर्त लाभ पर केंद्रित होने के लिए ओकेआर को दोबारा लिखें। एक आम उदाहरण : सफलता के किसी मापदंड के बिना 'एक्स प्रोडक्ट लॉन्च करें।' जबकि इससे बेहतर उद्देश्य कुछ ऐसा होगा : 'एक्स प्रोडक्ट को 90 फीसदी से ज़्यादा बोर्ग सेल्स के लिए लाँच करके वाय प्रोडक्ट के पूरे बेड़े को दोगुना करें।'

गलती - 6 : प्रतिबद्ध उद्देश्यों के लिए अपर्याप्त मुख्य-परिणाम।

* ओकेआर दो भागों में बटे होते हैं। पहला है, वांछित नतीजा (उद्देश्य) और दूसरा है, उस नतीजे को हासिल करने के लिए आवश्यक कदम, जो मापन योग्य हों (मुख्य परिणाम)। मुख्य परिणामों को इस प्रकार निर्धारित करना आवश्यक है कि सारे मुख्य परिणामों में 1.0 का स्कोर हासिल करने पर उद्देश्य का स्कोर भी 1.0 हो जाए।

* एक आम गलती है, ऐसे मुख्य परिणाम निर्धारित करना, जो आवश्यक तो हों, लेकिन सामूहिक रूप से उद्देश्य पूरा करने के लिए पर्याप्त न हों। यह गलती जरा लुभावनी किस्म की होती है क्योंकि इससे टीम को 'कठिन' मुख्य परिणाम हासिल करने के लिए ज़रूरी, मुश्किल (संसाधन/प्राथमिकता/जोखिम) प्रतिबद्धताओं से बचने का मौका मिल जाता है।

* यह गलती विशेष रूप से खतरनाक होती है। क्योंकि इसके चलते उद्देश्य को पूरा करने के लिए आवश्यक संसाधनों की खोज में और यह समझने में विलंब हो जाता है कि उद्देश्य तयशुदा समय पर पूरा नहीं हो सकेगा।

* प्रामाणिक परीक्षण : क्या यह संभव है कि सभी मुख्य परिणामों में 1.0 का स्कोर हासिल करने के बाद भी उद्देश्य का आशय पूरा न हो सके? अगर हाँ, तो जब तक मुख्य परिणामों को सफलतापूर्वक हासिल करना,

उद्‌देश्य की पूर्ति को भी सुनिश्चित नहीं कर देता, तब तक या तो मुख्य परिणामों को संशोधित करते रहें या नए मुख्य परिणाम जोड़ते रहें।

ओकेआर को पढ़ना, उनकी व्याख्या करना और उनके अनुसार कार्य करना।

प्रतिबद्ध ओकेआर के लिए -

* टीमों से अपेक्षा की जाती है कि समयसीमा के भीतर 1.0 का स्कोर सुनिश्चित करने के लिए वे अपनी प्राथमिकताओं की सूची को फिर से व्यवस्थित करेंगी।

* जो टीमें एक प्रतिबद्ध ओकेआर में पूरे विश्वास के साथ 1.0 का स्कोर हासिल करने का वादा नहीं कर सकतीं, उन्हें ओकेआर में और वृद्धि कर लेनी चाहिए। यह एक महत्वपूर्ण बिंदु है : इस स्थिति में वृद्धि करना न सिर्फ अच्छा है बल्कि ज़रूरी भी है। यह वृद्धि सकारात्मकता लेकर आती है, भले ही समस्या ओकेआर के मामले में असहमति के चलते सामने आई हो, उनकी प्राथमिकता तय करने से आई हो या फिर पर्याप्त समय/लोगों/संसाधनों का विनियोजन करने में दिखाई गई अक्षमता से। इससे टीम के प्रबंधन को अपने विकल्प बढ़ाने और संघर्षों का समाधान ढूँढ़ने में मदद मिलती है।

  > इसके पीछे तर्क ये है कि हर नए ओकेआर में वृद्धि की संभावना होती है क्योंकि उसे पूरा करने के लिए मौजूदा प्राथमिकताओं और प्रतिबद्धताओं में बदलाव करना ज़रूरी होता है। कोई भी ऐसा ओकेआर, जिसके लिए किसी भी समूह की गतिविधियों में कोई बदलाव लाने की ज़रूरत नहीं पड़ती, वह व्यर्थ है और यह संभावना कम ही होती है कि वह एक नया ओकेआर होगा – भले ही उसे पहले कभी लिखित रूप से निर्धारित न किया गया हो।

* ऐसा प्रतिबद्ध ओकेआर जो निर्धारित समयसीमा के भीतर 1.0 का स्कोर हासिल करने में विफल हो जाए, उसका पोस्टमार्टम किया जाना चाहिए। इसका उद्‌देश्य टीमों को दंड देना नहीं है बल्कि यह समझना है कि इस

ओकेआर की योजना बनाते समय या कार्य पर अमल करते समय ऐसा क्या हुआ, जिसके चलते यह विफल रहा। क्योंकि विफलता के कारणों को जानने और समझने से प्रतिबद्ध ओकेआर में 1.0 का स्कोर हासिल करने के मामले में टीमों की क्षमता बेहतर हो सकती है।

* प्रतिबद्ध ओकेआर की श्रेणियों के उदाहरण यह सुनिश्चित कर रहे हैं कि एक तिमाही में किसी सेवा का एसएलआर (सर्विस लेवल एग्रीमेंट) पूरा करना; या एक निर्धारित तिथि तक बुनियादी ढाँचे की प्रणाली में सुधार लाना; या एक निश्चित मूल्य पर सर्वर्स की एक निश्चित मात्रा का निर्माण और वितरण करना।

आकांक्षापूर्ण ओकेआर के लिए -

* आकांक्षापूर्ण ओकेआर अपनी प्रकृति से ही ऐसे होते हैं कि कोई टीम एक निर्धारित तिमाही के भीतर उन्हें पूरा नहीं कर सकती। ओकेआर की प्राथमिकताएँ ऐसी होनी चाहिए, जो टीम की प्रतिबद्धताएँ पूरी होने के बाद यह तय करने में टीम की सहायता करें कि उसे अपना बचा हुआ समय किस चीज़ पर खर्च करना चाहिए। सामान्य तौर पर उच्च प्राथमिकताओंवाले ओकेआर को निम्न प्राथमिकतावाले ओकेआर से पहले पूरा किया जाना चाहिए।
* आकांक्षापूर्ण ओकेआर और उनसे संबंधित प्राथमिकताएँ जब तक पूरी नहीं हो जातीं, तब तक उन्हें ओकेआर सूची में बने रहना चाहिए और उन्हें एक से दूसरी तिमाही में भी ले जाया जाना चाहिए। उन्हें हासिल करने के मामले में अधिक सफलता न मिलने के चलते उन्हें ओकेआर सूची से हटा देना भी एक गलती है। क्योंकि उनके पूरा न होने के पीछे अक्सर प्राथमिकता संबंधी स्थाई समस्या, संसाधनों की उपलब्धता या समस्या/समाधान की कमजोर समझ जैसे कारण छिपे होते हैं।

इसके पीछे तर्क ये है कि अगर आकांक्षापूर्ण ओकेआर पूरे करने के मामले में मौजूदा टीम के मुकाबले कोई दूसरी टीम अधिक क्षमतावान व प्रभावी है, तो ओकेआर को उस दूसरी टीम की ओर स्थानांतरित करने में कोई बुराई नहीं है।

* टीम के प्रबंधकों से यह अपेक्षा की जाती है कि वे अपने आकांक्षापूर्ण ओकेआर को पूरा करने के लिए ज़रूरी संसाधनों का आंकलन करें और हर तिमाही में उनकी माँग करें। अपनी ज़रूरतों की पूर्ति की माँग करना उनका कर्तव्य भी है। हालाँकि प्रबंधकों को यह उम्मीद भी नहीं करनी चाहिए कि उन्हें वे सारे संसाधन उपलब्ध कराए जाएँगे, जो उनके लिए ज़रूरी हैं, खासकर अगर उनके आकांक्षापूर्ण लक्ष्य, कंपनी में प्रतिबद्ध ओकेआर के बाद सबसे ऊँची प्राथमिकतावाले लक्ष्य न हों।

और अधिक प्रामाणिक परीक्षण

आपके ओकेआर सही हैं या नहीं यह जानने में सहायक कुछ आसान परीक्षण :

* अगर आपने अपने ओकेआर का लिखित निर्धारण पाँच मिनट में ही कर लिया है, तो इसका अर्थ है कि शायद वे सही नहीं हैं। ज़रा विचार करें।
* अगर आपका उद्देश्य एक पंक्ति से ज़्यादा का है, तो इसका अर्थ है कि उसमें स्पष्टता की कमी है।
* अगर आपके मुख्य परिणामों की अभिव्यक्ति ऐसे अनौपचारिक या अस्पष्ट अर्थवाले शब्दों (जैसे - फू 4.1 को लॉन्च करना) में की गई है, जिन्हें आपकी टीम के अलावा और कोई नहीं समझता, तो इसका अर्थ है कि शायद आपके मुख्य परिणाम सही नहीं हैं। क्योंकि वास्तविक महत्त्व लॉन्च करने का नहीं है बल्कि इस बात का है कि वह लॉन्च कितना प्रभावी रहा। इस मुख्य परिणाम के अपेक्षाकृत बेहतर विकल्प कुछ इस प्रकार हो सकते हैं : 'साइन-अप में 25 फीसदी तक की बढ़ोत्तरी लाने के लिए फू 4.1 लॉन्च करना' या 'साइन-अप में 25 फीसदी की बढ़ोत्तरी लाना।'
* वास्तविक तिथियों का प्रयोग करें। अगर हर मुख्य परिणाम तिमाही के आखिरी दिन में ही पूरा हो रहा है, तो इसका अर्थ ये है कि असल में आपके पास कोई ठोस योजना है ही नहीं।
* यह सुनिश्चित करें कि आपके मुख्य परिणाम मापन योग्य हों: यह ज़रूरी

है कि तिमाही के अंत में तटस्थ होकर एक ग्रेड देना संभव हो सके। 'साइन-अप में बढ़ोत्तरी लाना' कोई सही मुख्य परिणाम नहीं है। इसका बेहतर विकल्प है : '1 मई तक हर रोज होनेवाले साइन-अप में 25 फीसदी की बढ़ोत्तरी लाना।'

* यह सुनिश्चित करें कि आपके मात्रक स्पष्ट हों। अगर आप कहते हैं, '1 मिलियन यूजर्स' तो यह स्पष्ट होना चाहिए कि ये हमेशा सक्रिय रहनेवाले यूजर्स हैं या सिर्फ सात दिन के लिए सक्रिय होनेवाले यूजर्स।
* अगर आपकी टीम की कुछ महत्वपूर्ण गतिविधियाँ या इसके प्रयासों का कोई महत्वपूर्ण अंश ऐसा है, जो ओकेआर में नहीं आ सका है, तो उसे जोड़ लें।
* बड़े समूहों के लिए ओकेआर की हाईरार्की (महत्त्व आधारित पदानुक्रम) तय कर लें। उच्च महत्त्ववाले ओकेआर को पूरी टीम के लिए रखें और अधिक विस्तृत ओकेआर को सब-टीम (उप-दल) के लिए रखें। यह सुनिश्चित करें कि 'क्षैतिज' ओकेआर (यानी ऐसे ओकेआर, जिन्हें पूरा करने के लिए विभिन्न टीमों के योगदान की ज़रूरत पड़ती है) के लिए हर सब-टीम (उप-दल) के पास सहयोगी मुख्य परिणाम हों।

रिसोर्स 2

एक आम ओकेआर घटनाचक्र

मान लीजिए कि आप कंपनी में, टीम में और योगदानकर्ता के रूप में ओकेआर निर्धारण कर रहे हैं। (बड़ी कंपनियों में इन तीन स्तरों के अलावा कुछ अतिरिक्त स्तर भी हो सकते हैं।)

तिमाही से 4-6 सप्ताह पहले

कंपनी के वार्षिक और पहली तिमाही के ओकेआर पर मंथन

वरिष्ठ अधिकारी कंपनी के शीर्ष ओकेआर पर मंथन शुरू कर देते हैं। अगर आप पहली तिमाही के लिए ओकेआर निर्धारण कर रहे हैं, तो यही वह समय है, जब आपको कंपनी की दिशा तय करने में सहायक वार्षिक योजना भी बना लेनी चाहिए।

तिमाही से 2 सप्ताह पहले

आगामी वर्ष और पहली तिमाही के लिए कंपनी-व्यापी ओकेआर पर संवाद

कंपनी के ओकेआर को अंतिम रूप देकर उनके बारे में सभी से संवाद किया जाता है।

तिमाही की शुरुआत में

टीम के पहली तिमाही के ओकेआर पर संवाद

कंपनी के ओकेआर के आधार पर, टीम अपने ओकेआर विकसित कर लेती हैं और उन्हें अपनी बैठकों में साझा करती हैं।

तिमाही शुरू होने के 1 सप्ताह बाद

कर्मचारियों के पहली तिमाही के ओकेआर साझा करना

टीम के ओकेआर पर संवाद करने के एक सप्ताह बाद योगदानकर्ता अपने ओकेआर साझा करते हैं। इसके लिए योगदानकर्ताओं और उनके प्रबंधकों के बीच बातचीत की ज़रूरत हो सकती है, खासकर जब वे आमने-सामने हों।

पूरी तिमाही के दौरान

प्रगति व चेक-इन पर कर्मचारियों द्वारा नज़र रखना

पूरी तिमाही के दौरान कर्मचारी नियमित रूप से अपने प्रबंधकों के संपर्क में रहते हैं और अपनी प्रगति का मापन करके उसे साझा करते हैं।

तिमाही के दौरान समय-समय पर योगदानकर्ता यह आंकलन करते रहते हैं कि उनके अपने ओकेआर पूरे होने की कितनी संभावना है। अगर ओकेआर पूरे होना असंभव लगता है, तो संभवत: उन्हें दोबारा जाँचने-परखने की ज़रूरत होती है।

तिमाही के अंत के आसपास

कर्मचारियों द्वारा चिंतन करना और पहली तिमाही का स्कोर हासिल करना

तिमाही खत्म होते-होते योगदानकर्ता अपने ओकेआर हासिल कर लेते हैं, आत्म-मूल्यांकन करते हैं और इस बारे में चिंतन करते हैं कि उन्होंने क्या हासिल किया।

वार्षिक और पहली तिमाही के ओकेआर पर चिंतन

आगामी वर्ष और पहली तिमाही के लिए कंपनी-व्यापी ओकेआर पर संवाद

टीम के पहली तिमाही के ओकेआर पर संवाद

कर्मचारियों द्वारा पहली तिमाही के ओकेआर साझा करना

प्रगति पर नज़र रखना

चिंतन और स्कोर

नवंबर दिसंबर जनवरी फरवरी मार्च अप्रैल

दूसरी तिमाही के घटनाचक्र की शुरुआत ओकेआर पर चिंतन

दूसरी तिमाही के कंपनी-व्यापी ओकेआर पर संवाद

रिसोर्स 3

केवल बातचीत : प्रदर्शन संबंधी चर्चा

निरंतर प्रदर्शन प्रबंधन दो भागोंवाली प्रक्रिया है। इसका पहला भाग है ओकेआर निर्धारित करना और दूसरा भाग है, नियमित और निरंतर होनेवाली ऐसी चर्चा, जो आपकी ज़रूरतों के अनुसार हो।

लक्ष्य की योजना और चिंतन

इस चर्चा को सुगम बनाने के लिए योगदानकर्ता से मैनेजर निम्न सवाल पूछ सकता है :

* वे कौन से ओकेआर हैं, जिन्हें आप अपनी कंपनी, अपनी टीम और अपनी भूमिका के लिए उच्चतम मूल्य प्राप्त करने पर केंद्रित करनेवाले हैं?
* इनमें से कौन से ओकेआर संगठन के प्रमुख उपक्रमों के साथ संरेखित हैं?

प्रगति से जुड़े अपडेट्स

योगदानकर्ताओं से चर्चा करने के लिए मैनेजर निम्न सवाल पूछ सकता है:

* आपके ओकेआर कैसे चल रहे हैं?
* सफल होने के लिए आपको किन महत्वपूर्ण कौशलों की ज़रूरत है?
* क्या कुछ ऐसा भी है, जो आपको अपने उद्देश्य हासिल करने से रोक रहा है?
* वे कौन से ओकेआर हैं, जिन्हें बदलती प्राथमिकताओं के अनुसार समायोजित करने – या जोड़ने या फिर खत्म करने – की ज़रूरत है?

मैनेजर के नेतृत्व में कोचिंग

इस चर्चा की तैयारी के लिए मैनेजर को निम्न सवालों पर विचार करना चाहिए :

- ✼ मैं अपने कर्मचारी में किन व्यवहारों और मूल्यों की अभिव्यक्ति जारी रखना चाहता हूँ?
- ✼ मैं अपने कर्मचारी में किन व्यवहारों और मूल्यों की अभिव्यक्ति को शुरू या बंद करना चाहता हूँ?
- ✼ कर्मचारी को उसकी संपूर्ण क्षमता का एहसास कराने के लिए मैं उसे कौन सी कोचिंग उपलब्ध करा सकता हूँ?
- ✼ चर्चा के दौरान नेतृत्वकर्ता पूछ सकता है कि :

  अपने काम की कौन सी चीज़ आपको सबसे ज़्यादा उत्साहित करती है?

  संगठन में आपकी भूमिका का वह कौन सा पहलू है, जिसे आप बदलना चाहते हैं?

मैनेजर को योगदानकर्ता से मिलनेवाला फीडबैक

एक योगदानकर्ता से स्पष्ट इनपुट पाने के लिए मैनेजर निम्न सवाल पूछ सकता है :

- ✼ मेरी वह कौन सी चीज़ है, जो आपके लिए सहायक है।
- ✼ मेरी वह कौन सी चीज़ है, जिससे आपकी प्रभावी होने की क्षमता बाधित होती है?
- ✼ मैं आपके लिए ऐसा क्या कर सकता हूँ, जिससे आपको और अधिक सफल होने में मदद मिले?

कॅरियर में प्रगति

योगदानकर्ता की कॅरियर संबंधी महत्वाकांक्षाओं को स्पष्ट करने के लिए मैनेजर निम्न सवाल पूछ सकता है :

- ✼ अपनी वर्तमान भूमिका में सुधार के लिए आप किन कौशलों व क्षमताओं का विकास करना चाहेंगे?

* अपने कॅरियर संबंधी लक्ष्यों को पूरा करने के लिए आप किन क्षेत्रों में प्रगति करना चाहेंगे?
* भविष्य में मिलनेवाली किसी भूमिका को अच्छी तरह निभाने के लिए आप किन कौशलों और क्षमताओं का विकास करना चाहेंगे?
* सीखने और प्रगति करने के दृष्टिकोण से देखा जाए, तो मैं और हमारी कंपनी आपको अपने लक्ष्य पूरे करने में किस प्रकार सहायता कर सकते हैं?

प्रदर्शन संबंधी चर्चा के लिए तैयारी करना

किसी योगदानकर्ता के साथ प्रदर्शन संबंधी चर्चा शुरू करने से पहले जरा तैयारी करनी पड़ती है। नेतृत्वकर्ताओं को विशेष रूप से निम्न बातों का ध्यान रखना चाहिए :

* जिस कार्यअवधि के बारे में चर्चा होनी है, उस दौरान योगदानकर्ता के मुख्य उद्देश्य और जिम्मेदारियाँ क्या थीं?
* योगदानकर्ता का प्रदर्शन कैसा रहा?
* अगर उसका प्रदर्शन आशा के अनुरूप नहीं है, तो उसमें सुधार कैसे हो सकता है?
* अगर योगदानकर्ता अच्छा प्रदर्शन कर रहा है या आशा से बेहतर प्रदर्शन कर रहा है, तो मैं ऐसा क्या कर सकता हूँ, जिससे वह बिना थके अपना उच्च स्तरीय प्रदर्शन जारी रख सके?
* योगदानकर्ता का अपने कामकाज से सबसे ज़्यादा जुड़ाव कब रहता है?
* योगदानकर्ता का अपने कामकाज से सबसे कम जुड़ाव कब रहता है?
* योगदानकर्ता की वे कौन शक्तियाँ हैं, जो कामकाज पूरा करने में योगदान देती हैं।
* सीखने से जुड़े वे कौन से अनुभव हैं, जो योगदानकर्ता के लिए लाभप्रद हो सकते हैं?

* अगले छह महीनों के लिए योगदानकर्ता का ध्यान किन चीज़ों पर केंद्रित होना चाहिए? अपनी वर्तमान भूमिका से जुड़ी अपेक्षाओं को पूरा करने पर? वर्तमान भूमिका में रहकर अधिकतम योगदान देने पर? या फिर अगले अवसर की तैयारी करने पर? – भले ही वह कोई नया प्रोजेक्ट हो, कोई विस्तृत जिम्मेदारी हो या फिर कोई नई भूमिका?

योगदानकर्ताओं को भी प्रदर्शन संबंधी चर्चा के लिए तैयारी करनी चाहिए। इसके लिए वे खासतौर पर खुद से निम्न सवाल पूछ सकते हैं:

* क्या मैं अपने उद्देश्यों को पूरा करने की राह पर हूँ?
* क्या मैंने ऐसे क्षेत्रों की पहचान कर ली है, जहाँ मेरे लिए अवसर मौजूद हैं?
* क्या मैं यह समझ पाता हूँ कि मेरा काम संगठन की व्यापक उपलब्धियों से किस प्रकार जुड़ा हुआ है?
* मैं अपने मैनेजर को क्या फीडबैक दे सकता हूँ?

रिसोर्स 4

कुल मिलाकर

ओकेआर के चार सुपरपॉवर :

1. प्राथमिकताओं पर ध्यान केंद्रित करें और उनके प्रति प्रतिबद्ध रहें।
2. टीमवर्क के लिए एक-दूसरे से जुड़ें और आपस में एक ही दिशा की ओर अग्रसर रहें।
3. जवाबदेही तय करने के लिए नज़र रखें।
4. अद्‌भुत परिणाम हासिल करने के लिए ज़ोर लगाएँ।

सतत प्रदर्शन प्रबंधन, संस्कृति का महत्त्व

प्राथमिकताओं पर ध्यान केंद्रित करें और उनके प्रति प्रतिबद्ध रहें

* अपने ओकेआर चक्र के लिए उपयुक्त लय निर्धारित करें। मेरा सुझाव है कि तिमाही ओकेआर (छोटी अवधि के लक्ष्यों के लिए) और वार्षिक ओकेआर (लंबी अवधि की रणनीतियों की कुंजी) के मामले में समानांतर रूप से दो-तरफा नज़र रखें।

* कार्य पर अमल करने संबंधी चुनौतियों से निपटने और नेतृत्वकर्ताओं की प्रतिबद्धता को दृढ़ बनाने के लिए सबसे पहले ओकेआर को उच्च प्रबंधन पर लागू करें। कर्मचारियों पर वैयक्तिक रूप से लागू करने से पहले इस प्रक्रिया को ज़रा गति प्राप्त करने दें।

* एक ओकेआर शेफर्ड नियुक्त करें ताकि यह सुनिश्चित किया जा सके कि हर व्यक्ति, हर ओकेआर चक्र में अपने समय का निवेश उन चीज़ों के चुनाव में करे, जो सबसे ज़्यादा मायने रखती हैं।

* हर ओकेआर चक्र में ऐसे तीन से पाँच शीर्ष उद्‌देश्यों के प्रति अपनी प्रतिबद्धता सुनिश्चित करें, जिन्हें पूरा करना आपके लिए ज़रूरी हो। ज़रूरत से ज़्यादा ओकेआर होने पर लोगों के प्रयास व्यर्थ चले जाते हैं। आपको क्या नहीं करना है, यह तय करके अपनी प्रभावी क्षमता का विस्तार करें और फिर उसी के अनुसार तय करें कि किन गैर-महत्वपूर्ण चीज़ों को महत्त्व नहीं देना है, किन्हें टालना है और किन्हें त्यागना है।
* ओकेआर का चुनाव करते समय ऐसे उद्‌देश्यों पर गौर करें, जिनके सहयोग से शानदार प्रदर्शन सुनिश्चित हो।
* अपने शीर्ष ओकेआर की मूल सामग्री को संगठन के मिशन स्टेटमेंट में, रणनीतिक योजना में या फिर नेतृत्व द्वारा चुनी गई व्यापक थीम में तलाश करें।
* किसी विभागीय उद्‌देश्य पर ज़ोर देने और समर्थन जुटाने के लिए उसे कंपनी के ओकेआर में जगह दें।
* किसी भी उद्‌देश्य के लिए अधिक से अधिक पाँच स्पष्ट, मापन योग्य और समयबद्ध मुख्य परिणाम ही निर्धारित करे - जो ये स्पष्ट करेंगे कि उद्‌देश्य कैसे पूरा होगा। परिभाषा के अनुसार सारे मुख्य परिणाम हासिल करने का अर्थ है कि उद्‌देश्य पूरा हो गया।
* संतुलन बनाने और गुणवत्ता नियंत्रण के लिए गुणात्मक और मात्रात्मक मुख्य परिणामों को आपस में जोड़ दें।
* जब किसी मुख्य परिणाम पर अतिरिक्त ध्यान देने की ज़रूरत हो, तो उसे एक या एक से अधिक ओकेआर चक्रों के उद्‌देश्य में परिवर्तित कर दें।
* ओकेआर की सफलता का सबसे महत्वपूर्ण तत्त्व है, संगठन के नेतृत्वकर्ताओं का दृढ़ विश्वास, समर्थन और स्वीकार्यता।

टीमवर्क के लिए एक-दूसरे से जुड़ें और आपस में एक ही दिशा की ओर अग्रसर रहें

* कर्मचारियों को प्रोत्साहित करने के लिए उन्हें बताएँ कि उनके उद्देश्य, कंपनी की शीर्ष प्राथमिकताओं और नेतृत्वकर्ताओं के विजन से किस प्रकार संबंधित हैं। सबसे बढ़िया ढंग से कार्य पर अमल करने का सबसे कारगर तरीका है, सबसे जूनियर कर्मचारी से लेकर सीईओ तक, सभी के लक्ष्य पारदर्शी और सार्वजनिक रखना।

* जिन बैठकों में कंपनी के सारे कर्मचारी शामिल होते हैं, उनमें सभी को यह समझाएँ कि कोई ओकेआर संगठन के लिए महत्वपूर्ण क्यों है। फिर समय-समय पर इस संदेश को दोहराते रहें और ऐसा तब तक करें, जब तक आप खुद इस संदेश को सुन-सुनकर थक न जाएँ।

* शीर्ष से नीचे की ओर प्रवाहित किए जानेवाले ओकेआर में उद्देश्य भी शीर्ष से संचालित होता है, इन ओकेआर को लागू करते समय संगठन के उन कर्मचारियों के साथ आदान-प्रदान का स्वागत करें, जो सीधे ग्राहकों के साथ जुड़े होते हैं। नवाचार कंपनी के केंद्र से ज़्यादा उसके किनारों में पैदा होता है।

* बॉटम-अप (नीचे से शीर्ष की ओर प्रवाहित होनेवाले) ओकेआर की एक संतुलित मात्रा (करीब 50 फीसदी) को प्रोत्साहित करें।

* टीमों को आपस में ओकेआर के जरिए जोड़कर विभागीय दायरे में सीमित रहने की प्रवृत्ति को तोड़ें। क्रॉस-फंक्शनल संचालन के जरिए समन्वयपूर्ण ढंग से तुरंत निर्णय लेना संभव हो जाता है। ऐसे निर्णय ही प्रतिस्पर्धात्मक लाभ हासिल करने की कुंजी होते हैं।

* विभिन्न विभागों की एक-दूसरे पर अप्रत्यक्ष निर्भरताओं को हर किसी के सामने स्पष्ट करें।

* अगर किसी ओकेआर को संशोधित किया जाए या त्याग दिया जाए, तो यह सुनिश्चित करें कि उससे जुड़े सारे हितधारकों को इसकी सूचना मिल जाए।

जवाबदेही तय करने के लिए नज़र रखें

* जवाबदेही तय करनेवाली संस्कृति विकसित करने के लिए निरंतर पुनर्मूल्यांकन और ईमानदार व वस्तुनिष्ठ ग्रेडिंग को अपनाएँ - और इसकी शुरुआत संगठन के उच्च अधिकारी से करें। जब संगठन के नेतृत्वकर्ता सबके सामने अपनी गलती स्वीकारते हैं, तो कर्मचारी सुनियोजित ढंग से जोखिम उठाने के लिए स्वयं को ज़्यादा स्वतंत्र महसूस करते हैं।

* कर्मचारियों को अनावश्यक पुरस्कारों से ज़्यादा, उनकी उपलब्धियों के लिए ज़रूरी खुले व ठोस उपायों के जरिए प्रोत्साहित करें।

* ओकेआर शेफर्ड को यह सुनिश्चित करना चाहिए कि कर्मचारियों का नियमित मूल्यांकन हो और उन्हें प्रगति संबंधी अपडेट्स मिलते रहें ताकि ओकेआर को सामयिक और उचित बनाकर रखा जा सके।

* उच्च स्तरीय प्रदर्शन बनाए रखने के लिए कर्मचारी और मैनेजर के बीच साप्ताहिक बैठकों व मासिक विभागीय बैठकों को प्रोत्साहित करें।

* निरंतर बदलते हालातों के बीच ज़रूरत पड़ने पर ओकेआर में संशोधन करने, नए ओकेआर जोड़ने या पुराने ओकेआर त्यागने से कतई न हिचकिचाएँ - भले ही आपको ओकेआर चक्र के बीच में ऐसा करना पड़े। आपके या संगठन के लक्ष्य पत्थर की लकीर नहीं हैं। ऐसे उद्देश्यों से चिपके रहना नुकसानदायक हो सकता है, जो अयोग्य हैं या आपकी पहुँच से बाहर हैं।

* ओकेआर चक्र के अंत में पिछले प्रदर्शन का मूल्यांकन करने, उपलब्धियों का जश्न मनाने और भविष्य की योजना बनाने व ज़रूरी सुधार करने के लिए ओकेआर ग्रेड्स और व्यक्तिपरक आत्म-मूल्यांकन का उपयोग करें। अगले ओकेआर चक्र में जाने से पहले पलभर ठहरकर विचार करें कि आपने पिछले चक्र में क्या हासिल किया।

* ओकेआर को सामयिक और स्पष्ट बनाकर रखने के लिए एक ऑटोमेटेड

क्लाउड-आधारित प्लेटफॉर्म में निवेश करें। इसके लिए सार्वजनिक, सहयोगपूर्ण और रियलटाइम लक्ष्य-निर्धारण प्रणालियाँ सबसे कारगर होती हैं।

अद्भुत परिणाम हासिल करने के लिए ज़ोर लगाएँ

* प्रत्येक ओकेआर चक्र की शुरुआत में आपको इन दो किस्म के लक्ष्यों के बीच में अंतर करना है। पहले हैं, वे लक्ष्य जिन्हें पूरी तरह हासिल करना ज़रूरी हो (यानी प्रतिबद्ध लक्ष्य) और दूसरे हैं, वे लक्ष्य जो बिग हेयरी ऑडेशस गोल्स यानी बड़े, अक्खड़, दुस्साहसी लक्ष्य (बीएचएजी या आकांक्षापूर्ण ओकेआर) बनने के लिए जोर लगा रहे हों।
* ऐसा वातावरण बनाएँ, जहाँ लोगों को विफल होने पर आलोचना का डर न हो।
* समस्याओं का समाधान ढूँढ़ने की प्रवृत्ति को बढ़ावा देने और लोगों को ऊँची उपलब्धियाँ हासिल करने की दिशा में प्रेरित करने के लिए महत्वाकांक्षी लक्ष्य निर्धारित करें - भले ही इसके कारण आप कुछ तिमाही लक्ष्य हासिल करने से चूक जाएँ। बस यह याद रखें कि आपके मानदंड इतने भी ऊँचे न हों कि ओकेआर स्पष्ट रूप से वास्तविक न लगने लगें। जब लोगों को यह पता चल जाता है कि वे सफल नहीं होनेवाले, तो उनका मनोबल टूट जाता है।
* उत्पादकता और नवाचार की दिशा में लंबी छलाँग लगाने के लिए गूगल के गॉस्पेल ऑफ 10% (10% का ईश्वरीय सिद्धांत) का अनुसरण करें और इंक्रीमेंटल ओकेआर (वृद्धिशील ओकेआर) को एक्सपोनेन्शल ओकेआर (घातांकीय ओकेआर) में तब्दील कर दें। यही वह तरीका है, जिससे उद्योगों में क्रांतिकारी बदलाव आते हैं और श्रेणियों को नए सिरे से गढ़ा जाता है।
* स्ट्रेच ओकेआर[1] का निर्धारण इस प्रकार करें कि वे संगठन की संस्कृति का हिस्सा बन जाएँ। एक कंपनी की सर्वोत्कृष्ट आकांक्षा अलग-अलग

[1] आकांक्षापूर्ण ओकेआर, जिसके लिए जोर लगाना होता है।

समय पर अलग-अलग हो सकती है और यह इस बात पर निर्भर है कि आनेवाले ओकेआर चक्र की कार्य पर अमल करने संबंधी ज़रूरतें किस प्रकार की हैं।

* जब कोई टीम स्ट्रेच ओकेआर हासिल करने में विफल हो जाती है, तो उद्देश्यों को अलग ओकेआर चक्र में शामिल करने पर विचार करें - अगर लक्ष्य अब भी उचित हो।

सतत प्रदर्शन प्रबंधन

* मुद्दे समस्याओं में तब्दील हों, इससे पहले उनका हल निकालने और संघर्ष करनेवाले कर्मचारियों को ज़रूरी सहयोग देने के लिए वार्षिक प्रदर्शन प्रबंधन को छोड़कर सतत प्रदर्शन प्रबंधन अपनाएँ।

* अतीत की ओर केंद्रित रहनेवाली वार्षिक समीक्षाओं के बजाय भविष्य की ओर केंद्रित रहनेवाले ओकेआर अपनाते हुए महत्वाकांक्षी लक्ष्य निर्धारण की परंपरा स्थापित करें। लक्ष्य प्राप्ति को बोनस का चेक पाने का ज़रिया बना लेने से, परिणामों को अपेक्षा से बेहतर दर्शाने के लिए अपेक्षाएँ करने और जोखिम उठाने से बचने की प्रवृत्ति बढ़ जाती है।

* कॉम्पटिटिव रेटिंग और स्टैक रैंकिंग को छोड़कर प्रदर्शन-मूल्यांकन के पारदर्शी, कौशल-आधारित, बहुआयामी मानदंड अपनाएँ। आँकड़ों से परे जाकर इस बात पर विचार करें कि कर्मचारी अपनी टीम के लिए कितना उपयोगी है, उसका संवाद-कौशल कैसा है और लक्ष्य-निर्धारण के मामले में वह कितना महत्वाकांक्षी है।

* वित्तीय प्रोत्साहन के बजाय आंतरिक प्रेरणाओं - उद्देश्यपूर्ण कार्य और विकास के मौकों - को प्राथमिकता दें क्योंकि वे कहीं ज़्यादा महत्वपूर्ण और सशक्त होते हैं।

* सकारात्मक व्यावसायिक परिणामों को गति देने के लिए पहले से जारी सीएफआर (कन्वर्सेशन फीडबैक रेकग्निशन - बातचीत फीडबैक मान्यता) को दृढ़ लक्ष्य निर्धारण के साथ सामंजस्य स्थापित करते

हुए लागू करें। पारदर्शी ओकेआर, कोचिंग को और अधिक ठोस व उपयोगी बना देते हैं। वहीं सतत सीएफआर दिन-प्रतिदिन के काम को सहयोगपूर्ण और सटीक बना देते हैं।

* मैनेजर और कर्मचारी के बीच होनेवाले प्रदर्शन संबंधी संवाद का एजेंडा कर्मचारी को ही तय करने दें। इस संवाद में मैनेजर की भूमिका सीखने और कोच करने की होनी चाहिए।

* प्रदर्शन संबंधी फीडबैक को दो-तरफा, अनौपचारिक और बहुआयामी रखने के साथ-साथ संगठन के तयशुदा दायरे से मुक्त रखें।

* किसी विशिष्ट कार्य पर अमल करना या कर्मचारियों के मनोबल के बारे में रियल-टाइम फीडबैक पाने के लिए बेनाम 'पल्स' सर्वेक्षण का उपयोग करें।

* क्रॉस-फंक्शनल ओकेआर के साथ सहकर्मी-से-सहकर्मी को मिलनेवाले फीडबैक द्वारा टीमों और विभागों के बीच संबंध मज़बूत करें।

* कर्मचारियों का जुड़ाव व प्रदर्शन बेहतर बनाने के लिए, सहकर्मियों में आपस में एक-दूसरे के काम को मान्यता देने की प्रवृत्ति बढ़ाएँ। इसे सफलतापूर्वक लागू करने के लिए सुनिश्चित करें कि सहकर्मियों द्वारा आपस में एक-दूसरे के काम को दी जानेवाली मान्यता निरंतर, विशिष्ट और स्पष्ट नज़र आनेवाली हो व साथ ही शीर्ष ओकेआर से संबद्ध भी हो।

संस्कृति का महत्त्व

* शीर्ष ओकेआर को संगठन के मिशन, विजन और नॉर्थ स्टार वैल्यू[2] के साथ संरेखित करें।

* सांस्कृतिक मूल्यों को प्रकट करने के लिए शब्दों से ज़्यादा कर्मों का उपयोग करें।

---

[2] एक मात्रक जिसे कंपनियाँ अपनी प्रगति पर ध्यान केंद्रित करने के तौर पर उपयोग करती हैं।

* उच्चतम प्रदर्शन को जवाबदेही और आपसी सहयोग के साथ बढ़ावा दें। जब ओकेआर सामूहिक हों, तो हर किसी के लिए व्यक्तिगत मुख्य परिणाम निर्धारित करें और सबकी जवाबदेही भी तय करें।
* उच्च-प्रेरणावाली संस्कृति विकसित करने के लिए कामकाज में सहयोगी ओकेआर 'कैटलिस्ट्स' (उत्प्रेरक) कर्मों और पारस्परिक सहयोग व दयालुतापूर्ण सीएफआर 'नरिशर्स' (पोषणकर्ता) कर्मों के बीच संतुलन बिठाएँ।
* पारदर्शिता, स्पष्टता, उद्देश्य और समग्र दृष्टिकोण की ओर केंद्रित रहने की प्रवृत्ति को बढ़ावा देने के लिए ओकेआर का उपयोग करें। वहीं सकारात्मकता, उत्साह, जोर लगानेवाली आकांक्षापूर्ण सोच और दैनिक सुधार करने की प्रवृत्ति विकसित करने के लिए सीएफआर का उपयोग करें।
* ओकेआर लागू करने से पहले सांस्कृतिक बाधाओं को दूर करने की ज़रूरत को समझें, खासकर जवाबदेही और आपसी विश्वास के मामले में।

आभार

किताब के इस संस्करण का अंत करते हुए मैं बहुत कृतज्ञ महसूस कर रहा हूँ। पहला कारण ये है कि मैं अपने जीवन में इतना भाग्यशाली रहा हूँ कि मुझे एंडी ग्रोव का उत्तराधिकारी बनने का मौका मिला, जिन्होंने मानव क्षमता बढ़ानेवाली एक बेहद कारगर प्रणाली विकसित की। दूसरा कारण ये है कि मैंने ऐसे बहुत से उद्यमियों, नेतृत्वकर्ताओं और टीमों को भी देखा, जो अपने सपनों को हकीकत में तब्दील करने के लिए समय और हालात के अनुसार खुद को बदलने से नहीं हिचकिचाए। मैं अपने इस महान देश का भी आभारी हूँ, जहाँ जोखिम लेनेवालों को लाभ मिलता है। यह एक ऐसी चीज़ है, जिसे मैं कभी भी हल्के में नहीं लेता।

सबसे ज़्यादा मैं अपने पाठकों का आभारी हूँ, जिन्होंने मुझ पर गौर किया, मुझसे अपना जुड़ाव बनाए रखा और अपनी ओर से ईमानदार प्रतिक्रियाएँ दीं। मैं उम्मीद करता हूँ कि आप john@whatmatters.com पर मुझसे अपना संपर्क बनाए रखेंगे।

इस किताब के अस्तित्व गें आने से एक बार फिर मेरे इस विश्वास की पुष्टि हो गई कि विजय हासिल करने लिए आपको एक टीम की ज़रूरत होती है। मैं पोर्टफोलियो/पेंगुइन की पूरी टीम को अपनी ओर से धन्यवाद देना चाहूँगा, जिनकी वजह से यह पुस्तक संभव हो सकी: मेरे प्रकाशक एड्रियन जैक़हाइम का धन्यवाद, जिन्होंने इस किताब के अस्तित्व में आने से पहले ही इसकी संभावनाओं को पहचान लिया था; मेरी उत्कृष्ट संपादक स्टेफनी फ्रेरिच को भी धन्यवाद, जिन्होंने मेरी भरपूर मदद की और फिर भी अपना मज़ाकिया अंदाज बनाए रखा; साथ ही टारा गिलब्राइड, ओलिविया पेलुसो और विल वीसर का भी धन्यवाद। मैं अपनी एजेंट माएर्सिनी स्टेफलाइड्स, अपने अटॉर्नी पीटर

मोल्डव का भी बहुत आभारी हूँ। बहुमुखी प्रतिभा के धनी और बेहद कुशल रायन पन्चैडसरम को भी मेरा धन्यवाद, जिनकी अंतदृष्टि और निर्णय मेरे लिए बहुत महत्वपूर्ण साबित हुए।

मैं उन सभी लोगों को विशेष रूप से धन्यवाद देना चाहता हूँ, जिन्होंने अपने व्यस्त कार्यक्रम से समय निकालकर इस किताब की पांडुलिपि को पढ़ा और अपनी मूल्यवान प्रतिक्रिया दी, जिसके चलते यह किताब इतनी बेहतर बन सकी।

मैं बिंग गॉर्डन का भी आभारी हूँ, जिन्होंने मुझे डेब्रा रैडबॉ से मिलाया। डेब्रा ने ही कोच कैम्पबेल से मेरा परिचय कराया था।

मैं जॉनथन रोज़ेनबर्ग को भी धन्यवाद देना चाहूँगा, जिन्होंने मुझे गूगल द्वारा ओकेआर का उपयोग करने के तरीके के बारे में कई सचेत अवलोकन उपलब्ध कराए और साथ ही मुझे विभिन्न 'आकांक्षापूर्ण' केस स्टडीज के बारे में अवगत कराया।

मैं लाज़्लो बॉक का भी आभारी हूँ, जो लक्ष्यों, सतत प्रदर्शन प्रबंधन और संस्कृति जैसे मामलों के उत्कृष्ट विशेषज्ञ हैं और इन पर उनके विचार हर किसी को एक नई दिशा दिखाते हैं। साथ ही मैं महान व्यवसाय-दार्शनिक डो सीडमेन को भी धन्यवाद देना चाहता हूँ, जो संस्कृति और मूल्यों की गहन समझ रखते हैं।

गहन दिमाग और बड़े दिलवाले टॉम फ्रीडमैन, लॉरेन पॉवेल जॉब्स, अल गोर, रैन्डी कॉमिसर और शेरिल सैंडबर्ग जैसे मेरे दोस्तों को भी धन्यवाद, जिन्होंने टीम और संस्थानों के निर्माण के बारे में अपने अद्वितीय मूल्यों और ज्ञान को साझा किया।

मेरे पसंदीदा व्यवसाय-लेखक जिम कॉलिन्स को भी धन्यवाद, जिनकी डाटा द्वारा संचालित स्पष्ट सोच ने मेरे उद्देश्यों को न सिर्फ चुनौती दी बल्कि स्पष्ट भी बनाया। अगर जिम ने अपने अभूतपूर्व कार्य से मुझे एक नई दिशा नहीं दिखाई होती, तो मेरे लिए यह किताब लिखना संभव नहीं होता।

मैं असाधारण जीवनीकार वॉल्टर इज़ाकसन का भी आभारी हूँ, जिनकी मित्रतापूर्ण सलाह उस वक्त मेरे बहुत काम आई, जब इस किताब ने आकार लेना शुरू किया था।

मैं क्लेनर पार्किन्स के अपने साझेदारों को भी धन्यवाद देना चाहूँगा, जिनकी उद्यमियों के प्रति प्रतिबद्धता मुझे हर दिन बेहतर बनाती है: माइक एबॉट, ब्रूक बायर्स, एरिक फेंग, बिंग गॉर्डन, मैमून हामिद, वेन हसीह, नोआ नॉफ, रैन्डी कॉमिसर, मैरी मीकर, मूड रॉग्री, टेड श्लेन और बेथ सेडेनबर्ग। साथ ही सू बिगलाइरी, एलिक्स बर्न्स, जूलियर डेब्यूगेन, अमांडा डकवर्थ, राउज जैज़ेरी और स्कॉट येल्स को भी धन्यवाद। इसके अलावा रे नेल रोड्स, सिंडी चैंग और नोएल मिराग्लिया को मेरी ओर से विशेष धन्यवाद, जिन्होंने मुझे बहुत सहयोग दिया। इसके साथ ही टीना केस को वे तस्वीरें ढूँढ़ने के लिए धन्यवाद, जिन्होंने इस किताब को सजीव बनाया।

सीएफआर द्वारा समर्पित और सार्थक बनाए गए चारों ओकेआर सुपरपॉवर ही इस किताब का मुख्य आधार हैं। लेकिन असल जिंदगी में तात्कालिकता के साथ ओकेआर और सीएफआर का चित्रण करनेवाले हमारे व्यक्तिगत किस्सों के बिना यह किताब खोखली होती। इसीलिए मैं उन सभी लोगों को विशेष रूप से धन्यवाद देना चाहता हूँ, जिन्होंने अपने अनुभवों से समृद्ध इन किस्सों को खुले दिल से प्रस्तुत किया।

मैं गेट्स फाउंडेशन की पिछली और वर्तमान टीमों का विशेष रूप से आभारी हूँ, जो अपने काम के महत्वपूर्ण और व्यापक प्रभाव के चलते खासतौर पर प्रेरणादायी हैं। बिल और मेलिंडा, पैटी स्टोन्सिफर, लैरी कोहेन, ब्रिजिट अर्नोल्ड, सिल्विया मैथ्यूज ब्यूरवेल, सुजेन डेसमंड-हेलमैन, मार्क सुज़मैन और अंकुर वोरा, आप सभी को मेरा धन्यवाद। आपकी अपनी उपलब्धियाँ इतनी बड़ी हैं कि उनकी व्याख्या करके एक अलग किताब बन सकती है, जिसका हमें इंतजार रहेगा।

हमारे पसंदीदा आयरिश रॉकस्टार बोनो को भी धन्यवाद, जिन्होंने बीमारी, गरीबी और भ्रष्टाचार से निपटने के लिए एक वैश्विक संघर्ष शुरू किया। बोनो

और उनकी टीम के सदस्य जेमी ड्रमंड, डेविड लेन, लूसी मैथ्यू, बॉबी श्राइवर, गेल स्मिथ और केन वीबर को 'वन' का निर्माण करने के लिए मेरी ओर से धन्यवाद।

अब मैं गूगल की टीम का खास तौर पर उल्लेख करना चाहूँगा। लैरी पेज, सर्गे ब्रिन और एरिक शिमट ने दृढ़ लक्ष्य निर्धारण के मामले में गूगल को 21वीं सदी का एक प्रोटोटाइप बना दिया है। ओकेआर के प्रति उनके संकल्प और परिणामों से एंडी ग्रोव भी प्रभावित हुए बिना नहीं रह सके थे। यहाँ गूगल के उन एक लाख से भी ज़्यादा वर्तमान और पूर्व कर्मचारियों का उल्लेख न करना अशिष्टता होगी, जिन्होंने वैश्विक स्तर पर लक्ष्य संबंधी महान सिद्धांत का प्रसार किया। मै सुंदर पिचाई, सुजैऩ वोज्स्की, जॉनथन रोजेनबर्ग और क्रिस्टॉस गुडरो को खासतौर पर धन्यवाद देना चाहूँगा। साथ ही टिम आर्मस्ट्राँग, राजा अयगरी, शोना ब्राउन, क्रिस डेल, बेथ डॉड, सालार कामांगर, विनी किंग, रिक क्लाउ, शिशिर मेहरोत्रा, एलीन नॉटन, रूथ पोरट, ब्रायन रकोव्स्की, प्रसाद शेट्टी, राम श्रीराम, एस्थर सन, मैट सुस्किन्ड, एस्ट्रो टेलर और केन्ट वॉकर को भी मेरा धन्यवाद।

इंटेल के वर्तमान और पूर्व नेतृत्वकर्ता दूरदर्शी अंतर्दृष्टि रखते हैं। मेरी ओर से गॉर्डन मूर, लेस वाड्ज़, ईवा ग्रोव, बिल डेविडो, डेन इलियट, जिम लैली और केसी पॉवेल को धन्यवाद। साथ ही सीईओ ब्रायन क्रिज़ीच, स्टीव रॉजर्स, केली केली और लंबे समय तक एंडी ग्रोव के कार्यकारी सहायक रहे टेरी मर्फी को भी मेरा धन्यवाद।

'रिमाइंड' के ब्रेट कॉफ, डेविड कॉफ और ब्रायन ग्रे को मेरी ओर से धन्यवाद।

'नूना' के जिनी किम, डेविड चेन, काट्ज़ा गसमैन, निक संग और संजे सिवानेसन को मेरा धन्यवाद।

'माईफिटनेसपैल' के माइक ली और डेविड ली को मेरी ओर से धन्यवाद।

'इंटुइट' के एटिकस टायसन, स्कॉट कुक, ब्रैड स्मिथ, शेरी व्हाइटली और ओल्गा ब्रायलोविस्कली को मेरा धन्यवाद।

'एडोब' की डोना मॉरिस, शांतनु नारायण और डैन रोजेन्सविग को मेरी ओर से धन्यवाद।

'जूम' की जूलिया कॉलिन्स और एलेक्स गार्डेन को मेरा धन्यवाद।

'कोर्सेरा' की लीला इब्राहिम, डाफने कोलर, एंड्रयू एनजी, रिक लेविन और जेफ मैगिओन्क्लाडा को मेरी ओर से धन्यवाद।

'लूमरिस' के एंड्रयू कोल, आर्ट ग्लास्गो और माइक लॉन्ग को मेरा धन्यवाद।

'श्नाइडर इलेक्ट्रिक' के हार्वी कोइरिल और शेरॉन अब्राहम को मेरी ओर से धन्यवाद।

'वॉलमार्ट' के जॉन ब्रदर्स, बेकी शिमट और एंजेला क्राइस्टमेन को मेरा धन्यवाद।

'खान एकेडमी' के ओर्ली फ्रीडमैन और सल खान को मेरी ओर धन्यवाद।

यह मेरा सौभाग्य ही है, जो आज मुझे उन विशेषज्ञों का आभार व्यक्त करने का मौका मिला है, जिन्होंने अपनी अंतर्दृष्टि और इनपुट से ओकेआर आंदोलन और इस किताब को समृद्ध बनाया : एलेक्स बार्नेट, ट्रेसी बेल्ट्रान, ईथन बर्नस्टीन, जॉश बर्सिन, बेन ब्रूक्स, जॉन ब्रदर्स, एरन बटकस, आईवी शॉय, जॉन चू, रॉजर कॉर्न, एंगस डेविस, क्रिस डेप्टुला, पैट्रिक फोले, यूवे हिगेन, अर्नोल्ड हर, जनरल टॉम लेसर, कॉरी क्रीक, जॉनथन लेसर, एरन लेवी, केविन लुई, डेनिस लाइल, क्रिय मेसन, एमीलिया मेरिल, दीप निसार, बिल़ पेंस़, स्टेफनी पिमेल, फिलिप पॉटलॉफ, ऑरेली रिचर्ड, डॉ. डेविड रॉक, टिमो साल्ज़सिडेर, जेक शिमट, एरिन शार्प, जेफ स्मिथ, टिम स्टाफा, जोसेफ सुज़ुकी, क्रिस विलर, जेफ वीनर, क्रिस्टीना वॉड्क और जेसिका वुडॉल को मेरा धन्यवाद।

'बेटरवर्क्स' के सीईओ डग डेनरलिन और उनके लक्ष्य-केंद्रित कर्मचारियों को मेरा विशेष धन्यवाद, जो ओकेआर और सीएफआर को अभूतपूर्व ढंग से आगे बढ़ा रहे हैं और साथ ही अपने कामकाज को हर रोज पहले से बेहतर बना रहे हैं।

आखिर में मैं कुछ ऐसे खास लोगों के प्रति आभार व्यक्त करना चाहूँगा, जिनके साथ न सिर्फ मुझे काम करने का मौका मिला बल्कि जिनका जीवन अपने आपमें उत्कृष्टता का बेहतरीन उदाहरण है : जिम बार्क्सडेल, जेफ बेजोस, स्कॉट कुक, जॉन चेम्बर्स, बिल जॉय और केआर श्रीधर को मेरा धन्यवाद। साथ ही एंडी ग्रोव, बिल कैम्पबेल और स्टीव जॉब्स को भी मेरा आभार, जो भले ही अब इस दुनिया में न हों, पर उन्हें कभी भुलाया नहीं जा सकता।

मैं जेफ कॉपलॉन को भी विशेष धन्यवाद देना चाहूँगा, जो दरअसल उस टीम का केंद्र थे, जिसने यह सब संभव बनाया और एक बार फिर यह साबित कर दिया कि कार्य पर अमल करना ही सब कुछ है।

ओकेआर से मेरा परिचय होने से बहुत पहले मेरे पिता और मेरे हीरो लो डोअर ने मुझे प्रतिबद्धता, ऊँचे मानकों, ऊँची आकांक्षाओं और ध्यान केंद्रित करने (और सही मानसिक दृष्टिकोण) का महत्त्व समझाया था। पिता से मिले इस सबक को मेरे जीवन में उतारने के लिए मेरी माँ रोज़मैरी डोअर ने मुझे अपना बेशर्त सहयोग दिया।

आखिरकार मैं अपनी पत्नी एन और बेटियों मैरी तथा एस्टर के प्रति कृतज्ञता व्यक्त करता हूँ, जिनके धैर्य, प्रोत्साहन और प्रेम ने मुझे इस विशाल और चुनौतीपूर्ण प्रोजेक्ट को पूरा करने की शक्ति दी। उन्हें देखकर मुझे हर रोज यह एहसास होता है कि सबसे ज़्यादा मायने क्या रखता है।

तेजज्ञान फाउण्डेशन - परिचय

तेजज्ञान फाउण्डेशन आत्मविकास से आत्मसाक्षात्कार प्राप्त करने का एक रास्ता है। इसके लिए सरश्री द्वारा एक अनूठी बोध पद्धति (System for Wisdom) का सृजन हुआ है। इस पद्धति को अन्तर्राष्ट्रीय मानक ISO 9001:2015 के आवश्यकताओं एवं निर्देशों के अनुरूप ढालकर सरल, व्यावहारिक एवं प्रभावी बनाया गया है।

इस संस्था की बोध पद्धति के विभिन्न पहलुओं (शिक्षण, निरीक्षण व गुणवत्ता) को स्वतंत्र गुणवत्ता परीक्षकों (Quality Auditors) द्वारा क्रमबद्ध तरीके से जाँचा गया। जिसके बाद इन पहलुओं को ISO 9001:2015 के अनुरूप पाकर, इस बोध पद्धति को प्रमाणित किया गया है।

फाउण्डेशन का लक्ष्य आपको नकारात्मक विचार से सकारात्मक विचार की ओर बढ़ाना है। सकारात्मक विचार से शुभ विचार यानी हॅपी थॉट्स (विधायक आनंदपूर्ण विचार) और शुभ विचार से निर्विचार की ओर बढ़ा जा सकता है। निर्विचार से ही आत्मसाक्षात्कार संभव है। शुभ विचार (Happy Thoughts) यानी यह विचार कि 'मैं हर विचार से मुक्त हो जाऊँ।' शुभ इच्छा यानी यह इच्छा कि 'मैं हर इच्छा से मुक्त हो जाऊँ।'

यदि आप ऐसा ज्ञान चाहते हैं, जो सामान्य ज्ञान के परे हो, जो हर समस्या का समाधान हो, जो सभी मान्यताओं से आपको मुक्त करे, जो आपको ईश्वर का साक्षात्कार कराए, जो आपको सत्य पर स्थापित करे तो समय आ गया है तेजज्ञान को जानने का। समय आ गया है शब्दोंवाले सामान्य ज्ञान से उठकर तेजज्ञान का अनुभव करने का।

तेजज्ञान फाउण्डेशन – परिचय

हॅपी थॉट्स तेजज्ञान यूटयूब चैनल

महाआसमानी - अल्प परिचय

Self Development to Self Realization

Towords Self Stabilizaion

क्या आपको उच्चतम आनंद पाने की इच्छा है? ऐसा आनंद, जो किसी कारण पर निर्भर नहीं है, जिसमें समय के साथ केवल बढ़ोतरी ही होती है? क्या आप इसी जीवन में प्रेम, विश्वास, शांति, समृद्धि और परमसंतुष्टि पाना चाहते हैं? क्या आप शारीरिक, मानसिक, सामाजिक, आर्थिक और आध्यात्मिक इन सभी स्तरों पर सफलता हासिल करना चाहते हैं? क्या आप 'मैं कौन हूँ' इस सवाल का जवाब अनुभव से जानना चाहते हैं?

यदि आपके अंदर इन सवालों के जवाब जानने और 'अंतिम सत्य' पाने की प्यास जगी है तो तेजज्ञान फाउण्डेशन द्वारा आयोजित 'महाआसमानी परम ज्ञान शिविर' में आपका स्वागत है। यह शिविर पूर्णतः सरश्री की शिक्षाओं पर आधारित है।

महाआसमानी परम ज्ञान शिविर का उद्देश्य :

इस शिविर का उद्देश्य है, विश्व का हर इंसान 'मैं कौन हूँ' इस सवाल का जवाब जानकर सर्वोच्च आनंद में स्थापित हो जाए। उसे ऐसा ज्ञान मिले, जिससे वह हर पल वर्तमान में जीने की कला प्राप्त करे। भूतकाल का बोझ और भविष्य की चिंता इन दोनों से मुक्त हो जाए। हर इंसान को जीवन में स्थाई खुशी और सही समझ मिले। साथ ही उसे समस्याओं को विलीन करने की कला आ जाए। मनुष्य जीवन का उद्देश्य पूर्ण हो। 'मैं कौन हूँ? मैं यहाँ क्यों हूँ? मोक्ष का अर्थ क्या है? क्या इसी जन्म में मोक्ष प्राप्ति संभव है?' यदि ये सवाल आपके अंदर हैं तो महाआसमानी परम ज्ञान शिविर इसका जवाब है।

महाआसमानी– अल्प परिचय

हैपी थॉट्स सरश्री (इंग्लिश) यूट्यूब चैनल

सरश्री द्वारा रचित पुस्तकों की जानकारी

सरश्री ने विविध विषयों पर १५० से अधिक पुस्तकों का लेखन किया है, जिनमें से 'विचार नियम', 'विश्वास नियम' 'स्वसंवाद का जादू', 'स्वयं का सामना', 'स्वीकार का जादू', 'निर्णय और ज़िम्मेदारी', 'निःशब्द संवाद का जादू', 'संपूर्ण ध्यान' आदि पुस्तकें बेस्टसेलर बन चुकी हैं। इनमें से कुछ पुस्तकें दस से अधिक भाषाओं में अनुवादित की जा चुकी हैं और प्रमुख प्रकाशकों द्वारा प्रकाशित की गई हैं, जैसे पेंगुइन बुक्स, जैको बुक्स, मंजुल पब्लिशिंग हाऊस, प्रभात प्रकाशन, राजपाल ऍण्ड सन्स, पेंटागॉन प्रेस, सकाळ प्रकाशन इत्यादि।

विचार नियम

आपकी कामयाबी का रहस्य

विश्वास नियम

सर्वोच्च शक्ति के सात नियम

मौन नियम

स्वयं को जानने का निःशब्द उपाय

पुस्तकें ऑर्डर करने के लिए लॉग इन करें

- www.gethappythoughts.org

पुस्तकों की अधिक जानकारी के लिए संपर्क करें-

फोन नं.: 09011013210

तेजज्ञान फाउण्डेशन द्वारा प्रस्तुत सोशल मीडिया ऐक्टिविटिज

तेजज्ञान इंटरनेट रेडियो

२४ घंटे और ३६५ दिन सरश्री के प्रवचन

और भजनों का लाभ लें, तेजज्ञान इंटरनेट रेडियो द्वारा। देखें लिंक

http://www.tejgyan.org internetradio.aspx

Tejgyan Internet Radio on all platforms like Android, iPhone, iPad and Amazon

---

यू टयूब द्वारा प्रार्थना में शामिल हो सकते हैं

गुड मॉर्निंग प्रेयर हर रोज़ सुबह 6.15am-6.25am

ध्यान प्रार्थना बीज :

3.30pm-3.45pm & 9pm -9.15pm

शिविर - Train & Boost Your Immunity

जितनी हमारी इम्यूनिटी स्ट्राँगर, उतना हमारा स्वास्थ्य बेहतर

शिविर – श्राद्ध और पितृदोष युक्ति

पूर्वजों के लिए मुक्ति प्रार्थना कैसे करें

Liberation from Ancestral Karmic Bondage

शिविर – हॅपीवाले रिश्ते

जीवित रिश्तों का लक्ष्य

– जितृ पक्ष

यू ट्यूब पर सरश्री के प्रवचनों का लाभ लेने के लिए आज ही यू ट्यूब चैनल को सबस्क्राइब करें।

YouTube **channels**

Happy Thoughts - Tejgyan

Sirshree - Tejgyan

Happy Thoughts - Parma Gyan

*****Voice of Happy Thoughts App**

Registration link : https://happythoughts.co/

Contact No. : 7447797317

• Follow Us •

www.ingramcontent.com/pod-product-compliance
Lightning Source LLC
LaVergne TN
LVHW090227051026
849517LV00001B/210
* 9 7 8 9 3 9 0 6 0 7 0 9 9 *